"十二五"国家重点图书出版规划项目

中国社会科学院创新工程学术出版资助项目

新版《列国志》编辑委员会

列国志 新版

GUIDE TO
THE WORLD
NATIONS

任丁秋　杨解朴 等
编著

SWITZERLAND

瑞 士

社会科学文献出版社
SSAP
SOCIAL SCIENCES ACADEMIC PRESS (CHINA)

瑞士国旗

瑞士国徽

联邦议会大厦（联邦宫）

瑞士国家银行（瑞士驻华大使馆 供图）

位于日内瓦的万国宫，联合国欧洲总部

伯尔尼老城区（瑞士驻华大使馆　供图）

卢塞恩（瑞士驻华大使馆　供图）

位于苏黎世的瑞士国家博物馆

苏黎世大学

苏黎世歌剧院

位于洛桑的圣母大教堂

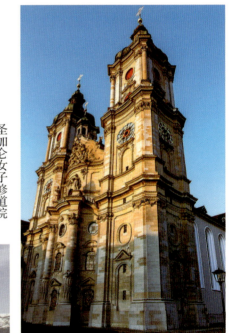

圣加仑女子修道院

米斯泰尔圣约翰女修道院

位于卢塞恩的石狮雕像

位于日内瓦的宗教改革纪念碑
（瑞士驻华大使馆　供图）

西庸古堡

卢塞恩狂欢节的孩子们（郑华龙 摄）

哈劳的游行队伍
（瑞士驻华大使馆 供图）

巴塞尔狂欢节上戴面具的游行者
（瑞士驻华大使馆 供图）

拉沃葡萄园

马特宏峰（瑞士驻华大使馆　供图）

位于雪朗峰下的米伦小镇
（瑞士驻华大使馆　供图）

出版说明

　　《列国志》编撰出版工作自 1999 年正式启动，截至目前，已出版 144 卷，涵盖世界五大洲 163 个国家和国际组织，成为中国出版史上第一套百科全书式的大型国际知识参考书。该套丛书自出版以来，受到社会各界的广泛好评，被誉为"21 世纪的《海国图志》"，中国人了解外部世界的全景式"窗口"。

　　这项凝聚着近千学人、出版人心血与期盼的工程，前后历时十多年，作为此项工作的组织实施者，我们为这皇皇 144 卷《列国志》的出版深感欣慰。与此同时，我们也深刻认识到当今国际形势风云变幻，国家发展日新月异，人们了解世界各国最新动态的需要也更为迫切。鉴于此，为使《列国志》丛书能够不断补充最新资料，更好地服务于社会各界，我们决定启动新版《列国志》编撰出版工作。

　　与已出版的 144 卷《列国志》相比，新版《列国志》无论是形式还是内容都有新的调整。国际组织卷次将单独作为一个系列编撰出版，原来合并出版的国家将独立成书，而之前尚未出版的国家都将增补齐全。新版《列国志》的封面设计、版面设计更加新颖，力求带给读者更好的阅读享受。内容上的调整主要体现在数据的更新、最新情况的增补以及章节设置的变化等方面，目的在于进一步加强该套丛书将基础研究和应用对策研究相结合，将基础研究成果应用于实践的特色。例如，增加了各国有关资源开发、环境治理的内容；特设"社会"一章，介绍各国的国民生活情况、社会管理经验以及存在的社会问题，等等；增设"大事纪年"，方便读者在短时间内熟悉各国的发展线索；增设"索引"，便于读者根据人名、地名、关键词查找所需相关信息。

顺应时代发展的要求，新版《列国志》将以纸质书为基础，全面整合国别国际问题研究资源，构建列国志数据库。这是《列国志》在新时期发展的一个重大突破，由此形成的国别国际问题研究资讯平台，必将更好地服务于中央和地方政府部门应对日益繁杂的国际事务的决策需要，促进国别国际问题研究领域的学术交流，拓宽中国民众的国际视野。

新版《列国志》的编撰出版工作得到了各方的支持：国家主管部门高度重视，将其列入"'十二五'国家重点图书出版规划项目"；中国社会科学院将其列为创新工程学术出版资助项目，王伟光院长亲自担任编辑委员会主任，指导相关工作的开展；国内各高校和研究机构鼎力相助，国别国际问题研究领域的知名学者相继加入编辑委员会，提供优质的学术指导。相信在各方的通力合作之下，新版《列国志》必将更上一层楼，以崭新的面貌呈现给读者，在中国改革开放的新征程中更好地发挥其作为"知识向导"、"资政参考"和"文化桥梁"的作用！

新版《列国志》编辑委员会
2013 年 9 月

前　　言

　　自 1840 年前后中国被迫开关、步入世界以来，对外国舆地政情的了解即应时而起。还在第一次鸦片战争期间，受林则徐之托，1842 年魏源编辑刊刻了近代中国首部介绍当时世界主要国家舆地政情的大型志书《海国图志》。林、魏之目的是为长期生活在闭关锁国之中、对外部世界知之甚少的国人"睁眼看世界"提供一部基本的参考资料，尤其是让当时中国的各级统治者知道"天朝上国"之外的天地，学习西方的科学技术，"师夷之长技以制夷"。这部著作，在当时乃至其后相当长一段时间内，产生过巨大影响，对国人了解外部世界起到了积极的作用。

　　自那时起中国认识世界、融入世界的步伐就再也没有停止过。中华人民共和国成立以后，尤其是 1978 年改革开放以来，中国更以主动的自信自强的积极姿态，加速融入世界的步伐。与之相适应，不同时期先后出版过相当数量的不同层次的有关国际问题、列国政情、异域风俗等方面的著作，数量之多，可谓汗牛充栋。它们对时人了解外部世界起到了积极的作用。

　　当今世界，资本与现代科技正以前所未有的速度与广度在国际间流动和传播，"全球化"浪潮席卷世界各地，极大地影响着世界历史进程，对中国的发展也产生极其深刻的影响。面临不同以往的"大变局"，中国已经并将继续以更开放的姿态、更快的步伐全面步入世界，迎接时代的挑战。不同的是，我们所面临的已不是林则徐、魏源时代要不要"睁眼看世界"、要不要"开放"问题，而是在新的历史条件下，在新的世界发展大势下，如何更好地步入世界，如何在融入世界的进程中更好地维护民族国家的主权与独立，积极参与国际事务，为维护世界和平，促进世界与人类共同发展做出贡献。这就要求我们对外部世界有比以往更深切、全面的了解，我们只有更全面、更深入地了解世界，才能在更高的层次上融入世界，也才能在融入世界的进程中不迷失方向，保持自我。

与此时代要求相比，已有的种种有关介绍、论述各国史地政情的著述，无论就规模还是内容来看，已远远不能适应我们了解外部世界的要求。人们期盼有更新、更系统、更权威的著作问世。

中国社会科学院作为国家哲学社会科学的最高研究机构和国际问题综合研究中心，有11个专门研究国际问题和外国问题的研究所，学科门类齐全，研究力量雄厚，有能力也有责任担当这一重任。早在20世纪90年代初，中国社会科学院的领导和中国社会科学出版社就提出编撰"简明国际百科全书"的设想。1993年3月11日，时任中国社会科学院院长胡绳先生在科研局的一份报告上批示："我想，国际片各所可考虑出一套列国志，体例类似几年前出的《简明中国百科全书》，以一国（美、日、英、法等）或几个国家（北欧各国、印支各国）为一册，请考虑可行否。"

中国社会科学院科研局根据胡绳院长的批示，在调查研究的基础上，于1994年2月28日发出《关于编纂〈简明国际百科全书〉和〈列国志〉立项的通报》。《列国志》和《简明国际百科全书》一起被列为中国社会科学院重点项目。按照当时的计划，首先编写《简明国际百科全书》，待这一项目完成后，再着手编写《列国志》。

1998 年，率先完成《简明国际百科全书》有关卷编写任务的研究所开始了《列国志》的编写工作。随后，其他研究所也陆续启动这一项目。为了保证《列国志》这套大型丛书的高质量，科研局和社会科学文献出版社于 1999 年 1 月 27 日召开国际学科片各研究所及世界历史研究所负责人会议，讨论了这套大型丛书的编写大纲及基本要求。根据会议精神，科研局随后印发了《关于〈列国志〉编写工作有关事项的通知》，陆续为启动项目拨付研究经费。

为了加强对《列国志》项目编撰出版工作的组织协调，根据时任中国社会科学院院长李铁映同志的提议，2002 年 8 月，成立了由分管国际学科片的陈佳贵副院长为主任的《列国志》编辑委员会。编委会成员包括国际片各研究所、科研局、研究生院及社会科学文献出版社等部门的主要领导及有关同志。科研局和社会科学文献出版社组成《列国志》项目工作组，社会科学文献出版社成立了《列国志》工作室。同年，《列国志》项目被批准为中国社会科学院重大课题，新闻出版总署将《列国志》项目列入国家重点图书出版计划。

在《列国志》编辑委员会的领导下，《列国志》各承担单位尤其是各位学者加快了编撰进度。作为一项大型研究项目和大型丛书，编委会对《列国志》提出的基本要求是：资料翔实、准确、最新，文笔流畅，学术性和可读性兼备。《列国志》之所以强调学术性，是因为这套丛书不是一般的"手册""概览"，而是在尽可能吸收前人成果的基础上，体现专家学者们的研究所得和个人见解。正因为如此，《列国志》在强调基本要求的同时，本着文责自负的原则，没有对各卷的具体内容及学术观点强行统一。应当指出，参加这一浩繁工程的，除了中国社会科学院的专业科研人员以外，还有院外的一些在该领域颇有研究的专家学者。

现在凝聚着数百位专家学者心血，共计 141 卷，涵盖了当今世界 151 个国家和地区以及数十个主要国际组织的《列国志》丛书，将陆续出版与广大读者见面。我们希望这样一套大型丛书，能为各级干部了解、认识当代世界各国及主要国际组织的情况，了解世界发展趋势，把握时代发展脉络，提供有益的帮助；希望它能成为我国外交外事工作者、国际经贸企业及日渐增多的广大出国公民和旅游者走向世界的忠实"向导"，引领其步入更广阔的世界；希望它在帮助中国人民认识世界的同时，也能够架起世界各国人民认识中国的一座"桥梁"，一座中国走向世界、世界走向中国的"桥梁"。

《列国志》编辑委员会

2003 年 6 月

CONTENTS
目 录

CONTENTS
目 录

CONTENTS

目录

CONTENTS

目录

CONTENTS

目 录

CONTENTS
目 录

CONTENTS
目 录

CONTENTS
目　录

CONTENTS

目 录

导　言

　　瑞士位于欧洲西部偏南，与法国、德国、列支敦士登、奥地利、意大利接壤，正式国名为"瑞士联邦"，面积41284.98平方公里（2012）。瑞士的地理位置历来十分重要，是欧洲"十字路口"的"转车台"。这个内陆山国大部分地区的海拔高度都在900米以上，最高的杜富尔山峰达4634米，故而有"欧洲屋脊"之称。瑞士在地理上分为三大区域：阿尔卑斯山区、中部高原和汝拉山区。瑞士被誉为"欧洲水塔"，是欧洲三大河流，莱茵河、罗纳河和多瑙河（主要指其支流因河）的发源地；拥有大小湖泊1494个；冰川140多条，总覆盖面积约3000平方公里。瑞士气候复杂多样，中央高原为温带海洋性气候，全国年平均降水量1500毫米。瑞士矿产资源贫乏，但水力资源丰富，森林面积约125.86万公顷（2012），野生动植物5万多种。瑞士的总人口为803.91万，外籍人口占23.3%（2012）。瑞士是一个多民族融合的国家，德语、法语、意大利语及列托－罗曼什语同为官方语言，英语在瑞士也得到广泛应用。瑞士居民主要信仰天主教和基督新教，信仰其他宗教或无宗教信仰者约占三成。瑞士人被称为"山民"，抑或是"大山之子"。瑞士人民的物质生产、生活方式、风俗习惯、性格脾气，甚至情绪，无不深受阿尔卑斯山的影响。瑞士人有着山一样的性格，勤劳、勇敢、顽强，在西方人中素以吃苦耐劳而闻名。瑞士人普遍工作勤奋、生活节俭、喜爱整洁、遵守纪律，与人交往诚恳务实，不尚浮夸，注重友情。

　　阿尔卑斯山孕育了瑞士联邦。1291年8月，阿尔卑斯山区的施维茨、乌里、翁特瓦尔登三个山村共同体结成了"永久同盟"。"永久同盟"是瑞士联邦的雏形、立国的基础。瑞士联邦国家的演进过程大体分为两个阶段。第一阶段是从 1291 年"永久同盟"建立到 1798 年邦联崩溃，时间长达 500 年。三州同盟于 1353 年发展成由八州组成的松散邦联，于 1513 年扩大到 13 个州。1648 年《威斯特伐利亚和约》的签订结束了欧洲 30 年的宗教战争，瑞士脱离神圣罗马帝国宣布独立。1798 年法国大革命的浪潮席卷瑞士，拥护法国革命的瑞士革命者借助法国军队的力量，摧毁了瑞士旧的邦联体系，依照法兰西共和国的模式建立了海尔维第共和国，并制定了第一部宪法。1798～1848 年是瑞士联邦国家形成的第二阶段。1803 年在拿破仑的干预下颁布的《调解法令》将海尔维第共和国改为联邦制共和国，这一法令根据瑞士的具体国情，将旧的邦联的历史传统与革命成果相结合，达成新旧体制的妥协，各州拥有独立的宪法，恢复了包括财政管理、铸币、邮政、关税和教育在内的一切主权，至此联邦发展为 19 个成员。1815 年维也纳会议确认瑞士为永久中立国，同年瑞士的第二部宪法产生，其正式名称为《瑞士二十二州联邦条约》。1848 年，瑞士联邦宪法颁布，宪法统一立法制度，确定了联邦和各州的主权范围、联邦和各州的权利和义务，确立了现代议会民主制。同时组织和加强了联邦军队，使其中央化。以此为标志，瑞士成为现代联邦国家。

联邦制、中立原则和民主制是瑞士政治体制的基本特征。1848 年宪法确立了瑞士的国体与政体，确定伯尔尼为瑞士首都。瑞士的最高立法机构是联邦议会。联邦议会分为两院：国民院由 200 名人民代表组成；联邦院由 46 名来自各州的代表组成。最高司法机构是联邦法院。最高行政机构是联邦委员会。瑞士政府由四大政党联合执政，构成"奇妙方案"，保持了国内政局长期稳定。行政体系划分为联邦、州和市镇三级，共有 20 个州和 6 个半州。瑞士存在大量的经济和行业组织，这些利益集团建立时间普遍比政党要早，有着深厚的历史传统，因此对瑞士政治的影响在许多方面甚至优先于政党。瑞士之所以选择中立作为其基本国策，首先是因为其自然条件和地理位置；其次是因为其反对外来侵略、捍卫自治主权、独立和自由的思想传统，这也是其中立原则的精神来源。瑞士的民主制独具特色。经历了几个世纪的发展和演进，形成了直接民主、半直接民主和间接民主的制度形式，采取"露天议会"、公民复决、公民创制等民主方式,公民不仅有权选举自己的代表,而且可以对宪法进行修改。在国家与公民的关系上,人民享有广泛的民主权利,这体现了瑞士社会的高度民主。

瑞士是高度发达的工业化国家。2012年,瑞士的国内生产总值为5918.51亿瑞士法郎(以下简称"瑞郎"),人均国内生产总值达73621瑞郎(按照当年价格计算)。20世纪80年代,瑞士经济从以第二产业为主转变为以第三产业为主,完成了从工业社会向服务社会的过渡。到2010年,三大产业的就业人员分别占总就业人口的3.4%、23.4%和7.2%。瑞士实行社会市场经济,保障经济自由、社会公正和社会安定。农业生产的组织方式是家庭经营的农场,农场约有6.7万个,平均面积15.2公顷。农业产值的69%来自畜牧业,31%来自种植业。农产品自给率一般达到60%。工业形成了机械、化工、纺织、钟表、食品五大支柱,在国际市场上具有很强的竞争力,其技术水平先进,产品质量精良,创造了不少享誉全球的品牌,拥有一批国际驰名的大型企业和跨国集团。20世纪90年代以来,瑞士的服务业增长最快,是最具活力且前景最为广阔的部门。瑞士交通运输高度发达,铁路总长5063公里,公路总长71万公里,拥有一支由24艘货船组成的商船队。全国约有固定电话523万部,移动电话464万部。瑞士是世界重要的金融中心,银行和保险业历史悠久,风险管理的专业化水平极高。瑞士湖光山色,美景天成,加之经营有道,是"世界花园"和旅游者的天堂,每年外国游客入境总人数达1000多万人次,居世界第16位。

瑞士实行武装中立,国防体制的基本架构由联邦宪法规定。根据2003年全民公决通过的军队改革法案,瑞士军队将现役人员减少至22万人,调整部队编制,建设一支机动灵活、规模小而质量高的多功能部队。军队的职能将重点转向国防和防范恐怖主义。转型后的瑞士军队仍然采取民兵制和全民兵役制,武装部队的任务是通过威慑维护和平,保卫瑞士国土完整和人民安全,并参与国际维护和平行动。瑞士实行普遍的义务民兵制,真正做到了"全民皆兵"。

瑞士的教育体现了联邦制的特点,由各州主办,各州的教育体制不同。全国有10所州立大学和2所联邦理工大学。巴塞尔大学成立于

1840 年，是瑞士的第一所大学。日内瓦大学的新教神学院是由著名的宗教改革家让·加尔文亲自创建的；它的医学院素享盛誉，教学与科研居世界先进水平。瑞士联邦苏黎世理工大学的综合实力排行第一，拥有一流的教学和服务条件，在国内外享有极高的声誉。瑞士是产生爱因斯坦"相对论"的国度，也是"新教的罗马"和"日内瓦学派"的发源地，在哲学、社会科学和自然科学领域涌现出一批世界顶尖人物。瑞士的职业教育体系完备而发达，为各行各业培养高素质的技工人才。瑞士是一个极富创新能力、拥有最现代尖端技术的国家。在智力开发、科技发明、申报专利、研究发展、科研水平等诸多方面，瑞士均处于世界领先地位，并产生了至少 25 位诺贝尔奖得主。私营企业是科技创新的主体，其研发投入约占国内生产总值的 2.7%。按人口比例（每百万人的专利数），瑞士每年申报的专利最多，超过法国、日本和英国。

瑞士的文化极为丰富多彩。在 20 世纪，马克思·弗里施和弗里德里希·迪伦马特是瑞士德语文学的杰出代表；出生于洛桑附近的作家夏尔·弗尔迪南·拉缪对瑞士法语文学产生了极为深远的影响；而弗朗西斯卡·谢扎则是瑞士意大利语文学的主要代表人物。讲列托－罗曼什语的人口虽少，文学艺术创作却非常活跃。阿尔贝托·贾柯梅蒂是 20 世纪瑞士最著名的艺术家，他的雕塑和绘画别具一格，享誉世界。瑞士有 900 多家博物馆，6000 余座图书馆，社区文化气息浓厚，读书赏画蔚然成风，各地还专门开办了为外国人服务的"多元文化图书馆"。瑞士建有完善的医疗卫生系统，人民享受到比较充分的医疗社会保障。瑞士的体育产业发达，群众性体育运动广泛开展，登山、滑雪、划船、舢板等活动最为普及。瑞士在冰雪运动及体操、射击、马术、摔跤、赛艇、女子网球、女子铁人三项等项目中，曾经获得世界金牌。法语区城市洛桑是国际奥林匹克委员会所在地。

瑞士为永久中立国，奉行积极的外交政策，普遍性、善良服务和国际合作构成其外交政策的三个要素。随着不同历史时期国际、国内形势的发展，瑞士中立政策的内容及侧重点也有所调整和变化。瑞士的中立原则在 1647 年的《维尔防卫协定》中已具雏形。1674 年，瑞士宣布以"中立国"行事。1814～1815 年，瑞士的永久中立国地位得到国际社会的承认。两次世界大战期间，瑞士均严守中立立场，避免了战火的侵袭。第二次世界大战后瑞士采取以中立团结为原则的外交政策，在世界范围内最大限度地维护其经济利益。在全球化时代，瑞士的中立政策面临新的问题和考验，为顺应国际形势的发展变化，瑞士开始修正和调整其中立政策，从传统、保守的中立向更加灵活的中立转变。

在外交方面，瑞士经过长达半个世纪的历程，终于在 2002 年成为联合国的第 190 个成员国。瑞士与美国在对外政策上，既有高度一致的方面，又表现出诸多不同。瑞士属于欧洲大家庭的一员，与欧盟的关系最为密切。1992 年，瑞士就曾提出加入欧盟，但是年底进行的全民投票否决了瑞士加入"欧洲经济区"。为了推进与欧盟的关系，瑞士与欧盟自 1993 年开始谈判，到 1998 年达成双边协议。2000 年，全民投票通过了该协议。2001 年瑞士与欧盟启动第二轮双边谈判。2004 年瑞士与欧盟又签署了包括《申根协定》在内的 9 个双边协议。瑞士政府确信加入欧盟能够更为有效地保护本国的利益，但是真正开始入盟谈判还需要满足一定的前提条件。

瑞士与中国的关系源远流长。在 17 ~ 18 世纪，耶稣会传教士、钟表和丝织品已成为中瑞经贸文化交流的纽带。瑞士是最早承认新中国的少数西方国家之一，这对两国关系的发展产生了极为深远的影响。中瑞建交后，两国关系总体上平稳发展。1979 年中国改革开放以来，中瑞关系进入一个崭新的发展阶段，两国在政治、经济、文化和科技诸方面的交流迅速扩大。中国政府高度评价瑞士及早与新中国建交的果敢之举，赞扬瑞士作为永久中立国，为维护世界和平做出了积极而有效的贡献。瑞士支持"一个中国"的原则立场，赞赏中国的改革开放政策，愿在平等互利的基础上，推进双边友好合作关系。自 1950 年 9 月 14 日瑞士与中国建交起，友谊之树就已经植根于两国人民心中，并结出了丰硕的成果。展望未来，中瑞关系的发展前景十分广阔。中国是世界上最大的发展中国家，拥有丰富的人力资源和广阔的消费市场；瑞士是西方最发达的工业国家之一，掌握雄厚的资金力量和先进的科学技术，双方的合作具有很强的互利、互补性。全面发展中瑞关系，大力推动经贸、科技和文化教育领域的交流与合作，符合两国的根本利益和共同愿望。

第一章

概　览

　　瑞士的德语国名为 Schweizerische Eidgenossenschaft，法语国名为 Confédération Suisse，意大利语国名为 Confederazione Svizzera，英语国名为 Swiss Confederation。瑞士这个名称（Swiss）据说来自最早的联邦州施维茨（Schwyz），在德语中这个词的发音基本上和瑞士（Schweiz）的发音相同，最后衍变成现在的国名。另外，瑞士古代的名称为"海尔维希亚"（Helvetica），这源于公元前即已定居在这块土地上的古老的海尔维第部落的拉丁语名称。

　　在瑞士的大城市中，人口最多、经济最发达的是苏黎世，国际组织众多、国际上最知名的则是日内瓦。这两个城市分别是德语区和法语区的中心城市，地理位置上又分别接近德国和法国，选其中的任何一个作为首都，都难以平衡德、法两大语言区，所以1848年联邦宪法规定位于瑞士地理上的中心地带，又是法语区和德语区交界地区的伯尔尼作为联邦的首都。

第一节　国土与人口

一　国土面积

　　瑞士是一个内陆国家，位于西欧中部，国土形状为不规则的四边形，国土面积为41284.98平方公里。根据瑞士国家统计局2004～2009年的统计，按居住和生产状况划分，瑞士全国的居住及基础设施面积为3078.97平方公里，约占国土总面积的7.5%；农业面积为14816.69平方公里，约占国土总面积的 35.9%；林区面积为 12930.62 平方公里，约占国土总面积的 31.3%；非生产性面积为 10458.70 平方公里，约占国土总面积的 25.3%。

按行政地域关系划分，莱蒙湖区为 8718.91 平方公里，约占国土总面积的 21.1%；中央地带（瑞士高原）为 10062.29 平方公里，约占国土总面积的 24.4%；西北部瑞士为 1958.38 平方公里，约占国土总面积的 4.7%；苏黎世为 1728.89 平方公里，约占国土总面积的 4.2%；东部瑞士为 11520.81 平方公里，约占国土总面积的 27.9%；中部瑞士为 4483.24 平方公里，约占国土总面积的 10.9%；提契诺为 2812.46 平方公里，约占国土总面积的 6.8%。

按照自然地理条件划分，瑞士国土也可以划分为汝拉山区、中部高原和阿尔卑斯山区。汝拉山区约占国土面积的 10%。中部高原即指中央地带（瑞士高原），约占国土面积的 30%。中央地带是德语区的称呼，法语区称为瑞士高原。阿尔卑斯山区约占国土面积的 60%。[①]

二 行政区划

瑞士行政体系分为联邦（中央）、州和市镇三级，有的地区设有县，它大于市镇，小于州。瑞士共有 20 个州和 6 个半州（详见表 1 - 1）。所谓半州，就是原来的州因为宗教、语言等原因分裂成为两个州。1597 年，因为宗教原因，阿彭策尔分成奥塞尔霍登（即阿彭策尔外罗登，简称外阿彭策尔）和伊内尔霍登（即阿彭策尔内罗登，简称内阿彭策尔）；1833 年，因为城乡关系的原因，巴塞尔分为巴塞尔城和巴塞尔乡；翁特瓦尔登从一开始就分为尼瓦尔登（即下瓦尔登）和奥布瓦尔登（即上瓦尔登）。半州与州在政治上是平等的，没有区别，都是拥有自主权的行政区域。这种比较独特的半州现象也是瑞士独特的民主传统造成的。

最新分裂的例子是汝拉州。主要以讲法语为主的汝拉地区从 1815 年

---

① 李念培：《瑞士》，世界知识出版社，1990，第 2~5 页。

起归属以讲德语为主的伯尔尼州，自那时开始，汝拉地区就一直要求分离。1978 年 9 月，瑞士全国公民投票通过成立汝拉州。1979 年汝拉州加入联邦，成为联邦第 26 个成员。

表 1 - 1　瑞士联邦各州

西文名称	中文名称	总面积（平方公里，2012）	人口（人,2012）	主要语言	主要宗教	州府
Zürich	苏黎世	1728.89	1408575	德语	新教	苏黎世
Bern/Berne	伯尔尼	5959.07	992617	德语 法语	新教	伯尔尼
Luzern	卢塞恩	1493.42	386082	德语	天主教	卢塞尔
Uri	乌里	1076.40	35693	德语	天主教	阿尔特多夫
Schwyz	施维茨	908.09	149830	德语	天主教	施维茨
Obwalden*	上瓦尔登	490.55	36115	德语	天主教	萨尔嫩
Nidwalden*	下瓦尔登	276.06	41582	德语	天主教	施坦斯
Glarus	格拉鲁斯	685.40	39369	德语	天主教/新教	格拉鲁斯
Zug	楚格	238.72	116575	德语	天主教	楚格
Fribourg	弗里堡	1670.84	291395	法语 德语	天主教	弗里堡
Solothurn	索洛图恩	790.51	259283	德语	天主教/新教	索洛图恩
Basel-Stadt*	巴塞尔城	37.07	187425	德语	天主教/新教	巴塞尔
Basel-Landschaft*	巴塞尔乡	517.52	276537	德语	新教	利斯塔尔
Schaffhausen	沙夫豪森	298.50	77955	德语	新教	沙夫豪森
Appenzell Ausserrhoden*	阿彭策尔外罗登	242.94	53438	德语	天主教	黑里绍
Appenzell Innerrhoden*	阿彭策尔内罗登	172.50	15717	德语	新教	阿彭策尔
St. Gallen	圣加仑	2025.45	487060	德语	天主教/新教	圣加尔
Graubünden/Grigioni	格劳宾登/格里松	7105.15	193920	列托-罗曼什语/德语	天主教 新教	库尔
Aargau	阿尔高	1403.79	627340	德语	天主教/新教	阿劳

西文名称	中文名称	总面积（平方公里，2012）	人口（人,2012）	主要语言	主要宗教	州府
Thurgau	图尔高	990.87	256213	德语	天主教新教	弗劳恩费尔德
Ticino	提契诺	2812.46	341652	意大利语	天主教	贝林佐纳
Vaud	沃州	3212.05	734356	法语	新教	洛桑
Valais/Walilssa	瓦莱	5224.42	321732	法语	天主教	锡昂
Neuchatel	纳沙泰尔	803.06	174554	法语	天主教/新教	诺因堡州
Genève	日内瓦	282.44	463101	法语	新教	日内瓦
Jura	汝拉	838.81	70942	法语	天主教	德莱蒙

注：*为半州。

资料来源：瑞士国家统计局。

　　26个拥有相当自主权的州和半州共同组成瑞士联邦，但各州的情况极不相同：在人口数量上，多者过百万（如苏黎世州），少则只有不到1.5万（如内阿彭策尔半州）；在面积上，最大的州（格劳宾登州）面积超过7000平方公里，而最小的州（巴塞尔城半州）面积只有37平方公里。另外，各州加入联邦的年头也各不相同，最早的"老三州"在1291年就是"联邦成员"了，而汝拉州直到1979年才从伯尔尼州独立出来。

　　根据主要民族与语言（语区）的情况，这26个州和半州可分为德语州、法语州、意大利语州和双语州；根据宗教倾向，又可以分为天主教占优势和新教占优势的州；在地理上区分，有在阿尔卑斯山区的州，有在中部高原的州，有在汝拉山区的州。瑞士复杂的地理文化特点决定了各州的经济发展也不平衡。一般来说，经济最发达的州在中部高原，新教占优势的州经济发展程度优于天主教占优势的州。

　　德语区各州是瑞士人口最多、经济发展最好、工商业金融业企业最多、对外贸易最发达的州，瑞士前100家大企业中，总公司大多设在德语区，只有17家设在法语区。苏黎世州是瑞士最大的城市、瑞士的金融中心，也是人口最多、经济最发达的州（被称为瑞士的"经济首都"）；巴塞尔州于 1833 年分裂为城、乡两个半州，巴塞尔城半州的首府巴塞尔市是瑞士化学、医药工业中心；楚格、伯尔尼、沙夫豪森等州都是较发达的州。法语区以日内瓦州最为著名，其经济发展水平居联邦各州前列，但其他各法语州如沃州、纳沙泰尔州的经济发展水平在联邦内则属中游，汝拉、瓦莱、弗里堡等州在联邦的排名靠后，意大利语区的提契诺州也是历史上的贫瘠落后地区，但是近年来发展迅速。

在联邦和州以下，瑞士还有近 3000 个市镇。作为基层的行政单位，市镇当局在公用事业、教育、警察事务等方面拥有相当的自主权。

三 地 理 位 置

瑞士在地理上位于欧洲西部略微偏南，被 5 个邻国环抱着，北部是德国，西部和西北部是法国，东部是奥地利和列支敦士登，南部是意大利。其领土东起东经 $10°29'26''$ 的格劳宾登州的沙瓦拉茨峰，西至东经 $5°57'24''$ 的日内瓦的尚希镇，最南端位于北纬 $45°49'8''$，靠近提契诺州的基亚索，最北端在北纬 $47°48'35''$，沙夫豪森州的巴尔根附近。瑞士属于北半球温带国家，时区上位于东 1 区，比格林尼治时间早 1 小时，比北京时间晚 7 小时。

瑞士南北最长处为 220.1 公里，东西最长处为 348.4 公里。边境线长 1881.8 公里，其中与德国交界 362.5 公里，与法国交界 571.8 公里，与意大利交界 741.3 公里，与奥地利交界 164.8 公里，与列支敦士登交界 41.4 公里。最高点是接近意大利的杜富尔峰（Dufour Peak，海拔 4634 米），最低点是位于提契诺州的马祖尔湖（Lake Maggiore，海拔 193 米）。瑞士平均海拔约 1350 米，是个高原国家。

除了政治和外交上的永久中立影响其在政治地图上的归属外，瑞士在地理上确实也是一个位于东南西北欧之间的"中心"地带的国家。从古到今，瑞士的战略位置十分重要。通过瑞士的交通线是从北欧到南欧、北海到地中海、西欧到中东欧之间最短距离的交通线，作为一个重要十字路口的这一地理特点贯穿了瑞士的历史。穿越阿尔卑斯山的圣哥达、辛普朗、圣贝尔纳山口历来都是欧洲南北交通的重要途径，其中穿越阿尔卑斯山脉的圣哥达隧道长 17 公里，是世界最长的现代化高速公路隧道之一，是欧洲重要的交通动脉。

四　地形与气候

1. 地形

瑞士是一个多山的国家，其中最重要的是占瑞士国土面积 60% 以上的阿尔卑斯山脉。阿尔卑斯山造就了瑞士的地理特点，也造就了瑞士的历史、社会、经济生活各方面的特色。提起瑞士，人们无不联想到白雪皑皑的山峰、滑雪和登山运动。

瑞士山区山清水秀，风景秀丽，全国森林面积达 125.86 万公顷，约占国土总面积的 30%。如果再加上农田、绿地面积，则全国一半以上的土地被绿地所覆盖。

国土面积不大的瑞士，地形却非常复杂，众多的山脊、谷壑、起伏的高原构成了一系列或宽或窄的带状地带，从西南向东北延伸。在欧洲范围来说，平均海拔为 1350 米的瑞士已经绝对是一个高原国家了，其大部分国土海拔都在 900 米以上，海拔 4000 米以上的山峰大约有 100 座。在阿尔卑斯山的谷地，也有海拔低于 300 米的地区。总的来说，瑞士的地形崎岖不平，复杂多样。

大体而言，瑞士的地形主要受到雄伟的阿尔卑斯山的影响。阿尔卑斯山以从西南到东北的大致方向贯穿瑞士南部，占据了瑞士的大部分国土。另外，瑞士国土的西北部有一条汝拉山脉（一译侏罗山脉），它基本与阿尔卑斯山脉保持平行。在两条山脉之间，阿尔卑斯山脉北麓，则是一片地形起伏但相对平整的高原，称为中部高原。这样，受到山脉走势影响的瑞士国土大约可以分为三大部分：汝拉山区、中部高原、阿尔卑斯山区，这三部分大体都呈或宽或窄的带状与山脉走势平行。

阿尔卑斯山形成于中生代和新生代，从地质上说还是一条较年轻的山脉。它的诞生是由于地壳的褶皱运动，这股巨大的推动力又使瑞士西北边缘出现了今天的汝拉山系。而夹于两山之间的地势较低的部分，就形成了今天的中部高原。

阿尔卑斯山有大约 1/5 在瑞士境内，而在瑞士境内的这一部分又由平行的南北两条山脉构成。北边的一条山脉分为东西两部分，西部为伯尔尼高地，东部为"乌里及格拉鲁斯阿尔卑斯山"。伯尔尼高地最高的两座山峰，分别为海拔 4274 米的芬斯特拉峰和海拔 4158 米的少女峰。

南边的山脉更为高大和复杂，从法国进入瑞士后一直从瑞士和意大利的边境向东延伸至奥地利。山脉的东段位于瑞士格劳宾登州，那里群峰耸立，是一片地形复杂、脉络不清的高山峡谷区，不少终年积雪的山峰，像著名的马特霍恩峰（海拔 4478 米）和瑞士最高峰杜富尔峰（海拔 4634 米）都在这部分山区。这一地区，在新生代和中生代之前，本来就存在一条古老的山脉，后来地壳再度隆起，原来山脉的褶皱和断层经过再一次的褶皱和断裂，加上千万年来自然界的不断风化侵蚀，尤其是河流和冰川的切割和刮削，终于形成现在的复杂地质形态。

在南北山脉之间，是一片河谷，两条欧洲的大河在这里发源，一条是莱茵河，向东流出阿尔卑斯山，最终流向北海；另一条是罗纳河，向西流出阿尔卑斯山，最终流向地中海。两河河谷为两条山脉的分界线，河谷两岸山崖陡峭，两河源头有山谷相通。阿尔卑斯山区的居民大多数居住在这一类河谷地区，其中有马提尼、锡永、库尔（楚尔）等小镇。整个山区的常住人口很少，经济以旅游业为主，瑞士旅游资源很大部分在这里，每年都有大量世界各地的游客来这里旅游、登山、滑雪等。除了旅游业，山地居民传统上的经济产业是畜牧业。每年夏天山民驱赶牛群到高山草地上放牧，冬季则到山脚地带避寒。

中部高原在阿尔卑斯山的北麓，是一片相对地势不高、起伏不大的丘陵地带，从莱蒙湖（另译作"莱芒湖"，又称日内瓦湖）一直延伸到博登湖（康斯坦茨湖）。这里又被称为"中央地带"，或者叫"瑞士高原"。这一带的土壤和气候不大适宜种植业，但草地连绵起伏，比较适合发展畜牧业，所以形成以饲养乳牛为主的畜牧业，并发展起奶制品加工业。

中部高原实际是夹在两条山脉中间的一条地理走廊，虽然被称为高原，但实际上并不太高，海拔 350～1200 米，平均海拔 580 米左右，而且也十分不平坦，地形起伏，丘陵、山地、河湖、道路、城市、村庄、耕地、草场、林地纵横交错。这一带是瑞士经济最发达、城市最多的地区，全国 75% 以上的人口居住在这一地区，大部分的工业和农业都集中在这里。这条走廊从西南到东北贯穿了瑞士一些最重要的城市：最西南端是日内瓦，然后是洛桑，中部是首都伯尔尼，再到北部是经济中心苏黎世，然后跨越温图尔特，到达最东北端的工业城市圣加仑。大城市的周边还分布着众多的小城镇。

汝拉山脉又称为侏罗山脉，因其石灰岩构造主要形成于侏罗纪而得名。汝拉山脉面对瑞士中部高原的一侧是一片陡然升起的悬崖，悬崖将这两个地区明显地区分开来。与瑞士其他两个地区相比，整个汝拉山区呈现出不同的地貌特征，以喀斯特地貌（石灰岩构造）为主。由于石灰岩渗水性好，该地区地下水系发达，而地面上几乎没有什么湖泊，有的流水要流经深深的山峡才注入中部高原。另有某些绝谷中的溪流渗入石灰岩层，或突然消失于坑穴之中，然后再在山脚下或临近的山谷中重新露出地面。汝拉山区的地形没有阿尔卑斯山区那么复杂，起伏相对平缓，山峰也没有那么雄伟，平均海拔高度为 700 米，最高峰为 1679 米的唐得尔峰，由数条山脊构成，山区林木茂盛，是很好的旅游休养之地。

河流水系方面，瑞士是欧洲大陆三大河——莱茵河、罗纳河和多瑙河（主要指其支流因河）的发源地，有"欧洲水塔"之称。莱茵河在瑞士境内 375 公里，是瑞士最大的河流，流域面积约占国土面积的 2/3。罗纳河在瑞士境内 264 公里，是瑞士第二大河。

尽管瑞士属于高原国家，但是绝大多数国土地处大西洋暖流影响的温带海洋性气候区域，再加上位于阿尔卑斯山的北坡，海洋性暖湿气流在此抬升降雨，所以整体上雨量较为充沛。此外还有阿尔卑斯山雪峰冰川每年的春夏融雪，因此瑞士水源充足。

瑞士河流具有上游河流的典型特征，尤其是在阿尔卑斯山区的河段，一般都是山高谷深、水急石大、水质较清、落差较大，不利通航但水力资源丰富，沿途景色优美，是旅游探险的好去处。

莱茵河是欧洲著名的国际河，发源于瑞士境内的阿尔卑斯山区，沿着阿尔卑斯山南北山脉之间的河谷向东北流入位于德国与瑞士边境的博登湖，然后向西，其间接纳发源于阿尔卑斯山北麓，流经瑞士人口最密集、经济最发达的中部高原的阿勒河、罗伊斯河和利马特河（后两河先汇入阿勒河），水流更为壮观，最后经巴塞尔流出瑞士，经德国、荷兰注入北海。莱茵河流域占瑞士国土面积的68%，流域内包括了瑞士最重要的一些大城市，如伯尔尼、苏黎世、巴塞尔等。瑞士境内的莱茵河水流湍急，蕴藏着丰富的水力发电资源。在北部城市沙夫豪森，莱茵河谷出现了一个很大的落差，形成了莱茵河上唯一的瀑布——莱茵瀑布。因莱茵河水量较大，所以尽管落差只有23米，但是瀑布气势磅礴，号称欧洲第一瀑布，是瑞士一处著名的旅游胜地。

罗纳河与莱茵河同发源于阿尔卑斯山的南北两条山脉之间，不过莱茵河流向东北，而罗纳河则流向西南。罗纳河在流出阿尔卑斯山后注入美丽的莱蒙湖，经日内瓦流出瑞士，流入法国，最后注入地中海。罗纳河在瑞士境内的流域面积约占瑞士国土面积的18%，流域地区主要在瑞士西南部。

发源于瑞士的另外一些河流或支流主要在阿尔卑斯山南麓的山坡地区，主要汇入意大利境内的波河和提契诺河，最终流向地中海。这部分河流的流域面积约占瑞士国土面积的9.6%。另外在东部的格劳宾登州有一条名为因河的河流，它是欧洲另一条著名国际河流多瑙河的支流，其流域面积约占瑞士总面积的4.4%，因河汇入多瑙河后流向黑海。瑞士的河流就这样奔向东南西北各个方向，分别注入北海、地中海和黑海，充分体现了瑞士作为"欧洲屋脊"的特征。

瑞士拥有多如珍珠般洒落各处的大大小小的湖泊。瑞士湖泊之多，几乎到了十里一湖的地步。据统计，瑞士共有湖泊1494个，河湖面积达1726平方公里，占瑞士国土面积的4.2%。湖泊最集中的地区是地势高低起伏的中部高原。这些湖泊大多是由冰川期填嵌于冰河的冰或冰碛形成的洼地及盆地。瑞士湖泊之所以美丽，主要是因为它与山相连，有湖有山，湖光山色融为一体，成为瑞士除了阿尔卑斯山以外另一个标志性的旅游资源。

莱蒙湖位于西南端的法国与瑞士边境，面积582平方公里，最深处 310 米，是瑞士最大的湖泊，也是西欧最大的湖泊。另一个大湖是博登湖，也称康斯坦茨湖，位于东北端德国与瑞士边境。其他比较大的湖泊有纳沙泰尔湖、比尔湖、苏黎世湖等，较小一些的湖泊有图恩湖、布里恩茨湖、楚格湖、四州湖等。瑞士有许多湖滨城市，如日内瓦、洛桑、苏黎世等，而且城市与湖泊同名。旅行家们公认，瑞士最美的湖泊当属锡尔斯湖和席尔瓦普拉湖，它们位于格劳宾登州的上恩加丁。

在瓦莱州州府锡永附近的圣利奥纳尔德，有一个欧洲最大的地下湖，该湖是因地震而形成的，山洞距水面三至四米，由花岗岩和石灰岩构成。湖长 250 米，最宽处 22 米，游人可在此泛舟游弋。湖中还有一些宛如柱子般的岩石露出水面，湖水深 20 米，清澈而不见底，湖水终年温度在 12 ~ 14℃。

汝拉山区是石灰岩质，因为山质空松，地表不易储水，所以缺少湖泊，但是并不缺水，这里有地下水、地下湖等。茹湖和泰尔斯湖是典型的水蚀石灰岩地区湖泊，它们没有地表出口，湖水通过石灰岩中的裂缝慢慢渗出。

冰川与河湖一样，既是瑞士重要的水资源，也是吸引游客的重要旅游资源。瑞士境内的阿尔卑斯山区集中了西欧大多数的高山冰川，其总覆盖面积约 3000 平方公里，数量超过 140 条，其中最大的冰川是位于瓦莱州的阿莱奇冰川，长度达 23.6 公里，面积超过 117 平方公里（见表 1 - 2）。这些冰川是瑞士非常宝贵的旅游资源。

表 1 - 2　瑞士最重要的冰川

冰川	所在州	总面积（平方公里）	主体部分的长度（公里）
阿莱奇冰川	瓦莱州	117.6	23.6
戈尔纳冰川	瓦莱州	63.7	14.5
菲舍尔冰川	瓦莱州	39.0	14.7
因费里奥·阿勒冰川	伯尔尼州	35.5	13.9
因费里奥·格林德尔			

续表

冰川	所在州	总面积(平方公里)	主体部分的长度(公里)
瓦尔德冰川	伯尔尼州	27.1	9.4
科尔巴西埃冰川	瓦莱州	22.7	10.9
上阿莱奇冰川	瓦莱州	22.6	10.4
奥泰马冰川	瓦莱州	21.8	10.3
丰恩冰川	瓦莱州	20.9	9.1

资料来源：Switzerland, 2001, Kümmerly + Frey, CH - 3052 Zollikofen-Berne。

2. 气候

瑞士的气候特征不易概括，因为它地域虽小，气候却很复杂。瑞士位于欧洲中部，处于北半球温带地区，纬度不高，它的气候受四种主要的欧洲气流影响，即来自大西洋的气流、东欧大陆气流、北欧副极地气流和地中海南部气流。瑞士的地形复杂，高山沟谷既是阻挡气流运动的屏障，又是导致局部气候突变的因素。而就不同的海拔而言，其气候特征也不一样。瑞士的气象预报一般分为阿尔卑斯山北侧、瑞士南部及恩加丁区。阿尔卑斯山以北受温和潮湿的西欧海洋性气候和冬寒夏热的东欧大陆气候的交替影响，四季变化较大；阿尔卑斯山以南则属海洋性气候，它受地中海气候的影响，全年气候宜人。

瑞士的海拔高度决定了其气候凉爽的特点。夏天的瑞士，即使是一般地区，也是欧洲的避暑胜地，而高山地区则是很寒冷的。瑞士冬季和夏季的月平均气温都与地理位置及海拔高度相关，不同地区相差很大。以人口、城市最多的中部高原地区为例，这里比西欧的其他地区要凉爽一些，但同属大西洋海洋性气候，气温相差不算很大。冬季月平均最低气温出现在 1 月，为 2 ~ 3℃，夏季月平均最高气温出现在 7 月，大约为 25℃。一些高海拔地区的常年气温都比较低，那里经常会有大量来自世界各地的旅游者。以举办冬奥会而闻名的圣莫里茨海拔 1856 米。在 1 月，海拔 375 米的日内瓦平均气温为 0.3℃，圣莫里茨的平均气温是 - 2℃，最低气温能达到 - 30℃ ~ - 29℃；而到了 7 月，当日内瓦平均气温为 18.6℃ 时，圣莫里茨的平均气温为 17.9℃，最低气温仍在零下。

在降水方面，由于受到海洋性潮湿气流和高山阻挡抬升作用，瑞士的降水量要比西欧其他国家更为丰沛一些，但各地的雨量分布不均。降水量最大的要属阿尔卑斯山的南北两个边缘地带，这里气流抬升明显，年降水量在2000毫米以上；山区内部因高山阻挡降水量明显减少，最少的仅有500毫米左右。中部高原的年降水量一般在1000毫米左右。全国年平均降雨量为1500毫米。

从气候类型上说，中部高原大致属于温带海洋性气候，冬冷夏凉，气候湿润，降水较为丰富，比较适合畜牧业的发展。阿尔卑斯山区则是地形复杂，气候差别最为显著。在东西走向的阿尔卑斯峡谷，背阴的斜坡为浓密的针叶林所覆盖，而在阳光充足的向阳山坡，却是山庄、农舍和草场。总的来说，各种气候呈带状垂直分布，海拔越高，年均气温越低，到雪线以上则接近高山严寒气候。阿尔卑斯山南麓地区明显接近地中海型气候，夏季比较炎热而且干燥，冬季则温暖而湿润。人们乘坐汽车或火车穿越阿尔卑斯山的大隧道时，可以感受到各种气候的区别非常明显。

对瑞士气候产生影响的还有多种形式的风。山区中有山谷风。温暖季节里，山中谷地的气流从上午开始由于日照而受热形成上升气流，随山谷上升并在山顶四周遇冷空气形成云彩，但是到了下午太阳光照消失，空气骤然变冷，寒冷气流反过来从山上顺着山谷向下流动，形成强劲而寒冷的山谷风。这种气候特点对在山区居住和旅游的人都会产生影响。还有一种干冷的北风或东北风，从欧洲大陆东部吹来，穿过沃州和纳沙泰尔高原，对瑞士气候也产生较大的影响。

瑞士最独特的风是"焚风"（Fohn），这种风一般发生在阿尔卑斯山北麓，主要是阿勒河、罗伊斯河上游谷地，对这些地区的气候造成极大的影响。"焚风"形成的原因及过程主要是：从南边地中海吹来温暖而潮湿的气流，在遇到阿尔卑斯山后抬升，升高冷却后，空气中的水分变成夹着雷暴的大雨而降落，水分减少了，但是气流还在运动，当这股气流越过阿尔卑斯山之后转而从山上向山下吹，温度随着高度的下降而不断升高，便会形成一股又干又热的气流，这就是"焚风"。每当焚风出现，阿尔卑斯山北麓的一些地区气温就骤然升高，即使在早春3月或者是晚秋 11 月，天气也会像夏季一般炎热。

　　焚风所带来的影响，主要是气候突变，阿尔卑斯山的南麓因焚风到来而降水暴涨，容易出现山洪和雪崩等灾害。阿尔卑斯山的北麓则正相反，焚风使天气变得干燥，森林大火易发，以木结构为主的乡村建筑被烧毁。然而焚风也使北麓的气候变得温暖，利于植物在纬度、海拔较高的山上生长。对于游人来说，焚风能使天空万里无云，阳光普照；空气清澈透明，能见度非常好；山上的景色更加迷人，色彩更为艳丽，令人心旷神怡。

　　五　人口、民族、语言

　　人口　瑞士的总人口约为 803.91 万（2012）。长期以来，瑞士在统计总人口时都包含了拥有居留权的外国人和国际组织的外籍职员等外籍人口。2012 年，外籍人口约占总人口的 23.3%，瑞士籍的人口约 600 万。

　　从 1850 年开始，瑞士就有了定期人口普查。瑞士在 19 世纪中叶的人口大约为 250 万。从那个时候开始，西欧国家进入工业化。和大多数西欧国家一样，随着劳动生产率的提高、公共医疗条件和居住条件的改善、生活水平的提高，瑞士的人口出生率明显上升，死亡率下降，人口显著增加。到了 20 世纪 40 年代，由于第二次世界大战的影响，人口增长放缓。从 50 年代开始，随着整个西欧的经济复苏，瑞士经济的迅速发展，瑞士人口再度快速增长，整个 60 年代人口增加了 15%。

　　从 20 世纪 70~80 年代开始，与西方大多数进入"后工业时代"的发达国家一样，瑞士的人口出生率和增长率明显下降，平均年增长率低于 1.5%。从 90 年代开始，人口增长率更趋下降。1991~1999 年人口的总增长率为 6.0%，而 1991 年的人口增长率为 1.3%，1997 年仅为 0.2%，1999 年为 0.6%。总体上瑞士人口的发展趋势是低增长、老龄化，基本与西方发达国家的人口发展趋势相同。

　　移民是影响瑞士人口变化的另一个主要因素。20 世纪 80 年代，瑞士 2/3 的人口增长来自移民，而移民潮的出现主要是由于强劲的经济增长对劳动力的需求和瑞士相对较高的生活水平对移民的吸引，这种现象在 80 年代后半期表现得尤为明显。2012 年，瑞士移入人口 14.9 万，移出人口

10.3万，移民使人口净增4.6万。

瑞士是欧洲的一个小国，800多万人居住在4万多平方公里的国土上，平均每平方公里约有201人（2012年），加上它相当大一部分国土为高山和湖泊等不适合人类居住的地区，所以瑞士人口的真正密度要在每平方公里250人以上，这在欧洲是个比较高的人口密度。

瑞士人口的城市化程度很高。2012年，瑞士总人口的73.7%居住在城市地区（城镇中心加上日益扩展的郊区），相对于1950年的57.6%已经发生了很大的变化，而在1930年城市人口占总人口的比例只有36%。随着人口城市化程度的升高，瑞士的人口又呈现出向城市外围发展的趋势，其原因是市中心大量服务性行业的存在（如银行、保险公司及其他办公场所、商业场所），抬高了周围的地产价格，经济压力迫使许多居民不断地向城市的外围搬迁。其实，比起欧洲其他发达工业国家，瑞士人口的城市化程度又并不算高，这主要和瑞士的社会经济结构有关。瑞士人口城市化的过程，同时也是瑞士产业结构和产业人口从第一、第二产业向第三产业转移的过程。但是瑞士的农村人口大迁移过程并没有像其他工业化国家那样对整个国家产生很大的冲击，因为瑞士的大部分工业都是牢牢地建立在乡村的基础上的。

从语言和民族的地域分布上看，德语瑞士人（德瑞）主要分布在瑞士中部和东北部各州，法语瑞士人（法瑞）主要分布在瑞士西部和西南部各州，意大利语瑞士人（意瑞）主要分布在瑞士东南部的提契诺州，罗曼什人主要分布在格劳宾登州（格里松）。

瑞士人口构成中有一个独特现象，即人口中大约有1/5为外籍居民。2012年，在总人口中瑞士籍人口占76.7%，外籍人口占23.3%。外籍人口包括在瑞士拥有工作许可证的外籍劳工、边境工（居住在外国却在瑞士上班）、季节工（在不同的季节来瑞士从事短期工作）、在联合国和其他国际组织中工作的外交官和职员、来自世界各国的难民等。他们事实上不是瑞士人，不拥有瑞士国籍，但在瑞士人口统计时，这些人是被统计在内的，要是排除这些人，瑞士人口的实际数字约为600万。

由于地理和经济原因，外籍人口在各州所占比例不同。在城市与乡村所占比例相差更大，外籍人口中只有3%的人生活在农村，而35%的外籍人住在日内瓦。

外籍人口中，除了外交人员、国际组织工作人员以外，主要就是外籍劳工。"二战"前，外籍人口主要来自意大利、德国等邻国，一度占人口的14.7%，这是外籍人口第一次占比较高的比例，这些人为瑞士的经济发展提供了劳动力，更主要的是为瑞士带来了资本和技术。"二战"后，随着瑞士经济的发展，人民生活水平的提高，外籍劳工的人数不断增加。一般来说，外籍劳工主要来自南欧、东欧一些相对不发达国家，他们主要从事一些劳动强度较大、技术含量较低的工作。在20世纪90年代，外籍人口始终占总人口的18%以上，形成所谓的"第二次外籍人口冲击"。尽管外籍劳工为瑞士经济发展做出了很大的贡献，但是瑞士国内一直有一股排外的情绪，尤其是在瑞士经济不景气的时候，这种情况尤其明显。

表1-3 1950～2012年瑞士境内常住外籍人口变化情况

年度	总数（千人）	占人口的百分比（%）	年度	总数（千人）	占人口的百分比（%）
1950	285	6.0	2000	1424	19.7
1960	514	9.5	2010	1766	22.4
1970	1002	16.1	2011	1816	22.8
1980	914	14.4	2012	1870	23.3
1990	1127	16.6			

资料来源：瑞士国家统计局。

瑞士人口结构的多样性这一特点，还体现在长期居住海外的瑞士人在总人口中占相当大的比例，人数已达71.57万（2012），几乎相当于沃州的人口。海外人口有3/5居住欧洲，绝大多数生活在瑞士周边的法国、德国和意大利，还有1/4居住北美，主要是美国和加拿大。海外瑞士人中有2/3拥有双重国籍。瑞士人愿意长期或短期移居或定居海外，主要是基于两个原因。第一，经济原因。由于自然资源和环境较差，生活窘困，瑞士人到海外寻求生路，这曾经是最主要的原因。从14世纪末期到19世纪中期，延续了几个世纪的雇佣兵制度，也是由于经济因素而产生的，此间瑞士向整个欧洲战场输出 100 多万雇佣兵。第二，其他原因。宗教、冒险以及寻求个人发展，如充当外贸代表、从事文化或经济合作以及科学研究等，逐渐取代了经济因素，成为瑞士人外流的主要原因。

1966 年，瑞士宪法增加了一项专门适用于海外瑞士人身份问题的条款。海外瑞士人在瑞士境内的利益由专门的瑞侨委员会和瑞侨服务局负责。这些机构同时也为海外的瑞士人提供各类咨询及其他服务。从 1992 年 7 月 1 日起，海外瑞士人可以通过邮件对联邦事务和国民议会选举进行投票表决。

民族　瑞士是欧洲一个非常独特的国家。其他欧洲国家一般都是单一民族为主，而瑞士是一个多民族国家。历史上，瑞士的土地上曾经有多个民族居住。

瑞士最古老的居民是凯尔特人，其中有历史记载的是海尔维第人，在瑞士东南部还有从古意大利列托、威尼斯和伊特拉斯坎等王国迁入的移民。公元前 1 世纪，瑞士被罗马帝国征服。公元 3 世纪开始，来自欧洲北方日耳曼人一个部落联盟的阿勒曼尼人侵入罗马帝国统治下的瑞士东部和北部地区；另一支日耳曼人的部落——勃艮第人则占据了瑞士西部地区，并建立了勃艮第王朝。阿勒曼尼人和勃艮第人以阿勒河为界，形成了今天的说德语的瑞士人（即德瑞）和说法语的瑞士人（即法瑞）的前身。在瑞士现有的民族中，历史最古老的，人口数量最少的是罗曼什人，他们是罗马人的后裔，在日耳曼阿勒曼尼人入侵的时候逃入偏僻的阿尔卑斯山区。今天，在位于瑞士东部的格劳宾登州（格里松）地区，当地居民还在说属于拉丁语的列托－罗曼什语（或罗曼什语）。

再说瑞士南部，在阿尔卑斯山南坡的提契诺州，由于地理和历史的原因，与意大利关系紧密，居民以意大利移民为主，讲意大利语。该地区自中世纪就与瑞士有很深的联系，最终于 1803 年加入瑞士联邦，这部分居民就成为说意大利语的瑞士人（即意瑞）。

对于瑞士来说，奇特的不是一个国家拥有多个民族，而是这几个民族都与各自同民族同语言的大国相邻。德国、法国、意大利这几个欧洲大国，对各自同民族的瑞士邻居必然产生深刻影响，互相之间有割不断的联系。对于瑞士人而言，德瑞明显更了解和关心德国，法瑞则明显更了解和关心法国，这是非常自然的。在瑞士国内各民族之间，尤其是德瑞和法瑞之间，有一种微妙的关系，互相之间存在隔阂甚至轻视，地域观念很强，排斥心理较重。但是瑞士没有因为这些民族之间的差异与隔阂而分裂，而是多民族和谐共存，这一点作为瑞士的立国根本，在瑞士政治社会生活的各个方面都得到了很好的体现。可以说，瑞士人是搞平衡的专家，从官方语言的使用，到国家首都的选择，再到政府官员的任职，无不小心翼翼地维持着这种平衡。即使小到火车上报站名所选用语言的顺序这样一个细节，瑞士人也不放过。在法语区，先用法语报站名，再用德语报站名，到了德语区，就变成了先报德语站名，然后报法语站名。瑞士联邦委员会主席的就职演说，要分别用德、法、意三种语言讲一遍。一般在公共场合发言，发言人经常不厌其烦地至少用德语、法语两种语言来发言。从大的方面说，联邦制的政治制度，是实现瑞士各民族和谐共存的政治基础，除了在联邦这个层次的"刻意"平衡之外，州和市镇这两级地方政府拥有相当的自主权，它们在保证本乡本土的文化特性、培养瑞士人对自己家园的文化认同感方面起到很大的作用。

瑞士人的民族自我认同这个问题，即使在瑞士人自己看来，也不是轻易能够说清楚的。对外，他们强调自己是"瑞士人"，瑞士从"老三州"时代就开始具有了"瑞士联邦"的概念，具有共同的民族感情。随着不同语言、宗教、文化的州的先后加入，瑞士逐步培养了多民族多元文化并存的包容性，同时在共同建设国家的历史中发展了瑞士自身的"民族意识"。然而在国内，瑞士人各自强调自己的家乡、母语，明显倾向于自己的母语国家，甚至在"二战"时，德语区的德国化倾向非常明显，这说明这个多民族的"民族意识"具有一定的局限性。但是，纳粹德国在"二战"时的种种倒行逆施也激起瑞士人民的极大反感和憎恶，意大利语区的人民也看到了意大利法西斯的真面目，法语区的人民则对法国维希政府彻底失望，这些因素反而促使瑞士人民弥合分离倾向，团结起来共同对敌，度过了困难时期，更重要的是重塑了瑞士各民族对自身多民族国家的认同。

语言 瑞士本国语言共有四种：德语、法语、意大利语及列托－罗曼什语（或罗曼什语）。其中讲德语的人口占 64.9%，主要在北部和中部地区；讲法语的人口占 22.6%，主要在西部地区；讲意大利语的人口占8.3%，主要在南部地区；讲列托－罗曼什语的人口占 0.5%，在东部少数地区。此外，还有一些讲塞尔维亚－克罗地亚语、阿尔巴尼亚语、葡萄牙语、西班牙语、英语、土耳其语等语言的人口。

不同的民族说不同的语言，这就造成瑞士一个独特的现象：没有统一的语言，只有各个民族自己的语言。四个民族说四种语言，其语区的划分基本与民族区域一致。

瑞士宪法规定德语、法语和意大利语均为官方语言，具有同等的法律效力。宪法规定，瑞士所有法律条文、政府文告、宪章制度均需采用三种语言同时公告，同时尽管列托－罗曼什语没有被承认为官方语言，但是它和德、法、意语一样，属于"民族语言"（1998 年联邦宪法）。在格劳宾登州，上述的所有文件还需要用五种罗曼什语方言翻译出来。各种语言之间差异很大，这给翻译带来了困难，同一个地名，通过法语翻译和通过德语翻译可能差别很大，如果再加上用英语翻译的版本，很可能给人们的理解也带来困难。

瑞士以多种语言同时作为官方语言，基于如下的原则：个人使用母语的自由原则和尊重地域的原则，意即保障个人使用自己母语权利的同时保障地方政府在其属地内确认一种民族语言作为官方语言的权利。在现实生活中，多语言共存现象总存在不可避免的麻烦或问题，但是操不同语言的瑞士人却能够很好地"和平共处"。

德语在瑞士是最大的语种，说德语的人不但人口最多，而且在经济、文化方面也占据优势地位。瑞士德语与标准德语差异很大，尽管书面表达、课堂讲授的都是标准德语，在正式场合也使用标准德语，但是人们似乎更愿意说自己本乡本土的"德语方言"，并通过坚持自己的方言来表明自己特殊的文化背景，在身份认同上与德国人拉开距离。

历史上，由于阿勒曼尼人占领的瑞士地区罗马化程度比较弱，因此阿勒曼尼人在这里推行自己的语言，形成了瑞士德语。瑞士德语与德国的标准德语（高地德语）差异颇大，只有经过专门学习的德国人才能听得懂瑞士德语。尽管都是德语，都源自古日耳曼语，但是瑞士德语和标准德语的"进化程度"不同，前者更多保留了古日耳曼语的语法、词汇和语音，而且在发展过程中又受到古代瑞士居民凯尔特人的语言和现代瑞士居民中的法语、意大利语的影响和渗透，因此与标准德语形成显著区别。瑞士德语还有一个特点是方言无数，几乎每个地方都有自己的方言，一个州内部各市镇之间的德语都能有很大的差异，尽管互相之间基本都听得懂，但是瑞士人能非常敏感地察觉出其中的区别。

瑞士德语的书面形式就是标准德语，学校也教授标准德语，因此德语瑞士人都能熟练地说与写标准德语，可以说，他们能在标准德语和瑞士德语这两种差异甚大的德语之间转换自如。

勃艮第人所占领的瑞士地区在历史上深受罗马文化的影响，勃艮第人征服此地后与原来这里罗马化的居民相融合，接受和改用了罗马－凯尔特人的语言，但当时这里仍然只有一种口语化的拉丁语。法语从 13 世纪开始传播，并逐步取代古拉丁语，形成了今天的瑞士法语。同马丁·路德在德语发展过程中起到的重要作用类似，在瑞士法语发展与形成的过程中，著名的宗教改革领袖加尔文起了重要作用。随着加尔文的宗教改革思想在欧洲广泛传播，瑞士法语的传播与地位都得到了大大的加强。1848 年现代联邦成立后，联邦宪法承认各语言平等与独立，这更推动了法语区语言文化的发展。

和瑞士德语一样，瑞士法语也与标准法语存在差异，但没有两种德语的差异那么明显，瑞士法语与标准法语的关系也有点类似于前者是后者的一种方言分支。与标准法语相比较，瑞士法语借用了一些德语词汇，在数字表达上，瑞士法语与标准法语采用了不同的方式，称呼也与标准法语不尽相同，同时各地的法瑞有着不同的口音。从发展上看，瑞士法语在逐步接近标准法语。不过，瑞士政府机构内操各种语言的人士都有，母语非法语的瑞士人，如德瑞和意瑞，他们所说与写的法语与标准法语差异更大。

从地理上看，生活在提契诺州的意瑞与意大利发生联系要比受阿尔卑斯山阻隔的瑞士腹地更容易一些。由于这种地理上的接近，瑞士意大利语与标准意大利语的区别不大，瑞士意大利语的口音与意大利北部口音更加接近。另外在格劳宾登州南部有四个山谷地带的居民也说意大利语，但是他们的习俗、宗教信仰与提契诺州很不相同，语言上也有不少差异，因此属于"少数民族"。总体而言，由于意大利语区人数比较少，语言与文化方面受到北进的意大利语区和南下的德语区的"夹击"，加上"国际语言"英语的影响，瑞士意大利语区语言与文化的独立性在逐渐缩小。

列托－罗曼什语是瑞士的"第四种语言"，但是使用这种语言的人太少了，少到几乎要使这种语言消失的程度。因为说这种语言的人数不到瑞士总人口的1%，而且绝对数量过少，总共不超过5万人，还分为多种方言，人口居住分散，没有一个列托－罗曼什语的文化中心，因此这种语言的生存空间就很成问题。罗曼什人特别是年轻一代为了对外交流不可能不学习其他语言，尽管存在列托－罗曼什语，但是人们慢慢接受了瑞士德语，而列托－罗曼什语逐渐成为书本上的语言或者叫作"语言标本"。

由于瑞士是国际旅游胜地、世界金融中心以及联合国和众多国际组织的所在地，因此相当多的瑞士人都能熟练地使用英语，英语已经成为瑞士不同语区之间以及瑞士人对外交流活动中的"官方语言"。在瑞士人中，尤其是年轻一代，德瑞不懂法语、法瑞不懂德语的情况很普遍，尽管法律鼓励学校将瑞士官方语言中的另外一种语言选择为第一外语，但是并不强制。而从实际需要来说，学习国际通行的英语似乎更为实用一些。因此，瑞士人能说英语的情况非常普遍。另外，复杂的语言环境早已将瑞士人训练成真正的语言天才，很多人从小就能说两种语言，大多数瑞士人都能说两三种语言，如果加上不同方言，就更复杂了，但是瑞士人都能运用熟练、转换迅速。

由于存在多种官方语言，而在全国统一的邮票、汽车牌照和硬币上又无法全部印制各种语言，为了平衡和照顾到各种不同语言，瑞士人发扬了瑞士式的"民主"，采取折中办法，选用瑞士古代名称海尔维西亚的缩写"CH"，这样，哪一种语言都不是，哪一部分人都可以接受。这也是瑞士人独特办事风格的一个典型例子。

瑞士语言的复杂性体现了瑞士历史、民族、语言、文化的多元性。在多民族长期共存中，瑞士人发展了对这种多元性的理解，就是相互宽容、彼此尊重。瑞士联邦最早诞生于德语区，很长一段时间以来，瑞士是一个德语国家，随着其他语区的加入，语言成了一个问题，但是德语一直居于主流地位，直到1848年现代瑞士联邦成立，多语言的合法性才被写进宪法，更为重要的是多语言、多民族、多元文化并存发展成为瑞士人的一个共识，进而演化成一种独特的民主传统。

六 国旗、国徽、国歌、国花

国旗 瑞士国旗是红色的底，中央有一个白色的十字。在欧洲采用十字作为国旗的国家很多，十字表明瑞士是一个以基督教立国的国家，至于红色的底色，按照瑞士人的解释，象征着瑞士人的奋斗精神和爱国热情。另外一种解释是：十字象征古代国王出征时佩戴的徽记，红底则象征"血战到底"。

瑞士国旗与国际红十字会的图案一致而颜色相反，前者是红底白十字，后者是白底红十字，两者颇有渊源，据说最早的民间性质的人道主义救助组织就是在瑞士出现的，该组织因旗帜图案与国旗一样，于是就使用了瑞士国旗，但是将颜色调换，后来就发展出了国际红十字会的标志。

国徽 瑞士国徽为盾徽，其图案和颜色与国旗相同。

国歌 瑞士作为一个正式国家开始于1848年，其自成立以来一直没有正式的国歌，先后有几首歌被作为"代用"国歌而使用，在最后决定是否将其作为正式国歌时，总是因为反对意见而迟迟定不下来，直到20世纪80年代，才最终决定将《瑞士颂》作为瑞士的正式国歌。由于瑞士为多语言国家，所以国歌有德、法、意、列托－罗曼什语四种不同语言的歌词，其内容略有不同，这也从一个侧面体现了瑞士多民族联邦国家的特点。2014年，瑞士人呼吁更换一首新国歌，认为现有国歌中规中矩，略显平淡，像是"交织着赞美诗的天气预报歌"，新国歌评审委员会已接到215首歌曲，其中包括129首德语歌、69首法语歌、7首意大利语歌、10首列托－罗曼什语歌。

国花 瑞士的国花为火绒草。火绒草又叫高山火绒草，也叫雪绒花，菊科，多年生草本植物，生长于阿尔卑斯山的高山草场，叶子很窄，叶面覆盖一层浓密的白色绒毛，有一种淡雅的清香，高度可以达到 20 厘米，是瑞士具有象征性的花，多在文学艺术作品中被吟诵。瑞士人认为火绒草迎霜傲雪、不畏严寒、不求奢华，是瑞士人的精神象征。

第二节　宗教与民俗

一　宗教

瑞士居民主要信仰天主教和基督新教，据统计，瑞士的罗马天主教徒占人口总数的 38.2%，基督新教徒占 26.9%，其他基督教徒占 5.7%，其他为犹太教徒、伊斯兰教徒、无宗教信仰者以及未说明信仰者。

瑞士宪法保证宗教信仰自由。但从瑞士国旗上就能看出来，瑞士是一个标准的基督教国家，历史上新旧两大教派反复冲突的结果造成瑞士两教大致势均力敌、彼此交错，在各个州里都存在着。天主教在全瑞士分为 6 个教区，主教府设在索洛图恩、弗里堡、锡永、库尔、圣加仑和卢加诺 6 个城市。而新教的组织结构相对分散，每个州都有一个宗教会议，宗教会议选出执行委员会来管理本州宗教事务。

瑞士被罗马人占领时期，基督教由罗马商人和士兵传入瑞士，在日内瓦、马提尼和库尔等地建立了最早的一批教堂。到中世纪，在神职人员和贵族阶层的努力下，加上国外修道士的巡回传教，基督教成为统治瑞士的唯一信仰。

16 世纪，基督教内部酝酿改革，以马丁·路德为首的宗教改革思想席卷基督教世界。在瑞士，宗教改革的领导者是茨温利神甫，他受到伊拉斯谟人文主义思想的影响，响应路德的改革。1518 年，茨温利担任苏黎世大教堂大众神甫，开始宣扬宗教改革思想，对教会的统治地位发起挑战。1520 年，茨温利在苏黎世当局的支持下进行宗教改革，并在 1523 年的大辩论中取得胜利，从而奠定了新教在瑞士德语区传播的基础，不少城市和州纷纷改宗新教。新旧教派的对抗引起宗教战争，天主教州出兵攻打苏黎世，茨温利亲自领兵应战，不幸阵亡。双方签订和约，新教的扩张势头受阻，天主教和新教的各自地盘也基本上固定下来。尽管如此，在两大教派和平共处之前，双方的斗争延续了很长一段时间。

瑞士西部法语区的宗教改革更为深入，这里的宗教改革发展成为一场既反对封建贵族权力又反对教会权力的政治运动，日内瓦是这次运动的中心，而代表人物是著名的宗教改革家加尔文。加尔文是法国人，他从1536 年起在日内瓦推行宗教改革，使日内瓦成为宗教改革的国际中心，对英国、法国的宗教改革运动产生很大的影响。日内瓦一度成为"新教的罗马"，1909 年在这里树立的宗教改革国际纪念碑记录了这段瑞士对欧洲产生重大影响的历史。

宗教改革引起整个欧洲的"三十年战争"，在这场战争中瑞士保持了中立，并将这种中立作为一种传统逐步发展并形成了以后著名的中立政策。三十年战争还为瑞士争取来了独立。但是在瑞士境内的宗教改革并非一帆风顺，而是经过不少恐怖、屠杀和战争，直到1848 年瑞士联邦宪法正式承认每个人都有宗教信仰的自由，新旧教派之间的倾轧才慢慢平息。

宗教改革对瑞士历史的影响甚大，两个教派在对各自属地的争夺中逐步形成瑞士联邦的观念，新旧教派在经过多年争斗之后形成的彼此宽容的理念与共识，为瑞士后来形成一个多民族、多语言的国家奠定了精神基础。另外，新教中的"清教徒精神"鼓励勤奋、节俭也对瑞士的经济发展起了精神上的推动作用。

现代瑞士在宗教问题上是比较宽容的。除了基督教，瑞士境内还有多种其他宗教，在瑞士影响最大的非基督教宗教是犹太教。1897 年，西奥多·赫茨尔（Theodor Herzl）在瑞士的巴塞尔召开第一次犹太复国主义者大会，大会成立了世界犹太复国主义者组织（WZO），西奥多·赫茨尔被推选为该组织的第一任主席。据统计，20 世纪 30 年代，瑞士的犹太人有1.8 万人。2011 年，瑞士犹太人大约有 2 万人，约占瑞士人口的 0.3%，这些犹太人散居在瑞士的各个城市里。至少 20 个瑞士城镇中有犹太教区，这些教区附属于"瑞士联邦犹太人社区组织"。虽然人口总数不多，但是由于犹太人整体上对社会具有一定的影响力，因此犹太教成为瑞士最大的非基督教宗教。

随着近年来外籍移民不断涌入，穆斯林人数猛增，分布在全国各地，分散在各种职业中。几十万信仰独特的穆斯林进入瑞士，的确对瑞士的社会生活、宗教生活产生影响，"9·11"事件之后，许多欧洲国家的穆斯林受到攻击和歧视，但是瑞士人民对穆斯林还是比较温和的，不友好的行为只是极个别的情况。穆斯林在瑞士建造了许多清真寺，他们的信仰受到尊敬和保护，在苏黎世还有一座阿联酋资助建造的伊斯兰文化中心。

二 节 日

由于地理、语言、民族、宗教等因素的影响，瑞士的节假日比邻国更加丰富多彩。有联邦的节日、各州的节日、市镇一级的节日，还有宗教节日、传统文化节日、音乐节日等，名目繁多，总数有上百个之多，充分体现了瑞士文化的多元性。

8月1日为国庆节。一般认为1291年8月1日是"老三州"签订"永久同盟"条约的日子，因此8月1日被看作瑞士联邦成立日。这一天的公休方式因地而定，没有统一的标准。

瑞士作为一个联邦国家，除少数几个公众假期全国大体一致外，各州根据自己的情况有各自的地方假日。瑞士的公众假日和西方各国普遍庆祝的节日相同，有元旦（1月1日）、圣诞节（12月25日）、耶稣受难日（复活节前2天）和"升天节"（复活节后40天）。而"复活节星期一"和"圣灵降临节"在有些州也被定为假日。

圣诞节是西方社会最为重要的节日，圣诞节假期往往与新年假期连在一起，成为一个长达两三周甚至一个月的长假，很多瑞士人利用这段假期出国旅游或者上山滑雪。在新年到来之际，有些地方要举行游行，或者用其他形式的活动来辞旧迎新。

复活节也是西方一个比较重要的节日，时间是春分满月后第一个星期日，一般在3月底或4月初，正是春天来临的时节。人们往往举行以宗教为主题的盛大游行活动，还有一项以儿童为主的活动颇为有名，其内容是绘制复活节彩蛋。复活节前几周，各地往往还有狂欢节，规模最大的要数巴塞尔和卢塞恩的狂欢节。巴塞尔城的狂欢节整整持续三天，人们戴着各种面具，身着奇装异服，在各种乐器的演奏下进行化装游行，人数达一两万之众，人们通宵达旦饮酒作乐，尽情享受和宣泄，每年都能吸引瑞士各地和其他国家的数万人前往参观。

在瑞士，节日活动一方面延续了民族传统文化与宗教意义，另一方面也是群众性的娱乐和休闲方式，同时还是吸引外国游客的有效手段。

瑞士各地比较有名的节日主要有下面这些。

驱鬼节（1月13日）：每年在阿彭策尔州的乌尔奈施举行。

雪橇节（1月中旬）：每年在恩加丁山谷和克洛斯特山谷举行。

驱鬼节（2月下旬）：在勒琴山谷举行，由数名戴着恶鬼面具的男子在村庄里进行游行，借此来赶跑恶鬼。

赶雪节（3月1日）：在格劳宾登地区举行，男孩子每到这一天都要带着大大的铃铛，发出咣当咣当的声音从每家每户门口走过。

狂欢节（复活节之前）：在各个城市和乡村都普遍举行，以巴塞尔和卢塞恩两地最为著名。

受难节（复活节之前）：在各地都有活动，内容以哀悼耶稣受难的宗教仪式为主。

迎春节（复活节后第一个星期天）：主要流行在苏黎世地区，随着白昼逐渐变长，人们可以工作到晚上6点，这个节日的含义就来源于此。从14世纪开始，迎春节后每天下午6点大教堂敲一次钟，宣布当日的工作已经结束。首次敲钟的头一天，人们穿古装抬一个人偶出来游行，第二天人们堆起一个又高又大的木架，将象征冬天的人偶焚烧，以昭示冬去春来。

露天议会（4~5月）：在阿彭策尔和格拉鲁斯等地，这个时候就要举行露天议会。这本是一个庄严的政治集会，是瑞士独特的直接民主制度，但现在看起来更像是一个节日。在格拉鲁斯，开会前要先举行游行，州长佩剑走在前面。以往露天议会只有男性才能参加，如今早已对妇女开放。

即使是最保守的阿彭策尔地区，也从1991年开始允许女性参加大会。

升天节（复活节后40天）：耶稣复活后40天升天而去，因此这一天称为升天节。节日一般都在五六月份，各地普遍举行庆祝活动。在卢塞恩州的贝罗寺镇，由当地神甫带头，几百名教徒骑马到田地四周巡回。神甫手捧由红葡萄酒和小块面包组成的"圣餐"，护送的有士兵、乐队、十字架和旗帜，整个游行队伍绚丽多彩。在巴塞尔乡半州，各市镇当局会邀请本地居民沿本地区的边界散步，路上人们讨论本地的大事，借此机会互相接触，联络感情。

放牧节（6月）：每逢节日，在很多地方，各家各户的农民要把自己的牛集中送到草地上去，这时会举行一个仪式，仪式的主角是头戴花环的牛。阿彭策尔地区的放牧节最为有名。

阿尔班节（6月最后一个星期日）：在苏黎世州的温图尔特举行。1264年6月22日该市获得自治地位，正好那天是圣阿尔班日，所以叫阿尔班节，但与圣阿尔班无关。这一天老城区里摆满了各种各样的小吃摊，还有乐队表演和游艺活动。

约德尔节：在阿尔卑斯山区，人们在夏天举行约德尔节，演唱瑞士独具特色的山歌约德尔。

赛马节（8月第二个星期日）：是汝拉州的一个节日，由原来的牛马集市发展而来，随着牛马不再用于耕作，市场交易逐步改成良种马的展览和跑马比赛，同时也成为吸引游客的旅游项目。

投石节（9月）：是瑞士古代流传下来的投石比赛，在因特拉肯地区举行。

摔跤节（9月）：摔跤是瑞士传统的体育活动，有自己的一套比赛规则，形成了专门的节日。

斗牛节（9月）：在瓦莱州的农村，乡民饲养一种好斗的牛，各个村庄在斗牛比赛中胜出的牛将聚集在一起进行决赛，决赛在锡永郊外的艾普洛举行。每年大约有20头牛参加决赛，历时整整一天的时间。

葡萄节（9~10月）：在盛产葡萄和葡萄酒的纳沙泰尔、莫尔日、卢加诺等地举行。纳沙泰尔的节日庆祝形式主要是盛大的葡萄节大游行，由装饰着鲜花的彩车、欢快的音乐组成。游人一边欣赏游行队伍，一边品尝街边小摊上丰富的本地风味。卢加诺的花车大游行更加热闹，很多人从意大利和瑞士北部赶来，带着自己的乐队参加这里的大游行。

放牧节（9～10月）：这是把牛从草地上赶回家而举行的节日。

洋葱节（11月最后一个星期一）：伯尔尼每年举办洋葱节，在节日那天，市中心的10多条街道一夜之间变成了一个巨大的集市，来自周边的农民在这里摆下成百上千的摊子，出卖他们生产的洋葱和其他各种蔬菜水果，同时伴有各类庆祝活动。

圣尼古拉节（12月）：在德语区很多地方都举行，具体时间因各地而异，庆祝形式也各地不同。圣尼古拉被认为是孩子的保护神，因此参加者多为孩子。

攻城节（12月12日之前的星期天）：这是日内瓦悠久的传统节日，又称登城节，节日源自1602年的一段历史。那年，日内瓦城遭到法国军队的进攻，日内瓦人民勇敢地击退了法军，为了纪念这一胜利，每年这天的晚上人们都要举着火把游行，长长的游行队伍穿过日内瓦的旧街区到达圣彼得大教堂。

三　民俗

瑞士人的性格　瑞士人在西方人中以吃苦耐劳而著称。瑞士人崇尚勤劳节俭。瑞士人常说："我们没有资源，有的只是一双勤劳的手。"由勤劳的双手创造的财富，就没有理由不珍惜。瑞士拥有发达的旅游业，其精良的旅游设施是勤劳的瑞士人用自己的双手打造出来的。瑞士人不分贵贱，无论工作还是家务都事必躬亲，经常会看到知识分子自己动手装修房屋，联邦官员自己种花种草。瑞士人收入很高，但在街头却少见瑞士人开高档轿车。瑞士生产的手表享誉世界，但瑞士人却很少给自己购买名表。注重实用、不讲求奢华的消费意识，反映在他们生活的方方面面。在瑞士，餐厅不允许顾客浪费，要求吃多少买多少。精打细算、节约光荣在瑞士已成为不成文的规定，为国民所自觉遵守。由于瑞士能源贫乏，政府非常重视研究和宣传各种节能方法，比如向国民推介如何节能煮鸡蛋。瑞士人还很重视废旧物品的回收利用。城镇居民在清理垃圾时，总是把玻璃瓶、塑料制品、旧报纸等可回收垃圾和不可回收的垃圾分开，分别倒入指定的 5 类垃圾箱，以便回收和处理。由于长期坚持这种做法，取得了显著的经济效益和环境效益。

瑞士人给人的印象往往是做事严肃认真、善于理财、酷爱整洁、遵守秩序，尤其是德瑞，他们遵纪守法、循规蹈矩、思想比较保守，但是踏实认真、严肃工作，这几乎成为瑞士人在国际上的典型形象。相比较而言，法瑞比德瑞思想更活跃一些，也更开放一些。

由于瑞士是多山内陆国家，有四个民族，讲多种语言，各地都有强烈的地域观念，各语区之间甚至各村各镇之间都有些隔阂和排斥。瑞士人尤其是老一代瑞士人的最大特点是"只有自己的家乡好"，瑞士人的"家乡"往往只是局限在本村、本乡、本镇，超不过州这个范围，更不用说其他民族了。相邻的州方言可能差别很大，彼此还都有些不服气。尽管地域观念很强，瑞士人不论是人与人之间、村与村之间、州与州之间，还是州与联邦之间，都有一种"分而不离"的微妙关系，他们在看重自己的本乡本土文化的同时也对其他民族语言文化保持一种宽容的态度。

服饰　瑞士人崇尚淳朴、自然，在服饰方面表现出简洁随意的特点。在日常生活中，瑞士人着装比较随意，T 恤衫、牛仔裤、夹克衫、长裤和衬衫等休闲装比较常见，而政府官员、公司职员和中老年人的衣着比较正规，常以笔挺的西装、套装、套裙甚至名贵的裘皮大衣示人。在一些正式场合，男士一般穿西装、打领带，或者穿燕尾服、系蝴蝶结。一般白天的着装深浅都可以，但晚上要着深色的服装。女士参加正式活动需着晚礼服或套装，并需化妆。平常瑞士人的衣着颜色以暗淡素雅的中间色为主，很难看到艳丽的颜色，但运动服饰却经常选择亮丽色彩，如登山服、滑雪装等。

由于各个地区不同民族的风俗习惯不尽相同，由民俗演变而来的传统民族服装也各有特色，即使是同一个州，其传统民族服饰也有不同种类的风格。大体上说，瑞士人的民族服装色彩艳丽，上衣的袖口、领子和腰带上点缀着繁复的图案。男士以长衣长裤为主（也有穿瘦腿马裤），配以绣花马甲。在农牧区，男子腰带上装饰着最具有瑞士特色的阿尔卑斯山花和奶牛等图案。女子一般身着镶有花边，配有刺绣、挑花和饰带的短上衣和中长裙，胸前或腰下围系不同花色的围裙，常配以白色长袜和风情万种、千姿百态的帽子。瑞士的民族服装大多是由妇女们在家中手工缝制的。瑞士妇女素有心灵手巧的美名。在中世纪，瑞士北方的圣加仑就是欧洲的手工针织和花边制造业中心。

瑞士人平时基本上不穿戴民族服饰，只有在重大民族节日、传统表演或喜庆日子，才会穿戴传统服饰进行庆祝或表演。

饮食文化　瑞士的饮食文化是值得浓墨重彩之处。由于在地理上处于欧洲中心地带，又由四个不同的民族组成，瑞士因袭了不同民族的传统饮食文化，会聚了南北西东的美食精华，令人目眩。瑞士人喜爱甜品、奶制品和糕点，瑞士的糕饼、巧克力和各种甜点享誉全球。瑞士葡萄酒品质优良，尤其是产于葡萄园区的更属上品。瑞士水果酒甜美但酒精成分相当高，瑞士是世界上人均饮酒量最多的国家之一。法瑞地区的饮食以法餐为主，法式大餐的魅力自不待言，而来自意大利的披萨饼、通心粉等则是意瑞喜欢的食物，占人口多数的德瑞的饮食受到德国饮食的影响，对熏制香肠和烤肉情有独钟。瑞士人不仅对食品的特色品种比较讲究，而且对就餐环境、餐馆周围的风景也有要求，同时非常重视保护传统的老字号。不过与周边国家比较起来，瑞士餐馆里的花费要更高一些。除了本民族的口味，中餐、日餐、泰餐等亚洲饮食在当地有一定的市场，拉美、非洲、阿拉伯食品也很受欢迎。尽管美式快餐受到很多瑞士人的抵制，但是依然在瑞士人尤其在年轻人中很有市场。

在瑞士堪称"国菜"的一种传统食品叫"吕斯蒂"。这种食品起源于瑞士人过去的生活方式。从前瑞士是一个比较贫穷的农业国，人们非常节俭，对饭后剩余的食物也不浪费。吕斯蒂就是用吃剩的土豆作为原料，将土豆切成片，放在锅里用黄油煎成焦黄，再撒上一些盐和奶酪即可上桌。

在瑞士饮食文化中有独具特色的"奶酪文化"。瑞士畜牧业的发展为奶酪生产提供了充分的原材料，使得瑞士奶酪享誉欧洲，风行世界。在瑞士的不同地区能够品尝到不同风味的奶酪。奶酪的制作非常讲究，鲜奶要经过加热、脱脂、搅拌、挤压、储存和烘干等多道工序，而其味道与牛羊的种类、草场的位置、当年阳光和雨水的情况甚至割草所采用的是人工还是机器都有关。瑞士最著名的奶酪叫"埃蒙塔尔"，因其产地而得名。这种奶酪外形酷似车轮，直径有 40～50 厘米，上面有很多孔，那些孔是在奶酪发酵过程中由碳酸形成的气泡，通过这些孔的样子就可以知道奶酪发酵得是好是坏。另外，"格吕耶尔"奶酪有一股很浓的香气，"阿彭策尔"奶酪则是味道清淡，有青草的芳香。

提到奶酪，不能不说瑞士有名的奶酪火锅"丰迪"，这是一道由奶酪制成的佳肴，将不同口味的奶酪如埃蒙塔尔、阿彭策尔、优哈及薄荷奶酪放入下面用酒精炉加热的锅中，加热融化后再加入白葡萄酒一起煮。吃法是将小块面包置于特制的叉子上，然后将面包浸入融化的奶酪后食用，吃"丰迪"时要喝酒或茶帮助消化。另外还有一种吃奶酪的方法叫"拉克来特"：把干酪切开，将切口部分对着明火烘烤，将烤热融化的奶酪随时刮下来，配上煮熟的土豆，趁热食用。

瑞士的巧克力以其特有的品质闻名世界。巧克力的制作工艺是在 19 世纪由瑞士人发明的，很久以来瑞士一直在世界高级巧克力市场上占据很大份额。瑞士巧克力生产一直沿用"传统秘方"，对外秘而不宣。瑞士巧克力种类繁多，被公认与其他地区的巧克力口感不同，更加光滑、细腻、甜而不腻，让人吃后回味无穷。瑞士巧克力每年都大量出口，在国内的销量也很可观，据统计，瑞士人均年消费巧克力 10 多公斤，是世界上人均吃巧克力最多的国家。除了巧克力，瑞士人也喜欢吃各种甜点、蛋糕。

瑞士的葡萄酒以及酒文化也是值得推介的。瑞士境内阿尔卑斯山区的一些朝阳的山坡有良好的葡萄种植的自然条件。从西南部的日内瓦出发沿日内瓦湖旅行，沿途可以看到整片整片美丽的葡萄园。瑞士葡萄酒的度数在 10 度左右，有干白、干红和玫瑰红葡萄酒。葡萄酒的质量由葡萄的品种、土壤、气候条件、发酵技术和储存等因素决定，而品酒、配菜也蕴含深厚的酒文化。由于瑞士葡萄酒的产量不高，加上瑞士人喝得多，所以几乎不出口，因此在其他国家很难看到瑞士产的葡萄酒。除葡萄酒外，瑞士还有苹果、梨、杏、李子等水果酿造的水果酒，但这类果酒往往酒精含量很高。

咖啡在瑞士是最普遍的饮料，饮用咖啡是瑞士人离不开的生活习惯，起床后、工作间、交谈时以及用餐后都要喝一杯浓香四溢的咖啡。瑞士街头的咖啡馆也比比皆是，人们到咖啡馆不仅可以品尝自己喜爱的咖啡，而且可以处理工作，与客人会谈。文学家或者画家尤其喜爱光顾咖啡馆，欧洲著名的艺术流派"达达主义"就是在苏黎世的一家咖啡馆里诞生的。享誉世界的"雀巢咖啡"总部就设在瑞士，瑞士因而被称为"世界速溶咖啡之国"。但瑞士人喜爱自己煮的咖啡，而并非速溶咖啡。随着雀巢咖啡在全世界的推广，咖啡在许多原来视咖啡为非主流饮料的国家也流行起来，这其中就包括中国。

居住　由于瑞士国土面积狭小，可供使用的地产非常有限，可谓寸土寸金，房地产价格十分昂贵。虽然瑞士人很富有，但拥有私人住房的人并不多，私人拥有住房的比例大约为30%，除了祖传的私人房产外，多数私人住房的拥有者或是巨商富贾或是国际著名的体育明星、演艺明星。普通的瑞士人都是租房而居，房屋的条件普遍不错但是租金不菲，租房开销大体相当于人均月收入的1/3。房租的价格依据楼层位置和周边景致而高低不同。瑞士人不喜欢高层建筑，在20世纪70年代，日内瓦曾在郊区兴建了20多层高的连片住宅区，遭到绝大多数人的反对和厌恶，他们认为生活在高高的钢筋混凝土中没有安全感，缺乏生活的乐趣。在瑞士，除了苏黎世、巴塞尔、日内瓦、洛桑等大中城市的新区有些高层建筑外，老城和郊外基本以传统民居"夏莱"和四五层的建筑为主。为保护自然景观和传统文化，在风景区和旅游地，法律禁止兴建高层建筑。

瑞士各州都有各具特色的传统民居夏莱，在许多州还可以看到整个的夏莱村落。夏莱原是阿尔卑斯山区的牧民在山上放牧时用原木或山石搭建的一种遮风避雨的小房子，其房顶呈人字形，这样可以减缓积雪对房屋的压力。夏莱内设施简陋，面积也不大，有的夏莱设置阁楼存放杂物。后来随着生活水平的提高，人们从高山移居到谷地生活，但依然按照夏莱的样式在当地建造了住所，于是形成这种传统的民居。各地区的夏莱风格不同。在阿尔卑斯山脉南麓意大利语区提契诺州，夏莱的建筑面积相对较小，以石料为基础材料，地基和山墙用石块垒砌，顶部铺青灰色石板。而中部德语区的夏莱规模较大，巨大的人字形屋顶倾斜下来，几乎接近地面，内部有两层甚至三层，配以木楼梯。法语区夏莱的规模居于前两者之间。瑞士人用鲜花来装饰夏莱，在夏莱的门口、窗台摆放盆栽的鲜花，边框上雕刻着各种精美的图案。

夏莱非常实用，既可以用做居室，也可以用做储藏间，甚至可以用做农场的牲畜圈。现在的一些旅游景点为吸引游客也盖起了夏莱宾馆。

1968年，瑞士政府出资建立了瑞士露天民居博物馆，博物馆位于瑞士中部的布里昂茨湖附近的巴仑堡。博物馆的建设由瑞士独立文化基金会负责管理，各州文化部门组织专家对本州的民居进行考察，把具有历史和文物保存价值但年久失修无法居住和使用的民居登记后，将其搬迁到巴仑堡，并由各州负责恢复原貌，进行维修和管理。博物馆占地100多公顷，民居按照各州在瑞士版图的地理位置排列，馆内有保存完整的面包作坊、针织作坊、奶酪作坊和打铁炉等劳动设施和工具。每年这里还举行各种各样的展览和民间艺术节。露天民居博物馆已成为展现瑞士传统文化的场所。

出行 瑞士多山，自古以来交通很不方便。从12世纪开始，贯穿阿尔卑斯山脉的几条通道相继打通，瑞士成为欧洲重要的交通枢纽。经过长期的开发建设，瑞士境内公路铁路四通八达，航空业在国际上也颇具竞争力，为居民出行提供了方便。

瑞士拥有发达的公路网络，有各级公路7万多公里，瑞士公路的特点反映了瑞士地形的特点：地形起伏，盘旋山路多、高架桥多、山口多、隧道多。穿过阿尔卑斯山口的公路有30多条，3条公路隧道横穿阿尔卑斯山，1980年开放的圣哥达隧道长达17公里，是世界最长的现代化高速公路隧道之一。瑞士有一种邮政汽车，归属邮电部门管理，担负取送邮件、传递包裹等邮政业务，同时也运载乘客。1906 年，伯尔尼地区开通了第一条邮车线路。20 世纪 80 年代，瑞士国会通过一项立法，规定公共交通要达到所有的偏远山村，邮政汽车便成为长途交通工具，如今邮车线路已形成网络，长达 1 万公里。瑞士城市内的公共交通以公共汽车、有轨电车为主，只有少数城市有地铁。由于私人汽车数量较多，一些城市出现了交通拥堵，在很多大城市的郊区都有大型的停车场，人们把车停在郊外，换乘公共交通工具上班。城市里出租车不多，而且收费高昂。

瑞士自 1882 年即已开通贯穿阿尔卑斯山脉的铁路隧道，经过不断建设，目前已有 4 条，每天有数百列火车穿过这些隧道。瑞士铁路以快速、清洁、舒适、准时而著称，瑞士共有 5000 多公里的铁路，全部电气化，除了由国营的联邦铁路局负责运营外，约有 40% 是私营铁路。瑞士还有几条专供游览用的铁路路线，总长超过了 2000 公里，如著名的"冰川快车"。为了克服海拔高度，瑞士人在 19 世纪就发明了登山火车，这是一种下面装有齿轮的火车，尽管现在登山设备多设有缆车、索道等，但是瑞士一直还使用这些老式登山火车。

瑞士航空（Swissair）是世界上比较知名的航空公司，创办于 20 世纪 30 年代，以服务周到、安全正点而著称。瑞士国内有日内瓦和苏黎世两个大型国际机场。世界上有近百家航空公司与瑞士有业务往来。

瑞士的湖泊众多，湖泊上主要行驶游船，也有部分渡轮。河道运输主要集中在莱茵河，轮船从巴塞尔出发，经过德国一直到荷兰的海港。瑞士尽管是内陆国，但也拥有一支规模不大的海上远洋商船队。

婚丧习俗 受社会、文化、经济、宗教和传统习俗的影响，以前青年男女一般都是在同祖、同宗、同等的阶层中寻找伴侣，在婚姻问题上寻求门当户对、志趣相投。随着社会的发展变化，瑞士人打破了原来的传统观念，门当户对已经不再是婚姻的主要条件。

现代瑞士人的婚礼分为世俗婚礼和教堂婚礼两种。世俗婚礼是男女双方在市镇政府登记后即成为合法夫妻。参加婚礼的有证婚人和亲朋好友。主婚人按照惯例询问双方一些基本情况，并询问他们是否愿意与对方缔结婚姻，得到双方的肯定回答后，证婚人在结婚登记册上签字，主婚人即宣布新郎与新娘结为夫妻，宾客鼓掌表示祝贺，大家到预定的餐厅吃喜宴。而教堂婚礼是指在市镇有关部门登记后，在教堂举行婚礼。教堂婚礼充满神圣和浪漫的色彩，对于天主教徒而言，这是不能省略的仪式。教堂婚礼开始前，新郎与牧师站在教堂祭坛前等候，新娘由父亲陪伴，在《婚礼进行曲》中徐徐向新郎走去，一般新娘前面有撒彩色纸屑的童男童女，并有伴郎和伴娘。父亲将女儿带到新郎的面前，然后落座，在牧师得到两人愿意与对方结成终身伴侣的回答后，一对新人接吻，相互交换戒指和信物，牧师宣布他们正式成为夫妻。

结婚的车队要用白色的鲜花装饰，按着喇叭吸引路人，行人经常驻足观望并向新人祝福。亲朋好友亦会与新郎新娘事先商量，按照他们的实际需要准备祝贺结婚的礼物。

以前瑞士还有一个习俗，即提前一个月将结婚告示刊登在报纸上，如果有人反对，婚事有可能告吹。近来在瑞士的一些州，经过公民投票，废除了这种"将私事公开"的习俗。

瑞士人去世后的告别仪式一般在教堂举行。死者的灵柩摆放在祭坛前，牧师主持丧礼，首先介绍死者生平，然后颂扬死者生前的高尚品德和无私奉献，并为其祝福。仪式完毕，由负责丧礼的礼仪公司的工作人员将灵柩抬进铺满鲜花的灵车中，参加丧礼仪式的亲朋好友上前对死者亲属行礼，表示悼念之情并希望亲属节哀。最后，人们随灵车到墓地为死者送行。

据统计，瑞士墓地面积共有 1260 公顷，大多数墓地环境幽静、绿草如茵，鲜花盛开，许多世界知名人士，都将瑞士选作其身后的栖身之所。瑞士人对墓碑的制作十分讲究，尽量让墓碑的内容反映死者的爱好和希望。

交际礼仪 瑞士的交际礼仪是现代西方国家通行的一套习俗，彼此尊重，自然大方。人们经常将"你好"、"对不起"、"谢谢"挂在嘴边，赴约时遵守时间，不随意打听别人的私事，不轻易谈论与钱、收入有关的事情，也不在背后随意谈论别人，否则都是很不礼貌的行为。

第三节　特色资源

一　名胜古迹

米斯泰尔圣约翰女修道院　1983 年被联合国教科文组织评为世界文化遗产。米斯泰尔圣约翰女修道院始建于公元 775 年，精致小巧，体现了法国卡洛林王朝时期的建筑风格，拥有世界上规模最大的中世纪壁画群，精美绝伦，在世界艺术殿堂中熠熠生辉。这里有阿尔卑斯地区最古老的城堡塔 Planta 塔，该塔建于公元 960 年。修道院博物馆展出 1200 多年来修道院的历史变迁和珍贵文物。

伯尔尼老城区　1983 年被列入联合国教科文组织的世界文化遗产名录。伯尔尼始建于 1191 年，1848 年成为瑞士联邦的首都。伯尔尼荟萃了中世纪欧洲建筑的精华，古老的城镇景观至今保存完好。老城区是石灰岩筑成的建筑群，从火车站向东到熊苑，结构独特的拱廊长达数公里，游客漫步其中，抬头可望大教堂的琉璃瓦屋顶，街心随处可见文艺复兴时期遗留下来的喷泉。老城最靓丽的景点是建于 1530 年的钟楼，钟楼顶部的天文时钟以及定点报时的公鸡、小丑等木偶的表演，引来游客驻足观赏。阿勒河环绕着城镇，到处都是迷人景色。

圣加仑女子修道院　圣加仑女子修道院及其图书馆和僧侣档案馆于 1983 年被列为世界文化遗产。修道院图书馆被誉为"灵魂的药房"，拥有巴洛克风格的大厅，馆藏图书 16 万册，2100 部手稿是其中的精华，还有一具 2700 年前的古埃及木乃伊与古老的文献相伴。修道院地区有众多建于 12～18 世纪的民居，其华丽的凸窗五颜六色。

贝林佐纳三座城堡　贝林佐纳三座城堡，即格朗德大城堡、蒙特贝罗城堡和萨索－科尔巴洛城堡，建于 13 世纪，是瑞士至今保存完好的中世纪城堡，2000 年被联合国教科文组织确定为世界文化遗产。古罗马时期，贝林佐纳是军事要塞，由城堡、城墙、高塔、城垛和大门组成，公元 590 年已有相关历史记载。贝林佐纳防御工事是阿尔卑斯山区最具代表性的军事防御型建筑群。格朗德大城堡又称为圣米契尔城堡或乌里城堡,在三座城堡中最为古老。这里有两座高塔,高度分别为 28 米和 27 米。城堡中现有考古博物馆和艺术博物馆。蒙特贝罗城堡又称为施维茨城堡或圣马蒂诺城堡,海拔最高。萨索 – 科尔巴洛城堡曾经被称为下瓦尔登城堡或圣巴巴拉城堡。

少女峰 – 阿莱奇 – 比奇峰地区　少女峰 – 阿莱奇 – 比奇峰地区集中体现了阿尔卑斯山独特的自然风光,2001 年被联合国教科文组织授予世界自然遗产的称号。少女峰上的铁路终点站,海拔 3454 米,是欧洲最高的火车站。位于少女峰车站内的冰宫,是在冰河下 30 米处开凿而成的,这里展示各种动物冰雕作品。少女峰与中国的黄山结为姐妹峰。阿莱奇冰川主体部分长 24 公里,宽 1.6 公里,数以百万年的积雪形成无比壮丽的冰河景观。比奇峰的南坡,随海拔高度的变化气候迥异,植被葱郁,沿途山花烂漫,分布着细长的灌渠和溪流。

圣乔治山　圣乔治山位于提契诺州南部,卢加诺湖的南端,海拔约 1100 米。两亿多年前,这里是 100 多米深的深海盆地,曾经生存过大型海洋和陆地动物,遗留下各式各样的动植物化石。自 19 世纪以来,圣乔治山成为科学家不懈挖掘的宝藏。古生物学者在这里发现了数千个长达 6 米的鱼类和海洋生物化石,百余个两亿年前的无脊椎动物和植物的化石。2003 年进入联合国教科文组织世界自然遗产名录。

恩特勒布赫生物保护圈　恩特勒布赫生物保护圈位于卢塞恩西部,面积超过 400 平方公里。这里无边无际的旷野、怪石嶙峋的岩溶地貌,奔腾的山脉溪流,以及最大片的沼泽地形成独特的自然风光,代表着高山荒地和喀斯特地貌,也是国家重要的动植物保护区,被联合国教科文组织指定为瑞士第一个和唯一的生物保护圈。

拉沃葡萄园　拉沃葡萄园位于日内瓦湖地区,在洛桑和沃韦之间,面积 830 公顷,是瑞士最大的梯田式葡萄园。2007 年被联合国教科文组织列为世界文化遗产。拉沃葡萄园所在地区,拥有葡萄种植和酿造的悠久历史和传统工艺,充足的日照,为葡萄生长提供了天然的最佳条件。这里风景如画,美酒飘香,既有大葡萄酒庄园,也有迷你小饭店,黄蓝色的专线小火车往来穿梭,运送着来自世界各地的旅游宾客。

二 著名城市

1. 联邦首都伯尔尼

伯尔尼位于瑞士地理中心稍稍偏西的地点，正好在法语区和德语区的交界之处。城的三面被阿勒河环绕着，海拔 500 米，年平均温度为 8℃，气候宜人。1191 年，柴林根家族利用阿勒河形成的半岛状地带，创建了伯尔尼城。1848 年，伯尔尼成为瑞士联邦的首都。"伯尔尼"这一名称从德文的"熊"演绎而来，据说熊是柴林根公爵首次狩猎时捕获的动物，根据这个传说，熊成为伯尔尼州、市的标志和象征。伯尔尼是瑞士的政治和文化中心，面积 230 多平方公里（包括郊区），人口 12.75 万（2012），居民通行德语。

伯尔尼的旅游观光景点很多。在阿勒河东岸，有熊苑和玫瑰公园。伯尔尼人对熊特别偏爱。熊苑位于老城区东部，这里的人们从 1513 年便开始养熊，建起熊场，除了法国统治的 16 年外，从未间断，已有 500 多年历史。熊苑里有 3 个兽坑，挖成 3.5 米深的壕沟，饲养着 20 多头熊。玫瑰公园位于阿勒河东岸，离尼德格桥不远的山冈上。园内种植 200 余种共计 18000 株玫瑰，还有尾花、樱花等花卉。夏秋季节，绿茵茵的草地与红艳艳的玫瑰，构成一幅天然美景。

伯尔尼号称"泉城"，在市区街道中央随处可见街心喷泉。这些喷泉大多建于 16 世纪。街心喷泉的柱头雕塑有女神、风笛手、旗手、熊等，构思巧妙，造型丰富，栩栩如生。最精彩的是正义泉，坐落在正义街上，其中央柱顶的塑像是正义女神，她一手执剑，一手拿着天平，脚下有教皇、皇帝、苏丹、达官显贵的形象，表明正义面前贵贱平等。

伯尔尼的宗教建筑别有特色。钟楼，也称钟塔，在克拉姆街头。它的前身是 13 世纪的城门，遭遇火灾后于 16 世纪建成。钟楼内部可以参观。每小时 57 分左右，钟面上方便有人偶出来敲钟报时，钟面右下方的"时间老人"挥舞琵琶，公鸡展翅啼鸣，小熊鱼贯穿行，整个报时表演生动活泼，十分有趣。该钟是制作者平生唯一的作品，已经准确无误地走了 500 多年。阶梯大教堂是哥特式大教堂，工程始于 15 世纪，修建了几个世纪才陆续完成。教堂的大钟，系 1611 年铸造，重 10 吨有余，是全瑞士最大的钟。教堂正面大门上的浮雕《最后的审判》，于 15 世纪由名师创作，是非常珍贵的艺术品。教堂中的彩画玻璃以及其他雕饰作品，都是后哥特式建筑的杰作，具有很高的艺术价值。

伯尔尼拥有诸多博物馆和美术馆。伯尔尼历史博物馆属于 16 世纪新哥特式风格的建筑，展品有艺术品、手工艺品、陶瓷人物、珠宝首饰等，还有一些 1476 年战争中缴获的战利品，如战旗、文件、挂毯等。历史博物馆内播放简要介绍伯尔尼历史的短片，约 20 分钟。伯尔尼市立美术馆位于贺德勒街 12 号，拥有伯尔尼人保罗·克利的作品 2500 余件，还有 14～16 世纪意大利美术作品和 19、20 世纪的印象派作品，收藏范围广泛，数量丰富。古代的安吉利科、德拉克洛瓦，现代的毕加索、坎丁斯基、科什诺等名家的作品均有展出。自然历史博物馆按照动物、地质、矿物、古生物等科目陈列，藏品丰富，动植物、矿物质标本一应俱全。邮电博物馆展示和介绍瑞士邮政、通信的发展历史，从马拉邮车、维多利亚时代的交换机到现代邮电设备，地下室有瑞士和外国邮票展览。瑞士阿尔卑斯博物馆展览有关阿尔卑斯山的各种资料，有大量山区的立体模型，介绍征服瑞士阿尔卑斯山的历史，历次科学考察情况，爬山、滑雪活动，山上救生设备，以及山区生活情景、房屋模型等。

联邦议会大厦，也称联邦宫。位于伯尔尼老城的上城，在高达 40 米的阿勒河的岩岸上。兴建于 1852～1857 年，是文艺复兴时期的样式，绿色圆顶在周围红瓦屋顶的建筑群中格外醒目。有两个会议厅和一个中央大厅，游客可以免费参观，不需任何手续。

历史上，不少著名人物曾在伯尔尼居住。爱因斯坦故居，位于克拉姆街 49 号，是爱因斯坦在 1903～1905 年居住过的地方，也正是他创立和完善相对论的时期，现在是小型纪念馆。革命导师恩格斯、列宁也曾在伯尔尼居住过。这些名人故居也是游客非常有兴趣参观的景点。

伯尔尼拥有欧洲最长的石造拱形长廊商业街，建筑构造别致，排水方便，游客在下雨天也可以轻松愉快地购物。

2. 国际名城日内瓦

日内瓦位于瑞士的西南端，是瑞士第二大城市，人口 18.9 万 (2012)，居民通行法语。日内瓦见于历史记载是公元前 58 年。当年海尔维第部族要向高卢（现法国西南部）迁徙，恺撒亲自率领罗马军队来此阻挡，并毁掉了罗纳河上的一座桥梁。此后，日内瓦成为兵家必争之地，先后沦入各国君王之手。1798 年法国军队占领日内瓦，拿破仑帝国倒台后，日内瓦于 1815 年加入瑞士联邦。

日内瓦是一座美丽的花园城市，市区内公园星罗棋布。夏日里，日内瓦湖畔的公园内 4 万株玫瑰喷红吐艳。7～8 月举行免费音乐会。闻名遐迩的"花钟"，坐落于英国公园内，是日内瓦作为钟表产业中心的象征，由 6300 朵美丽鲜花装饰而成，其运转之精确令人赞叹。日内瓦湖中的人工喷泉是这座城市的象征。喷泉始建于 1891 年，后于 1958 年改建，高 140 米的巨大水柱直射天空，蔚为壮观。

日内瓦是举世闻名的国际城市，200 多家国际组织机构汇集此地。其中最重要的当属联合国欧洲总部，它的前身是国际联盟，人称"万国宫"，由 4 个建筑群所组成，即中央的大会厅、北侧的图书馆和新楼、南侧的理事会厅。世界贸易组织、国际红十字会、红新月会也设在这里。出生于日内瓦的让·亨利·杜南创立了国际红十字会。展厅里陈列红十字会和红新月会的发展历史，以及跨国医疗救助活动等。其他国际组织机构还有：世界气象组织、国际电信联盟、世界知识产权保护组织、联合国难民事务高级专员办事处、联合国儿童基金会、联合国救灾组织、世界卫生组织、国际劳工组织等。

在宗教改革和法国革命时期，日内瓦曾是欧洲资产阶级启蒙运动的中心之一。18 世纪著名的哲学家、思想家让-雅克·卢梭，出生于日内瓦一个手工业钟表匠家庭，他的出生地是旧街区的"大街"（Grand Rue）40 号。在勃朗峰桥的西侧水中，有一座人工建造的小岛，以卢梭命名，岛上树丛中有卢梭执笔沉思的雕像。为纪念宗教改革人物，瑞士于 1909 年开始建造宗教改革纪念碑，于 1917 年完工。大型壁雕长约 100 米，石碑中间是加尔文、法勒尔、贝茨、诺克斯，两边是促进宗教改革普及的有功人士的姓名及有关逸闻。

日内瓦的圣皮埃尔大教堂，约在12世纪建成，几经扩建和改造，集罗马式、哥特式及格列柯－罗巴为一体，体现了长期复杂的历史进程。加尔文曾自1536年起，在这里宣传新教教义，长达20年。考古学发掘馆——欧洲最大的考古学发掘展示处，就位于圣皮埃尔大教堂地下。

日内瓦的博物馆有十几处。塔沃馆是日内瓦最古老的私人收藏博物馆，展出多种生活用具和精巧的城市缩微模型。钟表博物馆在玛拉纽街15号，展示有关"计时器"的发展史，展品以日内瓦本地产品为主。许多豪华钟表，镶嵌昂贵宝石，古色古香，高雅华贵，令人惊叹。百达翡丽博物馆由高级手表制造商百达翡丽公司所建，展出世界钟表史及各种珍贵手表和精致的瓷釉收藏品。阿里亚纳博物馆，建于19世纪后期，展览陶瓷器、陶制人像和玻璃工艺，收藏量在欧洲最大。艺术及历史博物馆，展示史前时期直至现代文明的发展，主要是考古发现、美术作品和装饰品，绘画又以荷、比、法、瑞士大师的作品为主。

3. 金融中心苏黎世

苏黎世州的首府，瑞士第一大城市，位于阿尔卑斯山北面、苏黎世湖的东北端，是瑞士的工商业、金融中心和文化、艺术中心。人口38.08万（2012），居民使用德语。

苏黎世已有两千年历史。在公元前的罗马帝国时代，统治者为了向来往于利马特河的船只收取税金，就在林登霍夫山丘上设立了一个关卡，名叫卡斯特尔姆·图尔库姆，这便是苏黎世名称的起源。中世纪时，苏黎世作为连接北欧和意大利的交通要道，发展成一个商业城市。16世纪上半叶，乌尔里希·茨温利在此地开始其宗教改革。前卫艺术流派达达主义也产生于这块土地。众多的世界名人例如列宁、爱因斯坦都曾经在这里居住、学习和工作。如今，以圣母教堂和大教堂为标志性建筑的旧街区仍保留着浓郁的中世纪风情，而美术馆、歌剧院、国际会议中心音乐厅及剧场等新建筑则展现了当代艺术的风格和特色，这些使这座古老的城市魅力无穷。

苏黎世往往是游客抵达瑞士的第一站。苏黎世机场是瑞士最大的机场，每年迎送 500 万旅客。苏黎世的中央火车站，是全国最大的火车站，于 1871 年落成。站内店铺众多，商品琳琅满目，是欧洲最大的购物中心之一。车站地下有 3 层，里面有 30 多家餐厅和咖啡馆。

著名的班霍夫大街，位于利马特河西侧，是市内最繁华的商业街，长度不足 1 公里。道路两旁都是菩提树，名牌专卖店、商场、餐厅、银行、咖啡馆林立。店铺里出售珠宝首饰、各式手表、毛皮时装、古玩文物，极尽豪华。以瑞士著名教育学家裴斯泰洛齐命名的公园就在附近。

旧街区遍布带有中世纪风情的建筑，散步观光十分惬意。林登霍夫山丘，是罗马帝国时期的关卡，有城墙遗址，是欣赏旧街区的最佳眺望台。梅森基尔特会馆，建于 1750 年，是美丽的巴洛克式建筑。馆内大量收藏 18 世纪的瑞士陶器和瓷器，如苏黎世的肖伦瓷器、尼永陶瓷等。

苏黎世湖是瑞士最美丽的山地湖泊之一，湖呈半月形，全长 40 公里，最深处 406 米。游客或在湖边散步，或泛舟湖上。玉特利山，位于苏黎世郊外，从山上可以俯瞰城市全景和苏黎世湖。

苏黎世的教堂各有特色。普雷蒂格教堂是苏黎世最高的教堂，高达 97 米，属于巴洛克式建筑。瓦萨教堂前竖立有宗教改革家乌尔里希·茨温利的铜像。教堂街 11 号是茨温利的故居。9 世纪时（853），卡尔大帝之孙卢特维希的母亲西尔特加尔特，建立了一个修道院，后于 13 世纪成为教堂，是罗马式建筑。教堂内有知名画家夏加尔 1970 年创作的彩绘玻璃，非常漂亮。大教堂是瑞士最大的罗马式教堂，其独特之处在于它的两座塔。最古老的部分是 11～12 世纪建成的，拥有罗马建筑风格的走廊及雕刻。1519 年，茨温利来到这里推进宗教改革。教堂里的彩画玻璃，是著名画家贾科梅蒂的作品。地下藏有恺撒大帝的画像。圣彼得教堂是苏黎世最古老的教堂，在 857 年的历史文献中已有记载。教堂的钟楼建于 1534 年，钟盘直径 8.7 米，时针长 3 米，分针长 4 米，是欧洲最大的钟盘。

苏黎世有各类博物馆、美术馆 50 余处。瑞士国家博物馆，展示瑞士从史前时期直到当代的历史发展过程，涉及瑞士文化、艺术、历史各个领域，展品包括中古宗教经文、绘画、壁画、彩色玻璃窗饰等。苏黎世美术馆收藏 19～20 世纪的现代绘画作品，其中有瑞士画家贾科梅蒂、荷杜拉、贝克林的大量作品。常年展出毕加索、莫奈、蒙克、马蒂斯、塞尚、雷诺阿、罗丹等大家之作。

苏黎世歌剧院，最早创立于 1834 年，后于 1891 年建成新巴洛克建筑风格的剧场，在国际上获得极高的评价。歌剧院拥有 1200 个席位。剧场的保留曲目包括从巴洛克时期到莫扎特，再到现代的作品。在旅游旺季，剧场上演芭蕾舞和举办朗诵会。

4. 化工都市巴塞尔

1833 年，瑞士巴塞尔州分裂为巴塞尔城半州和巴塞尔乡半州两个半州。巴塞尔城半州面积 37 公里，是瑞士最小的州，甚至比一些大的市镇还要小。巴塞尔市是巴塞尔城半州的首府。

巴塞尔市位于瑞士东北边境莱茵河畔，按照人口排列是全国第二大城市。巴塞尔市是瑞士的化学工业中心和文化艺术都市，是全国主要的航运口岸，人口 16.56 万（2012），居民通行德语。巴塞尔市是瑞士连接德国与法国的交通重镇，北部是瑞士、德国、法国三国的交界处。

巴塞尔市利用其优越的地理条件，19～20 世纪逐渐成为国际工商业中心。它的工业从传统的纺织业起步，并以其带动了化学工业的发展。现在巴塞尔市已经成为化学工业中心，瑞士的几大化工集团，如罗氏公司、诺华公司和世界许多大医药公司的总部都设在此地。巴塞尔市每年举行一次瑞士工业博览会，吸引着国内外数十万参观者。

国际清算银行设在巴塞尔市。这座 19 层的圆筒形现代建筑物是巴塞尔市的一处知名景观。西方国家的中央银行行长每个月都要在这里举行会议。

教堂广场和大教堂是巴塞尔市的标志性建筑。教堂广场建于 18 世纪，曾经是古罗马一个堡垒的所在地。大教堂于 11 世纪用红色砂岩建造，后经过数次改建，兼容了罗马式和哥特式建筑的特征，坐落于教堂广场上。教堂有一对尖塔，耸立在莱茵河边的绿树丛中。从大教堂的庭院可以眺望巴塞尔市的城市面貌。现代化的国家剧场坐落在大教堂西南的剧院街上。国家剧场前面有荷尔拜因喷泉，是汤格利创作的一处机械街心泉，设计巧妙奇特，可以作为舞台装置。

巴塞尔大学，创建于 1460 年，是瑞士最古老的大学。文艺复兴时期，著名的荷兰人文学者伊拉斯谟从鹿特丹来到巴塞尔大学执教，传播科学精神和进步思想，巴塞尔由此发展成为阿尔卑斯山北的人文主义中心。伊拉斯谟死于 1536 年，他的墓志铭如今竖立在大教堂的北侧。

巴塞尔市政厅，为 16 世纪后期的哥特式建筑，于 19 世纪改建，有角楼、塔楼和拱门，内部的壁画色彩鲜艳，外墙是赭红色的彩画。大厦的屋脊突现着一个金灿灿的小尖塔。

布鲁德豪尔茨水塔是一座纪念塔。1815 年，维也纳会议确立欧洲新体制，瑞士宣布永久中立，为纪念这一历史事件而特地建造了这一水塔。

巴塞尔约有 30 个美术馆、博物馆。巴塞尔美术馆建于 1662 年，历史悠久，馆内汇集了 15～20 世纪的名家之作。汤格利美术馆由马里奥·博塔建造，展出汤格利的设计和机械装置等作品。音乐博物馆收藏了 650 多种乐器，为瑞士乐器汇集之最。纸艺博物馆保存了以前造纸用的水车，展示关于造纸、印刷方面的资料，观众可以亲身体验造纸过程。讽刺画、漫画博物馆为 15 世纪的建筑，收藏有 40 多个国家、700 多位作家的 3000 多件作品。还有基尔施戈登博物馆、犹太博物馆等。

巴塞尔狂欢节非常有名，于每年复活节前约 40 天的星期一举行，历时三天。每当狂欢节来临时，街道上彩旗飘扬，鼓乐震天，人们身穿节日盛装，戴着各式面具，提着彩灯，兴高采烈涌上街头，巴塞尔霎时变成了欢乐的海洋。

5. 如诗如画的卢塞恩

卢塞恩是卢塞恩州的首府，位于瑞士中部高原卢塞恩湖（又名四州湖）的西北端，罗伊斯河流经市区，人口近 5.7 万，地处瑞士心脏，是中南欧交通的重要通道。

1000 多年以前卢塞恩还只是一个小渔村。13 世纪时，由于开通了阿尔卑斯山的圣哥达山口，卢塞恩成为连接莱茵河上游地区和意大利的通道，成为周边地区商品贸易的重要集散地。卢塞恩于 1332 年加入瑞士联邦，此后日趋繁荣，18 世纪曾一度成为全国最大的城市。

卢塞恩是理想的旅游胜地，位于全瑞士的中心，依山傍湖，景色秀丽，至今保留着中世纪的古老风情，拥有不少历史遗产，流传着许多关于瑞士建国和民族英雄威廉·退尔的传说。卡佩尔廊桥是这个城市的骄傲和象征。法国作家大仲马称卢塞恩为"世界最美的蚌壳中的明珠"。

卡佩尔廊桥，于 14 世纪上半叶（1333）建造而成，全长约 200 米，是一座带有屋檐的木制桥。屋檐内装饰着 110 张三角形彩绘木制画，它们是 17 世纪海因里希·贝格曼的作品，描绘了守卫卢塞恩之圣人的一生。桥栏杆周围鲜花烂漫，景色迷人。桥畔的八角形水塔是从前的哨所，内有战利品保管室和审讯处。1994 年，卡佩尔廊桥在一次意外的火灾中遭受了严重焚毁，次年得以修复完整。

豪夫教堂有两座美丽的尖塔。735 年始建时为罗马式建筑，14 世纪改建成为哥特式。17 世纪遭遇火灾，后修复为文艺复兴样式。这里祭祀着守护卢塞恩的圣人，是市民的中心教堂。豪夫教堂内藏有 17 世纪（1640）建造的管风琴。古老的管风琴有 4950 根管子，至今仍在夏季的音乐节上使用。

穆塞格城墙是全欧洲保存最好的、最长的古代防御工事，建于 14 世纪。这座城墙曾经包围整个城市，现在只有 9000 多米旧城墙遗址。城墙上建有 9 座塔，从上可以鸟瞰全城市容和湖光山色。塔中的钟表造于 1535 年，是这个城市最古老的物件。

瑞士雇佣兵纪念碑是这个城市动人心魄的著名建筑。1792 年 8 月 10 日，在法国大革命时期，为保卫巴黎杜伊勒利王宫中的路易十六世家族，786 名瑞士雇佣兵牺牲了生命。为纪念这些壮士而修建的纪念碑是生命垂危的石狮形象，由丹麦雕刻家特尔巴尔森设计，于 1821 年雕刻而成。

冰川公园，也称冰河公园，原本是第四纪冰川时期形成的地貌遗迹，后被开辟为可供游客参观游览的公园。公园完整展示了冰河上深达 9 米的旋涡状洞穴和冰河带来的石块，公园内设有冰河博物馆，可全面了解冰河的历史。

卢塞恩有一些重要的博物馆值得游览。瑞士交通博物馆是欧洲最大的交通博物馆，展示蒸汽机车、登山火车、古典车、飞机等各种交通工具。

瓦格纳博物馆原是德国音乐家查理·瓦格纳的住所。瓦格纳于 1866 ~ 1872 年在此地居住，当时名为"特里比斯克恩庄"，现在成为博物馆，馆内展示音乐家亲手书写的乐谱及使用过的乐器。毕加索博物馆建于 1616 ~ 1618 年，收藏有绘画、陶瓷器、照片等毕加索的晚期（去世前 20 年）作品。汉斯·埃尔尼博物馆展出瑞士艺术家汉斯·埃尔尼的 300 多件作品，这位艺术家对技术、通信领域极感兴趣。还有历史博物馆，本是 16 世纪的武器库，展示关于瑞士和卢塞恩历史的各种文物和记载。

卢塞恩市政厅建于 17 世纪，这里不仅是市议会的会议场所，还举行展览和婚礼。市政厅的建筑别具特色，屋顶采用瑞士式的农家屋顶建筑风格，下面是意大利文艺复兴式建筑风格，两者相得益彰，十分协调。楼下的商店街每周都有集市。

文化会议中心位于卢塞恩火车站附近的湖畔，是一座现代建筑，由法国建筑师让·努维尔设计。中心有大厅、会议场、市立美术馆，最有名的是一个现代化的音乐厅。音乐厅采用了世界最先进的音响设备和建筑材料，拥有 1840 个座位。每年夏季音乐节的开幕式、闭幕式和重要场次的演出均在此举行。

6. 奥林匹克之都洛桑

洛桑是沃州首府，瑞士第五大城市，人口 13.04 万（2012），居民主要讲法语。洛桑位于日内瓦湖北岸的中央地带，自罗马时代就开始发展起来。1877 年，市内开通了瑞士最早的地铁。洛桑是理工大学、音乐学校、酒店管理学校、美术学校云集之地，瑞士联邦最高法院也坐落于此。国际奥林匹克委员会于 1917 年设在洛桑，因此洛桑也被称为"奥林匹克之都"，在国际上享有很高的知名度。

圣母大教堂建于 12 ~ 13 世纪，为哥特式建筑，被誉为"瑞士最美丽的教堂"。彩绘玻璃"玫瑰之窗"创作于 13 世纪。通往钟楼的台阶共有 232 级，别有一番情趣。钟楼至今沿袭"打更"的传统，在夜间 22 点至午夜 2 点，每小时报时一次。

帕律广场位于大教堂西南方，这里自古就是集市，热闹非常，早市出售水果、蔬菜，定期举行民间艺术品市场交易。市政大厅靠近帕律广场，建于 17 世纪，有拱门、拱窗、钟楼、滴水兽头等。广场的街心泉是正义女神的形象。

圣佛朗索瓦教堂始建于 13 世纪，里面保存有哥特式的管风琴。圣佛朗索瓦广场一带是洛桑地区的时尚购物天堂。贝列荷是贝嘉芭蕾舞团和洛桑室内管弦乐团所在地。在城市北部有一片苏瓦伯拉森林。

洛桑有十多个博物馆、美术馆。其中奥林匹克博物馆最为知名，自 1993 年起对外开放，展览从古希腊到现代的奥林匹克历史。罗马博物馆建造于罗马时代住宅的遗迹之上，馆内展示了在洛桑发现的众多罗马遗迹。洛桑历史博物馆，在 11 ~ 15 世纪为主持教会仪式的地方，馆内展览反映洛桑历史的版画和其他绘画作品。爱丽舍照片美术馆建于 17 世纪，展示 19 ~ 20 世纪有名的摄影师拍摄的艺术照片，共有 10 万多件。吕密纳馆建于 20 世纪初，包括货币博物馆、州立美术馆、历史考古学博物馆、地学博物馆以及动物博物馆等。阿赫米达什美术馆是 19 世纪的建筑，在此举行各种企业策划展览。阿尔布吕特美术馆最为独特，它是根据让·杜布费"消极作品"主张而设立的美术馆，主要展示杜布费收集的所谓"社会边缘人物"的作品，如精神病患者、罪犯等创作的绘画和雕刻，这些作品表现出令人吃惊的才华，具有不同寻常的感染力。

第二章

历　　史

第一节　上古史

一　早期人类足迹

在瑞士，最早期的人类活动可以追溯到旧石器时代，距今大约五万年到四万年。在维尔德基尔希利（阿彭策尔）、凯斯勒洛赫和施维策比尔德（沙夫豪森）的古老洞穴中，人们发现一些器皿和骸骨，这些可以证明远古时期的人类曾经在今天为瑞士国土的地方居住和生活过。在汝拉山地区发现的腭骨碎片，经鉴定为 5 万年前的一位妇女的遗骨。大约公元前 1 万年，冰川时代之后的解冻期，冰河消退后融化的冰水形成了许多湖泊，成为后来人类的栖息地。

在新石器时代，人们主要从事农业耕作，已经建立的长期定居的居住点主要分布在纳沙泰尔湖、比尔湖、莫拉湖、苏黎世湖和康斯坦茨湖畔以及上意大利地区，有 160 多处。1853 年，居住在距苏黎世 39 公里远的小村庄的村民们，在苏黎世湖畔发现了一些木桩。经考古专家研究，这些木桩正是古凯尔特部落在湖畔搭建房屋的证据。在木桩堆中发现的工具都不是铁制的，而是石制或骨制的，这足以说明它们的年代早于铜器时代。此后，人们又在湖泽河畔相继发现了类似的水上村落遗迹。但是，人们至今不清楚这些湖畔居民的来历和他们的种族，仅仅知道这些新石器时代在湖边居住的原始部落，相对于山区居民来说文明程度较高，并且有着游牧民族的习惯。

在青铜器时代和铁器时代早期，交通开始发展，山上已经开辟了小路，不同地区的部落之间取得了联系。在拉坦诺时期，随着第一批钱币的流通，贸易也逐渐发展起来。

然而，曾经在瑞士土地上生活过的早期人类后来不知去向，究竟是自然灾害的缘故，还是由于古人的游牧习性，或是因为部落之间的争斗，今天的考古学者还没有得出确切的结论。总之，考古发现，早期在瑞士活动的人类留下了足迹，但他们并非现代瑞士人的祖先。

二　海尔维希亚

大约在公元前 400 年，凯尔特人的一支，也就是海尔维第人来到今天属于瑞士的境地。

凯尔特人发源于多瑙河、莱茵河、罗纳河三大河流的上游地区。公元前 800 年，凯尔特人主要居住在欧洲的中部。海尔维第人是凯尔特民族中最强大的一支，占据了日耳曼南部和今天瑞士的中部高原地区。由于居住环境稳定，人口逐渐增长，文明不断进步。公元前 300 年时，已有货币流通。公元前 100 年时，这些凯尔特人已经学会使用希腊文字，在河边修建定居之所，大规模的迁移已经不是特别频繁了。到公元前 58 年大举西迁之时，他们已在阿尔卑斯山区和汝拉山区的中部高原定居了 300 多年。

当时还有一个叫作勒戚亚的部落，也是凯尔特人的分支，进入瑞士的东南部。他们曾经占有今天瑞士的大部分地区，后来被迫东移，在瑞士东端的格劳宾登定居下来。

公元前 2 世纪左右，北方日耳曼民族中一支的阿勒曼尼人逐渐强大，不断向凯尔特人的居住地扩张。迫于压力，海尔维第人只得撤出中部高原，迁往西南方向的高卢地区。公元前 58 年，海尔维第人在日内瓦会合，共有 368000 人，准备大举西迁。此次远徙要经过罗马的高卢省，海尔维第人便请求罗马当局准予假道。当时的高卢总督、罗马帝国的裘力斯·恺撒担心海尔维第人的西迁会对罗马形成威胁，因此截断了日内瓦的罗纳河桥，不准他们通过。海尔维第人躲过了罗马的哨兵，但还是在比布拉克特被恺撒率领的大军赶上。海尔维第人顽强抵抗，战斗从下午一直持续到日落西山，牛车成为他们最后的屏障，终因不敌训练有素的对手，被迫回到原来的居住地，并且成为罗马的臣民。罗马人随后又征服了包括勒戚亚部落在内的其他凯尔特人，至此，今天瑞士的全部地区通通成为罗马帝国的统治范围。罗马人将海尔维第人居住的地方称为"海尔维希亚"；将勒戚亚人居住的地区定名为"勒戚亚"。海尔维第人虽然失败了，却赢得了敌人的尊敬，恺撒在他所著的《关于高卢战争的评述》中高度赞扬了海尔维第人的抵抗精神。

公元前 58 年~公元 400 年，罗马人统治瑞士近 5 个世纪。罗马帝国为瑞士地区带来了先进的生产方式和生活方式，凯尔特人也逐渐接受了罗马人的文明与文化，与罗马社会融为一体。在此期间，海尔维希亚修建了庞大的公路网，瑞士地区与罗马帝国的中部地区有了密切的交往。城市开始了大规模的工程建设，建造起公共娱乐场所和卫生设施。海尔维希亚的主要城市是阿旺提卡姆市（今沃州的阿旺什），居民达 5 万人之多。在乡村中，瑞士庄园模仿罗马庄园而建造，还从地中海地区引进了蔬菜、水果的种植和栽培技术。罗马的拉丁语成为通行的语言。基督教逐渐传入，到公元 4 世纪末形成宗教传播网络。在阿房希、尼翁、巴塞尔、日内瓦等地均设有主教。大致在公元 100~250 年，是罗马瑞士的和平繁荣时期。

三　日耳曼族入侵

公元 3 世纪，北方的日耳曼部落不断南下进犯罗马帝国，此时的罗马帝国已经日渐衰落。公元 260 年，日耳曼部落的阿勒曼尼人首次越过北部边界进入瑞士，破坏了当时最重要的城市阿房希。虽然罗马人一度恢复对莱茵－多瑙边界的控制，但仍旧难以抵挡日耳曼人的南下攻势，最终于公元 401 年撤离了瑞士，罗马统治的时代宣告结束。

阿勒曼尼人占领了现今瑞士的东部。作为征服者，他们驱散了当地居民，在瑞士高原地区重新建筑村落，保持日耳曼人的风俗和语言，带来了地方自治的新观念，使这一地区原本较弱的罗马化痕迹更加减少，形成了日耳曼语区即今日瑞士的德语区。

几乎与此同时，另一支日耳曼人的勃艮第部落联盟占据了现今瑞士的西部。西部地区深受罗马化影响，文化比较发达。勃艮第人是罗马人的盟友，来到萨瓦和莱蒙湖盆地定居。勃艮第人人数少，文化比较落后，因此征服者反而被同化，接受了罗马人的语言和宗教，甚至改用当地语言。在此基础上，形成了今日瑞士列托－罗曼什语区及法语区。

瑞士四个语区的基本轮廓也在此时形成，并且延续至今。上述列托－罗曼什语区和日耳曼语区已经勾画了一条语言界限。阿勒曼尼人仍不满足，继续向东部前进，迫使当地的凯尔特人逃到地势险峻的山区，即如今的格劳宾登州，使原有语言和拉丁文化得以保存，也就是今日的列托－罗曼什语。而提契诺州一直和上意大利地区密切相连，因此形成了今日的意大利语区。

公元6世纪，日耳曼部族的法兰克人先后征服了勃艮第人（公元534年）和阿勒曼尼人（公元536年）。同时，勒戚亚人也臣服于法兰克人。至此，瑞士全部归属法兰克人统治。公元771年，查尔斯王（King Charles），即后来的查理大帝（一译查理曼，Charlemagna，742～814），建立了法兰克王国。国家被划分为郡，这为后来的州制奠定了基础。法兰克王国在经济上以农业为主，强制传播基督教，并留下了刑法和司法制度，统治瑞士长达3个世纪。

按照法兰克王国的传统，王位并不是传给长子，而是让所有的儿子来瓜分国家。公元843年，法兰克王国查理大帝的三个孙子在凡尔登签订了划分领土的条约。这是欧洲历史上最重要的事件之一。条约规定，长孙罗退尔分得中法兰克王国；次孙查理分得西法兰克王国；幼孙路易分得东法兰克王国。公元870年，瑞士又一次分裂。勃艮第人居住的地区划归西法兰克王国；阿勒曼尼人居住的地区划归东法兰克王国，瑞士领土的中间出现了一条政治边界，正好将瑞士分为东西两半。

公元875年，属于西法兰克王国的瑞士地区划归勃艮第王国。到1033年，神圣罗马帝国又继承了勃艮第王国的领地。此前，属于东法兰克王国的瑞士地区已经为德意志王国所领有。因此，在公元11世纪，瑞士的领土再度统一，归由神圣罗马帝国统治。

第二节　中世纪史

一　基督教的传播

基督教以多种形式和渠道传入瑞士。第一次是出现在罗马军团里；第二次是在勃艮第人入侵时，以阿里乌斯教的形式传入。勃艮第人信奉阿里乌斯教，阿勒曼尼人则不信教。法兰克人在其统治时期，给勃艮第人带来了天主教，给阿勒曼尼人强加了基督教的信仰。这是法兰克人对瑞士的贡献之一。公元610年，一批蓄发文身的爱尔兰传教士到瑞士传扬基督教，为首的是圣科隆巴，还有圣加仑、圣锡吉斯贝、圣皮尔明等人。他们毁坏了当地的神像，将祭神用的酒器扔进湖里，结果被驱逐出境，圣科隆巴及其随行人员进入了意大利。爱尔兰传教士虽然离去了，基督教却广泛传播开来。圣加仑成为受人尊敬的传教士，他的名字在瑞士可谓家喻户晓。公元614年，圣加尔恩修道院成立，后来成为欧洲的主要学术机构之一。

随着基督教的逐渐深入，当时的统治者纷纷在各地兴建修道院，有些就是在原来隐修教士的住宅基础上翻修改建，规模十分壮观。公元515年，勃艮第国王建造了圣莫里斯修道院。7世纪修建了圣加仑、罗曼莫蒂埃、穆蒂埃－格朗瓦尔、圣乌桑纳、圣伊米埃修道院。8世纪修建了莱谢瑙和普费林修道院。公元853年，国王路易在苏黎世修建了弗罗穆斯特修道院。同时，圣迈拉德建造了艾因西德恩修道院。每个修道院都建立起自己的教区教堂网。这个时期，罗马原来的主教所在地也发生了一些变化，出现了锡永、洛桑、巴塞尔、康斯坦茨和库尔等主教府，这些主教府在瑞士历史上发挥了极其重要的作用。

二　封建制度的建立

随着法兰克王国的建立和扩展，瑞士也开始了封建化的过程。在建立封建制度的过程中，日耳曼人的氏族制度与罗马帝国的治理传统逐渐结合在一起。那些原始部落的首领在率领民族大迁徙中，占领了大片土地，建立起王国。国王将土地授予大领主，大领主又将一部分土地分封给小领主。领主们取得了封地，必须跟随国王征战或担负一定的行政管理职责，提供军事援助和司法支持。农村经济的基本单位是领主的庄园，依靠农民进行耕种。农民与领主形成几种不同的依附关系：农奴属于领主的财产，由领主任意买卖和婚嫁，在人身、土地和司法上均受领主支配；一种自由人，以佃农身份耕作自己交由领主保护的土地，向领主交地租、服劳役，在土地和司法上受制于领主；另一种自由人可以保留自己的土地，但是在司法上受领主的控制。

法兰克国王们把国家平均分给所有的儿子，儿子又把土地连同农奴分给贵族。这种分封办法一方面有利于当时生产力的发展，另一方面又造成不断的内战。王权分割引起封建贵族之间无休止征战，皇权逐渐衰弱。实力最强盛的领主采用战争、联姻等方式不断扩大自己的领地范围。在现今瑞士的疆域上，先有扎黑林根家族与霍亨斯陶芬皇族（德国）对峙，后又有基堡家族（瑞士）、霍亨斯陶芬皇族和萨瓦家族（法国）争夺扎黑林根家族的遗产。13 世纪中叶，哈布斯堡家族（奥地利）和萨瓦家族瓜分了衰亡的基堡王朝的遗产。到 13 世纪末，哈布斯堡家族控制了现今瑞士德语区的大部分领土。

三 城市的兴起

在中世纪，建立城市成为贵族扩大势力范围的重要手段。城市的税收可以为贵族领主提供财政来源，城市本身可以作为军事要塞驻守部队，又是商业中心和重要司法机关的所在地。城市是财富、权势的中心和象征。自 12 世纪，领主们纷纷给予商人和骑士各种特权来建筑城市。他们在一些具有战略意义的村庄布设防御，赋予其一定的特权，将其改造为城市，如弗里堡就是由一个小定居点形成的城镇。在这种趋势下，巴塞尔城于 1264 年独立，圣加仑于 1271 年独立。13 世纪初，瑞士有 16 座城市，13 世纪末发展到 80 座。到 14 世纪，瑞士的城市已经超过 200 座。到中世纪末，巴塞尔有 9000～12000 人，日内瓦、苏黎世、伯尔尼、洛桑和弗里堡大约各有 5000 人。据说当时的旅行者几乎每前进 20 公里就会遇到一座城门。然而这些新兴的城市并没有保留下来，其中有 1/3 后来消亡了。

城市的兴起加速了封建社会的分化和瓦解。在 13 世纪，封建领主的人数膨胀很快，腐败使得内部退化，再加上战争连年不断，领土瓜分生成的恶习越来越严重，封建主义体制逐渐衰弱，封建阶级开始走向没落。由于商品经济的发展，许多贵族生活拮据，穷困潦倒，城市的上层市民逐步取代了这些贵族的地位。与此同时，城市的发展也吸引了大批奴隶离开乡村进入城市。很快，奴隶出身的手工业者在城市找到自己的用武之地，他们的到来繁荣了商业，又使自己成为有产者，一批城市新贵开始登上了历史舞台。

城市作为经济中心，要求交通顺畅，法律明确，政局稳定。那些侥幸保存下来的城市为了保持自己的独立地位，维持和平稳定环境，随时准备抵御外来侵犯，便向其他城市寻求联盟，于是城市之间开始相互结盟。15世纪，瑞士曾经出现了几个城市邦联，如伯尔尼创建的勃艮第联盟，又如苏黎世在施瓦本地区、巴塞尔在莱茵河中游的城市中寻求同盟的伙伴。城市之间的同盟关系一般并不持久，根据需要才续订盟约。城市邦联的命运各不相同，时而瓦解，时而重建。在城市邦联的发展中，城市市民的自治意识和能力也得到提高。他们不断向城市领主发起挑战，要求选举权，要求做城市的主人，要求成立市民新政权。在这个意义上，城市邦联的建立具有深远的意义。

四 "老三州" 的永久同盟

今日瑞士联邦并非源于城市之间的同盟，而是起源于自由乡村的结盟。而城市与乡村的结盟才最终构成瑞士联邦的雏形。

"老三州" 在瑞士中央区四州湖周围，有三个享有自由地位的谷地共同体，即乌里、施维茨和翁特瓦尔登，它们被称为"老三州"。13 世纪时，"老三州"归属神圣罗马帝国，其领主是哈布斯堡家族。圣哥达山口开通以后，乌里人弃农经商，从事运输，很快富裕起来。德意志皇帝为控制圣哥达通道，允许乌里赎回被哈布斯堡家族占有的山谷，将乌里置于帝国的直接管辖之下。1240 年，施维茨也获得了帝国直辖权。由此，"老三州"摆脱了领主哈布斯堡家族的直接控制，享有完全的或部分的自治权利。

"**永久同盟**" 1254～1273年，德意志王位出现空缺，三个共同体实际上获得完全自由。1273年，哈布斯堡家族的鲁道夫伯爵当选为德意志皇帝，国王和地方领主的统治合二为一，"老三州"重新落入哈布斯堡家族掌控之下。面临丧失独立和自治地位的威胁，"老三州"，即乌里、施维茨和翁特瓦尔登联合起来，于1291年8月1日缔结了一项共同抵御外敌的"永久同盟"。这份公约以拉丁文起草，声称："处于这样一个残酷的时代中，乌里、施维茨和翁特瓦尔登庄严承诺，若此三者中任何一方面临来自外部的武力侵犯、带有敌意的挑衅行为或其他任何对其人民及其财产安全的威胁时，其他盟友将不遗余力给予支持、帮助和人力物力的援助。""老三州"的同盟成为后来各种联盟的核心，最终促成了瑞士联邦国家的诞生。

莫尔加滕战役 1315年11月，奥地利皇帝派遣军队进攻"老三州"，三州人民依照盟约聚集了1300多名农民，在莫尔加滕山坡上与敌军会战，手持简单兵刃的农民打败了身着铠甲的骑兵。莫尔加滕战役的胜利，使"老三州"声名大震，三州的同盟更加巩固。莫尔加滕战役在瑞士历史上是值得大书特书的一笔，它是赤脚农夫对精锐骑兵的伟大胜利。据史料记载："战斗结束后，施维茨人拿走战死者和溺死者的武器，搜走了他们的财物，捧着战利品满载而归。"

布鲁嫩盟约 1351年12月9日，三州的代表聚集在布鲁嫩，用德文签署了《布鲁嫩盟约》。这个盟约重申了1291年盟约的主要内容，并且进行了重要的补充和修订，其核心原则是"禁止分裂联盟"。"老三州"联盟从而变成了针对哈布斯堡家族的"永久同盟"，也成为邦联进一步发展与扩大的政治基础。

五 邦联的壮大

"老三州"与哈布斯堡家族的斗争持续了一个多世纪。为了反抗哈布斯堡家族的世袭统治，维护自身的独立和自治，"老三州"必须向外发展，吸收新的成员，壮大邦联力量。

1332 年 11 月，卢塞恩为了摆脱哈布斯堡家族的统治，与"老三州"缔结条约。1351 年 5 月，经历了一场行会革命的苏黎世，为了防止贵族复辟，也与"老三州"结盟。伯尔尼加盟之后，城市成员在邦联中的优势大大加强了，再加上被"老三州"征服过来的格拉鲁斯和楚格，到 1352 年邦联已有 8 个郡州。这个"八州联盟"以"永久同盟"为基础，以不同的盟约相互结合，为了共同的经济利益和安全需要走到一起，同时又各自独立为政，形成一个松散的邦联组织，没有统一的中央政权。

曾帕赫战役　1386 年 7 月 9 日，曾帕赫战役打响。这是自莫尔加滕战役以来，哈布斯堡军队向瑞士邦联发起的又一次战役。利奥波德公爵三世亲自率领 6000 名骑兵进攻卢塞恩，卢塞恩、乌里、施维茨和翁特瓦尔登出动步兵团，总共 1500 人。战斗开始，奥地利骑兵下马，手持 2.5 米长的戟，冲向瑞士的楔形阵，瑞士人抵挡不住，伤亡惨重。这时，阿诺德·冯·温克里德，一个虔诚而勇敢的人从瑞士阵营里站了出来。他展开双臂，用身体挡住了长戟，战友们趁机进攻，最后歼灭了 700 多名哈布斯堡骑士，主帅利奥波德公爵三世阵亡，邦联军队大获全胜。此后，卢塞恩、乌里、施维茨和翁特瓦尔登完全摆脱了奥地利哈布斯堡家族的控制，1474 年，与哈布斯堡王朝签订了永久和约，终于结束了近 200 年的冲突。

维也纳和平协定　1388 年，奥地利的阿尔伯特三世为了给他的兄弟利奥波德三世报仇，向格拉鲁斯发动进攻。战役在内费耳斯打响，格拉鲁斯的农民奇迹般地击溃了奥地利的军队。1389 年，内费耳斯战役中奥地利再度失利后，双方在维也纳签订了一个长达 7 年的和平协议，承认邦联对其土地的所有权。1415 年，瑞士邦联与奥地利签署了 20 年和平协议，奥地利不得不承认和接受瑞士邦联的存在。

勃艮第战争　1474 年，瑞士与勃艮第公国之间爆发了一场战争。勃艮第公国的君主查理一心想扩充地盘，将分散的小块领土连成一大片，而瑞士当时是军事强国，拥有一支无与伦比的步兵，也谋求向西、向南扩张，于是战争不可避免。1474 年，伯尔尼以邦联的名义向查理宣战，第二天便侵入勃艮第，攻占了赫里库尔。战争打响时查理正在德国，他一回来就立即讨伐伯尔尼，在格里松停留时，吊死或淹死了 412 个战俘。次年，瑞士两次入侵沃州地区，一直打到日内瓦。1476年3月2日，瑞士人发起大规模进攻，勃艮第人仓皇撤退，丢下420多门炮，大量常用物资，还有钻石和一个金匣子。查理在几周之内又集结队伍向伯尔尼挺进，途中遭遇瑞士军队，被打得落花流水，损失8000～10000人。1477年1月5日，鲁莽的查理战死沙场。在勃艮第战争中，"八州联盟"击溃了当时欧洲最为强大的勃艮第公国的军队，为瑞士人赢得了无上光荣和无数战利品，弗里堡和索洛图恩以及一些管辖区在战后都归入了邦联。

邦联的扩大　15世纪的欧洲烽烟四起，瑞士也进入了其民族史上的"英雄时期"。邦联内部时有争斗，对外应付战争，同时不断扩张势力范围，伯尔尼向东和西、苏黎世向东北、中部诸州向南发展。1436～1450年，邦联内部爆发了苏黎世与施维茨的战争。1499年，邦联与德国间爆发了施瓦本战争，神圣罗马帝国皇帝战败，与邦联签订了《巴塞尔和约》。"八州联盟"继续扩张，或采用军事手段征服，或采用政治手段结盟，不断接纳新的成员。弗里堡和索洛图恩于勃艮第战争后加盟；巴塞尔和沙夫豪森于施瓦本战争后加入；阿彭策尔于意大利战争期间加入联盟。1513年，阿彭策尔乡村共同体正式加入邦联。至此，签约加盟的成员扩大到13个州。此外还包括地位低于州的各个"联盟区"，如：圣加仑和牟罗兹的城市，以及格劳宾登和瓦莱的乡区联盟。联邦的13个成员州除了拥有各自广阔的本土外，还要管辖和治理一些属地。

《斯坦斯协议》　弗里堡和索洛图恩于1481年加入邦联。在这两个城市入盟的问题上，"老三州"和格拉鲁斯4个乡村共同体开始持反对态度，担心邦联内部城乡比例失衡，乡村利益受到影响，邦联会因此出现危机，濒于分裂。此时，一位名叫尼古拉·德弗吕的修道士站出来调解，提出了按比例分配战利品、接受两个城市入盟和不干预他人三项主张。据此签署的《斯坦斯协议》平息了纷争，解决了两个城市的入盟问题，同时也为处理邦联的对内与对外关系确立了准则。

马里尼昂战争　1515年，瑞士与法国爆发了马里尼昂战争（也称马林雅诺战争）。瑞士联军遭到法国炮兵的重创。1516年11月29日，瑞士与法国签订了和平协议。马里尼昂战争是瑞士历史的一个重要转折点，它标志着瑞士依仗其军事优势光荣征战的时代结束了。尽管在 1519 年、1525 年、1526 年和 1536 年，瑞士进一步扩大了联盟与边界，但瑞士的对外扩张从此逐渐收敛了，与邻国特别是法国建立起长期友好的睦邻关系。

雇佣兵制度　15 世纪瑞士已盛行雇佣兵制度，贫穷的乡村青年为了谋生在外国当雇佣兵。特别是勃艮第战争之后，瑞士步兵的战斗力闻名遐迩，欧洲各大国都愿意征募瑞士雇佣兵，结果出现瑞士人代表敌对双方在战场上相互残杀的场景。雇佣兵制是瑞士早期资本积累的重要源泉，而从雇佣兵制度中真正获得好处的是城乡豪门望族。1503 年，邦联作出决定，禁止邦联成员主动充当雇佣兵。但是，一些贵族为追求物质利益仍然暗地里做着雇佣兵的交易。

城乡矛盾　由于邦联的组织成分不同，内部常常发生冲突，这实质上反映了市民城市和农民乡村之间的矛盾。瑞士城市自 15 世纪开始发展和繁荣。在邦联的一次次征战中，城市积累了财富，乡村却遭到破坏，日益贫穷，城乡之间贫富差距拉大。为了捍卫自己的权利和风俗习惯，乡村农民不断冲击城市，反对城市贵族的利益。这种骚乱经常发生，有的甚至发展成为武装起义。影响最大的一次是 1447 年狂欢节期间发生的农民骚乱，参与者主要是一些雇佣兵和青年农民，最后变成了一场"打砸抢"。为了预防这类骚乱的发生，城市之间加紧互结盟约，以抗衡乡村的势力。

瑞士邦联是一个城市共同体和乡村共同体的同盟。最早的三个成员，即乌里、施维茨和翁特瓦尔登之间的同盟关系非常紧密，后来加盟的成员都与这三州的同盟订立盟约。"老三州"成为邦联的坚强核心，始终保持稳定。正是从 1291 年"老三州"的"永久同盟"开始，瑞士一步步展开了建国的历史进程。

第三节　近代史

一　宗教改革与反改革

15 ~ 16 世纪，教会统治整个社会，神职人员有许多特权，教士成了一种赚钱的职业。教士们向人民征收赋税、佃租和五花八门的捐税，利用节日、斋戒等宗教活动聚敛财富，给人民带来沉重的负担。主教会议和高级神职人员竭力主张改革，摈弃教会的陈规旧习，但遭遇保守势力的顽强抵抗，罗马教廷并没有明确支持改革者，教会内部的改革困难重重。

16 世纪，欧洲中部率先进行宗教改革，基督教会分裂为新旧两派。在瑞士德语区，宗教改革运动的领袖人物是乌尔里希·茨温利。茨温利生于 1484 年，1506 年担任格拉鲁斯一个教区的神甫，1518 年充任苏黎世大教堂的大众神甫。1517 年，马丁·路德在德国发起宗教改革，提出了《95 条论纲》，第一个宣布与旧教会决裂。茨温利也于 1519 年在苏黎世宣扬新教信仰。他反对雇佣兵制度，反对农奴制，抨击教士滥用权力和腐败堕落；他提议禁止出售"赎罪券"，禁止斋戒和教士独身制；他主张权力属于市政当局，建立由城市领导的统一国家。茨温利从教会、政治和经济角度全面抨击了现有制度，要求进行多项改革。苏黎世市政当局积极支持茨温利的改革主张，于 1520 年批准他宣讲真正神授的圣经。茨温利在图尔高、圣加仑、巴塞尔、沙夫豪森、索洛图恩、伯尔尼等地宣传新教，并且身体力行实现自己的主张。1524 年，茨温利与一个富孀结婚，以表示反对牧师独身的清规戒律。

在茨温利的推动下，苏黎世进行了广泛的改革。教会的繁文缛节被简化，忏悔等宗教仪式被废除，独身制被取消，偶像和圣物被撤掉，修士和修女被准予离开修道院，教堂所属的学校也进行了改造。1525 年，苏黎世政府采纳了茨温利的主张，将修道院所占土地收归市政府所有。苏黎世政府还废除了农奴制和什一税，停止对外派遣雇佣兵。苏黎世的宗教改革加强了城市对乡村的统治，增强了市政当局的权威，对其他城市起到了极大的示范作用。于是，宗教改革迅速推进到其他城市。

茨温利的宗教改革也遇到了来自反对派的极力阻挠。不仅苏黎世城中有反对派，邦联内部也有反对派。在邦联内部，反对派是一些坚持天主教信仰的乡村州和城市。信仰天主教的城市不愿改变信仰，信仰天主教的乡村在捍卫信仰的同时还嫉恨和惧怕城市的绝对优势。1524 年，四州湖畔的几个乡村州和卢塞恩、楚格订立盟约，联合对抗茨温利的宗教改革。新旧两派尖锐对立，最终爆发了宗教战争。

1529 年，天主教联盟焚烧了一个苏黎世的新教徒，茨温利率兵讨伐楚格。由于缺少其他新教各州的支持，双方士兵也十分懈怠，最后苏黎世与天主教联盟达成和解协议，天主教各邦仍保持自己的信仰，但不能与奥地利共同反对新教。战事遂告和平结束。1531 年，天主教联盟再次发起战争，他们组成 8000 人的队伍，自楚格北上攻打苏黎世。茨温利率领 2500 人仓促应战，不幸在战争中殒命，苏黎世军队遭到失败。双方签订和约，由各邦自己决定宗教信仰。由此，新教向瑞士中部和东部的传播也随之受到阻碍。

瑞士法语区的宗教领袖是加尔文。加尔文生于 1509 年，1534 年定居于巴塞尔。加尔文在 1536 年路过日内瓦，留下来从事教会管理的整顿，曾一度前往斯特拉斯堡，后于 1541 年重返日内瓦，主持宗教改革和政治改革事务。加尔文反对教会的教阶制度和繁琐的宗教仪式，但不反对新兴资产阶级的务实方针，他将茨温利的改革思想又向前推进了一步。在加尔文的倡导下，日内瓦教会民主选举牧师和神职人员，由牧师和长老组成的宗教法庭来治理城市。贫困群体受到照顾，教育得到普及，社会生活井然有序。原来是天主教所在地的日内瓦成了"新教的罗马"。宗教改革不但使瑞士的宗教和政治生活发生了很大变化，对其经济发展也产生了深刻影响。在避难的外国新教徒富豪商贾加入瑞士的建设中以后，瑞士的纺织工业、银行业和加工业迅速发展，并从城市扩展到乡村。当时正是资本主义发展的初期，封建贵族早已被推翻，加尔文的经济和伦理思想受到了资产阶级的赞赏，他主张的教会组织形式有利于资产阶级的统治。因而，加尔文派得到了最广泛的传扬，各国的宗教改革者纷纷前来学习，仿效日内瓦的模式进行改革，建立新教的社会秩序和政府形式。日内瓦成为当时宗教改革的国际中心。

二　"三十年战争"与中立开端

1618～1648 年，欧洲爆发了"三十年战争"。这一战争的主战场在德意志，瑞士当时仍然属于德意志神圣罗马帝国。瑞士没有直接卷入"三十年战争",却不断为战争提供雇佣兵兵源。瑞士各州与法国签有雇佣兵协定;天主教州与西班牙和萨瓦订有雇佣兵契约;新教州与德国、荷兰订有雇佣兵契约。强邻各国都希望瑞士保持和平稳定的局势,因为如果瑞士发生骚乱,就会危及雇佣兵的来源。出于各自利益的考虑,各国需要一个和平的瑞士,瑞士也就在大国的夹缝中,以自己的独特方式,求得生存和发展。

在"三十年战争"中,瑞士的中立政策初步形成。战争中,瑞士邦联内部达成一致,严守中立立场,绝不介入交战的任何一方。邦联与交战双方均保持贸易往来,为双方提供粮食和其他军用物品,输送雇佣兵,提供假道方便,还时常为战争双方居中调停。1647 年,邦联成员签订了《维尔防卫协定》。根据该协定,邦联设立了一支 3.6 万人的部队,各邦联成员负责为它提供装备和兵员。邦联各州有了共同防卫的纲领,是为瑞士"武装中立"的起源。

1648 年的《威斯特伐利亚和约》结束了"三十年战争"。巴塞尔市长维特施太因代表瑞士参与了和约的制定。由于他的努力,德意志皇帝承认瑞士邦联脱离帝国而享有自由与独立,瑞士终于摆脱了神圣罗马帝国几百年的统治。从此,瑞士成为一个完全独立的主权国家。"永久同盟"成立的 1291 年是瑞士历史的发端,而瑞士真正作为独立国家的历史则开始于 1648 年。

"三十年战争"结束后,瑞士在欧洲各种冲突中仍然保持中立。中立是瑞士邦联生存的条件和保障,也是针对国内外形势发展的必然选择。到 1674 年,邦联议事会在荷兰战争期间首次正式宣布了"武装中立"的政策原则。从 18 世纪起,欧洲列强不再同瑞士缔结军事和约,瑞士的中立最终成为现实。

三 人口与经济发展

从《威斯特伐利亚和约》到 1798 年的法国大革命,瑞士度过了长达 150 年的和平时期。在这期间,瑞士经济持续发展,工场手工业和家庭手工业相当发达,棉纺织业和钟表业在欧洲乃至世界居领先地位;同时人口数量稳定增长，1798 年达到 168 万人。

　　18 世纪的瑞士已经是一个比较富裕的国家。其主要原因是两个世纪以来瑞士没有遭遇任何外来的侵略，更没有发生过对外战争；雇佣兵制度使得瑞士完成了原始资本积累；国内的教派之争已经结束，工农业生产在和平环境中迅速发展。

　　农牧业生产增加　瑞士本是一个农业和畜牧业小国。在邻国连年战争时期，瑞士的农牧业得以在安静、和平的环境中持续发展。阿尔卑斯山区的农民主要从事畜牧业，所饲养的牲畜以及肉类不断运往国外，瑞士的马匹是国外骑兵首选的坐骑。在中部高原地区，瑞士人主要从事种植业和奶牛饲养。由于土地分配给农民个人耕种，实行圈地和引种新的农作物，提高了农业产量。大量栽培马铃薯，作为谷物的替代品，解决了粮食不足的问题。随着奶牛饲养的发展，畜产品生产增长，奶制品适应了国际市场需求，出口大量增加。在 18 世纪后期，仅格拉鲁斯州每年出口的鲜奶酪就达 2000 吨。

　　工业发展迅速　纺织业是最重要的工业部门，丝带编织和棉纺织业是主要行业。16 世纪初期，瑞士仅有圣加仑地区的纺织业发达。17 世纪末，法国的胡格诺教徒因受宗教迫害逃离本国来到瑞士定居。他们带来了新的纺织工艺，促进了瑞士纺织工业的发展。瑞士东部地区的棉纺工业大约有 20 万人。苏黎世的丝绸工业雇用 10 多万工人。工业化促进了城市迅速扩大，居民人数急剧增加。当时的工业主要是分散的手工工厂，以家庭接活为主要方式，产品有亚麻织品、羊毛织品、草织品、花边、钟表、首饰、皮革和纸张等。这个时期瑞士的工商业领先于欧洲其他许多国家。

　　商业和服务业扩大　工业的繁荣带动了商业和银行业。瑞士商人利用有利的地理位置，扩展了对德意志、荷兰等国的贸易，并且与英法等国的海外殖民地建立了贸易关系，同时进口白糖、咖啡及其他工业原料。伴随贸易的发展，银行业也成长起来。在 18 世纪，日内瓦、巴塞尔和苏黎世已经成为银行业中心。

四 城乡社会矛盾

宗教改革运动持续时间不长，在不到 30 年的时间里，城市的发展相当迅速，相对于乡村而言占有明显的优势。政治权利逐渐集中于少数的几个大家族，他们靠征召雇佣兵、占有地产以及经营商业和手工业而成为巨富。城市逐渐分化为两个不同的阶层：上层是极少数与外界隔离的豪门望族；底层是被剥夺了一切政治权利的新居民。1519～1798 年是瑞士内乱时期，城乡社会矛盾突出：农民与城市贵族之间、各州之间、新教与罗马天主教之间矛盾尖锐，发生过多次农民起义和四次宗教战争。

"三十年战争"结束之后，瑞士经济陷入衰退。大批雇佣兵返回家乡，乡村劳动力突然过剩。在乡村，多数土地集中在少数人手里，大多数小农阶层仅靠占有的土地难以养家糊口，只得去当农业工人或打短工，逐渐沦为农村社会的最底层。这个时期，农民与城市贵族之间的矛盾加深，富裕城市对贫穷乡村的统治趋于加重，乡村逐渐失去了原有的免税、自由等特权。乡村不仅在政治上失去许多权利，在经济方面也不断受到城市的敲诈和剥削。乡村居民对城市的反感和对立情绪加深，各地不断爆发小股骚乱。1653 年终于爆发了大规模的农民起义。这次暴动由农民领袖汉斯·埃梅纳格和尼克劳斯·勒恩贝格领导，首先从卢塞恩和伯尔尼开始，逐渐蔓延到索洛图恩和巴塞尔。苏黎世和瑞士东部地区没有响应这次暴动，其原因是 1645 年的农民暴动遭到当局残酷镇压，7 名领袖被处决，农民运动的势头受到严重打击。面对汹涌的农民暴动，当局发出严重警告，声称要对暴动者处以死刑或肉刑。起义农民不惧威胁，很快集结了两万人左右的部队，持续战斗了将近一年的时间。城市贵族占有经济优势，又掌握军队，面对农民暴动，为了共同的利益暂时联合在一起，毫不费力地粉碎了这次农民起义，并对起义者进行残酷的镇压。这次瑞士历史上规模最大的一场农民起义以失败而告终。

18 世纪，新教与罗马天主教之间的矛盾进一步激化。由于新旧两派力量对比失衡，各教派之间关系紧张，共同管辖区内冲突不断。从莱蒙湖到巴登，从阿尔卑斯山到汝拉山的经济发达地区都属于新教区域。苏黎世、伯尔尼、巴塞尔、沙夫豪森是四个新教州，拥有居民 70 万人。新教州拥有经济实力和武装优势，城市工商业发达，道路等基础设施较好，农村比较富裕，资金力量雄厚。其他的七个天主教州，居民总共不到 30 万人。1531 年以来，天主教的势力在共同管辖区内一直占有优势，在国会里，天主教徒占多数，可以将自己的意志强加给国会。天主教徒所管辖的地区经济发展落后，仍然以畜牧业为主。日常生活中所需物品还要靠新教州来供应。逐渐地，天主教州的居民意欲向经济发达的新教州迁移，想在那里打工赚钱。两教区经济发展的极大不平衡，导致和加深了两大教派州之间的矛盾和冲突。西班牙王位继承问题在欧洲引起战乱，新教州终于在 1712 年 7 月的维尔梅根战役中取得胜利。根据同年 8 月双方签订的和约，天主教州被迫撤离阻碍苏黎世和伯尔尼之间交通的巴登共同管辖区。自此，天主教州占统治地位的现象不复存在，将近两个世纪的教派之争休止，瑞士进入一个平稳时期，为后来的经济飞跃铺平了道路。

五　政治生活

18 世纪的瑞士是一个由 13 个州组成的国家，但实际情况要复杂得多，可以说是一个由 20 多个独立的小国组成的邦联。在联合公约的旗帜下它们走在了一起，但在权利和义务方面，其内容各不相同，因此，把瑞士比做世界上最分散的国家并不为过。13 个州都是主权州，都有各自的所属领土，这些领土被称为从属地区，有些地区属于几个州共同所有，共同管辖。联邦成员内部分为五种不同情况：属于民主国家性质的有乌里、施维茨；属于联邦国家性质的有瓦莱和里西亚集团；属于寡头政治国家性质的有苏黎世、巴塞尔、沙夫豪森；属于贵族国家性质的有伯尔尼、卢塞恩、弗里堡、索洛图恩；属于君主政体性质的国家有纳沙泰尔公国、巴塞尔主教区。整个社会自上而下分为六个阶级：贵族阶级、执政的贵族阶级、资产阶级、本地人、居民、仆从。从经济角度看，城市州比较开放和发达，而"森林州"相对保守与落后。宗教信仰方面存在两大教派，即基督教和天主教。语言文化是多语种共存。这就是独具特色的瑞士政治结构。

18 世纪，贵族的等级观念仍然根深蒂固，在社会生活中占据统治地位。贵族阶级牢牢控制着政权，拒绝接受新观念，拒绝任何改革，拒绝接纳那些受过教育的富裕的新兴资产阶级进入政权。人民无法忍受沉重的捐税和贵族政府的腐败无能，纷纷起来反抗贵族统治，斗争此起彼伏。1782 年，伊萨克·科尔尼奥在日内瓦领导人民起义，取得了成功，人民开始参加城市政治生活。伯尔尼的人民起义遭到了贵族势力的镇压，领导人均被处决。苏黎世人民要求权利面前人人平等，要求废除封建捐税的起义也被镇压下去。瑞士贵族阶级为了保住政权和特权，勾结外国势力，企图借用外国的刺刀来支撑封建政府。然而，卢梭的自由、平等、个人权利的新思想已经深入人心，成为人民反抗封建统治的强大思想武器。瑞士贵族阶级最终无法抗拒时代的潮流，在法国大革命浪潮到来之时被荡涤出局。

第四节 现代史

一 海尔维第共和国

1798 年前的瑞士，既无首都，又不统一，而且非常分散。在当时的瑞士享有特权的阶层十分庞大，有主权城市的资产阶级，有全部"森林州"居民，有附属城市的资产者，还有顽固的贵族势力。这样的瑞士不可能发生像欧洲其他国家，比如法国的大革命。瑞士的革命是外来的，瑞士共和国是法国制造的。

法国大革命爆发于 1789 年。这个时期，瑞士在欧洲列强争霸中一直保持中立，国内长期和平稳定，经济持续发展。拿破仑筹划出兵瑞士的原因有三：第一，连年战争已经造成国库枯竭、军队给养困难，占领瑞士会解救法国军队的财政困难；第二，法国军队占领意大利北部之后，瑞士各山口就是通往巴黎和米兰的交通要道，战略地位非常重要；第三，法国流亡贵族纷纷逃亡瑞士寻求避难，引起法国革命者的极大不满。

1798 年，拿破仑的军队打着要解救瑞士人民，使瑞士人民摆脱权贵压迫的旗号，占领了瑞士。伯尔尼贵族政府曾企图阻挡法国军队的入侵，但民众将法国军队当成解放者予以欢迎，瑞士原来的邦联体制顷刻崩溃。1798 年 4 月，在法国军队的监督下，"统一的不可分割的海尔维第共和国"建立，瑞士历史上第一次成为一个松散的统一国家。随后又增加了 6 个新州，即阿尔高州、图尔高州、提契诺州、沃州、格劳宾登州、圣加仑州，联邦扩大为 19 个州，并颁布了新宪法。这个迅速成立的共和国如同法国的一个卫星国。

新宪法由瑞士政治家彼得·奥克斯仿照法国 1795 年宪法起草而成。根据宪法，各州的自主地位被取消，建立中央集权国家，实行代议民主制，大会议和参议院拥有立法权，行政权由 5 人组成的督政府行使，司法权属于最高法院、州法院和地区法院。国家保障公民权利，规定了一系列个人的自由权利。

海尔维第共和国使瑞士成为统一的国家，带来了人民主权和法律面前人人平等的宪法精神。但是中央集权的政治体制却不适合瑞士国情，有悖于瑞士的社会传统和民族习惯。500 年来，瑞士各邦自主发展，民主与自治的传统非常深厚。法国不顾瑞士的历史与现实，强加给瑞士人民一个中央集权的政治体制，使各邦失去了原有的独立性，引起人民的抵制和反抗。1800 ~ 1802 年，瑞士发生过 5 次暴动，法国派兵镇压，政局动荡不安。

海尔维第共和国成立后，中央集权主义者和各邦分立主义者分为两派，即"统一派"和"联邦主义者"，他们围绕国家体制展开了激烈的辩论。1802 年，法国从瑞士撤军，瑞士随即爆发了内乱，拿破仑连忙派兵重新占领瑞士，并于 1803 年又颁布一部新宪法，其目的在于促成"统一派"和"联邦主义者"的和解，故又称"调解法令"，瑞士则恢复了原来各邦分立的传统，由统一的海尔维第共和国变成了联邦共和国。1803 年新宪法在瑞士实行了 10 年，它的颁布对瑞士的政局起到稳定作用，也使经济得到一定的休养生息。

二 1815 年宪法与维也纳会议

1814 年拿破仑垮台之后，瑞士的属国地位也随之结束。1815 年，瑞士制定了新联邦公约，这是瑞士人自己制定的第一部国家宪法，正式采用"瑞士联邦"作为国名，首都定为伯尔尼。联邦共有 22 个州，新增加了瓦莱州、日内瓦州和纳沙泰尔州。各州享有独立的主权，在联邦国会里均拥有一票。

1815 年，欧洲列强奥地利、普鲁士、俄国和英国在维也纳召开会议。会议成立了一个处理瑞士事务的特别委员会，英国外交家坎宁充当顾问。列席会议的瑞士代表竭力争取瑞士获得永久性中立。维也纳会议的几个主要国家在一份特别文件中，承认了瑞士的永久性中立地位。列强把瑞士看成是法、奥、德、意之间的缓冲地带，他们从自身利益出发，为了达到各自的目的，共同承认瑞士中立，并作为欧洲公法的一项原则。这次会议划定和确认的瑞士边境线直到今日都没有改变。

三　1848 年宪法

1815 年宪法制定之后，各州在权利分配上取得相对平衡，但瑞士联邦本身的作用被削弱了。到了 1830 年，之前的宪法已经远远不能适应瑞士发展的需要。缺乏中央权威的分散局面导致的结果就是：对外表现软弱，一旦遇有国际风云变幻，联邦内部就出现分歧，尤其是外交难以开展，有损一个主权国家的尊严；对内则是瑞士工业发展严重受阻，因此必须修改与时代严重不符的宪法。自 1830 年起，革新与保守的两派势力进行了 18 年的较量。

1830 年以后，有 12 个州制定了民主开明的宪法。信奉天主教、思想保守的 7 个州为保留州的自治权单独缔结了同盟，即"松得崩德"（Sondernund）联盟。这是一个代表贵族、教会利益的保守派军事联盟。随后，一场内战在"松得崩德"联盟与新教各州之间展开。由于主导思想是自由主义的革新派在国会占据了多数，代表着全国 80% 的人口和经济最发达地区，他们最终取得胜利，而"松得崩德"联盟于 1847 年解散。

1848 年 9 月 12 日，瑞士联邦新宪法获得通过。根据新宪法，联邦议会拥有立法权，由国民院和联邦院两院组成。联邦委员会是联邦的行政机构，由 7 名委员组成，联邦主席由联邦委员轮流担任。司法权由联邦法院行使。联邦委员和联邦法院的法官均由联邦议会选举产生。按照宪法，联邦由 22 个主权州组成，州的主权受到联邦的限制。联邦对外保障国家独立，对内维护和平秩序，保护联邦成员的自由与权利，发展和促进整个联邦的繁荣和福利。各州保留了相当大的权限，拥有管理本州内的警察、道路、税收、司法、卫生、教育以及宗教事务的权力。各州可以制定州宪法，但州宪法不得与联邦宪法相抵触。各州还可以与外界签订非政治性的条约。

1848 年联邦新宪法的诞生，在瑞士历史上具有里程碑式的重大意义。由瑞士资产阶级自由派、激进派所领导的自下而上的革命运动，最终战胜了传统的封建制度，确立了现代资本主义的政治体制。这标志着瑞士已经从一个松散的盟约之邦，演变成为现代的资产阶级民主共和国。

四 产业革命与工业化

19 世纪初期，产业革命的浪潮席卷欧洲。1798～1848 年，瑞士进入了工业化的初级阶段。工业发展首先集中在棉纺织业。1801 年，在圣加仑建立了第一家棉纺厂，引进了英国纺纱机，接着又有一批纺织企业在温特图尔、苏黎世、外阿彭策尔半州、格拉鲁斯、图尔高、阿尔高等地建立起来。纺织业主要集中在瑞士东部，到 1814 年，仅苏黎世一地，就有 60 家棉纺企业。纺织业生产以家庭工业和手工业为基础，只有少量的近代机器工厂。瑞士传统的丝织业继续发展，引进了不少机械设备，织出的丝带精美优良，尤以巴塞尔的丝带最为出名。纺织业的机械化带动了机器制造业的兴起。1837～1847 年，瑞士制造出蒸汽船、蒸汽机、大型锅炉等各类机器 700 多台。同时，金属加工业也伴随机器制造业发展起来。

钟表业是瑞士的传统工业，集中在瑞士西部的日内瓦和汝拉山区，在19 世纪前半期仍然居于重要地位。1800～1850 年，仅日内瓦生产的钟表就增加了 10 万只。

随着产业革命和工业化的发展，瑞士原有封建结构的弊端逐渐暴露出来。此时，全国没有统一的邮政和度量衡标准。各州自设关卡，收费征税，各地捐税加起来有 400 余种。流通中的货币也有 20 余种。铁路更没有发展，到 1847 年才只有 20 公里。

1848 年，瑞士建立了新的联邦国家。1850 年，联邦政府统一了货币制度，而后又统一了度量衡和税率。1852 年又通过了铁路法。全国经济的统一，为工业化的深入发展铺平了道路。19 世纪后半期，瑞士工业呈现多样化发展趋势。传统工业如纺织业、刺绣工艺、丝织业和钟表制造业继续发展。机械、化工、食品、电力等新兴工业也得到快速发展。首先是各行业对机器的需求急剧增加，机器制造业迅速崛起。电气工业也很快发展，又进一步带动了金属加工业。化学工业是新兴的工业部门，从生产人工合成染料起步，逐渐成为瑞士最重要的出口部门。食品工业也成长起来，就业人数居工业各部门的第三位，炼乳和巧克力两种奶制品成为大宗出口商品。瑞士出口的产品在当时的欧洲占据较大市场，其化学和机械工业在出口方面取得显著成果，尤其是燃料化学工业在国际市场上名声大振，机械工业在出口中列为首位。

在工业化进程中，瑞士的服务业也获得了长足发展。首先是交通运输业。1880 年，瑞士建成贯穿全境的铁路网，极大地促进了国内经济和对外贸易的发展。现代旅游业也同步发展，到处兴建旅馆、客栈、饭店，架设了 20 多条登山铁路，在阿尔卑斯山修建设施完善的滑雪场，滑雪成为最受欢迎的冬季旅游项目。商业得到进一步发展，形成统一的市场和发达的商品交易网络，对外贸易成为瑞士经济的最重要部门。19 世纪中期，瑞士出现了第一家州立银行，此后各州纷纷设立银行，共有 20 多家州立银行。第一家大银行于 1853 年开办，随后，又有四家大银行成立。1907年，瑞士的中央银行——瑞士国家银行依法建立。至此，瑞士形成了完整的银行体系。银行业在工业化过程中发挥了巨大的作用，以资金支撑了铁路建设和工商业发展，同时成为瑞士经济的一大显著优势。

第一次世界大战以前，瑞士初步完成了工业化。

五　第一次世界大战中的瑞士

1914 年，第一次世界大战突然爆发。欧洲各国感到意外，瑞士也为之震惊，保卫边境成为瑞士的当务之急。联邦议会授予联邦委员会以全权，任命乌尔里希·维尔（1848～1925）中将为全军总司令。8月4日，联邦委员会向交战各国发表中立宣言，宣布瑞士严守中立的原则立场，并且得到德、意、奥、法四大邻国的确认。同时，瑞士进行全国总动员，22万士兵奔赴边境，巡守危险路段，重点是西北部边境。战争期间，瑞士还建立了一支空军部队，建造了自己的飞机。瑞士成功地贯彻了"武装中立"的原则，战争期间边境没有遭到破坏。

在第一次世界大战期间，瑞士军界头面人物倾向于德国，瑞士德语区与德国交往密切，地区内民众也比较倾向于德国，而法语区居民却对法国抱有特殊的情感，意大利语区的提契诺州则对意大利保持同情。不同语区的民众因立场观点相左而形成对立情绪。著名作家施皮特勒当时发表的《我们瑞士人的立场》，对于消除民族鸿沟，严守中立政策做出了贡献。

尽管不同语区的居民多少带有一点倾向性，但是瑞士人民在执行人道主义使命中却表现得齐心协力。在红十字国际委员会号召下，瑞士成立了一支自愿服务队，为各国人民提供了人道主义援助。

第一次世界大战爆发后，瑞士的经济生活受到极大冲击。瑞士的农产品不能自给自足，工业大部分原料依靠从国外进口，进口贸易一旦中断，国家百姓无以生存，因此，保证必要的食品和原料供给，是联邦政府最为重要和艰巨的任务。战争期间，国家第一次大规模干预经济，政府控制食品和军用工业品生产，采取种种非常措施，控制粮食和主要生活用品的进口，控制汽油、煤炭等重要物资，以保证经济运转和人民生活。

第一次世界大战期间，瑞士的四个邻国分属两大敌对阵营，瑞士夹在中间，往往与双方签订类似的贸易协定，还要被迫接受进口管制。瑞士与德国和意大利签订了《圣哥达协定》，准许德、意两国使用圣哥达隧道，并为其过境货物提供方便。协约国对此极为不满，便对瑞士实行经济封锁。瑞士积极开展外交活动，周旋于交战国各方，最大限度地保障本国的生存和利益。交战国也在战争中维持了瑞士的中立，从而保存了瑞士的经济和领土。

第一次世界大战期间，瑞士的农业和工商业几乎没有外来竞争，得到了一些发展。在第一次世界大战后期，瑞士国内阶级矛盾激化。城市工人生活窘迫，领到的工资赶不上飞涨的物价，是一战时经济的主要牺牲者。1918年，社会民主党和工会联合会等党派团体成立了"行动委员会"，在德语区一些大城市，领导了全国性的总罢工，共有25万工人参加。工人提出恢复集会自由、8小时工作日等11点要求。总罢工在资产阶级政府的强大武力和压力下失败了。然而，瑞士工人阶级在罢工中充分显示了自己的力量，联邦政府被迫开始进行若干政治和社会改革，工人阶级提出的斗争目标和具体要求也逐步得到实现。

六　第二次世界大战中的瑞士

1939年第二次世界大战爆发时，瑞士已经有了相当充分的准备。瑞士地处欧洲中心，周围是对峙的交战双方，随时面临被侵略的威胁。9月1日，联邦委员会进行战争总动员，联邦委员鲁道夫·明格号召人民从和平梦中醒来，拿起武器，巩固国防。联邦任命德、法语区均可接受的亨利·吉桑将军为部队统帅，3天之内发动了43万民众开赴边境，新兵学校和士官学校延长了学期，服兵役人数最多时达到85万。

早在1938年，瑞士政府已经为战时经济奠定了基础。战争打响后，大批难民涌入瑞士，粮食和食品供应濒于断绝，生产自救迫在眉睫。瑞士实施了"瓦伦开荒计划"，扩大了耕地面积，增加了粮食生产。联邦政府颁布了许多规章和禁令，实行粮食和消费品定量配给，严格控制物价。农业生产由联邦统一调控，农民为战时的公共利益做出了牺牲。企业家、出口商、负责食品供应的官员等各界人士的可支配财产都要实行合理分配。因此，"二战"中的物价上涨幅度甚至没有超过第一次世界大战时期，没有出现普遍挨饿的现象，贫富阶层之间也没有形成巨大的差距。

战争期间，有个别联邦委员和高级军官迫于希特勒的压力，对犹太人避难者采取了严格限制的政策，还有纳粹黄金案等，后来都受到了国际社会及瑞士人民的严厉批评。

在战争期间，瑞士的国际红十字会、民间团体和组织都积极发挥作用，利用其国家的中立地位，在交战国双方的首都设立办事处，为受难人民提供资金和人力援助，并且接受了大批难民，为减轻交战国人民的苦难，增进国家间的谅解和友谊做出了特殊的贡献。

战争爆发前夕，瑞士即发表中立宣言，又照会各国政府，重申中立的原则和立场。随着战事的发展，1940年法国被德军占领后，瑞士已经完全被轴心国所包围，陷入非常危险的境地，德国甚至已经制定了军事占领瑞士的计划。在民族生死存亡的紧急关头，亨利·吉桑将军挺身而出，号召人民誓死保卫祖国，随时准备抵抗外来侵略者。他召集联邦军队高级指挥官于四州湖畔的格吕特利草地，发表了慷慨激昂的演说，阐述了他的"内堡"战略思想和作战计划，军官们感受到极大的鼓舞和振奋，增强了胜利的信心。纳粹德国最终还是没有侵犯瑞士，其原因主要涉及轴心国的某些战略和经济利益上的考虑，瑞士得以再次幸免于难。

第五节　当代史

一　第二次世界大战后的经济繁荣

"二战"结束后，瑞士经济迅速起飞，出现了长期的经济繁荣。一个没有自然资源，完全要依赖外贸的小小山国，经过25年的努力，成为世界金融强国和工业强国。对外直接投资居美国、法国和英国之后列世界第四位。瑞士银行业在国外的资产高达2500亿瑞士法郎。

"二战"后瑞士经济持续繁荣的原因主要有：瑞士在两次世界大战中均没有遭受战火的破坏，保存了完备的生产体系，并且积累了充足的资金；"二战"后欧洲其他国家百废待兴，瑞士抓住这一有利商机，接受了大量的订单，开足马力进行生产；瑞士实行自由企业制度，私人经济成分多，企业税收比较低；瑞士银行实行严格的保密制度，吸引了巨额存款，为瑞士企业提供了优惠贷款，也为欧洲重建提供了资金支持；同时，瑞士在1937年，劳资矛盾就已经通过协议解决，阶级斗争趋于缓和，社会成本支出比较少。

"二战"后瑞士的经济结构发生了根本性的变化。20世纪50～60年代，农业就业人数持续下降。由于工业的快速发展，农村人口不断流向城市。60～70年代，第一产业继续缩减，第二产业仍在上升，第三产业开始不断壮大。70年代以后，第二产业的就业比例开始下降，第三产业就业人数大幅增加。到1980年，第三产业的就业人数已经超过了总就业人口的一半，占到53%。瑞士也从工业社会进入到了服务业社会。

"二战"后，瑞士政府对农业实行计划管理。1952年《农业法》颁布，其主要内容是促进农业发展，保护农民利益。在农业联合会的推动下，政府制定了农业政策纲要，其中心是农业保护主义。根据《农业法》，政府有义务确保农产品价格，对廉价出售的农产品实行高额补贴，以实现农产品的充分利用，保证农民收入不低于非农业工人的收入。政府的农业保护政策，吸引和增加了社会对农业的投资，有力地推动了农业发展。瑞士农业现代化继续深入。农业的从业人员占总就业比重下降到6%左右，农业企业数量减少，规模扩大，提高了经济效益。由于技术进步，农业劳动生产率明显提高，主要农作物产量有了显著增长，农产品的自给率也提高了。

瑞士工业在"二战"后得到迅猛发展。首先，工业的部门结构发生了重要的变化。纺织、钟表等传统工业部门地位下降，而机械制造和化学工业的发展突飞猛进。其次，工业出现了集中化浪潮，一批大型企业和跨国公司如雀巢集团等纷纷涌现。瑞士工业的快速发展主要得益于有利的国际环境，雄厚的资金积累和银行业的高效运转，以及对科学技术研究和生产应用的高度重视。另外，大量外籍劳工弥补了工业增长所需劳动力的缺口。

瑞士服务业的发展更为迅速。大约在20世纪70年代末，瑞士从工业社会进入服务型社会。人民收入增加，生活安定，消费方式多样化，社会生活发生了深刻的变化，为生产和生活服务业创造了新的空前的需求。商业服务人员增加，零售商店的数量减少，出现了许多超级市场，最大的连锁商店是米格罗。交通运输业投入大量资金和人力，兴建了30多个阿尔卑斯山过山隧道。1980年建成世界上最长的公路隧道圣哥达公路隧道（17公里）。全国公路网四通八达，覆盖城乡各地，公共汽车可以通到每个村庄。铁路机车更新换代，运输能力不断增强。旅游业飞速发展，1985年与1960年相比，旅游外汇净收入增长了3倍。按照就业人员比例衡量，旅游业已成为第二大经济部门。金融业急剧增长，形成了庞大的机构网络，更换了现代化电子设备。1947～1987年，银行的营业额增长了37倍。

外籍劳工为瑞士的经济繁荣做出了重大的贡献。瑞士经济起飞时期，缺少的不是资金，而是劳动力。瑞士的工资和生活水平比较高，早就吸引了意大利、西班牙以及其他周边国家的劳动力，这也适应了本国建筑业、农业和旅馆业的需要。这些外籍劳工中有身份合法的长期劳工，有季节工，有经常出入边境的边界工。还有一些外国人，他们喜欢居住在祥和而安宁的瑞士。外国人口占瑞士总人口的比例，1950年为6%，到1974年已高达17%。根据2001年的统计，外国人口已占到20%。在瑞士劳动力市场上，外籍劳工既是一支常备军，又是一个缓冲器。随着岁月的流逝、经济和社会情况的变化，瑞士政党和民众中也出现了排外情绪，外国人被视为入侵者，尤其是在德瑞地区。然而大多数瑞士人都清楚：瑞士"二战"后所创造的经济奇迹离不开外籍劳工的功劳。

二 福利社会的发展

"二战"以后，瑞士在大力推动经济发展的同时，健全和完善社会保障体系，全面建设现代化的福利国家。与其他欧洲工业化国家相比，瑞士的社会保障制度起步比较晚。1886年，瑞士工人组织最早提出设立老年及遗属保险的要求。1925年，关于老年人社会保险条款写进了宪法修正案。在"二战"中，瑞士实行了服役保险，不服兵役者将其2%的工资收入补偿给服兵役者，从而建立起"二战"时的工资收入补偿制度。"二战"后，1947年经过公民投票，服役保险转变为老年及遗属保险，该法案于1948年开始实施。《疾病保险法》的修正案，经过反复酝酿和争论，于1964年实行。20世纪50～60年代，瑞士经济以年均5%的速度快速增长，各种社会保障项目具备了实施的条件。1960年建立了伤残保险。1972年，老年保险被规定为强制性保险，成为社会保障的"第二根支柱"。1976年开始建立失业保险。经过100多年的发展，特别是"二战"以后的发展，瑞士社会保障制度逐渐趋于完善。社会保险支出从1950年的2.65亿瑞士法郎增加到1975年的25.53亿瑞士法郎。社会保障制度的建立，为大多数公民提供了基本的生活保障，改善了人民群众的基本生活条件，从而维护了经济和社会的稳定发展。

三 民主政治的变化

"二战"后瑞士形成了长期稳定的政治局面。"二战"期间，为了应付战争时期的复杂局面，瑞士通过了《紧急状态法》，赋予联邦政府特殊权力，独断处理国家政治外交事务，全面干预经济生活。战争结束后，1949年9月，瑞士全民投票通过了"重返民主制"的倡议，取消了联邦政府的战时特权，恢复了原来的直接民主制。

19世纪末至20世纪初，瑞士相继成立了一些政党。激进民主党、基督教民主党、人民党和社会民主党是其中的四个大党。"二战"中，四党联合执政的格局已经形成。四个政党在议会的席位也相对稳定，变化不大。各主要政党的意识形态相互包容，没有尖锐对立。政党之间协商合作，力求一致或谅解，达成民主共识。

在瑞士，全国性的行业与经济组织有着深厚的历史传统，普遍先于政党而成立。19世纪80年代，一批行业和经济组织相继建立。代表雇员利益的组织有：瑞士工会联盟、瑞士农民联合会、瑞士小工商业联合会等。代表雇主利益的组织有：瑞士雇主联合会中央联盟、瑞士工商业者联盟等。对于劳资双方的利益冲突，早在1937年瑞士就已经创造了"劳动和平"的方式，将冲突纳入民主与法制的轨道来加以解决。

由于百年来的传统观念，瑞士落后于多数西方国家，妇女长期以来不能与男子平等享有政治权利。1957~1958年，联邦议会通过投票，规定妇女有权进行投票，有权被选入联邦议会和在联邦最高法院任职。但是1959年公民投票表决时，妇女选举权提案没有获得通过。1970年议会通过了一项宪法修正案，规定妇女享有选举权和竞选公职的权利。1971年2月，该项宪法修正案提交公民投票表决并获得通过。瑞士妇女最终得到选举权，这是瑞士当代政治生活中的一件大事。

1978 年，汝拉地区从伯尔尼州分离出来，正式成立为一个新州，并于 1979 年以独立新州加入联邦。至此，瑞士联邦共有 23 个州，其中又有三个州各自分为两个半州。

四　瑞士与国际社会

第二次世界大战结束时，瑞士在国际上声誉不高，各战胜国对瑞士的中立政策并不赞赏，批评和指责瑞士在战时未与纳粹德国割断经济联系，威胁要联手对瑞士实行贸易抵制。瑞士与美国的关系在 1946 年《华盛顿协议》后才转入正常化。瑞士与苏联于 1918 年断绝邦交，直到 1944 年苏联仍拒绝与瑞士恢复外交关系。后经过努力，瑞士与苏联于 1946 年春实现了国家关系正常化。瑞士逐渐融入了以美国为主导的西方国际社会，与以苏联为首的社会主义国家也较早建立了外交关系。

瑞士财力雄厚，"二战"后欧洲的重建少不得它的帮助。同时，瑞士的中立地位使之成为国际争端的最佳谈判与调解地点，在国际社会中发挥着特殊的作用。在 20 世纪 50 年代的朝鲜战争及和平谈判中，在东西方冷战时期，在欧洲安全与合作问题上，瑞士都积极扮演了中介与调停的角色。瑞士虽然长期游离在联合国之外，但是较早参加了诸多联合国的专门组织机构，日内瓦更是联合国欧洲总部的所在地。瑞士于 1960 年加入了欧洲自由贸易联盟；成为欧洲经济委员会、欧洲经济合作组织（后为"经济合作和发展组织"所代替）的会员国；于 1963 年参加了欧洲委员会（又译欧洲理事会）；于 1966 年成为关贸总协定的成员。1972 年，瑞士多数选民批准了与欧洲联盟的贸易协定。1973 年，瑞士减灾联合会成立。1989～1990 年，瑞士医疗部队首次在海外的纳米比亚执行任务。在 1990 年的科威特战争中，瑞士对伊拉克实行了禁运。1992 年，瑞士加入了国际货币基金组织和世界银行。

在欧洲大陆处于战乱和冷战时期，瑞士保持着"超脱"于一切冲突的立场，永久中立国地位使瑞士避免卷入任何政治、军事集团和集体安全体系，远离国际政治旋涡而过着国泰民安的日子，瑞士国民经济在不受外界干扰的相对和平的形势下迅速发展。"二战"结束后，欧共体的成立标志着欧洲经济发展的新时代开始。随着欧盟成立，欧洲一体化进程加速。徘徊在欧盟之外，坚持中立政策的瑞士日感孤立。瑞士国民经济在经过"二战"后25年的辉煌发展之后，开始停滞不前，失业人数逐年增加，购买力不断下降。在与欧盟各成员国的经济往来中，瑞士因不是欧盟成员而处处受限，享受不到欧盟自由贸易政策的优惠，出口通道不畅，经济发展受到严重影响。联邦政府急于摆脱困境，使瑞士更好地融入国际社会。

　　瑞士加入联合国的道路并不平坦。1986年，瑞士就是否加入联合国问题进行全民公决，结果75.7%的选民投了反对票。有着强烈自由意识的瑞士人民仍然对本国的中立政策和民主制度抱有充分的信任。他们小心翼翼地遵循着传统，权衡利弊关系，维护本国的利益。随着国际形势的发展，瑞士人民开始面对现实。2002年3月4日，瑞士再次就加入联合国问题进行全民公投。全国55%的选民、23个州的12个州赞成瑞士加入联合国，符合联邦宪法所规定的"双重多数"的要求。这次投票的结果令瑞士政府如释重负，联邦政府随后立即提出了加入联合国的申请。2002年9月10日，第57届联合国大会一致通过决议，正式接纳瑞士联邦为联合国新的会员国。

　　瑞士加入欧盟的道路更加漫长。1992年6月，瑞士政府提出加入欧盟的议案，该议案在年底进行全民公决时遭到否决。由于长期被排除在欧盟之外，瑞士的经济受到严重影响，出口遭遇重重障碍。面对严峻的局面，联邦政府和人民进行了不懈的努力。自1995年，瑞士与欧盟开始了谈判，最终于1999年6月21日签署了《双边协议》。《双边协议》涵盖7个分协议，涉及人员往来、空运、陆运、科研、农业、贸易壁垒、公共采购7个方面，包括欧洲运输市场准入，废除公共合同投标中的障碍和技术贸易壁垒，全面参与欧盟的研究计划，取消农产品关税，开放劳动力市场，允许劳动力自由流通等内容。2000年5月21日，瑞士全民公决通过了这一协议。这次公民投票有47.8%的人参加了投票，有两个州的赞成票没有过半数。2002年6月1日《双边协议》正式生效。此项《双边协议》是一个相关部门间的经济协议，不涉及修改宪法，公决时不需要

"双重多数"通过，简单多数通过即可。同时，瑞士政府也做了大量的舆论工作，向瑞士人民宣传此协议通过的重要意义。《双边协议》生效使瑞士跟上了欧盟步调，双方经贸关系进一步密切，为今后双方更加广泛的合作打下了基础。

2003 年 10 月 20 日，极右的瑞士人民党在四年一度的瑞士议会选举中获得 55 个席位，跃居国民院第一大党。此选举结果受到欧洲各国极右势力的关注，法国极右派头目勒庞亲自表示祝贺。瑞士人民党的创始人布劳赫坚决反对瑞士加入欧盟和联合国，他提出的施政纲领具有极强的种族歧视和仇外、排外倾向。该党反对瑞士政府就人员自由流动协议同欧盟谈判，并用举行一次全民公决相要挟。值得注意的是，该党的追随者越来越多，一些人认为布劳赫是在"维护瑞士人的利益"。瑞士人民党的所作所为对瑞士加入欧盟形成阻力。

2005 年 6 月 5 日，瑞士举行全民公决，54.6% 的选民投票支持签署《申根协定》。2008 年，瑞士正式加入申根区。

第六节　著名历史人物

德弗吕（1417～1487）　尼古拉·德弗吕（Nicolas de Flue），瑞士隐士、修道士，民间英雄。在邦联由于弗里堡和索洛图恩入盟问题而出现危机时，尼古拉·德弗吕修道士出面进行调解，一触即发的内战火苗终被熄灭，各州终于走上团结之路。在他的推动下于 1481 年 12 月 22 日达成《斯坦斯协议》。

茨温利（1484～1531）　乌尔里希·茨温利（Ulrich Zwingli），瑞士宗教改革运动领袖。生于瑞士圣加仑州塔根堡山区威尔德豪斯村，曾在巴塞尔和伯尔尼学习，后入维也纳大学和巴塞尔大学，毕业后，被康斯坦茨主教授予格拉鲁斯任司铎圣职。自 1518 年起任苏黎世大教堂牧师。得到市议会和新兴资产阶级的支持，领导瑞士东北部各州进行宗教改革。1522 年瑞士开始宗教改革，宣讲"真正经义"，否认罗马教廷权威，反对出售"赎罪券"，反对禁食和教士独身制，解散隐修院，没收其财产。废除天主教的繁琐仪式，禁止敬拜圣像，取消"弥撒"改行"圣餐"礼仪，称之为对耶稣的纪念。促使新教各州结成联盟，对抗教皇和皇帝，期望瑞士联邦统一于新教。发表多种著作，代表作有《论洗礼》。1531年在森林州与城市联盟之间爆发的第二次卡佩勒战役中战死。

加尔文（1509~1564） 让·加尔文（Jean Calvin），16世纪欧洲宗教改革家，基督教加尔文宗的创始人。生于法国北部皮卡第六区瓦兹省一个中产阶级家庭。1523年在巴黎大学学习，1528~1531年在奥尔良和布尔日法学院学习。1533年因改革宗教思想遭迫害离开巴黎来到瑞士巴塞尔，后来改信新教。1536年来到日内瓦，被宗教改革者挽留，成为这里的领袖。1538年5月因和当地领袖布道师法雷尔意见不合又被驱逐出日内瓦。1541年应邀重返日内瓦后长期定居直到1564年与世长辞。建立新教教会，废除主教制，以资产阶级共和制的长老制取而代之，同日内瓦的城市政权结合成为政教合一的体制。1558年创办日内瓦学院（日内瓦大学的前身）。其代表作《基督教原理》（1536）是一本阐述新教信仰的最重要著作。

卢梭（1712~1778） 让-雅克·卢梭（Jean-Jacques Rousseau），著名的启蒙思想家、哲学家、教育学家和文学家。出生于瑞士日内瓦一个钟表匠家庭。16岁离开日内瓦，由瓦朗夫人资助在哲学、文学、音乐等领域继续深造。30岁之后前往巴黎，结识了《百科全书》的编辑狄德罗及他的朋友们，很快出类拔萃，成为著名学者。因《爱弥儿》一书被法国驱赶而逃离，余生在颠沛流离中度过。一生著作颇丰，有《论人类不平等的起源和基础》（1755）、《社会契约论》（1762）、《爱弥儿》（1762）、《新爱洛绮丝》（1761）、《忏悔录》（1781）等。

裴斯泰洛齐（1746~1827） 约翰·亨里希·裴斯泰洛齐（Johann Heinrich Pestalozzi），苏黎世人，是瑞士历史上最著名的教育家，瑞士现代教育思想的先行者和实践者。他从人道主义出发，主张通过教育改善农民和群众的生活。曾经在新庄和斯坦兹创办孤儿院，施教贫苦儿童。后又在部格多夫和伊佛东创办学院，进行简化教学实验。他认为，人人享有平等的教育权利，学校要使受教育者在头脑、心灵和双手三个方面都能够健全的发展，应培养符合时代和社会需要的新人。提出"初步教育"理论，认为数目、形式和语言是教学的基本要素，并根据这一理论，改进了初等教育各科的教学方法。他的教育思想对近代初等教育的发展具有一定的影响。

西斯蒙第（1773～1842） 让·沙尔·列奥纳尔·德·西斯蒙第（Jean Charles Léonard de Sismondi），瑞士经济学家、历史学家。出生于日内瓦近郊沙特连庄园的一个牧师家庭。中学毕业后进入大学，后因家道衰落而中途辍学，赴法国里昂学习经商。1792 年里昂爆发革命，又回到日内瓦。后全家先后迁居英国、意大利，1800 年重返日内瓦。曾经担任日内瓦莱曼商会的秘书和日内瓦政府成员。1838 年被选入法国社会政治科学院。1841 年法国政府授予他荣誉军团大十字勋章。主要著作有《托斯卡那的农业》（1801）、《论商业财富》（1803）、《政治经济学新原理》（1819）、《政治经济学研究》（1838）、《自由人民之宪制研究》（1836）、《意大利共和国史》（1818）、《意大利文艺复兴史》（1832）。1818 年开始写《法兰西人史》，计划撰写 31 卷，生前完成了 29 卷。西斯蒙第在政治经济学史上具有特殊地位，古典政治经济学在法国从布阿吉尔贝尔开始，到西斯蒙第结束。他从小资产者的立场和观点出发，揭露和批判了资本主义的矛盾，是 19 世纪小资产阶级流派和经济浪漫主义思潮的代表人物。

杜南（1828～1910） 让·亨利·杜南（Jean Henri Dunant），瑞士慈善家，国际红十字会创始人，出生于日内瓦一个加尔文教徒家庭。1862 年发表《索菲里诺战场回忆》一书，建议世界各国成立志愿团体来改进对伤员的护理，主张制定救护伤员的国际协定。1863 年在日内瓦创立国际红十字会，筹划制定了第一部日内瓦公约。1868 年欧洲所有国家均在公约上签字响应。后因经营破产而陷入贫困，仍继续从事慈善事业和救济活动，参与创立世界基督教青年会。1901 年获得诺贝尔和平奖。

科赫尔（1841～1917） 埃米尔·特奥多尔·科赫尔（Emil Theodor Kocher），瑞士医学家，生于伯尔尼。1865 年毕业于伯尔尼大学，获医学博士学位。自 1866 年起曾先后在柏林、巴黎、伦敦等大学进修外科学，后回国，任伯尔尼大学附属医院外科主任兼外科临床学教授。是甲状腺肿和病理学及外科治疗的权威专家，在治疗甲状腺肿和黏液水肿方面，积累了丰富的临床经验，总结出若干检查甲状腺肿的方法。1909 年获诺贝尔生理学或医学奖。著有《外科手术大全》和《甲状腺治疗法》。前者被译成多种文字，是外科学的经典著作。

戈巴特（1843～1914） 夏尔莱·阿尔贝特·戈巴特（Charles Albert Gobat），瑞士法学家、政治家和作家。生于瑞士西部汝拉山区的特腊梅兰。先后就读于巴塞尔、伯尔尼、德国海德堡、法国巴黎等地。1867 年获法学博士学位，并在伯尔尼创办法律事务所。曾经在伯尔尼大学讲授民法。1882 年被选入伯尔尼州政府，主管公共教育。1884～1886 年任瑞士联邦委员兼教育部长。1886 年任伯尔尼州政府主席。1887～1890 年任瑞士联邦委员会主席。1890～1898 年任瑞士国民议院议员。1892 年任国际议会联盟在伯尔尼举行的第四次大会主席，并任该联盟常设情报局局长。主张以仲裁来解决国际争端，1902 年与埃利·杜科蒙同获诺贝尔和平奖。

施皮特勒（1845～1924） 卡尔·施皮特勒（Carl Spitteler），瑞士德语作家。生于巴塞尔州一个高级官吏家庭。先在巴塞尔攻读法律，后去苏黎世和德国海德堡学习神学，1885 年起任《新苏黎世报》副刊编辑。1892 年定居卢塞恩，从事写作。他以《圣经》故事和希腊神话传说为题材，用现代观念去创作新的神话，与当时的"颓唐艺术"分庭抗礼，代表诗作有《普罗米修斯与厄庇墨透斯》（1881）、《奥林匹亚的春天》（1910）、《殉道者普罗米修斯》（1914）。他的小说采用与实际生活密切相关的题材，反映现实社会的尖锐矛盾，如中篇小说《康拉德少尉》（1898）。1919 年因长篇史诗《奥林匹亚的春天》获诺贝尔文学奖。

维勒（1848～1925） 乌尔里希·维勒（Ulrich Wille），瑞士军事领袖。曾在德国研究过普鲁士军队组织，并用普鲁士方式改革瑞士军队，改造新兵的训练过程。1881 年改革骑兵，并发明新骑兵操。第一次世界大战爆发后晋升为将军，任瑞士陆军总司令，防守边界。

索绪尔（1857～1913） 费迪南·德·索绪尔（Ferdinand de Saussure），瑞士语言学家。巴黎大学、日内瓦大学教授。早期著作有《论印欧语系元音的原始系统》。自 1906 年，在日内瓦大学讲授普通语言学，其讲稿在他去世后被整理成《普通语言学教程》。他从心理社会学的角度阐述语言理论，在语言结构方面进行了深入研究，认为语言学是心理社会学中符号学的组成部分，主张为语言研究语言，把语言视为一种社会现象，认为语言具有两重性的结构体系，即历时和同时，并引用了两个术语，即"言语"和"语言"，这两个术语今天已被普遍使用。他是心理社会学语言学派的创始人，其理论对结构主义语言学派有重大影响。

纪尧姆（1861～1938） 查尔斯·埃杜德·纪尧姆（Charles Edouard Guillaume），瑞士物理学家。1861年2月15日生于瑞士弗勒里耶，1938年6月13日逝世于法国塞夫尔。1882年毕业于苏黎世联邦理工学院，1883年获哲学博士学位。1883年进入国际度量衡局瑞士办事处工作，1902年任该局副局长，1909年任局长。他是法国科学院、瑞典科学院、俄国科学院的院士；是乌普萨拉皇家学会、伦敦物理学会的会员。1884年研究玻璃水银温度计的误差来源，并进行了校正。主要研究镍基合金性能，发现低膨胀系数和低弹性系数，研制出两种廉价高级合金，发现了铁镍合金——殷钢及其在精密仪器中的应用，解决了制造高精密仪器的材料问题。再次确定了升的容量，制定了许多测量标准。1920年，因发现镍钢合金于精密物理中的重要性，而获得了该年度的诺贝尔物理学奖。主要著作有《精密测温方法》《单位与标准》《镍合金用途》《度量常规》等。

杜科蒙（1833～1906） 埃利·杜科蒙（Elie Ducommu），瑞士报刊编辑，和平主义者。出生于日内瓦一个钟表匠家庭。早年在日内瓦学习，毕业后曾到德国做家庭教师。1855年任《日内瓦评论报》编辑。1863年当选为瑞士和平协会主席。1865年迁居伯尔尼，任《前进报》编辑。自1868年起担任国际和平与自由联盟所属刊物《欧洲联邦》的编辑。1891年在伯尔尼组建国际和平局，初任书记，后任局长，专门从事国际和平运动，负责编辑出版该局刊物《半月通讯》。1902年与戈巴特一起获得诺贝尔和平奖。主要著作有《和平事业》《和平爱好者的实际纲领》《和平运动简史》等。

韦尔纳（1866～1919） 阿尔弗雷德·韦尔纳（Alfred Werner），瑞士化学家。毕业于苏黎世大学。1890年获博士学位。1909～1915年任苏

黎世化学研究所所长。1890年建立络化合物立体化学理论，首先提出
"配位数概念"，认为配位化合物（即络化合物）具有立体化学结构。
1913年因配位化合物的研究成就获诺贝尔化学奖。还解决了络化合物光
学分辨问题，获得非碳的施光性物质。其理论为无机化学的发展开辟了道
路，为原子价的电子学说奠定了基础。重要著作有《立体化学教科
书》等。

吉桑（1874～1960） 亨利·吉桑（Henri Guisan），瑞士军事领袖
及民族英雄。曾在瑞士和法国大学学习，取得农业专业的学位。曾得陆军
上尉军衔，先后任上校、师长、军长。第二次世界大战前夕被推选为上将
和瑞士陆军总司令。在瑞士被轴心国包围且可能遭到入侵的境况下，他设
计和实行的防御计划是放弃边境地区，固守瑞士特有的山间堡垒，这一思
想被称为"内堡"理论。战争结束后退休，成为瑞典皇家军事科学院院
士。

荣格（1875～1961） 卡尔·荣格（Carl Jung），瑞士哲学家，分析
心理学的创始人。他在1913年第一次提出内向和外向两种性格类型，指
出每个人的本性中都兼有内向与外向两个方面，当一种处于意识中即占优
势，另一种处于无意识中即占劣势。他对人的个性进行了科学的解释，提
出心理的四种功能，并将其分别与两种基本类型组合，构成八种性格类
别。他的性格哲学即心理类型理论独树一帜，得到广泛的验证和认可，由
此发展而来的性格类型问卷，至今仍然在教育、管理、组织行为学等领域
发挥作用，深化了人们对性格差异的研究和了解。他的分析心理学极大地
拓展了心理学的研究领域，其中的集体无意识理论可以解释其他心理学流
派所无法解释的现象，如宗教、神话、象征、超感官知觉等。他的理论对
历史学、文学、人类学、宗教学以及临床心理学领域都产生了深刻的影
响。

黑塞（1877～1962） 赫尔曼·黑塞（Hermann Hesse），瑞士文学
家。生于德国南部施瓦本地区卡尔夫镇一个牧师家庭。4岁时随父母来到
瑞士巴塞尔，15岁进入毛尔布伦神学院。1899年到巴塞尔书店当店员，
熟读了莱辛、歌德和席勒等名家的作品，后开始文学创作并获得成功。

1904 年其成名作《彼德·卡门青特》发表。之后又创作了《在轮下》《盖尔特鲁特》《德米安》《席特哈尔他》《草原狼》等多部小说。最后一部长篇小说《玻璃球游戏》历经 11 年，于 1943 年出版。1946 年获诺贝尔文学奖。

赫斯（1881～1973） 沃尔特·赫斯（Walter Hess），瑞士生理学家。生于弗劳恩菲尔德。曾在伯尔尼大学、柏林大学、洛桑大学攻读医学。1906 年获苏黎世大学医学博士学位。后任教于苏黎世大学和波恩大学，是瑞士和其他一些国家医学学会和生理学学会的会员。主要著作有《精神生理学》《间脑的功能组织》《下丘脑和丘脑》。主要从事神经系统的研究，提出了自感神经功能原理和交感神经及副交感神经冲动原理。1949 年与葡萄牙医学家埃加斯·莫尼兹同获诺贝尔生理学或医学奖。

皮卡尔（1884～1962） 奥古斯特·皮卡尔（Auguste Piccard），瑞士物理学家。生于巴塞尔。曾在苏黎世大学学习机械工程，与爱因斯坦合作设计电学测量仪器。1922 年在比利时布鲁塞尔工业大学任教授，1954 年退休。皮卡尔对宇宙射线和高层大气的电离层很感兴趣。1931 年，他与同伴从德国的奥格斯堡乘坐带有密封舱的气球起飞，上升到 15781 米，全程历时 18 小时，打破以往最高纪录，是人类首次成功穿越平流层的壮举。20 世纪 30 年代末，皮卡尔设计出用于深海行驶的深潜器，于 1948 年造成第一艘深潜器，由两名法国军官驾驶，在非洲沿岸的地中海下潜到 4050 米处，是之前所达深度的 4 倍。1960 年，两名深潜员驾驶他建造的第二艘深潜器"的里雅斯特号"，下潜到马里亚纳海沟，其深度为海平面以下 10912 米，是太平洋中已知的最深处。

卢齐卡（1887～1976） 利奥波德·卢齐卡（Leopold Ruzicka），瑞士生物化学家。出生于南斯拉夫的武柯瓦尔。毕业于德国卡尔斯鲁厄高等技术学校。曾获巴塞尔大学医学博士学位和哈佛大学名誉博士学位。1923 年任荷兰乌德勒支大学化学系主任。1929 年回国后在苏黎世大学任教。1942 年被选为英国皇家学会会员。主要研究有机合成，其贡献是确定异戊二烯规则，即凡符合通式（C_5H_8）n 的链状或环状烯烃类，都叫萜烯。在研究萜烯的过程中，发现了灵猫酮和麝香酮，为香料工业的发展开辟了广阔前景。卢齐卡的另一个贡献是首先提出检验性激素制剂的生物学方法，首次把性激素和甾醇合成雄甾醇和睾丸甾醇。1939年与布特南特同获诺贝尔化学奖。

卡勒（1889～1971）　保罗·卡勒（Paul Karrer），瑞士化学家。生于俄国莫斯科。1899年随父母迁回瑞士。1911年从苏黎世大学毕业，获得博士学位后留校跟随阿尔弗雷德·韦尔纳教授从事有机砷的研究。1912年到德国法兰克福大学，在细菌学家埃尔利希指导下从事研究工作。1918年回到瑞士，在苏黎世大学任教，是美国国家科学院和其他一些国家科学院的院士。主要著作有《有机化学教科书》《类胡萝卜素》，是最早研究类胡萝卜素和维生素的科学家之一。1933～1939年先后与霍沃思·库恩等人合作，合成维生素B2、维生素A、维生素E等。因维生素研究的重大成就，1937年与霍沃思同获诺贝尔奖。

皮亚杰（1896～1980）　让·皮亚杰（Jean Piaget），瑞士发展心理学家，创立"发生认识论"，日内瓦学派（又称"皮亚杰学派"）的代表人物，1955年在日内瓦成立"发生认识论国际研究中心"，长期担任日内瓦联合国教科文组织国际教育处的负责人。主要研究儿童认识的发生发展问题，主要著作有《结构主义》等。

赖希施泰因（1897～1996）　塔德乌什·赖希施泰因（Tadeusz Reichstein），瑞士化学家，生于波兰符沃茨瓦维克城的一个书香世家。1905年，全家迁居瑞士苏黎世。1914年获瑞士国籍。1921年毕业于苏黎世高等技术学校，获化学工程博士学位。1938年任巴塞尔大学教授兼药理研究所所长。1946～1960年任有机化学研究所所长。1952年被选为英国皇家学会会员，是美国国家科学院、印度科学院、美国艺术与科学院、纽约科学院的院士。主要研究杂环化合物、糖类、维生素C、泛酸、肾上腺激素、甾族化合物与植物源强心甙和娠烷衍生物。1950年与爱德华·卡尔文·肯德尔、菲利普·肖瓦特·亨奇同获诺贝尔生理学或医学奖。

米勒（1899～1965）　保罗·赫尔曼·米勒（Paul Hermann Müller），瑞士化学家。生于奥尔腾。毕业于巴塞尔大学。1925年获化学博士学位。后在巴塞尔实验所从事研究工作，是瑞士化学学会会员，瑞士自然科学协会、巴黎工业化学学会名誉会员。主要研究领域是化学和植物学。1935年他开始一项研究，旨在发现某种有机化合物，既能很快杀死昆虫又对植物和哺乳动物少有或没有毒效。1939 年 9 月，发现了化合物二氯二苯三氯乙烷（缩写为 DDT）。瑞士随后立即用它来对付科罗拉多马铃薯虫。该化合物在世界范围内很快得到推广和应用。由于这一发现，1948 年获诺贝尔生理学或医学奖。

普雷洛格（1906 ~ 1998） 弗拉迪米尔·普雷洛格（Vladimir Prelog），瑞士化学家。生于南斯拉夫萨拉热窝。1928 年毕业于捷克斯洛伐克布拉格学院。1929 年获工程博士学位。1929 ~ 1935 年在布拉格德里扎实验室从事研究工作。1935 ~ 1941 年在萨格勒布大学任教，1942 年到苏黎世联邦工学院任教。1962 年被选为英国皇家学会会员。是美国国家科学院、美国艺术与科学院、罗马林嗣科学院、苏联科学院的院士。主要研究生物碱、抗生素、酶和其他天然化合物的立体化学。1975 年与英国化学家康福思同获诺贝尔化学奖。

米勒（1927 ~ ） 卡尔·亚历山大·米勒（Karl Alexander Müller），瑞士物理学家。曾获瑞士联邦技术学院物理学博士学位。1958 年起任日内瓦巴德尔科学院计划科主任。1963 年在苏黎世 IBM 研究室任研究员。1970 年在苏黎世大学任教。早年曾研究固体物理学。1983 年起与民主德国的约翰内斯·格奥尔格·贝德诺尔茨（Johannes Georg Bednorz）共同研究物体的超导电性能。1986 年，以钡、镧、铜等氧化物的合金研究超导体性质，发现了高温超导材料，将超导温度提高了 12℃。1987 年与约翰内斯·格奥尔格·贝德诺尔茨同获诺贝尔物理学奖。

亚伯（1929 ~ ） 沃纳·亚伯（Arber Werner），瑞士微生物学家及遗传学家，生于阿尔高。曾在阿尔高大学预科学习，毕业于苏黎世高等技术学校。后任教于日内瓦大学。1970 ~ 1971 年任美国加利福尼亚大学分子生物系特邀研究员。1971 年起任巴塞尔大学微生物学教授。主要研究分子生物学和分子遗传学。他收集的证据表明，细菌细胞可以通过一种"限制酶"的存在保护自身，抵抗噬菌体的侵袭。这种限制酶通过分裂噬菌体的 DNA 使之大部或全部失活，从而遏制噬菌体的生长。1968 年，他证明存在一种特别的限制酶，只分裂那些含有为噬菌体所特有的某种序列的核苷酸。内森斯和史密斯发展了他的成果，为之后伯格等人创造重组DNA技术奠定了基础。1978年与内森斯和史密斯同获诺贝尔生理学或医学奖。

恩斯特（1933～）　　理查德·R.恩斯特（Richard Robert Ernst），瑞士化学家。1933年8月14日生于温特图尔。20世纪60年代研究核磁共振分光法，它是确定溶液中分子结构的一种方法。他发现了一种方法可以简化核磁共振分光法，并提高它的灵敏度，对仪器装置和测量方法都做了许多改进，使核磁共振分光法广泛应用到各种各样的化学体制中，包括小分子、蛋白质和核酸等。1966年，改变了传统的逐一用不同频率射频辐射去扫描样品的方法，提高了分析速度，解决了磁场稳定性问题。20世纪70年代做出准核磁共振谱的重大技术发明。1991年10月16日，因高分辨率核磁共振分光法的突出贡献被授予诺贝尔化学奖。

第三章

政　治

第一节　国体与政体

一　联邦政治制度的沿革

中世纪以前，瑞士还不是一个地理概念，在现今为瑞士的疆土上并没有一个政治、文化的统一体。1291 年，瑞士中部卢塞恩湖周围隶属神圣罗马帝国的三个乡村共同体乌里、施维茨和翁特瓦尔登因不满哈布斯堡家族的蛮横统治，为了共同抵抗外来的威胁，捍卫各自的传统自由权利，维护自治地位和各自的法律体系，在吕特利秘密集会，宣誓在经济、军事上相互帮助、相互支持，共同驱逐外来统治者，建立"永久同盟"，"永久同盟"是瑞士联邦的雏形，也是瑞士立国的基础。而从当初"永久同盟"的建立到之后的瑞士联邦的形成经历了漫长的过程，其间体现了多民族多元文化的碰撞和交融。

许多历史学家将瑞士联邦国家的演进过程分为两个阶段。第一个阶段是从 1291 年"永久同盟"的建立到 1798 年旧联邦（即松散的邦联）的崩溃。第二个阶段是从 1798 年的海尔维第革命到瑞士联邦现代国家的形成。

1291 年以后的几十年中，由"老三州"组成的"永久同盟"发展为由 8 个独立主权州组成的松散的邦联，而这 8 个州制度不同、传统各异。

1332 年由城市商人寡头统治的卢塞恩作为第一个结盟城市加入盟约。

由于"老三州"不服从哈布斯堡家族的统治，1351 年奥地利军队大举进犯，"老三州"人民依照盟约英勇抵抗，在打败敌军的同时，提升了自己的威望，吸引了四邻加入盟约。1351 年由新兴商人和工匠领衔的大城市苏黎世为保持其独立地位和经济利益而加入联盟。成员队伍的壮大也增强了联盟的信心，联盟开始拓疆扩土，征服新的地区。1352 年联盟占领了乡村格拉鲁斯和城市楚格，同年两州加入了联盟。1353 年，由当地贵族统治且拥有强大军事力量的西部城市伯尔尼加入联盟。富裕的伯尔尼入盟不仅增强了联盟的经济和军事力量，而且使联盟的政治版图向西延伸了一大步。在共同的经济、安全利益的驱动下，这八个不同类型的成员相互结合，走到了一起。

　　1370 年，"老三州"和卢塞恩、苏黎世、伯尔尼、楚格、格拉鲁斯签订了八州《牧师公约》，规定了宗教法庭的权限和世俗法庭的权限，在重大问题上统一了各州的司法，开创了各州立法的先河。1393 年八州再次庄严盟约，从而在欧洲中部出现了一个松散的邦联，它拥有一支 8 万人的军队。邦联的八个成员主权独立，各自拥有政府，维系它们之间关系的除盟约外，是一个为处理共同事务和对外关系而设立的各方代表会议，这是一种萌芽状态的"国会"形式，八个成员各派 2 名代表参加，每年举行一次会议。八州结成的联盟虽然是松散的，但到 14 世纪末已可称之为联邦。

　　八州联盟成立后，面临内忧外患。内部各州发展不平衡，又没有统一的中央政权，因此纷争不断；对外一方面要进行反抗奥地利王朝的战争，另一方面还要进行向外扩张获取从属地的战争。尽管如此，联盟各州仍励精图治，不断发展壮大。1481 年城市弗里堡和索洛图恩加入联盟；1501 年与法德两国交界的城市巴塞尔加入联盟；同年，城市沙夫豪森加盟；1513 年阿彭策尔乡村共同体也加入联盟。至此联邦已经发展成 13 个州，而格劳宾登、瓦莱、圣加仑和日内瓦均和联邦保持着松散的关系，为将来的入盟奠定了基础。

　　此时的联邦在结构上比较松散，它最首要的目标是捍卫各州的独立，其次是扩充自己的地盘，联邦成员为此展开了多次战役。1491 年为反抗德国的马克西米连一世强迫瑞士各州纳贡，联邦与德国发生战争，联邦军获胜，联邦与德国签订了《巴塞尔和约》，从而正式确立了联邦对德国的独立地位。1499 年联邦最后脱离奥地利的统治和法国的影响。1516 年与法国缔结的"永久和平"条约，成为瑞士中立政策的雏形。

1618 年欧洲爆发"三十年战争"，在这场战争中瑞士保持中立。1648 年《威斯特伐利亚和约》结束了"三十年战争"，瑞士的主权独立得到确认，瑞士脱离神圣罗马帝国的统治，并宣布执行"中立政策"。从《威斯特伐利亚和约》到法国大革命爆发，瑞士处于和平时期，经济发展迅速，人口增长加快。与此同时，旧联邦走向衰落，传统的独立自主、权力分散的民主政治受到威胁。当时各州的政治体制差别很大，寡头政治迅猛发展，权力越来越多地集中到少数城市行会和商会，形成了行会统辖城市，城市统辖乡村的格局，政治权力集中在少数人手里。

1798 年法国大革命的浪潮席卷瑞士，拥护法国革命的瑞士革命者借助法军的力量，摧毁了瑞士的旧联邦体系，依照法兰西共和国的模式建立了一个"统一的不可分割的海尔维第共和国"。瑞士联邦形成的第二个阶段开始了。

这一中央集权的共和国的宪法特别突出了法国革命的平等原则，废除一切特权，实行礼拜自由和言论自由。而这引起了中央集权主义者和联邦主义者之间的纷争，并爆发了多次内战。几个世纪以来，在瑞士不存在中央集权的政府，各种主要的力量都保留在各州手中。以州为主体，各州之间建立的是松散的联系，因此很难将中央集权制强加给忠于传统政治制度的瑞士人民。

1803 年在拿破仑干预下颁布的"调解法令"将海尔维第共和国改为联邦制共和国，将旧联邦的传统与革命的成果巧妙地结合起来，其内容体现了时代所要求的新旧体制的妥协，从而暂时平息了中央集权主义者和联邦主义者的纷争。联邦由原来的 13 个成员和 6 个新成员组成，新加入的州原为 13 个州的属地或结盟地，现在平等地成为联邦的成员，它们是圣加仑、格劳宾登、阿尔高、图尔高、提契诺和沃州。

1814 年拿破仑失败后，"国会"商讨取代"调解法令"的新联邦公约草案，并于 1815 年颁布，这次的公约完全由瑞士人自己拟定，而且自此正式采用"瑞士联邦"为国名。1815年瓦莱、日内瓦和纳沙泰尔也加入联邦，至此已有22个州成为联邦成员，联邦定都伯尔尼。瑞士从此成为一个统一的国家。22个成员在政治上结合的同时，把各自的信仰、文化也保留了下来。1979年，汝拉地区从伯尔尼州独立出来，成为一个新州。而在联邦形成过程中又有3个州分裂为各自独立的6个半州，形成了今天的20个州和6个"半州"的局面（详细情况请参考第一章的"行政区划"部分）。关于各州加入联邦的时间，请参见表3-1。

1815年欧洲强国在维也纳会议上承认了瑞士联邦新公约。有鉴于瑞士的特殊地理位置和联邦特点，瑞士的中立与完整符合各国的共同利益，因而与会列强共同承认瑞士为永久中立国。

1830年以后，有12个州在民众的压力下制定了民主开明的宪法。思想保守、信奉天主教的7个州为了保留州自治权，单独缔结了同盟，并与已经成立了开明政府的新教各州发生内战，战争于1847年结束，新兴资产阶级取得了战争的胜利。在欧洲君主政体纷纷复辟的1848年，欧洲的中部出现了一个具有进步共和思想的瑞士联邦。1848年公民投票通过了新的宪法，新宪法统一立法制度，确定了联邦和各州的主权范围、联邦和各州的权利和义务，增强了联邦权力，禁止各州个别缔结同盟或条约，从法律角度规定了国家的国体和政体。新宪法将瑞士由实际的邦联变成了新的联邦国家，从而结束了封建割据的局面。同时组织和加强了联邦军队，使其中央化。以此为起点，瑞士逐渐发展成为现代工业国家。

表3-1 瑞士各州加入联邦时间

州名	时间	州名	时间
乌里州	1291年	沙夫豪森州	1501年
施维茨州	1291年	外阿彭策尔半州	1513年
上瓦尔登半州	1291年	内阿彭策尔半州	1513年
下瓦尔登半州	1291年	圣加仑州	1803年
卢塞恩州	1332年	格里松州	1803年
苏黎世州	1351年	阿尔高州	1803年
格拉鲁斯州	1352年	图尔高州	1803年
楚格州	1352年	提契诺州	1803年

续表

州名	时间	州名	时间
伯尔尼州	1353 年	沃州	1803 年
弗里堡州	1481 年	瓦莱州	1815 年
索洛图恩州	1481 年	纳沙泰尔州	1815 年
巴塞尔城半州	1501 年	日内瓦州	1815 年
巴塞尔乡半州	1501 年	汝拉州	1979 年

二　宪法

瑞士先后有过三部宪法。第一部宪法制定于 1798 年，以法国 1795 年宪法为蓝本，由拿破仑宣布为瑞士宪法。第二部宪法产生于 1815 年，其正式名称为《瑞士 22 州联邦条约》。上述两部宪法限于当时的历史条件，都很不完善。第三部联邦宪法是 1848 年 9 月 12 日由联邦"参政会"通过的，后经数次修改，最近一次修改的新宪法于 2000 年 1 月 1 日生效。

1848 年宪法以法律条文的形式记录了人们从瑞士历史中汲取的教训：只有尊重各州的个性，才能实现国家的统一。宪法重申了从 1291 年"永久同盟"延续到 1815 年"联邦公约"的不可动摇的原则："联邦以保障祖国对外关系上的独立、维护内部秩序安宁、保护联邦成员的自由与权利并发展共同繁荣为目的。"另外，1848 年宪法也继承了 1798 年海尔维第革命以来的某些重要原则，如平等的原则等。宪法保留了各州在不违反联邦宪法重要原则的前提下按不同传统制定各州宪法的权利。各州享有独立管理州内行政、公益、宗教事务的权利。联邦政府有权与外国缔约，各州与外国政府或其代表只能通过联邦议会建立正式的关系；联邦政府统一关税、货币、邮政、度量衡；联邦政府仲裁联邦内部成员纠纷；联邦政府建立联邦学校等。1848 年宪法对国家机构、立法和司法都做出了相应的规定，另外，除代议民主制外，还吸收了直接民主制的原则，赋予全体公民以"公民投票权"。

1874 年，瑞士对宪法进行了全面的修改，内容包括建立统一的军队和设立联邦法院机构，在军事与法制方面进一步加强了中央集权。此后，宪法又经过多次调整，以适应新的需要。例如 1891 年将"公民创制权"列入宪法，1947 年补充了保护经济的宪法条款。

1967 年，联邦议会根据国内外形势的变化，决定对宪法再次进行全面修改。翌年，成立了以前外交部部长瓦伦为首的，由 40 名专家组成的工作委员会负责此项工作，开始了修改宪法的准备工作。1987 年，联邦政府受命起草一份新的宪法，提交给议会两院审议。新宪法在得到了选民和各州的批准后，于 2000 年 1 月 1 日开始生效。新宪法在 1874 年宪法的基础上，对已经存在的条款给予修正和更新，其目的不是进行改变，而是将潜在的原则和效果变得更加容易达到。新宪法包括 6 个大部分：①一般规定；②基本权利：公民权和社会权；③联邦、州和自治市；④人民和州；⑤联邦权限；⑥联邦宪法的修改和临时规定。共 197 条，涉及瑞士联邦政治制度的方方面面。

现行瑞士联邦宪法规定瑞士是立法、行政、司法三权分立的联邦制国家，联邦由 26 个自治州和半州组成。各州为"主权州"，是独立的政治实体。每个州都有自己的议会、政府和州旗。在联邦宪法范围内，各州可制定本州的宪法，但必须遵守联邦的全国性立法并接受联邦的监督。宪法规定联邦政府和州政府都应采用所谓的"半直接"民主体制的政体。人民、各州、联邦议会、联邦委员会（政府）和联邦法院共同构成了瑞士联邦。

宪法对联邦政府的职责有严格的规定和阐述：联邦政府应确保国内外的安全；支持各州的宪法；同外国保持外交关系。海关、邮政、金融调控和军队属于联邦政府的管辖范围。联邦政府负责军队的武器供给，制定人人平等的法律（民法、刑法、破产法），管理公路、铁路、森林、狩猎、渔业和水电站。联邦政府需确保瑞士经济（如农业）和大众福利（如社会保障）能持续发展。其余事务归各州负责。联邦政府通常只负责立法和监督，州政府负责实施法律。

根据《联邦宪法》，凡涉及修改宪法条款、签订 15 年以上的国际公约、加入重要的国际性组织等内容的时候，都必须实行公民表决和"公民创制"，即通过公民投票表决，而且要"双多数"通过，即 26 个州和半州的大多数州和投票者中的大多数人均通过才能生效。

第二节　国家机构

瑞士政治制度的特点能够明确地反映出过去 700 多年瑞士联邦形成和发展的历史。在历史发展过程中，瑞士政治体制和政治制度也经历了不断改良的进程，但从总体上所反映的依旧是对"地区自治"的渴望和民族融合的理念。

瑞士实行共和体制，实行三权分立。瑞士宪法规定联邦委员会即联邦政府是瑞士的最高行政机构，而由 7 人组成的联邦委员会整体既是国家元首又是政府首脑，这在西方政治体制中可谓别具一格。瑞士分联邦、州、市镇三级行政结构，在联邦宪法的框架下，州享有高度的自治权，市镇属州管辖，是享有一定自治权的基层政治实体。

一　国家元首

瑞士的国家元首不同于其他国家，可谓独树一帜：联邦委员会全体 7 名成员集体作为国家元首。联邦主席由联邦委员会 7 名委员轮流担任，对外代表瑞士，任期一年。联邦委员会由联邦议会每 4 年选举一次，拥有行政权。

联邦委员会设主席（即联邦主席）和副主席各 1 名，由议会从 7 名联邦委员中选出。7 名联邦委员按照其当选为联邦委员的时间顺序轮流担任联邦主席，任期一年，不得连任。期满后经议会冬季会议进行形式上的选举，由联邦委员会副主席升任，并另外选出新的副主席。

联邦主席对外代表国家，负责派遣驻外使节和从事诸如接受国书等外交礼仪方面的活动，对内则负责主持联邦委员会会议，但无裁决权。瑞士联邦主席的职权极其有限，既没有一个国家元首的权限，也没有一个政府首脑的权限，只是履行一些代表性的职责。瑞士真正的国家元首是由 7 名委员组成的联邦委员会这个整体。联邦主席一般不出国访问，如确有必要，也只是以其所任部长的身份出现。外国国家元首到瑞士进行国事访问时，则由 7 名联邦委员集体出面接待。

瑞士联邦委员的这种"轮流坐庄"机制为瑞士政治体制带来很多好处的同时，也有一定的负面作用。因为联邦主席的任职时间仅为一年，因此很难制定长期的施政方针，政府因而只能按照"既定方针"处理问题，给外界一种平庸、无为的印象。

二　联邦委员会

联邦委员会共 7 名委员，委员的人选先由参加政府的政党提名，经过各党、各州反复协商，最后由联邦议会两院联席会议选举产生。

联邦委员会的人员组成在瑞士联邦是有既定之规的，这就是由各大党制定的"奇妙方案"。方案的具体内容如下。

（1）在瑞士联邦委员会内，四大党即自由民主党、社会民主党、基督教民主人民党和瑞士人民党组成联合政府，并根据协商原则权力均分，按照实际政治力量分配名额。1959～2003 年，在议会选举中，四大党在联邦委员会中一直按照 2∶2∶2∶1 的比例进行名额分配，这种比例分配也得到各党派的认可。2003 年 10 月 9 日的国民议会选举使波澜不惊的瑞士内政发生了划时代的变化，自 1959 年以来的"奇妙方案"也随之被打破。1999 年以前瑞士人民党在四大党排序中处于最末一位，而 1999 年跃居为第 2 位，在 2003 年大选中瑞士人民党又乘胜追击，获得了总选票数的 27%，包揽了国民议会全部 200 个席位中的 55 席，一跃成为瑞士的第一大党。在选举结果公布后，瑞士人民党主席于利·毛雷尔（Ueli Maurer）对其他三大政党提出要求：在联邦委员会为该党的首席候选人、右翼人物克里斯托弗·布洛赫尔（Christoph Blocher）让出一个席位。瑞士人民党曾威胁说，如达不到目的，瑞士人民党宁肯去当反对党。最终的结果是瑞士人民党在联邦委员会中增加了 1 席，而基督教民主人民党丧失 1 席。

（2）按照宪法规定，瑞士议会选举 7 名联邦委员时任何一个州均不得同时有两名联邦委员（关于联邦委员所属州的含义，过去一直以出生地论，1987 年改为以本人从事职业和政治活动的所在地为准）。

（3）从地区上看，自 1848 年以来，通常瑞士最大的三个州（苏黎世州、伯尔尼州和沃州）都各有 1 名代表当选为联邦委员（但也有几次例外），而较小的州数十年内也不一定能有一人出任联邦委员。

（4）整个联邦委员会的组成应在语言（主要指德语和法语）、宗教信仰（天主教和新教）、地区和政治倾向等诸方面予以平衡。

联邦委员会委员由联邦议会从有资格被选为议员的瑞士公民中选举产生，任期 4 年，可连选连任。联邦委员会委员一经当选，就要辞去议员职务，在任职期间也不得担任联邦机构或各州的任何其他职务，从事任何其他职业。联邦委员会委员在 4 年任期中出缺者，由联邦议会在下次常会上补选，以接替遗缺直至届满。凡因血统、姻亲关系而结成亲属者不得同时就任联邦委员会委员。

联邦委员会的职权受议会监督，联邦委员会负责联邦内外安全、维护国家的独立和中立；保护联邦在国外的权益，负责发展对外关系。联邦委员会在议会两院享有咨询权，对议会审议的议案和议会常设委员会准备提出的议案均可提出建议；有权向议会提出法律草案或法令、年度预算和决算案，就国内外形势报告提出工作建议；保证各州宪法的实施和领土安全；审查各州制定的法律和法令以及各州间或各州同外国签订的条约，监督各州有关部门的工作；领导和协调联邦各部的工作；战时对军队发布动员令。

联邦委员会具体管辖范围包括外交、国防、财政、金融、货币、司法警察、海关、铁路、邮电、能源、环境保护、卫生、领土规划、全国性公共工程、疾病和事故保险、养老与孤寡保险、劳动和失业保险、保护租房者和消费者、监督物价等。此外，苏黎世联邦理工学院和洛桑联邦理工学院、职业教育、外籍人在瑞士的居留与就业、瑞士在国外侨民的管理也由联邦负责。

联邦委员会的 7 名委员分任联邦外交部，联邦内政部，联邦国防、民防和体育部，联邦司法警察部，联邦财政部，联邦国民经济部，联邦交通、邮电和能源部 7 个部的部长，实行集体领导。7 名联邦委员还分别交叉担任另一个部的部长代表，当某一联邦委员因故（如生病或外出访问）不能主持该部工作时，则由部长代表出面代其履行职务。

瑞士联邦委员的职位很稳定，只要本人不自动离职或所属政党不要求其辞职，就可连续任职直到法定退休年龄。联邦委员若在任期内因故辞职，则应由该委员所属政党先提出继任的候选人，并与其他执政党协商，取得各方同意后再经议会两院进行形式上的选举认可。7 名联邦委员各自分管的部门一旦协商确定后，在本届任期内一般都较稳定，即使在换届时变动也不频繁。若出现中途辞职而使某部部长职位暂时空缺，在补选新的联邦委员前，当选时间较早的联邦委员有权优先选任这一空缺的部长职务，虽仍需议会选举确认，但仅仅是履行法律手续。

联邦议会有权否决联邦委员会的某项措施或法案，但不存在对政府提出不信任案、弹劾政府的问题，也没有迫使某个联邦委员辞职的可能性。联邦委员会从未提出过辞职，但它也无权解散议会。即使某个联邦委员在任期内因故辞职而改选他人，政府的政策也不会随之改变，其下属也不会受牵连。政府的人事相当稳定，许多重要职务由专家多年连任。

联邦委员会 7 名委员相互协调，实行集体领导，委员的权力是平等的。联邦委员会领导机制的具体内容如下。

第一，集体议事。联邦委员会每周召开一次例会，集体讨论决定其职权之内的重要事情。每个委员均可要求随时开会，但必须有 4 名以上委员出席方能开会。会议议题主要讨论大政方针和各部的重要事务以及重要的任免事项。会议由联邦主席主持，会议决议实行多数表决，如不能举行全体会议，至少要有 3 票赞成，方可通过。

第二，集体负责。7 名委员作为一个整体向议会负责，联邦委员会一经决议，任何委员不得公开反对，也不得持有异议和拒绝执行。每一个部的事务，也都由 7 个委员共同负责。一切大事都经过讨论、磋商，取得共同遵守的决定，然后由各部部长付诸实施。

第三，多层次的集体领导。联邦委员会现设有外经、经济政策、财政、外交、军事、科研问题、农业、交通运输、领土整治、能源、联邦与各州任务分配、舆论工具和地区政策等 13 个三人组。三人小组的成员均系联邦委员，每小组设主席 1 人。每个联邦委员分别参加与本部有关的 3~9 个小组的工作，负责研究起草有关议案，向联邦委员会提出书面报告。集体领导的另一个层次是，联邦委员互为助手，7 名联邦委员各自分管一部，同时兼任另一部的部长代表，共同协商。

瑞士联邦的行政机构联邦政府在各部内部的设置灵活多样，各部的组织形式也不完全统一。各部下设局，局以下设另外的行政单位。各部机构官员大致可分为部长、局长、处长、科长 4 级。联邦委员会只确定局以上的建制，局以下建制由各部部长根据工作需要自行设置。

联邦办公厅是联邦委员会的常设机构，协助联邦主席处理政府日常事务，负责联邦委员会与联邦议会的联络。联邦办公厅设主任 1 名，副主任 2 名。主任由联邦议会选举产生，任期 4 年，可连选连任，地位与各部部长相当，直接受联邦委员会领导，列席联邦委员会的会议。

三　联邦政府和地方政府的关系

从瑞士联邦政治体制的历史演变中可以看出，瑞士联邦体制的最终确立是将原属于各州的一部分权力交付联邦统一行使，并由宪法确定联邦与州的权限划分。

按联邦、州和市镇权限将瑞士划分为联邦、州和市镇三级行政机构，州是独立的政治实体，市镇是州的基层单位，属州管辖。联邦和州在立法范围上有各自的权限，各州拥有自己的疆界、宪法和本州的州旗，地方政府享有充分的自治权。另外瑞士还有 2909 个"市镇"，而瑞士联邦的"市镇"概念区别于通常的市镇概念，它不是自然形成的，而是人为划分的，是具有一定自治权的行政体。

在立法权上，联邦、州有各自的立法范围和共同的立法范围。

联邦立法范围：国际条约、战争与和平、对外关系、海关、武器管理、货币、邮电和舆论工具（广播、电视和报刊等）、铁路、航空、水运、原子能、国防（州参与执行）、度量衡、汽车和脚踏自行车、民法与商法、刑法、户籍登记、养老与孤寡保险、失业保险、动物保护、人与自然的保护等。

联邦与州共同立法范围：鼓励建房、领土整治、修筑小路、公路与桥梁、水力开发利用、狩猎和渔业、酒精专卖、疾病与事故保险、工商业、防治传染病、外籍人入境与居留、外国人入籍、农业、捐税、公立学校、自然与风景保护等。

州立法范围：宗教、警察（联邦警察除外）、社会救济、堤坝和森林的治安保卫。

联邦宪法规定，除委托联邦行使的权限外，其余均属于州的权限。各州不论大小，均享有平等地位，拥有同等权限。各州享有立法权、行政管理的自主权以及司法权。各州可通过选派联邦议员，参与联邦立法；还可以利用公民复决的民主制度向联邦提出立法或修改宪法条款的倡议（只要有8个州提议，就可以对联邦宪法进行公民复决。有关公民复决的内容，请参见本章第五节）。

在对外关系上联邦掌握外交大权，对外代表国家。在军事上联邦统率全军，保卫国防。联邦对州行使保护权，联邦要保障各州的主权，抵抗外来侵犯。各州既不能自动放弃主权，也不得超越联邦主权。各州疆界的变更以及各州建制的增减分合，都需要修改宪法。联邦有义务保障各州宪法，但各州宪法不得与联邦立法相抵触。联邦对州有干涉权。宪法规定，联邦与州地位平等，地方官员不由联邦任命，联邦也不得委派官员进驻地方。但如果州内发生政治动乱，联邦则可根据情况，或派官员调解，或应州当局的请求出兵干涉。另外，联邦禁止各州之间签订盟约，州与州之间发生争端，不得诉诸武力，而是由联邦法院进行裁决。

行政事务由联邦和州分级管理。属于联邦管理的领域有海关、邮电、货币、铁路以及酒类和军火生产；由联邦制定条例，属于联邦和州共同管理的有外事警察、工商注册和地产权登记等；由联邦制定法令，交由各州执行的有水上与森林警察的管理、水利资源的利用以及劳动保护、渔猎事业、公共工程和初等教育等；在联邦的监督下，由各州独立负责的有桥梁和公路的保养等。

按瑞士各州的立法、行政机构的组成和职责，瑞士各州行政机构的产生大体分为两种：一种是沿用传统的露天议会的形式，通过直接选举产生地方政府；另一种通过公民投票产生类似联邦委员会的地方行政机构。少数州沿用露天议会作为立法和行政合一的机构。露天议会通过举手表决的方式选举本州的行政机构——"行政委员会"，行政委员会也就是州政府，由 7~9 人组成，公推其中一人担任主席，负责执行公民大会通过的议案，管理本州日常事务。公民大会还公推 9 名"常任代表"作为行政委员会的咨询机构，负责征集公民议案，提交行政委员会处理（露天议会的情况详见本章第五节）。

大多数州的政府组成与联邦委员会大体相似。公民通过投票选举本州的政府、参与州内事务的决策。州委会（州政府）由不记名投票选举产生，由 5 人、7 人或 9 人组成，按合议制方针运作。"州委会"是集体领导的机构。州政府委员可以担任联邦议员，但不得兼任其他公私职务。州委会的任期各州各不相同，1~5 年不等，但均可连选连任。州委会一般是多党联合政府，州议会有权罢免政府成员。州委会的主要职责是维持州内的秩序与安宁，监督和领导全州行政机构，任命行政官员，定期向议会报告施政情况。州长从州委会中选举产生，逐年连任。州长与委员平等，只限于主持州委会会议，在同联邦和其他州的交往中代表本州。

各州议会是一院制，由普选产生。但选举的方式，有的州采取多数选举制，即某党选票超过 50%，即由该党占有全部议席；有的州采用比例选举制，按各党所获选票数分配议席。议员的人数按居民比例确定，各州差别很大（比如上瓦尔登半州的议会设议员 52 人，而伯尔尼、阿尔高和沃州的议会各有议员 200 人）。大多数州的议员任期 4 年，但以下的州例外：弗里堡州（5 年）、外阿彭策尔半州（3 年）、格劳宾登州（2 年）、内阿彭策尔半州（1 年）。有些州可由法定数量的选民倡议，随时解散议会。但因各州公民可用复决权来否决议案，因而从未发生过解散议会的事件。但如全面修改州宪法，议会则需自动解散。

各州议员没有固定薪俸，只领取出席会议的补贴。州议会拥有立法权和对州政府的监督权。有权决定预算、批准决算、宣布戒严、调动本州部队、颁布大赦令、批准州际协议以及在宪法许可范围内同外国签订协议。外国人入籍需经州议会审议。州议会还负责选举本州的法官以及州政府办公厅主任等州政府的官员。州政府的财政收入直接来自税收。

随着经济的发展，联邦与州、州与州之间的合作日益密切。联邦与州之间的协作表现为：召开州长联席会议，就诸如税制、领土整治等共性问题进行协调。联邦还在教育制度、科研规划上对各州进行统一协调。同时联邦还通过一些具体行政措施鼓励先进的州与联邦共同开发落后地区。而对于各州分散的做法，联邦或者通过立法加以限制，或者使用经济手段加以干预，例如本章第五节提到的有关露天议会中妇女的选举权问题。

各州之间在以下内容上进行合作：打破语区和州的界限，进行经济合作；联合处理三废，保护和开发水资源；联合打击犯罪，进行司法合作。

市镇是基层的政治实体。瑞士在一定历史条件下形成了大小不同、情况各异的市镇，呈现出一定的多样性。市镇可以分为偏重农业的市镇、传统手工业市镇、工业市镇、城市开发型市镇。大的市镇如苏黎世，整个城市为一个市镇，小的可能只是山区的若干农户组成的一个市镇，人口只有几十人。

瑞士联邦法律赋予市镇一定的自治权，但市镇属州管辖。州对市镇进行监督，检查市镇是否合法。州有权审查市镇的账目，以防止其财政负债。在紧急情况下，州有权撤销市镇的自治权，由州派官员代行职权。有的大州，在州和市镇中间设区，作为中间管理机构，由州委派特派员监督行政。但区不属于单独的行政组织。

瑞士联邦目前共有2909个市镇，分别由当地政府管理，有些市镇同各州一样享有高度的自治权。公民通过参加当地市镇会议（在人口较稠密的市镇，民选的市镇议会正在取代此类会议，市镇议会负责制定市镇的章程，决定税制，批准决算，确定财政开支）和投票，选举市镇或本市的政府首脑，管理自己的事务。

市镇的行政机构是"镇委会"（或称为"镇政府"或"市政府"）。由3~9人组成。多数由选民直接选举。镇长（市长）是最高行政长官。

第三节 立法和司法

在瑞士三权分立的政治体制中，联邦议会是联邦最高权力机构和最高立法机关，联邦法院是最高司法机构。联邦议会、联邦法院和联邦委员会相互独立、相互制约。联邦议会对联邦委员会实行监督，但不能对政府提不信任案也不能罢免政府；政府也不能解散议会，瑞士的民主制度对议会立法有制约作用，同时对政府进行监督。联邦和州都享有司法权，联邦法院独立行使司法审判权，同时联邦也赋予各州司法权，各州根据自己的法律自行确定司法组织和司法程序，设立地方法院行使司法权。

一 联邦议会

联邦议会的组成 联邦议会是联邦的立法机构，实行两院制，由具有同等权力的联邦院和国民院组成，联邦院代表各州，国民院代表人民。

联邦院由 46 名议员组成，宪法规定每个州选派 2 名议员，每个半州选派 1 名议员，与各州人口的多少无关。即使是有 100 万人口的苏黎世州也与只有 3.6 万人的乌里州待遇相同。联邦院议员产生的办法和任期各州不尽相同。有的州由直接选举产生，有的州则由州议会选举。格拉鲁斯州、格劳宾登州和下瓦尔登半州每 3 年改选一次；其他州则每 4 年改选一次。联邦官员（联邦委员除外）可被选为联邦院议员。

国民院有 200 个民选议席。议席按照各州的人口比例分配，每州或半州组成一个选区，每位议员大约代表 3.6 万名居民，居民不足此数的州或半州也有权至少选出一名议员。年满 18 岁的男女公民都有选举权和被选举权（1991 年 3 月瑞士公民参加选举的年龄由 20 岁提前到 18 岁）。国民院议员每届任期 4 年，可连选连任，但联邦院议员和联邦官员不得兼任国民院议员。选举时间通常是在议会任期届满那一年 10 月份的最后一个星期日。国民院议员由公民普选产生，但选举方式各州不完全一样。有些州（乌里州、上瓦尔登半州、下瓦尔登半州、内阿彭策尔半州、外阿彭策尔半州和格劳宾登州）实行"多数选举制"，即某个党的选票如超过规定的比例数，则该党可占有分配给该州的全部国民院议席。其他州则基本实行"比例选举制"，即根据各党所获选票数来分配议席。按照分配到的比例，各州的各个党派为选民推荐该党的候选人名单。在投票的时候，选民可以有多种选择的方式：他们可以全部使用自己倾向的政党所提供的候选人名单，可以对该名单进行修改，也可以在这份名单上添加进其他党派候选人的名字，还可以使用空白的正式表格，重新列出符合选民自己愿望的候选人的名字。选民所选的政党和候选人必须已在该选区投入竞选而且已得到一定数量的公民支持。选举的结果是根据党派的得票数和候选人的得票数共同确定。在每位候选人被提名一次时，除本人获得一票外，其所在政党也获得一票。各党派在议会中所占的议席数，由党派所获得的选票总数决定。按照得票数和该政党所取得的议席数确定当选的候选人。瑞士没有政党必须得到占全体选民的一定百分比的支持方能在议会拥有代表权的规定，因而小的政治团体也有可能在国民院获得席位。

议会两院分别选举本院的议长和副议长各1人，任期1年，不得连任。一般都推选副议长轮换任议长，再选出新的副议长。议长没有特权，在会议期间，由议长、副议长和议会公推的几名监票员共同组成"办公处"，负责主持和安排会议的日程。议长、副议长对内对外均无代表权，一般不参加国务活动和礼宾活动。

联邦议会的职责　议会两院在国民院议长主持下，每年至少举行一次联席会议。联邦议会根据需要，选举联邦委员会、联邦委员会主席和副主席，联邦办公厅主任和副主任；任命联邦法院、联邦保险法院和高等军事法院的组成人员；审议法案（立法）；制定联邦预算、通过决算；行使特赦权和审理联邦机构权限争执；宣布战争或媾和，战时可选举一名将军任总司令，统率全军。议会掌管军队，拥有赦免权。但全面或部分修改宪法、通过与宪法有关的法令，以及签订有效期在15年以上的国际条约或加入国际组织等重大问题，两院通过后尚需交付全国公民投票表决。

联邦议员的权限　联邦宪法规定，议会两院的每名议员都有权提出新的法律和政令的提案。议员可以利用手中的立法提案权提出动议或申请。动议是指议员个人要求联邦委员会出台新的法律或政令，为即将执行的措施或计划制定有法律约束力的规定。由一院提出的动议需经另一院的批准，才能对联邦委员会具有约束力。申请是指议员要求联邦委员会审议某个具体问题，考虑是否应提出新的法律或政令，或是否应采取其他行动。每个议员都有权就任何国家事务提出口头或书面的质询，或直接要求得到有关的书面材料。每届国民院会议期间都有两次所谓的"提问时间"。

联邦议会的议事规则　议会两院在每年的春夏秋冬四季，即 3 月、6月、10 月和 12 月的第一个星期分别同时召开会议，历时 3 周。如有 1/4的议员或 5 个州提出要求，再或是联邦委员会提议，可召开临时特别会议。两院均需绝对多数议员与会，方可有效地审理提案。议会的会议向公众开放，设有记者席和听众席，外交使团人员可出席旁听。瑞士和外国的新闻机构大都在联邦大厦派有常驻记者。

联邦议会每季会议前，联邦委员会（全体或部分）都要同联邦议会各议会党团主席一起，就当前的一些重大问题进行讨论，以期协调立场。议会讨论的问题一般由联邦委员会和议会的各个常设委员会或专门委员会提出，通常是两院议长商定由两院之一先行审议，然后将审议结果交另一院讨论，遇有分歧则各自重新审议，再分别通过。如其中一院最终否决，则议案无效。若两院达成一致意见，而且在规定的三个月内没有被因对此提出异议而发起的公民投票所否决，法律或决定即开始生效。议会虽然行使通过或否决法令和政策的权力，但无最终决定权，议会通过的法案有可能被公民投票所否决。

联邦议会的常设委员会　联邦议会没有常设机关。只在联邦政府办公厅下附设议会秘书处，负责翻译文件、组织会议、记录发言。另外联邦两院选举产生各自的常设委员会，常设委员会任期 4 年。

国民院的常设委员会有：财政委员会、管理委员会（专门负责对政府工作的监督）、请愿书和州宪法审查委员会、外交委员会、经济委员会、科研委员会、军事委员会、公共卫生和环保委员会、交通与运输委员会、社会保险委员会、能源委员会和建设小组。

联邦院的常设委员会有：州宪法监督和选举委员会、财政委员会、管理委员会、请愿书委员会、外贸委员会、酒精（专卖）委员会、交通与运输委员会、外交委员会、军事委员会、科研委员会。

此外，议会还可为处理某些特定问题而临时根据需要建立相应的专门委员会。议会的一切事务一般都预先经过上述常设委员会或专门委员会讨论，然后再交两院全体会议分别进行实质性辩论，并做出决定。议会休会期间，由两院的常设委员会或专门委员会负责预审议案，但无权做出决定。议会秘书长受两院议长委托，负责处理议会日常事务。

联邦议会党团 瑞士联邦宪法规定，在联邦议会两院拥有 5 个议席的政党，方可组成一个独立的议会党团，不足此数的可与其他政党联合组成一个议会党团。2011 年 10 月产生的联邦议会四大党团按照在两院所占议席总数的多少，其排名顺序为瑞士人民党、社会民主党、自由民主党和基督教民主人民党（见表 3 – 2）。

表 3 – 2　瑞士 1991 年和 2011 年各主要政党在两院所占席位的情况

单位：个

政党名称	在国民院所占的席位		在联邦院所占的席位		在两院所占的总席位	
	1991 年	2011 年	1991 年	2011 年	1991 年	2011 年
自由民主党（FDP）	44	30	18	11	62	41
基督教民主人民党（CVP）	35	28	16	13	51	41
社会民主党（SP）	41	46	3	11	44	57
瑞士人民党（SVP）	25	54	4	5	29	59
其他政党	55	42	5	6	60	48
总　计	200	200	46	46	246	246

资料来源：瑞士国家统计局。

这里值得一提的是有瑞士特色的议员体制。与大多数国家的议员不同，瑞士的议员不是职业政治家，从两院议长到一般议员都不是专职人员，他们平时从事各自的职业，开会期间按会期长短发放津贴，如因议会工作影响其收入，则可另外得到损失补贴。国民院议员的补贴由联邦政府支付，联邦院议员的补贴由各州负责。议员的补贴按物价上涨指数自动调节。在议会开会期间，议员享有"豁免权"。议员每年必须参加 4 次固定的大会，每次为期 3 周，此外他们还需参加很多委员会会议、议会党团会议、工作小组会议，为此必须花费大量的时间和精力。

二　法院

瑞士是个法制健全的社会，不但有规范的立法体系，而且有完善的司法体系。在瑞士的联邦制度下，联邦和州都享有司法权。2007 年以前在联邦层面存在两个法院：联邦法院和联邦保险法院，前者设在西部法语区的洛桑，后者设在中部德语区城市卢塞恩，据说这样的选址也是为了在德语区和法语区间寻求平衡。之后经过机构调整，联邦保险法院成为联邦法院下属的社会法法庭，主管关于社会保险方面的诉讼。

联邦法院 联邦法院始于 1874 年，是瑞士联邦的最高司法机构。根据宪法，联邦法院可以独立行使审判权，但无权宣布联邦议会违反宪法，对联邦委员会的法令也无权干预。联邦法院现有 38 名联邦法官，均由联邦委员会提名，由议会选举产生。凡成年公民均可当选，但联邦议员、联邦委员以及联邦官员均不得担任法官。法官也不得担任其他职务。凡有血缘和联姻关系的亲属均不得在法院同时供职。法官任期 6 年，可连选连任。有些享有名望的法官几乎终身供职。法院正、副院长由联邦议会两院联席会议选举产生，每两年改选一次，可连选连任。联邦法院对案件具有独立审理判决权，但受联邦议会监督，每年须向议会汇报工作。联邦法院的判决应以联邦议会通过的法律为准绳。法院内设民事法庭、刑事法庭、行政法庭与公法法庭等多个法庭，每个法庭有 3～5 名法官，每个法官可兼任不同法庭的成员。联邦法院设立"联邦陪审团"协助法官审理刑事案件。陪审员由公民直接选举产生。

地方法院 由于联邦赋予了各州司法权，因而各州可自行确定司法组织和司法程序，设立地方法院。各州相关法律有所不同，地方法院组成也因之不同。有些州的法官由州议员选举产生，有的州却是通过直接民主（露天州民大会举手表决的方式）选举产生。法官的任期 3～10 年不等，可连选连任。地方法院设有民事法庭和刑事法庭。

第四节   政党和团体

第二次世界大战后的瑞士努力寻求政治上的稳定。政党和社会团体作为现代民主政体中的重要行为体，在保持瑞士政治稳定中相互合作，发挥了重要的作用。

一　主要政党

瑞士是一个多党制国家，大小政党共有 30 多个。瑞士执政党与政府的关系并不像其他西方国家政党与政府的关系那么密切。在一定意义上，瑞士政府只是一个超党派的办事机构，政府的政策并不必然反映和代表某一多数党或政党联盟的利益、纲领和主张。新修改的瑞士宪法规定政党对公众意愿和意见的形成发挥作用，但在瑞士各政党不把支持或反对政府作为其活动的目标。

瑞士政党的主要特点有：第一，党派林立，但真正在政府中发挥作用的党只有四个。第二，各党的选民基础不同，观点和主张也互不相同，但能相互合作，共同参与到联邦和州的政治生活中来。执政联盟内部相互协商，以相互认可的方式进行权力均衡。第三，一些政治学家认为，由于联邦制和瑞士特殊的民主制的存在，一方面政党的作用不像其他西方国家的政党那样举足轻重，甚至在充当中介时，还不如利益集团更加直接、有效，但另一方面瑞士的小党在这种政治体制中并非完全不能发挥作用，瑞士的政党体制属于非竞争性的多党制。

1959 年以来执政的主要是四个大党：社会民主党、自由民主党、基督教民主人民党、瑞士人民党。其他比较重要的政党还有绿党、民主自由联盟（又称自由党）、独立者联盟、瑞士劳动党、福音人民党等。2003 年12 月四大党在国民院所占的议席分别为：社会民主党 52 个、自由民主党40 个、基督教民主人民党 28 个、瑞士人民党 56 个，合计占国民院 200 个议席总数的 88%；在 46 个联邦院议员中四党分别占 9、14、15、8 个席位。从 1959 年到 2003 年，由 7 人组成的联邦政府中，自由民主、基督教民主人民党、社会民主党各有 2 名联邦委员，瑞士人民党有 1 名联邦委员。如本章第二节提到的那样，2003 年 10 月的议会选举使这一格局发生了变化，瑞士人民党增加了 1 名联邦委员，而基督教民主人民党减少了 1名。瑞士政局多年来一直相当稳定，因反对党均势单力薄，不足以左右政府的政策，这有利于保持政策的连续性。

瑞士四个大党的基本情况如下。

瑞士自由民主党（**Freisinnig-Demokratische PateiDer Schweiz**） 法语区称激进民主党。自由民主党过去曾长期为瑞士议会的第一大政党。从1894年成立至1919年，它一直是瑞士政府的唯一执政党。1919年多数州实行比例代表制以后，该党丧失了垄断地位，但在多数选举年中依然保持了第一大党的地位。自由民主党从成立起就遵循自由主义的价值标准来指导该党的行动，自由主义是该党的思想基础。自由民主党所代表的是大垄断资产阶级的利益，主张维护私有制和自由竞争，反对国家干预经济和工人全面参与企业管理；要求加强国防、继续执行积极的中立外交政策，并通过政治、经济合作促进世界和平、繁荣与稳定，赞成瑞士加入联合国，倡导瑞士参与欧洲一体化。自由民主党的内外政策得到瑞士三大银行（信贷银行、联合银行、瑞士银行）、勃朗·包维利公司和瑞士铝公司的支持。其势力范围是工业企业比较多的德语区。该党的党员构成主要是企业家、官员和自由职业者，约13万人。主席福尔沃·佩里。

社会民主党（**Sozialdemokratische Partei**） 法语区称瑞士社会党。社会民主党是瑞士最早建立的全国性政党，成立于1870年。1919年实行比例代表制后，成为全国性大党。1943年进入联邦委员会，是议会中最有影响的政党之一。社会民主党成立初期曾受到国际社会主义运动的影响，在第一次世界大战期间曾直接受到当时旅居瑞士的列宁的指导。但由于瑞士民众在政治上趋于保守，在初期的政治主张和实践屡屡受挫后，党内保守派逐渐占据了主导地位，在他们的推动下，社会民主党逐渐向保守方向转变。第一次世界大战后瑞士经济长期繁荣，劳资纠纷减少，社会结构发生重大改组。作为社会民主党阶级基础的白领阶层有所扩大，该党向改良主义政党转变。在政策主张上，该党强调中央集权和国家干预，主张社会平等、扩大保险、保障就业和实现工人全面参与企业管理；支持武装中立和削减军费；对外要求裁军和限制核武器，赞成瑞士加入联合国和其他国际组织，主张对第三世界进行援助。该党的成员主要来自工会会员、职员和部分知识分子。党员约4万人。主席克里斯蒂安·莱韦拉特。

瑞士基督教民主人民党（**Christlich-Demokratische Volkapartei der Schweiz**） 法语区称基督教民主党。基督教民主人民党的前身是成立于

1912 年的人民保守党，1970 年起改名为基督教民主人民党。第二次世界大战结束后，该党力图超越宗教信仰而成为政治上的保守主义党派。后来，基督教教义却使该党成为信奉这一教义的各个社会阶层人士的共同组织，因而该党越来越朝"中间党"发展，其党纲强调，基督教民主人民党"绝不采取那些极端主义的意识形态立场"。该党的政策主张介乎自由民主党和社会民主党之间，以基督教的教义和联邦主义为基础，经常提出一些折中的方案：主张保护企业主的私人权益的同时，兼顾到工人的利益；既反对增加军费，也不同意削减军费；既强调武装中立，又赞成瑞士加入联合国，倡导瑞士加入欧洲联盟；主张改革土地所有权，扩大就业；同意接受政治避难；赞成援助第三世界。该党主要代表中小资产阶级的利益，其影响范围主要是基督教占优势的中部和东北部地区。党员约 10 万人。主席克里斯托弗·达伯雷。

瑞士人民党（Schweizerische Volkspartei） 法语区称中间民主联盟。瑞士人民党成立于 1919 年。1971 年以前称为"农民、手工业者和中产阶级党"或简称"农民党"。1971 年与民主党合并，改为现在的名称。瑞士人民党代表的是城乡中、小资产阶级的利益，特别是农民的利益。鼓吹"中产阶级仍可发挥作用"，反对大资产阶级独揽政权。它的口号是"维护地区利益，反对城市中心在经济和政治上的统治"，反对"对外开放"政策，主张采取保护主义，在瑞士加入联合国问题上投的是反对票，主张瑞士增加国防建设。瑞士人民党的组成主要是农民、职员、手工业者和自由职业者。党员约 9 万人。主席托尼·布龙讷。

联邦议会是瑞士政党活动的主要舞台。在一般议会民主制国家，议会政党往往就是该国的决定性政党，享有执政或参政地位。但在瑞士却并非如此。虽然能够取得执政地位的党只有四大党，但每次议会大选后会有多个政党进入议会，有时达到十几个。众多的反对党之间在政见上相左，很难形成比较固定的反对派联盟，但多党进入议会仍具有其合理性和积极性。反对党可以在联邦、州以及市镇三个层次上发动公民复决和公民倡议，对执政党起到制约的作用，间接影响执政党的决策。另外反对党由于代表的社会阶层不同，它们的政治主张可以反映不同社会阶层的想法。总之，多党进入议会，体现了瑞士政治的"自由主义"精神。

二　政党政治

政党与联邦委员会组成　在1919年以前，自由民主党一党独揽大权，独占联邦委员会的7个委员席位。后由于苏黎世州工人举行大罢工，自由民主党迫于阶级斗争的压力，放弃垄断地位，引入比例代表制。1919~1929年，联邦委员会由5名自由民主党人和2名人民保守党（现在的基督教民主人民党）人组成。1929年后，1名农民党（现在的瑞士人民党）代表加入联邦委员会，形成了以自由民主党为主的三党联合政府。"二战"爆发后，社会民主党的力量上升，资产阶级政党迫于法西斯主义威胁，接纳了1名社会民主党人加入政府，从而在联邦委员会形成了新的政党结构。"二战"结束后，四党之间的分歧依然存在，执政联盟依然脆弱。1953年，社会民主党曾一度失去其在联邦政府唯一的委员席位。这一席位重新回到自由民主党人的手中。1954年人民保守党又从自由民主党手中得到1个委员席位，形成了自由民主党、人民保守党各占有3个席位，农民党占1个席位的格局。这种格局一直保持到1959年12月。此后，联邦委员会的7个席位由4个主要的政党按在国民院所占有的席位多少而重新进行分配，从而形成了2名自由民主党、2名基督教民主人民党（人民保守党）、2名社会民主党、1名农民党（瑞士人民党）的组合。这一著名的"奇妙方案"一直延续到2003年10月，因瑞士人民党增加1席和基督教民主人民党失去1席而被打破。2007年10月联邦议会选举后，自由民主党和社会民主党各占两席，基督教民主人民党、瑞士人民党和公民民主党各占一席，形成了"五党共治"的新局面。2011年10月，瑞士进行联邦议会选举，新一届联邦委员会仍然保持了既有格局。

2013年12月4日，联邦委员兼外长迪迪埃·布尔克哈特当选为下一任联邦委员会主席；联邦委员兼司法警察部长西莫内塔·索玛鲁贾当选为副主席，于2014年1月1日上任。

政党的执政机制　瑞士政党的执政机制主要体现在四党联盟对联邦议

会、联邦委员会、联邦法院、反对党以及社会团体的影响和作用上。

前面已经提到在瑞士联邦议会中的政党不仅仅是四大执政党，还有其他多个政党。那么四大政党联盟在议会中如何对联邦议会进行领导，如何与其他政党达成共识，又是如何彼此协调一致的，这是值得研究的。

有学者将四党联盟对联邦议会实施领导的途径和形式归纳为：①通过参加竞选活动，向联邦议会输送议员，控制议会的人事安排。②通过其在议会中的党团组织的协调行动及占多数席位的表决权来操纵议会议程，保证其议案获得通过并付诸实施。③向联邦议会提出政策建议，使党的纲领主张通过立法途径成为国家意志。④参与和把持联邦议会下属的各种常设委员会，负责起草和设计有关专门问题的议案，影响议会决定。

四大政党联盟对联邦委员会的控制主要表现为：第一，牢牢把握联邦委员会的人事权，安排本党和其他联盟成员党认为合适的人选担任联邦委员的职务。第二，假借联邦议会的监督职能，确保政府执行四党联盟的方针、政策。与对联邦议会的领导相比，四党联盟对联邦委员会的控制较弱，原因是瑞士政治已经"专业化"，很多问题并不涉及意识形态之争，而且联邦体制在很大程度上淡化了党派的色彩。

尽管联邦法院与执政党分属不同的功能序列，但两者之间仍存在着联系。瑞士虽然宣称实行司法独立，但法院执行的法律本来就是四党联盟意志的反映，四党联盟的政策和法规对联邦法院的审判工作具有决定性的指导作用。另外，四大党还通过联邦议会和联邦委员会掌握着联邦法官的人事任免权，可以通过任命那些与执政党持有相同观点和主张的候选人，来维护执政联盟的利益。

四大政党与众多的反对小党是一种非竞争关系。为保证议案在议会中获得顺利通过，执政党一般采用"协调一致"的态度，在一项议案提到议会之前，已经进行了大量的幕后工作，经过了反复的协商、折中和妥协。

另外，执政党联盟还通过对众多的社会团体的控制来保证其政策实施。每个大党都有与之联系密切的利益集团相支持。拥有50万会员的瑞士最大的工会组织——瑞士工会联合会主要受社会民主党的控制。拥有

10 多万会员的瑞士农民联合会在政治上、组织上受瑞士人民党的影响。由瑞士垄断财团和大企业主组成的瑞士工商业联合会，则与联盟中的四党关系都很密切。

执政党的决策过程 瑞士以四大党为核心的决策过程可以分为两个步骤：第一步是各执政党内部进行决策；第二步是四党联盟之间的相互折中、妥协。每个政党内部的政策制定过程可分为三个阶段，分别是：政策创意、政策设计和政策通过。四大政党在政策制定上的特点基本相似：通过广泛全面地征求意见，集结多方面的智慧形成政策草案；但决策权只掌握在党内上层的精英集体中，普通党员很少能直接参与；在出现冲突时，往往采取拖延决定的方式以求得各方妥协。四大党就共同关心的问题取得一致，形成政策才是执政联盟决策过程的关键。它们间的一致不是自然形成的，政党之间往往要进行讨价还价，甚至用提出复决相威胁，迫使对方让步。同时，各党派还通过国会中的常设委员会、有关社会团体、专家小组及其他院外活动，为取得协调一致进行疏通。

执政党的政策实施 保障政策的实施也是体现执政党执政能力的重要内容。瑞士四大政党联盟主要通过以下四方面的手段来保证政策的实施：第一，借助各党控制的宣传媒介对政策实施进行宣传，使执政联盟的政策能够迅速传播，为政策实施创造舆论条件。第二，借助联邦议会对联邦委员会的监督作用，确保各党的政策贯彻到政府行为中。第三，通过党组织的内部协调，由联邦一级的党组织指导下级党组织的政策制定，并对下级党组织的政策执行予以指导。第四，政策执行的好坏很大程度上与公务员的从政行为有关，因此四党联盟根据《联邦公务员章程法》对违纪公务员给予纪律惩戒。

四党联盟的权力也受到一定的制约，制约因素主要来自两个方面：第一是联邦议会和联邦委员会。由于所有的议案都要由议会两院一致通过，而两院中的国民院和联邦院所代表的利益并不完全相同，因而有些议案不能在两院同时获得批准，这就在一定程度上限制了政党的权力；联邦委员会的集体领导制度从一定程度上防止了政党专权操纵政府，或把党的利益凌驾于政府之上，也有利于克服执政党之间相互争权、互相倾轧的现象，有利于政党政治的稳定。第二是利益集团和反对党。瑞士联邦议会内大小十余个政党参与权力角逐，尽管四大党长期处于领导地位，但众多小的反对党也在一定程度上影响大党的主张，干扰其决策。20世纪60~70年代的排外运动和80年代的绿色政治对执政联盟的冲击就是最明显的例证。

三　利益集团

在瑞士，利益集团主要表现为各种全国性的职业和经济组织。利益集团同政党相比有其自己的优势。这些利益集团的成员往往同一定的社会阶层相联系，而各个政党却不一定与社会阶层相一致，20世纪以来，特别是第二次世界大战结束以来，各个政党的组成已经多样化了。在瑞士，某一政党的成员除了属于这一政党外，还代表某一社会阶层或一个职业集团，例如雇主、工人或不同的商业协会、农民协会等。为了得到更多的选票，他必须更多地关注他所代表的社会阶层和集团的利益，当政党的意识形态或政治理论与他所代表的利益集团的具体利益发生冲突时，出于实际的考虑，往往后者对于政治行为个体的影响会更大。因此瑞士政党对国家的影响并不像其他西方国家那样大，而某些职业联盟或社会团体却有更大的影响力。

"二战"后瑞士政治与经济相互依存，经济政策的制定往往成为政治辩论的焦点，联邦宪法有关经济的条款中明确规定，国家权力机关应当与工会以及类似的组织协同构想并执行自己的经济政策，这突出了利益集团在瑞士政治中占据的重要地位。利益集团往往以经济方面的问题为依据，对政权施加影响，使其在政治角逐中比政党以意识形态为依据更有说服力。利益集团可以将自己的影响扩展到政党以外的政治权力中，在某些方面比政党更有优势。利益集团的成员往往以同一阶层的人居多，这使利益集团能够在施加影响的深度上超越政党，而且有利于利益集团集中地实施影响。

利益集团建立时间普遍比政党早，因而其历史传统比政党也要深厚得多，对瑞士政治的影响在许多方面优于政党。早在19世纪80年代，全国性各种职业与经济组织已经建立。而主要政党则是在19世纪末20世纪初才相继出现的。表3-3列举了瑞士一些主要的利益集团及其成立年份。

表 3 – 3　瑞士主要的利益集团及其建立的年份

名称	建立年份	名称	建立年份
瑞士工商业协会	1869/1870	瑞士农民联合会	1897
瑞士工人联合会	1873	瑞士雇主组织中央联合会	1908
瑞士中小业主联合会	1879	瑞士职员联合会	1918
瑞士工会联合会	1880		

　　"二战"以后，党派与利益集团的关系日益密切。利益集团为政党的竞选提供强大的财力支持，政党在其政治纲领中反映利益集团的要求，主要的政党和利益集团之间建立了联盟关系。在政党与利益集团的关系中利益集团并不是被动的，反而往往采取主动，而且在许多主张上也不完全与其联盟党一致。例如瑞士工会联合会虽然倾向于社会民主党，但在工资、价格或收入政策等方面往往会有与官方政党不同的立场。

　　另外，瑞士有各种各样的"公民委员会"，它们经常就某个问题将相关的人聚集到一起，充分利用全民公决和立法提案权对政治施压，扮演着利益集团的角色。

第五节　独具特色的民主制度

　　瑞士人经常自豪地说："瑞士是世界上最民主的国家。"瑞士的民主制度是瑞士政治制度的重要组成部分。由于特殊的历史传统，瑞士的民主制度在演进过程中表现为多种形式，既有"直接民主"和"半直接民主"，也有"间接民主"。从联邦国家看，其民主体现在联邦、州和市镇三个层次上，同时也表现在公民与国家的关系上。

　　资产阶级革命后创立的代议制民主是"间接民主"，它包括普选制、分权制、议会制、多党制等，人民把权力托付给普选产生的代表。瑞士的政治制度带有"间接民主"的性质，但瑞士最具特色是"直接民主"和"半直接民主"。

一 "直接民主"

在瑞士"直接民主"的表现形式为露天议会。

露天议会，又作"兰德斯戈曼德"（是德文 Landsgemeinde 的直接音译），是瑞士中部古代日耳曼民族最高权力形式的残余。它是现代瑞士民主制度的基石，但如今已经松动，只存在于内阿彭策尔半州和格拉鲁斯州；格劳宾登州的某些地区至今也保留着这种制度，但其作用仅限于选举区长（本区的行政长官）、法官和州议员（大议会的议员）。

"兰德斯戈曼德"制度可以追溯到缔结旧联邦的时代，施维茨州、楚格州、乌里州和外阿彭策尔半州等都曾采用过这种制度，后来分别于1848 年、1918 年、1929 年和 1997 年废止。据史料记载，"老三州"之一的施维茨州就是在 1291 年举行了露天州民大会，以举手表决的方式加入了"永久同盟"。

在中世纪那些以农牧业为生的山区共同体中，人们在放牧耕作、开山引水、架桥修路的过程中，在与自然灾害如雪崩、山洪做斗争的过程中，单个人的力量是远远不够的，需要相互之间的配合和帮助。而此时欧洲封建势力对这里的影响也相对薄弱，人与人之间能够平等相处。每年开春，冰雪融化，是去高山牧场放牧、砍伐森林的时节，此时山民们需要聚集在一起，商讨与集体利益有关的问题。这就是体现直接民主的露天州民大会的最初形式，或称露天议会。这种源于中世纪的直接民主形式对此后的瑞士民主政治产生了积极的影响。

"兰德斯戈曼德"一般选择在每年 4 月的最后一个星期日或 5 月的第一个星期日，所有年满 16 周岁的男子都有机会参加这个庄严的仪式。最早的时候，牧民都带上他们的牧羊棒参加大会，后来改成佩戴有家族徽记的佩剑出席集会。露天议会有最高权力，在议会上通过的决议，少数要服从多数。议会上要就行政官的人选问题、州内事务以及立法提案进行投票表决，还要议决对外关系问题，如战争与和平、是否结盟、是否授予外国人公民权等。对于行政长官的人选，由全体公民自由选举，不分出身高低贵贱和财产多寡，主要看其能力与威望，一般任期为一年，可连选连任。

在这种实行直接民主制的州里，为了避免贵族化和专制，往往禁止父子同一次当选，同姓同族的人也不能一起出现。几百年来，"兰德斯戈曼德"只允许手拿武器的男性公民参加。虽然瑞士妇女在 1971 年就拥有了联邦一级的投票权，但内阿彭策尔半州的妇女直到 1991 年才能够参加露天州民大会，这还是因为联邦政府为了赋予妇女平等的民主权利，在 1991 年作出规定：任何州的妇女如果在本州没有选举权，就不能参加联邦一级的选举。这样才使得全联邦的妇女与男子有了同样的民主权利。

如今的露天议会是全州人民的盛大集会，人们按照传统的形式商讨本州的大事。虽然依然采用举手表决的形式，但当地的政治形势已经发生了很大的变化，这种露天议会不再具有历史上的那种重要性，在发挥作用的同时，逐渐流于形式，慢慢地成为当地文化传统的象征。

二 "半直接民主"

在瑞士，"半直接民主"的表现形式是公民投票。瑞士人关心时政，对涉及国计民生的大小事情都有积极参与的传统，这就为瑞士公民投票制度的运行创造了有利的条件。

"半直接民主"是瑞士政体除了联邦制之外的一大特色。瑞士实行着一套不同于其他西方国家的民主制度，其以"公民复决"和"公民创制"为表现形式，即瑞士公民通过对国家在内政和外交方面的一些重大事情行使表决权和倡议权来参与国家政治生活，并承担由此而产生的责任。早在 1874 年，这种民主制度就被载入了联邦宪法。

公民复决 公民复决分为"强制性复决"和"非强制性复决"。凡议会通过的涉及宪法或人民基本权利的议案须交公民投票通过，称为"强制性复决"；而对于一般性的法令、法规，在其公布三个月内，如能征集到 5 万个签名或 8 个州联名要求对该法令进行公民投票，便可进行"非强制性复决"。

公民创制 联邦宪法规定，瑞士公民有权对联邦宪法进行修改，即政党、团体或公民如要求修宪，要求在联邦宪法中增加新的条款，或提出新的宪法文本，可发起全国性的人民倡议。但先决条件是必须自倡议发起之日起，在 18 个月内征得 10 万个选民的签名，之后方可向联邦办公厅递交人民倡议，并附书面的提案，提案内容可以具体详尽，也可以只列出大纲。联邦政府有义务受理提案，并在一年之内提交议会，联邦议会有权提出反对提案，两项议案的命运由公民投票决定。宪法的修正案必须得到双重多数票（州和选民）才能获得通过。

双重多数原则　所谓双重多数就是要获得投票人的多数和州的多数。瑞士的州大小相差甚远，苏黎世州的人口超过 100 万，而内阿彭策尔半州人口仅为 1.5 万，但两州均拥有 1 票，这样有可能造成的结果是：某项议案虽然得到了绝大多数人的赞成，但仍未获通过，因为按 26 个州的票数统计没有超过半数。这种现象虽然似乎有碍瑞士民主的声望，却从另一个角度反映了瑞士联邦制的特点——独立自主的州拥有高度的自治权。

联邦宪法还规定，在战争期间，联邦政府有全权，所有法令可不经公民表决。和平时期，如遇紧急情况，联邦政府也可以紧急法令为名，不交付公民表决。但这类法令有效期仅一年。一年后如被公民投票否决，法令则不再有效。

通常情况下，联邦范围内每年要举行 4 次公民投票，有的州结合本州的投票一起进行。在有些州，公民利用立法提案权不仅可以修订宪法，还可以修改一般的法律。瑞士人喜欢投票，大到加入联合国、加入欧盟，小到修建村镇道路都要进行公民投票。20 世纪 50 年代以来，在公民投票问题上出现了新的趋势，一方面提交给联邦议会的立法提案的数量大幅增加，另一方面选民参与的热情却不断下降。20 世纪 50 年代以前，公民的投票率一般都高于 56%，有时甚至达到 85%；而这个比例现今已经大幅度缩水，如今的投票率徘徊在 33%～50%。各州举行的公民投票的情况与此类似，而且公民参政的程度甚至更低，投票率通常不足 30%。公民对公共问题越来越缺乏热情。很多瑞士人认为，对于某项提案，同意的人不一定会去投票，而反对的人是无论如何都要去投上一票的，这就造成了提案的通过率比较低。

三 公民权利与男女平等

公民权利 《欧洲人权公约》保障基本的公民权利，联邦宪法、法律和州宪法则保护瑞士公民的个人权利。瑞士公民在法律面前人人平等，联邦宪法明确规定保护私有财产的所有权、贸易与商业自由、选择居所的自由、礼拜自由、言论自由以及结社和请愿的权利。这些都是联邦政府提出的基本权利，各州和市镇还可以赋予公民更多的权利。

在联邦层面，达到法定投票年龄的全体瑞士公民（妇女已于1971年获得选举权）不但可以选举议员，还可以就拟议中的新法律和宪法修正案投票表决。瑞士公民享有立法提案权，并且有权在全民公决中投票。写入宪法的这些权利给各州和市镇带来了不同程度的影响。各州在行使自治权的同时，要多方面体现人民的权利和要求，既要体现各州自治的原则也要体现主权在民的民主思想。各州的宪法和法律需被大多数本州公民所接受，公民有权对此发表意见或要求修改。在市镇层面，市镇是公民最先实践其民主权利的场所，在这里公民所行使的是直接民主权利，直接参与一切与集体利益有关的决定。所以瑞士公民的民主权利从市镇层面开始，然后到州层面，最后到联邦层面。

妇女与瑞士民主 在20世纪初，许多西方国家的妇女已经取得了与男子同样的政治权利。但在"高度"民主的瑞士，妇女却长期没有公民权。1959年，瑞士举行了有关妇女是否应该拥有投票权和选举权的公民投票，结果压倒多数的是反对票。20世纪60年代，越来越多的人接受了男女平等的观念，这种潮流在瑞士法语区更加明显。在1971年2月，当就此问题再次举行公民投票时，此决议获得了通过。

第六节 历任国家元首和政府首脑

埃特（1881～1977） 菲利普·埃特（Philipp Etter），瑞士联邦委员会主席，1939年、1942年、1947年和1953年在任。早年毕业于苏黎世大学。毕业后于1917年从事律师职业。1918年当选为市议会议员。1922

年当选为州议会议员。1927 年和 1928 年出任州议会议长。1930 年任国民院议员。1934 年担任自主邦委员会委员、内务部负责人。

塞利奥（1889~1980） 恩里科·塞利奥（Enrico Celio），瑞士联邦委员会主席，1943 年、1948 年在任。1932 年先后担任州议会议员、州议会议长。1938 年出任州长。之后曾三次当选为联邦院议员。1940 任邮电铁道部顾问。1950 年出任瑞士驻意大利公使。

冯·斯泰格尔（1881~1962） 爱德华·冯·斯泰格尔（Eduard Von Steiger），瑞士联邦委员会主席，1945 年和 1951 年在任。1881 年 7 月 2 日出生。先后就读于瑞士日内瓦大学、伯尔尼大学及德国慕尼黑大学。曾任市参议员、州委员会委员、州委员会主席和瑞士联邦铁路管理委员会委员、副主席。1939 年起任政府顾问。1940 年任联邦委员会委员。

柯贝尔（1891~1968） 卡尔·柯贝尔（Karl Kobelt），瑞士联邦委员会主席，1946 年、1952 年在任。毕业于苏黎世技术学校。1919~1933 年担任联邦水运服务中心科长。1941~1945 年任联邦委员会委员和国防部负责人。

诺布斯（1886~1957） 厄恩斯特·诺布斯（Ernst Nobs），瑞士联邦委员会主席，1949 年在任。1915~1935 年任杂志社编辑、主编。1935~1942 年当选为联邦院苏黎世州议员。1942~1943 年担任苏黎世市长。1944~1952 年任自主邦委员会委员、财政部部长。

彼蒂彼埃（1899~1994） 马克斯·彼蒂彼埃（Max Petitpierre），瑞士联邦委员会主席。1950 年、1955 年、1960 年在任。曾加入激进民主党（即自由民主党），后成为该党领导成员。1954 年任自主邦委员会副主席兼财政海关部部长。1955 年再度出任联邦委员会主席，并兼任财政海关部部长。

陆巴特尔（1896~1961） 鲁道夫·陆巴特尔（Rodolphe Rubattel），瑞士联邦委员会主席，1954 年在任，先后就读于瑞士洛桑大学、法国巴黎大学及奥地利维也纳大学。自 1920 年起，先后在几家报社担任编辑。1932 年担任《洛桑评论》杂志社社长。1933~1938 年出任州法律委员会成员。1939~1944 年担任洛桑州立医科大学校长。1945~1947 年出任州委员会执行委员、州委员会主席。1952 年任联邦委员会委员、副主席、社会经济部部长。

费尔德曼（1897～1958） 马库斯·费尔德曼（Markus Feldmann），瑞士联邦委员会主席。加入天主教保守党，后成为该党领导成员。1955 年担任联邦委员会副主席兼邮电铁道部部长。1956 年出任联邦委员会主席兼任邮电铁道部部长。

斯特罗伊利（1892～1970） 汉斯·斯特罗伊利（Hans Streuli），瑞士联邦委员会主席，1957 年在任。加入激进民主党（即自由民主党），后成为该党领导成员。1956 年担任联邦委员会副主席兼财政海关部部长。1957 年出任联邦委员会主席，兼任财政海关部部长。

霍伦斯坦（1896～1962） 托马斯·霍伦斯坦（Thomas Holenstein），瑞士联邦委员会主席，1958 年在任。加入天主教保守党，后成为该党领导成员。1957 年担任联邦委员会副主席兼国民经济部部长。1958 年出任联邦委员会主席兼任国民经济部部长。

舒特（1904～1977） 保尔·舒特（Paul Chaudet），瑞士联邦委员会主席，1959 年和 1962 年在任。加入激进民主党（即自由民主党），后成为该党领导人。1958 年担任联邦委员会副主席兼军事部部长。1959 年出任联邦委员会主席兼任军事部部长。

瓦伦（1899～1985） 弗雷德里克·特劳戈特·瓦伦（Friedrich Trauggott Wahlen），瑞士联邦委员会主席，1961 年在任。生于瑞士伯尔尼尔州。在 1938～1945 年的"二战"期间担任联邦战时粮食局农业生产处处长。1942～1949 年出任苏黎世州委员会委员。战争期间因粮食供给困难，瓦伦被迫实行自力更生的政策，发起开荒运动，这一被称为"瓦伦开荒计划"的举措收到了较好效果，为渡过"二战"的困难时期发挥了相当的作用，也使瓦伦在瑞士名声大振。1958 年当选为联邦委员会委员。1966 年任瑞士国家银行总经理。

施皮勒（1902～1990） 维利·施皮勒（Willy Spuhler），瑞士联邦委员会主席。1963 年、1968 年在任。1902 年 1 月 31 日生。早年就读于苏黎世大学和巴黎大学。1931～1934 年在苏黎世从事统计工作。1935～

1942 年任苏黎世劳动局长。1939~1948 年任战时经济中央办公室主任。
1942~1959 年任苏黎世市政委员会成员。1955~1959 年当选为联邦院议
员。1959~1965 年任瑞士联邦委员会委员，兼运输、通信、能源部部长。
1966 年任联邦政治部部长（即外交部部长）。1967 年任自主邦委员会副
主席。

冯·穆斯（1910~1990）　　路德维希·冯·穆斯（Ludwig Von
Moos），瑞士联邦委员会主席，1964 年、1969 年在任。1910 年 1 月 31 日
生。1935~1942 年任杂志社编辑。1941~1946 年任村镇自治体主席。
1943~1946 年任州法院副院长。1943~1959 年为联邦院议员。1959 年出
任联邦委员会委员、司法公安部部长。1963 年任联邦委员会副主席。

楚迪（1913~2002）　　汉斯－彼得·楚迪（Hans-Peter Tschudi），瑞
士联邦委员会主席。1965 年和 1970 年在任。1913 年 10 月 22 日生于瑞士
的巴塞尔。中学毕业后进入巴塞尔大学法律系学习，获得法学博士学位。
大学毕业后留校任教。1952~1959 年为巴塞尔大学教授。1953~1959 年
担任巴塞尔州内政局局长。1956~1959 年当选为联邦议会联邦院议员。
1959 年当选为联邦委员会委员、内政部部长。1965 年和 1970 年两度担任
联邦委员会主席，并兼任内政部部长。1973 年辞去所任公职。

沙夫纳（1908~2004）　　汉斯·沙夫纳（Hans Schaffner），瑞士联邦
委员会主席，1966 年在任。瑞士法学家和政治家。1908 年 12 月 16 日生。
伯尔尼大学毕业。1959 年获名誉博士学位。1934 年成为律师。1938~
1941 年任伯尔尼高等法院秘书。同期任联邦工业部、商业部和劳动部董
事会的法律顾问。1941~1945 年任战时经济中央办公室主任。1945~
1961 年任联邦贸易合同委员会代表。1954~1961 年任联邦社会经济部商
业司司长。1953~1961 年任欧洲经济合作组织指导部成员。1961 年任联
邦委员会委员、社会经济部部长。1965 年任欧洲合作与发展组织部长理
事会主席。

邦万（1907~1982）　　罗热·邦万（Roger Bonvin），瑞士联邦委员
会主席，1967 年和 1973 年在任。1907 年 9 月 12 日生于瑞士的瓦莱州。
1932 年毕业于苏黎世理工学校。加入了基督教民主人民党。1932~1934

年担任建筑工程师。1934～1935 年出任联邦测绘局建筑工程师。1936～1942 年在瓦莱州公共工程局任职。1942～1949 年为该州行政局官员。1955 年当选为瓦莱州议会议员、联邦议会国民院议员。1955～1962 年担任锡永市市长。自 1962 年起出任联邦委员会委员、财政部部长。1966 年任联邦委员会副主席兼财政部部长。1967 年担任联邦委员会主席兼财政部部长。1968～1971 年担任联邦委员会委员，运输、交通和电力部部长。1973 年再度担任联邦委员会主席，并兼任运输、交通和电力部部长。于同年年底辞职退休。

格内吉（1917～1985） 鲁道夫·格内吉（Rodolf Gnägi），瑞士联邦委员会主席，1971 年和 1976 年在任。1917 年 8 月 3 日生于沙夫豪森州。中学毕业后进入伯尔尼大学法律系学习。加入瑞士人民党。大学毕业后在家乡从事律师职业。1946 年当选为瑞士农民党伯尔尼州书记，该党于 1971 年改名为瑞士人民党。1947 年担任瑞士农民党书记，同时兼任伯尔尼州农民协会秘书长。1952～1965 年在伯尔尼州政府任职。1953～1965 年当选为联邦议会国民院议员。1965 年担任联邦委员会委员，交通、运输和电力部长。1968 年出任政府军事部部长。在任军事部部长期间，领导成立了包括军事和民防在内的总体防御机构——"总体防御参谋部"与"总体防御中央办公室"。1975 年曾向议会提出咨文，要求购买美国"虎式"战斗机，以增强国防力量。其在任内，对内强调集体防御与全面防御，实行全民防御，筑起经济、社会、心理等方面的全面防线，以避免战争威胁；对外主张奉行"武装中立"政策，继续强调瑞士安全政策的指导思想就是中立，并在大国之间寻求平衡，联合中小国家，抵制大国的强权政治和战争讹诈。认为中立国应最后裁军。1979 年访问美国时与美签订了美向瑞士出售坦克和战斗机的协议。

塞利奥（1914～1995） 内洛·塞利奥（Nello Celio），瑞士联邦委员会主席，1972 年在任。1966 年当选为联邦委员会委员。后任军事部部长。1969 年任财政和关税部部长。激进民主党人（即自由民主党）。

布吕格尔（1914～1998） 恩斯特·布吕格尔（Ernst Brugger），瑞士联邦委员会主席，1974 年在任。1914 年 3 月 10 日生于瑞士的贝林佐纳市。中学毕业后先后在苏黎世、巴黎、伦敦读大学。大学毕业后于 1936 年到弋绍市当教员。1947～1959 年当选为弋绍议会成员，其间还担任过该市市长。1950～1970 年任苏黎世州政府成员。1959～1967 年担任苏黎世内政与司法局局长。1967～1969 年出任苏黎世公共经济局局长，并兼任苏黎世地区官方运输代表团主席、苏黎世州水力发电厂经理。1969～1978 年担任联邦委员会委员、公共经济部部长。1973 年出任联邦委员会副主席。其在任内曾代表瑞士政府与欧洲共同体进行经贸谈判，并于 1972 年签订了一系列经贸协定，密切了瑞士与欧洲共同体的经贸关系，为瑞士产品进入欧洲共同体市场开辟了广泛前景。1978 年出任瑞士人民银行总裁，后任该行名誉总裁。曾于 1978 年访问中国。主要著作有《苏黎世州宗教法的修改》。

格拉贝尔（1908～2003）　皮埃尔·格拉贝尔（Pierre Graber），瑞士联邦委员会主席，1975 年在任。1908 年 12 月 6 日生于瑞士的拉绍德封市。早年加入瑞士社会党。1931 年毕业于纳沙泰尔大学，获法律和商学学士学位，后从事律师职业。在青年时代曾领导过法语区社会党青年运动，担任过州社会党主席、社会党法语区书记。1942～1969 年当选为联邦议会国民院议员。1946 年为沃州议会议员。1946～1949 年出任洛桑市市长。1962～1970 年担任沃州政府委员、财政局局长。1969～1977 年任联邦委员会委员、政治部部长。1974 年担任联邦委员会副主席兼政治部部长。1975 年任联邦委员会主席，并兼任政治部部长。在其任内坚持瑞士继续中立政策并强调向世界广泛开放。1974 年曾应邀率政府代表团访华。

富格勒（1924～2008）　库特·富格勒（Kurt Furgler），瑞士联邦委员会主席。1977 年、1981 年、1985 年三度在任。1924 年 6 月 24 日生于瑞士圣加仑州。中学毕业后，曾先后在弗里堡、苏黎世、日内瓦的大学攻读法律与经济学学位，后来又在国际问题研究所学习，并于 1948 年获得法学博士学位。早年加入基督教民主人民党。大学毕业后于 1950～1971 年在家乡从事律师职业。1954～1971 年当选为联邦议会国民院议员。1963～1971 年出任联邦议会基督教民主人民党团主席。自 1972 年起为联邦委员会委员。1972～1982 年担任司法和警察局局长。在其任内致力于修订瑞士民法、私法、家庭法和区域计划法等有关法律。1983～1986 年担任联邦政府公共经济部部长。在任内为发展瑞士经济采取了不少措施，加强了瑞士经济的国际竞争力，促进瑞士参与国际经济合作。曾多次代表瑞士参加经济合作与发展组织以及关税贸易总协定的重要会议。曾担任房地产公司、基督教顾客银行和西卡康采恩董事。曾被美国波士顿大学及圣加仑大学授予名誉博士。

里恰德（1918～1983） 维利·里恰德（Willy Ritschard），瑞士联邦委员会主席，1978 年在任。1918 年 9 月 28 日生于索洛图恩州迪廷根市。早年曾就读于瑞士工人学校。后做过学徒工。1943 年起开始从事政治活动，加入了瑞士社会党。1943～1953 年出任瑞士联邦铁路局工会秘书。1945～1963 年为迪廷根市政委员会委员。1947～1959 年担任迪廷根市市长。1955～1963 年为索洛图恩州工会联盟主席，并于同期当选为联邦议会国民院议员，兼任议会财政委员会主席。从 1964 年起为瑞士联邦铁路局领导成员。1964～1973 年任索洛图恩州政府委员。1973 年出任联邦委员会委员，兼交通、运输和动力部部长。1977 年任联邦委员会副主席。1982 年任财政海关部部长。1983 年出任联邦委员会副主席兼财政海关部部长。曾于 1975 年以联邦委员会委员、政府部长身份访华。

许尔利曼（1918～1994） 汉斯·许尔利曼（Hans Hürlimann），瑞士联邦委员会主席，1979 年在任。1918 年 4 月 6 日生于楚格州的瓦什维尔。中学毕业后曾先后在弗里堡大学和伯尔尼大学学习。1943 年获得法学博士学位。1946～1949 年担任楚格市政府法律事务秘书。1946～1954 年当选为楚格州议会议员。1954～1962 年担任楚格州政府司法、警察和军事局局长。1960～1968 年出任楚格州军事局会议主席。1962～1973 年担任该州教育、文化和军事局局长。1966～1973 年当选为联邦议会联邦院议员。1968～1973 年出任楚格州教育局会议主席。1970～1973 年出任联邦技术学院董事会董事。1974～1978 年任联邦政府内政部部长。1974～1982 年一直担任联邦委员会委员。1978 年出任联邦委员会副主席，并兼任司法和警察局局长。1979 的担任联邦委员会主席兼内政部部长。

加入了基督教民主党，曾任该党全国执行委员会委员。爱好音乐、戏剧等。

谢瓦拉（1915～2002） 乔治－安德烈·谢瓦拉（Georges-André Chevallaz），瑞士联邦委员会主席，1980年在任。1915年2月7日生于瑞士洛桑。中学毕业后曾先后在洛桑大学和巴黎大学学习，获得经济史博士学位。加入激进民主党（即自由民主党）。大学毕业后留校任教，1942～1955年为洛桑商学院讲师。后又任洛桑大学图书馆馆长。1955～1958年担任洛桑大学讲师。1958～1972年担任洛桑市市长。1959～1973年当选为联邦议会国民院议员。1965～1972年曾任激进民主党主席。1967～1973年为瑞士城市协会主席。1968～1969年为苏黎世技术学院讲师。1968～1973年担任欧洲地方权力议会瑞士代表团团长。1969～1971年任联合国教科文组织瑞士委员会主席。1970～1973年担任联邦议会激进民主党议会党团主席。1971～1973年担任瑞士大圣贝尔纳·图奈尔公司董事长。1974～1979年出任联邦委员会委员、财政部部长。1979年任联邦委员会副主席兼军事部部长。1980年为联邦委员会主席兼军事部部长。1981年起任联邦委员会委员、军事部部长。1983年年底退休。其主要著作有：《第二次世界大战史料：重大的外交会议》《冷战史料：外交的转折》等。

霍内格（1917～1999） 弗里茨·霍内格（Fritz Honegger），瑞士联邦委员会主席，1982年在任。1917年7月25日生于比绍夫斯泽尔。中学毕业后曾先后在苏黎世大学和法国格勒诺布大学学习，获得博士学位。大学毕业后于1942～1944年在拉绍德封市瑞士钟表制造商联合会任秘书。1944～1966年为苏黎世丝织工业协会干事。1958～1966年出任苏黎世州吕施利孔市市长。1961～1978年担任苏黎世商会会长。1967～1978年为联邦议会联邦院议员。1978～1980年出任联邦委员会委员、公共经济部部长。1981年任联邦委员会副主席兼公共经济部部长。1982年担任联邦委员会主席兼公共经济部部长。曾在1978年和1979年担任公共经济部部长期间，两次来华访问，主张发展同中国的经贸关系。

奥贝尔（1927～） 皮埃尔·奥贝尔（Pierre Aubert），瑞士联邦委

员会主席，1983 年和 1987 年在任。1927 年 3 月 3 日生于纳沙泰尔州拉绍
德封市。中学毕业后曾在纳沙泰尔大学和德国海德堡大学攻读法律学位。
大学毕业后先后在纳沙泰尔和伯尔尼从事律师职业。1958 年加入瑞士社
会党。1960～1968 年当选为拉绍德封市议会议员。1961 年起任纳沙泰尔
州议会议员。1967～1968 年出任拉绍德封市市长。1969～1970 年担任纳
沙泰尔州议会议长。1971 年当选为联邦议会联邦院议员。1971～1977 年
出任纳沙泰尔大学董事长。曾担任欧洲委员会委员。1974 年起任该委员
会政治委员会委员。1978 年起出任联邦委员会委员、外交部部长。曾任
瑞士－以色列协会主席、联邦海关上诉委员会委员等职。1983 年和 1987
年两度担任联邦委员会主席，并兼任外交部部长。在其任内主张瑞士向世
界开放，并力促瑞士加入联合国。爱好小提琴、网球和游泳等。

施伦普夫（1925～2012） 莱昂·施伦普夫（Leon Schlumpf），瑞士
联邦委员会主席，1984 年在任。1925 年 2 月 3 日生于弗尔斯堡。中学毕
业后进入苏黎世大学攻读法律，并获得法学博士学位。大学毕业后从事法
律工作。1955～1965 年担任州议会议员。1956～1965 年为律师与公证人。
1966～1974 年当选为联邦议会民国院议员。1974 年起为联邦院议员。
1979 年任联邦委员会委员、军事部部长。1980～1987 年连任运输、交通、
能源部部长。1983 年担任联邦委员会副主席。

埃格利（1924～） 阿尔方斯·埃格利（Alphons Egli），瑞士联邦委
员会主席，1986 年在任。1924 年 10 月 8 日生于瑞士的卢塞恩。中学毕业
后曾先后在苏黎世大学、罗马大学、伯尔尼大学学习，1949 年获得法学
博士学位。1951 年取得律师资格证书，加入基督教民主人民党。1952 年
在卢塞恩开办律师事务所。1967～1975 年当选为卢塞恩州议会议员。
1975 年当选为联邦议会联邦院议员。1979～1982 年出任联邦议会基督教
民主人民党党团主席。1981 年担任瑞士能源组织主席。1983～1984 年出
任联邦委员会委员、内政部部长。1985 年担任联邦委员会副主席并兼内
政部部长。1986 年为联邦委员会主席，兼任内政部部长。

施蒂希（1927～2012） 奥拓·施蒂希（Otto Stich），瑞士联邦委员
会主席，1988 年和 1994 年在任。1927 年 1 月 10 日生于巴塞尔城半州多

尔纳赫镇。中学毕业后先后在巴塞尔商学院和巴塞尔大学学习，并获得经济学博士学位。大学毕业后任教员，曾在巴塞尔工艺职业学校任教。1947年从事工商业工作，并加入了瑞士社会党。1952年担任多尔纳赫镇政府审计员。1957~1965年出任该镇镇长。自1963年起当选为联邦议会国民院议员，先后担任国民院经济委员会、财政委员会和对外经济委员会主席，并长期担任社会党财政政策发言人。1968~1972年担任索洛图恩州社会党主席。1970~1975年出任社会党中央执行委员会委员。1980年出任社会党议会党团副主席。在1983年的联邦大选前主动放弃竞选议员。同年12月当选为联邦委员会委员、财政部部长，还是瑞士联邦银行委员会委员。1986年担任联邦委员会副主席。其在任内，主张加强同欧洲共同体的关系，借欧洲一体化的深入来深化双方关系，为瑞士将来可能加入欧洲共同体创造条件。

德拉姆拉（1936~1998）　让－巴斯卡尔·德拉姆拉（Jean-Pascal Delamuraz），瑞士联邦委员会主席。1989年和1996年在任。1931年4月1日生于瑞士韦维。中学毕业后进入洛桑大学攻读法学和政治学。加入了瑞士激进党。1961~1965年担任洛桑博览会贸易经理代理人。1965年当选为洛桑市议会议员。1965~1969年担任激进党沃州州委党务书记。1970~1973年出任洛桑市政委员会委员、市公共工程局局长。1974~1981年担任洛桑市市长。1975年起担任联邦议会国民院议员。1981年起当选为沃州州议员。1984~1986年担任联邦委员会委员、军事部部长。1987年任联邦委员会委员、公共经济部部长。1988年为联邦委员会副主席兼公共经济部部长。1989年任联邦委员会主席，兼任公共经济部部长。1990年起任联邦委员会委员、公共经济部部长。此外曾任瑞士联邦铁路局局长、洛桑运输公司等数家公司的董事或副董事长。1983年曾应邀访问中国。爱好音乐和航海。

科勒（1933~）　阿诺尔德·科勒（Arnold Koller），瑞士联邦委员会主席。1990年和1997年在任。1933年8月29日生于内阿彭策尔半州。中学毕业后曾先后在圣加仑大学经济系和弗里堡大学法律系就读。1957年获经济学学士学位。后加入基督教民主人民党。1962~1964年在瑞士邮电部门工作。1964～1966 年在瑞士卡特尔集团秘书处任职。1966 年获法学博士学位。1971～1986 年当选为联邦议会国民院议员。1972～1986年在圣加仑大学担任瑞士与欧洲贸易经济法教授。1973～1986 年担任内阿彭策尔半州法院院长。1979～1986 年出任内阿彭策尔半州基督教民主人民党主席。1984～1985 年出任国民院议长。1986 年出任联邦委员会委员、军事部部长。1989 年担任联邦委员会副主席兼司法、警察局局长。1990 年任联邦委员会主席，兼任司法、警察局局长。1997 年再度担任联邦委员会主席职务，并兼任司法、警察局局长。

科蒂（1939～）　弗拉维奥·科蒂（Flavio Cotti），瑞士联邦委员会主席。1991 年和 1998 年在任。1939 年 10 月 18 日生于洛迦诺。中学毕业后进入弗里堡大学攻读法律学位。在大学学习期间曾于 1961～1962 年担任瑞士学生联合会副主席。后加入了基督教民主人民党。1962～1967 年担任提契诺州青年保守党主席。1965～1975 年任洛迦诺市公证处律师。1967～1975 年担任洛迦诺市政委员会委员、提契诺州议会议员。1975～1983 年任提契诺州政府委员，并先后担任州内政、经济、司法和军事等部门领导。1977 年和 1981 年两度担任该州州长。1981 年当选为提契诺州基督教民主人民党主席。1983 年当选为联邦议会国民院议员。1984 年当选为瑞士基督教民主人民党主席。1986 年起任联邦委员会委员、内政部部长。1990 年担任联邦委员会副主席兼内政部部长。1991 年任联邦委员会主席兼任内政部部长。1992 年后任联邦委员会委员、内政部部长。1998 年再度出任联邦委员会主席兼任外交部部长。

费尔贝（1933～）　勒内·费尔贝（René Felber），瑞士联邦委员会主席，1992 年在任。1933 年 3 月 14 日生于瑞士比安市。中学毕业后考入纳沙泰尔州师范学校。毕业后于 1953～1964 年在家乡做教师。1958 年加入瑞士社会党。1960 年当选为莱洛尔市议会议员。1964 年任莱洛尔市政府工业部负责人，之后出任该市市长十几年。1965～1976 年当选为纳沙泰尔州议会议员。1967～1981 年当选为联邦议会国民院议员。1981～1987 年出任纳沙泰尔州政府财政局局长。1987 年担任联邦委员会委员、外交部部长。1991 年任联邦委员会副主席兼外交部部长。1992 年担任联邦委员会主席，兼任外交部部长。在其任内，继续坚持中立政策，同时主张参加欧洲一体化进程，尽早申请加入欧洲共同体。不赞成瑞士加入联合国，主张推行积极的非成员国政策。喜爱戏剧、电影艺术。

奥吉（1942～） 阿道夫·奥吉（Adolf Ogi），瑞士联邦委员会主席，1993 年、2000 年在任。1942 年 7 月 18 日生于坎德施泰格市。中学毕业后于 1961 年进入高等商业学校学习。1964～1975 年担任瑞士滑雪协会技术部门负责人。1975～1981 年担任该协会会长。1971～1983 年担任国际滑雪联合会欧洲委员会副主席。1981 年起出任瑞士体育器材控股公司总经理。1978 年加入瑞士人民党。1979 年当选为联邦议会国民院议员。1985～1987 年担任议会军事委员会主席。自 1987 年年底起出任联邦委员会委员，交通、能源和电信部部长。在其任内就瑞士加入欧洲经济区与共同体进行了艰苦谈判，并最终达成协议。1992 年当选为联邦委员会副主席，兼交通、能源和电信部部长。1993 年出任联邦委员会主席，兼任交通、能源和电信部部长。喜欢滑雪、长跑。2000 年 10 月，因反对减少军费的提案而宣布辞职。曾随瑞中友协访华团访问中国，并于 2000 年 9 月以联邦主席的身份再次访华。

维利格尔（1941～） 卡斯帕尔·维利格尔（Kaspar Villiger），瑞士联邦委员会主席，1995 年在任。中学毕业后进入瑞士联邦高等技术学校学习。加入了自由民主党。大学毕业后进入企业工作。曾任自行车厂和雪茄厂厂长。1972～1982 年当选为州议会议员。1982 年当选为联邦议会议员。1989 年进入联邦委员会并担任军事部部长。1994 年担任联邦委员会副主席兼军事部部长。1995 年任联邦委员会主席兼任军事部部长。

德莱富斯（1940～） 露特·德莱富斯（Ruth Dreifuss），瑞士联邦委员会主席，1999 年在任。社会民主党人。1995 年担任联邦政府内政部部长。1998 年出任联邦委员会副主席兼内政部部长。1999 年担任联邦委员会主席兼任内政部部长，成为瑞士历史上第一位女政府元首。也是一位犹太人首脑，在犹太人的赔款争端中保持低姿态。

洛伊恩贝格（1946～） 莫里茨·洛伊恩贝格（Moritz Leuenberger），瑞士联邦委员会主席，2001 年就任。社会民主党人。1995 年进入联邦委员会，出任环境、交通、能源与通信部部长。1999 年 12 月当选为 2000 年的联邦委员会副主席。2000 年 12 月当选为 2001 年的联邦委员会主席，同时兼任环境、交通、能源与通信部部长。

洛伊特哈德（1963 ~ ）　多丽丝·洛伊特哈德（Doris Leuthard），瑞士联邦委员会主席，2010 年就任。基督教民主人民党人。1997 年当选阿尔高州议会议员。1999 年当选联邦议会国民院议员。2000 年任基督教民主人民党阿尔高州副主席和基督教民主人民党联邦副主席，并出任国民院经济和税务委员会委员。2004 ~ 2006 年担任基督教民主人民党主席。2006 年 6 月当选为联邦委员，出任经济部部长。2009 年 12 月当选 2010 年联邦主席，是 1934 年以来瑞士最年轻的联邦主席。

施鲁姆普夫（1956 ~ ）　埃维利娜·维德默 – 施鲁姆普夫（Eveline Widmer-Schlumpf），瑞士联邦委员会主席，2012 年在任。公民民主党人。法学博士，律师。2008 年起当选联邦委员兼任司法警察部部长，2011 年起担任财政部部长。

第四章

经　济

第一节　概述

　　15 世纪末 16 世纪初，瑞士出现了资本主义萌芽，纺织、印刷和造纸行业建立起手工工场，封建社会的生产关系开始瓦解。到 18 世纪末，工商业已经有了相当大的发展。1848 年联邦宪法颁布，实现了关税、度量衡、币制的统一，结束了长期封建割据的局面，为经济的快速发展铺平了道路。瑞士的工业革命始于 1798 年，在 19 世纪完成了工业化的进程。19世纪末，股份公司纷纷成立，如今驰名世界的一批跨国集团就是在那时创办的。瑞士开始对海外投资，成为世界上最大的资本输出国之一。20 世纪初，工业取代农业成为国民经济最重要的部门。两次世界大战期间，瑞士奉行中立政策，克服粮食和原料供应的困难，维持经济运转，机械、钟表、纺织工业部门在战争时期发展较快。由于幸免于战火侵袭，瑞士保持了完备的国民经济体系，积累了雄厚的资金力量，为长期的经济繁荣奠定了坚实基础。

一　第二次世界大战后经济的发展

　　"二战"后瑞士经济快速发展，工业没有建成门类齐全的完整体系，而是形成了机械、化工、纺织、钟表、食品五大支柱，许多产品在国际上拥有极高的品牌知名度。服务业伴随工业化进程迅速扩张，其中银行、保险、交通、旅游最为发达，各具特色，并享有世界声誉。20 世纪后半叶，瑞士成为世界主要的工业品出口国之一，每年向全世界出口的工业品和制成品总值约1200亿瑞士法郎（简称瑞郎，下同）。同时，瑞士也是服务贸易的出口强国，银行业年出口总值为214亿瑞郎，是继化工和医药（出口总值约为300亿瑞郎）之后的第二大出口部门。2011年，三大产业的就业人员分别占总就业人口的3.7%、22.4%和73.9%。

从"二战"后瑞士经济增长的态势看，以1974年石油危机为分界线，在此之前的经济平均增长率高于此后时期的增长率。1948～1973年，瑞士经济发展较为迅速，年平均增长率为4%。1974～1990年，瑞士经济发展比较稳定，年平均增长率为2%。1991～1996年，瑞士经济陷入停滞与衰退，年均增长率为零。1997～2000年，瑞士经济走出低谷，年均增长2.3%。"二战"后瑞士经济的发展大致划分为以下几个时期。

经济高速增长时期（1948～1973）　第二次世界大战之后，瑞士经济进入长期繁荣阶段，并于20世纪70年代初期达到高潮。工业形成了机械、化工、纺织、钟表、食品五大主体行业，制造业中的许多大公司甚至小公司都在国际市场上占据了领先地位。同时服务业迅速扩展，银行、保险、交通、旅游业最为发达，特别是银行和保险业，在世界同行业中居于领先地位。经济持续繁荣，生活水平稳步提高，公共服务部门随之扩大，社会保障体系得以建立和不断完善，通货膨胀率很低，几乎不存在失业现象。1948～1973年，瑞士经济发展较为迅速，国民生产总值增长了6倍，扣除物价上涨因素，实际年平均增长率为4%。瑞士经济的发展，在很大程度上受到世界经济特别是欧洲经济形势的制约和影响。"二战"后欧洲政治局势相对较长时期的安全稳定，瑞士主要贸易伙伴国经济的繁荣和持续增长，这些形成了瑞士经济发展的外部有利条件。经济发展的内部有利因素，主要是较高的固定资产投资率；自由贸易政策促进对外贸易增长；国内充分就业；以及外籍工人弥补了国内劳动力市场的短缺。

经济持续增长时期（1974～1982）　1973年，世界范围内通货膨胀攀高，石油价格暴涨，物价上涨加剧，大多数西方工业国家都陷入经济衰退，瑞士的出口缩减，经济停滞不前。受1974～1975年世界性经济衰退的影响，瑞士经济连续出现负增长，国内生产总值 1975 年下降 7.3%，1976 年下降 1.4%。失业人数增加，生产能力闲置，国内需求下降。瑞士政府采取了反通货膨胀措施，实施公共财政紧缩措施和严格的货币政策。1977 年，由于外贸出口增加，带动经济略有回升，国内生产总值实际增长 2.4%。1978 年秋，瑞郎汇价大量增值，导致瑞士出口商品价格上升，出口下降，国内产品受到廉价进口产品的激烈竞争，当年国内生产总值实际增长率只有 0.4%。1979 年，瑞郎汇价稳定，通货膨胀相对缓和，国内投资复苏，经济有所改善。1979 年和 1980 年，国内生产总值分别增长 2.5% 和 4.4%。1978 年和 1979 年，瑞士国家银行干预外汇市场，大量增加货币供应量，同时国际石油市场价格再度上涨，而瑞士的能源多依靠进口，结果 1980 年和 1981 年发生急剧的通货膨胀，物价大幅上涨，通货膨胀率达到 6.5%。联邦政府立即采取限制性货币政策，提高利率，国内需求特别是建筑部门的需求下降，1981 年实际国内生产总值仅增长 0.6%。

经济适度增长时期（1983～1990） 1983 年，在经历了连续的不景气之后，瑞士经济走出低谷，增长率为 0.7%。1984～1988 年，经济增长总的趋势加快，所有部门都得到发展，特别是建筑业更为兴盛。生产扩大拉动工资增长，劳动市场活跃，私人消费随之提高。只有个别年份因受 80 年代中期世界经济危机的影响有所回落。1987 年瑞郎进入疲软时期，出口大量增加，私人消费和固定资产投资是刺激经济发展的主要因素。1987 年证券市场行情暴跌，对金融机构的支撑扩大了中央银行的货币供应量，货币管理产生效果，过热的建筑部门显著降温。1987 年经济增长 2.3%。1988 年增长 3%。1989 年通货膨胀率已开始明显上升，1990 年达到 5.4%。为控制通货膨胀，瑞士实施紧缩货币政策，经济增长速度放慢，1990 年的经济增长率降至 2.6%。

经济衰退与停滞时期（1991～1996） 自 1991 年开始，瑞士经济连续呈现停滞和衰退，陷入 30 年来最严重的危机。高利率和货币坚挺，抑制了瑞士的国内需求，降低了瑞士出口产品的竞争力。1991 年 6 月通货膨胀率攀升至 6.6%，创下 10 年来的最高纪录。1991 年全年平均通货膨胀率为 5.9%，大大高于西欧国家 4.5% 的平均水平。1991 年联邦政府财政出现赤字，同时出现了前所未有的高失业率，且持续上升，1997年达到5.2%。房地产价格大幅下降，许多银行和投机商破产。财政赤字连年膨胀，经济竞争力有所下降。伴随经济结构重组过程，国民经济运行的成本加大，工薪阶层的保险支出和消费增加。1992年和1993年，国内生产总值分别下降0.1%和0.6%。从1993年第四季度起，瑞士经济开始回升，1994年国内生产总值增长约2.2%，此后进入一个缓慢的恢复期。

经济恢复与增长时期（1997~2007）　1997年5月，瑞士政府出台了一项经济发展计划，以创造更多的就业机会并实行税制改革，货币政策松动，以改善投资环境，推动经济复苏，特别是促进出口创汇。伴随欧盟国家经济的逐步好转，瑞士经济发展的外部环境逐步改善，联邦政府的财政政策初步取得成效，国内经济形势趋于好转。自1997年下半年开始，瑞郎走弱，出口增长，经济缓慢回升。1997年经济走出低谷，开始新的增长，金融部门最为突出。1997年经济增长率为1.7%，实际国民生产总值恢复到1990年的水平。1998年，经济状况继续好转，出口增加，国内需求趋旺，瑞郎对外价值降低，出口总额得以扩大，失业率保持下降趋势，8月降为3.5%，国内生产总值增长率为0.8%。1999年经济呈现较好的增长势头，国内生产总值增长率达到1.2%，消费物价指数保持较低水平，失业率下降为3.9%。2000~2002年，国内生产总值的年实际增长率分别为1.8%、0.9%、0.1%，2004年为2.1%，2005年为1.9%。

经济衰退与恢复时期（2008年至今）　受国际金融危机的影响，瑞士经济陷入衰退。2008年，瑞士经济增长1.6%。2009年，经济衰退约1.2%。2012年经济逐渐恢复，增长1%，2013年经济出现强劲反弹，比上年增长2.1%，国内消费依然是经济增长的主要动力。

二　经济发展水平

瑞士是西方最发达的工业国家之一。2012年，瑞士的国内生产总值为5918.51亿瑞郎，人均国内生产总值达到73622瑞郎。2010年6月，瑞士国际管理发展研究院公布了58个主要国家和地区的竞争力排名榜，瑞士名列第四（2009）。按照国际标准衡量，瑞士经济是相当出色的：低通货膨胀率、低利息率、低失业率；高人均收入、高生产能力、高素质的劳动力。

国民经济发展水平通常以国内生产总值（不变价格）来衡量。在瑞士，国民经济账户起初是采取生产法来测算国内生产总值，到 20 世纪 90 年代中期，主要使用支出法和收入法，生产法作为辅助方法。自 1997 年始，瑞士同时使用支出法、收入法和生产法来测算国内生产总值，以接近国际通用标准，便于进行国际比较。

支出法，又称最终产品法。按支出法计算，瑞士的国内生产总值等于消费支出、总投资、产品与服务的净出口（出口减去进口）之总和。瑞士 2009~2012 年国内生产总值的增长变化情况，见表 4-1。

表 4-1 瑞士 2009~2012 年国内生产总值的增长变化

单位：百万瑞郎

年度	2009	2010	2011	2012
消费支出	386189	394751	399868	405905
总投资	106950	116158	124503	124192
出口	279221	296349	299878	309529
进口	217988	234593	239147	247775
GDP	554372	572665	585102	591851

注：①不含统计误差项。②以现价计算。
资料来源：瑞士国家统计局。

2012 年，消费支出占国内生产总值的 68.58%，私人家庭消费约占消费支出的 83.7%，约占国内生产总值的 57.4%（按现价计算）。20 世纪 90 年代，瑞士的私人消费增长很快。2001 年，私人家庭月平均支出已达 7912 瑞郎。私人家庭支出分为消费性支出和转移性支出两大类，分别占 63.4% 和 36.6%。2001 年与 1990 年相比，私人家庭的月平均支出增长了 27%。其间，消费性支出比较稳定，增长了 12%；转移性支出大幅增加，增长了 50%。

总投资主要是指固定资产投资，固定资产投资分为设备投资和建筑投资两部分。按现价计算，2012 年的固定资产投资占当年国内生产总值的

20.1%。从 20 世纪 80 年代中期至 90 年代末，设备投资和建筑投资的发展不平衡，各有其变化特点。第一，设备投资的波动较大，建筑投资相对变化较小。按照 1990 年不变价格计算，设备投资 1986 年为 311 亿瑞郎，1999 年为 451 亿瑞郎，2000 年为 505 亿瑞郎；而建筑投资 1986 年为 386 亿瑞郎，1999 年为 429 亿瑞郎，2000 年为 420 亿瑞郎。在 2005～2009 年，建筑投资每年保持在 450 亿瑞郎的水平之上。第二，以 20 世纪 90 年代中期为界限，在此之前建筑投资一直比设备投资活跃，此后情况发生了变化，设备投资赶上并超过了建筑投资。1998 年设备投资达到 420 亿瑞郎，与建筑投资持平，1999 年设备投资达到 451 亿瑞郎，超过了建筑投资。

设备投资包括对数据处理机、发电机设备及工具、机械设备、医疗器械等设备的投资，它经常作为反映实际资本质量和技术进步的指标。20 世纪 90 年代以来，设备投资增长比较快，首先是对信息处理设备和交通工具投资的增加。近年来，进口商品价格下降，这一部门因而更加依赖进口，本地生产从而减少，相关工业企业的组织结构也随之发生变化。按现价计算，设备投资 2005 年超过 523 亿瑞郎，2007 年超过 649 亿瑞郎，2009 年为 581 亿瑞郎，2010 年为 629 亿瑞郎，2012 年达 658 亿瑞郎。

建筑投资约占国内生产总值的 10%。建筑业的总体活动，按照委托人和订户、建筑工作种类划分，分为公共建筑和私人建筑两大部分。公共建筑分为地下工程、地上建筑两部分，占总投资的 36% 左右。地下工程是道路工程、给水、排水工程的总称，其中道路工程占投资的一半左右。地上建筑包括房屋建筑，其中住宅投资占将近一半。私人建筑分为基础设施、住宅建筑、农业和林业建筑、工业及手工业和服务业建筑，占总投资的 64% 左右。其中住宅建筑占建筑业总投资的 40% 左右，在建筑业中举足轻重，受国民经济宏观形势的影响也最大。按现价计算，建筑投资 2005 年为 458 亿瑞郎，2009 年超过 500 亿瑞郎，2010 年为 520 亿瑞郎，2012 年达 531 亿瑞郎。

瑞士的出口总额长期占到其国内生产总值的 30% 以上，2000 年达 44.8%，2010 年达 53.6%，2012 年占 52.29%。瑞士的进出口贸易同欧盟国家与经济合作与发展组织的关系最为密切。其中德国是瑞士最大的贸易伙伴，占瑞士进口总额的 31.9%；出口总额的 19.3%（2010）。在进出口商品类别中，化工、机械和电子产品、钟表排在前列。同时，原材料和半成品的进出口基本持平，而资本品是出口盈余；消费品则是进口盈余。

瑞士各州的经济发展水平，可以通过人均国民收入指标进行衡量和比较。2005 年，瑞士的国民收入总额为 4053.0 亿瑞郎，人均国民收入为 54031 瑞郎。高于平均值的有 10 个州，它们依次是：巴塞尔城半州、楚格州、下瓦尔登半州、格拉鲁斯州、苏黎世州、日内瓦州、沙夫豪森州、巴塞尔乡半州、沃州、施维茨州。2005 年，巴塞尔城半州的人均国民收入依旧排名第一，高达 115178 瑞郎；汝拉州的人均国民收入最低，为 38070 瑞郎，两州的人均国民收入相差两倍。巴塞尔城半州多年来经常位居人均国民收入的榜首。

三　经济结构

经济结构的重要标志是产业结构。经济学界对产业结构的分析，通常采用产值和就业两个指标。我们采用就业指标来观察瑞士产业结构的长期变化。

第二次世界大战以后，瑞士产业结构的变化大体分为三个阶段。第一阶段是 20 世纪 50 ~ 70 年代初期。这一阶段的特点是农业就业人数无论绝对值还是相对值都不断下降；工业就业人数和所占总就业人数的比例不断上升；第三产业就业人数和所占总就业人数的比例也在扩大。第二阶段是 20 世纪 70 ~ 80 年代中期。这一阶段的特点是第二产业就业人数所占总就业人数比例开始下降，第三产业就业人数大幅度增加，所占总就业人数的比例也相应提高，经济结构发生了根本性的变化。到 20 世纪 80 年代，瑞士经济从以第二产业为主转变为以第三产业为主，完成了从工业社会向服务社会的过渡。第三阶段是 20 世纪 80 年代中期至今。在这一阶段，瑞士产业结构出现了新的变化，第二产业和第三产业的若干部门混合生长，构成一种新的产业形态，人们称之为新型服务业。

劳动就业结构的这种变化，反映了工业社会向服务社会转化的大趋势。推动这种变化的主要因素，首先是科技进步，如制造业生产的自动化；其次是经济全球化，企业在海外以低成本生产并扩大产品销售。伴随这种趋势，工作时间的安排趋向灵活性和个性化，妇女得到更多的就业机会。与此同时，随着产业结构调整和经济周期变化，某些行业部门以及外籍工人的处境较为困难。

2011 年，瑞士第一、二、三产业的公司总计 54.96 万家，员工总数 420.29 万人（见表 4-2）。各产业内部的结构变化如下。

第一产业　瑞士的第一产业包括农业、园艺、林业和渔业，农业就业人数占第一产业就业人数的极大部分。1995 年，第一产业的就业人数为 17.9 万，占总就业人数的 4.9%。1999 年曾接近 20 万人。之后逐年下降。2000 年为 19 万人，占总就业人数的 4.6%。2011 年，第一产业有公司 5.78 万家，员工 16.47 万人，占总就业人数的 3.7%。

第二产业　瑞士的第二产业分为采掘、加工制造、能源和水供应、建筑四大门类。2011 年，第二产业有公司 8.97 万家，员工 109.06 万人，占总就业人数的 22.4%。与 1995 年相比，采掘业的就业人数从 6 万人减少到 4400 人，减少了 5.56 万人；加工制造业从 76 万人减少到 67.3 万人，减少了 8.7 万人；能源和水供应部门从 2.7 万人增加到 4.1 万人，增加了 1.4 万人；建筑业从 34 万人减少到 32.4 万人，减少了 1.6 万人。2011 年四个门类所占第二产业总就业的比例变化是：采掘业从 0.2% 提高为 0.4%；加工制造业从 66.9% 减少为 64.5%；能源和水供应部门从 2.7% 提高到 3.9%；建筑业从 30.2% 增加为 31.1%。加工制造业内部又分为 13 个行业。在 20 世纪 90 年代，绝大部分行业的就业人数均呈下降趋势，下降幅度最大的是纺织业，人员减少了 40%。两个行业的变化比较特别，一个是橡胶和塑料加工业，其就业人数几乎没有任何增减，另一个是运输工具制造业，其就业人员持续增加，上升了 47%。

第三产业　在第三产业内部，就业结构也发生了变化。20 世纪 90 年代以来，商业部门的就业比例不断下降，迅速扩展的行业是卫生和社会事业以及为企业服务部门。2011 年，第三产业有公司 40.21 万家，员工 294.76 万人，占总就业人数的 73.9%（见表 4-3）。

表 4 – 2 瑞士 1991 ~ 2013 年三大产业的就业结构

单位：千人

	1991	2000	2010	2011	2012	2013
总人数	4135	4107	4592	4707	4755	4816
第一产业	166	173	153	172	173	171
第二产业	1231	1040	1068	1086	1072	1067
第三产业	2738	2894	3371	3448	3510	3578

注：历年人数均为当年第二季度的数字。

资料来源：瑞士国家统计局。

表 4 – 3 瑞士第三产业的就业结构 （2011）

单位：人

企业类别	0 ~ 9 人	10 ~ 49 人	50 ~ 249 人	0 ~ 249 人	249 人以上	企业总数	员工总数
商业	72089	5932	926	78947	172	79119	673588
交通运输	11409	1323	317	13049	73	13122	229805
旅馆业	25248	3173	335	28756	39	28795	239569
信息通信	18104	1457	262	19823	54	19877	152965
金融保险	12962	1377	270	14609	105	14714	255794
地产和住房	12857	488	63	13408	4	13412	53261
科技服务	80834	3545	442	84821	64	84885	343684
其他经济服务	18478	1610	562	20650	97	20747	267226
教育	15782	644	168	16594	16	16610	95014
卫生和社会事业	51036	1822	761	53619	166	53785	484773
艺术娱乐休闲	18545	534	89	19168	9	19177	64959
其他服务	37285	492	97	37874	7	37881	86979
总　计	374629	22397	4292	401318	806	402124	2947617

资料来源：瑞士国家统计局。

四　基本经济制度

经济制度是一个经济社会的组织原则、标准、领导和决策机制、组织安排和行为方式之总和。一国所建立的经济制度，根源于该国的历史发展和民族传统。瑞士实行社会市场经济制度。社会市场经济是市场的自由原则和社会均衡原则相结合的经济体制，其核心内容是经济自由、社会公正和社会安定。社会市场经济是一个包含社会经济制度和社会保障制度的完整体系。

瑞士联邦宪法规定了瑞士经济制度的基本原则。联邦宪法第 27 条规定了"经济自由的基本权利"。联邦宪法第 94～107 条下的第二节"经济"，划分了联邦和州之间的职责，确定瑞士经济制度的准则是：第一，联邦和州遵循经济自由的原则；第二，联邦和州共同维护瑞士国家的整体经济利益，对私营经济福利和国民经济保障负有责任；第三，联邦和州在其管辖权范围内，为私营经济创造有利的环境条件；第四，偏离经济自由原则，特别是针对自由竞争的措施，只有当其符合联邦宪法或者州法律的有关规定，才是被允许的。

根据瑞士权威经济学教科书的观点，瑞士的经济制度有三个基本支柱，即市场法系、生产法系和财政金融法系[1]。

市场法系是用以规范市场秩序的法律和制度的总和，包括市场主体进入商品市场和要素市场、缔结合同协议等市场活动的基本原则和行为规范。瑞士的市场法系主要是规范经济领域中公民与国家的关系、公民与公民的关系。

生产法系所规范的是社会生产资料的使用和支配。它主要涉及财产所有权、企业、公司和劳动关系。瑞士联邦宪法规定，财产所有权受到保护；剥夺和限制财产所有权，要给予赔偿或补偿。在瑞士，私人财产所有权基本上是不能被废除的。这里也存在例外的情况，如私人所有权被集体所有权所代替；私人地产被国有化，土地所有权转换等。国家作为立法人，为了社会公共利益的需要，或者出于某些社会政策的原因，可以对私人的财产所有权设立限制。如为了建造火车道、街道、军事设施等，对私人土地实行征用。对于此类财产所有权的剥夺或占用，国家基本上实行全部的补偿或赔偿。有的情况无须给予补偿。如征用土地建造保护区，以防止雪崩发生，这是为土地所有者本身服务的，不需要对占用土地给予补偿。

---

[1] Beat Hotz-Hart, Daniel Schmuki, Patrick Dummler: *Volkswirtschaft der Schweiz*, pp. 7–73, vdf Hochschulverlag AG an der ETH Zurich.

财政金融法系是国家财政金融法律制度的总和，涵盖财政、税收体制和财政政策，中央银行及其货币政策，金融市场及其监管，瑞士作为国际金融中心的含义及特征。

五 联邦国民经济部

瑞士联邦国民经济部，原为"工农商务部"，后来经过扩充，改名为"国民经济部"，其主要职责是"促进国民经济的均衡发展和对外经济关系的扩大，保障有关国计民生的物质供应"。联邦国民经济部下设 10 个业务机构，分别是经济部办公厅、经济总局、联邦专业教育和技术局、联邦农业局、联邦兽医局、联邦经济供应局、联邦住房事业局、价格监督局、竞争委员会、联邦职业教育和培训机构。

经济部办公厅 国民经济部的办公机构，为经济部长提供决策支持和参谋，负责经济部长主管业务的前期准备工作，总负责业务工作的计划与监督，以及各业务部门的总协调。下设农业处、联邦委员会事务处、新闻处、法律处、人事处、财务处、信息处。

经济总局（SECO） 瑞士经济政策的权力中心，于 1999 年由当时的联邦经济劳动局（BWA）和联邦对外经济局（BAWI）合并而成，局长同时是国务秘书。经济总局对外的主要职能是签订经济和贸易协定，为瑞士的对外贸易和投资创造便利，打开国际市场；提高瑞士作为投资场所的国际竞争力，为引进外资创造良好条件；在世界贸易组织（WTO）、经济合作与发展组织（OECD）、联合国贸易会议（UNCTAD）、欧洲自由贸易联盟等多边组织中代表瑞士国家的利益。对内的职能主要是协调经济界和政府以及劳资双方的关系；促进经济发展的地区平衡和结构平衡；保障劳动者权益；努力预防和控制失业威胁；从经济上保护社会稳定。

其机构设置如下：①经济政策司。设有景气政策处、促进增长政策及结构改革处、国际经济关系处、劳动市场政策处、出版处。②专门业务政策司。设有国际货物贸易与原产地政策处，非关税措施处，工业、环境及能源政策处，服务贸易及政府采购政策处，投资及国际经济法处。③国别政策司。设美洲处、非洲及近东处、亚洲及大洋洲处、欧洲处。④经济促进司。设有投资促进处、旅游处、国土建设与规划处、出口促进处。另外还负责对出口风险担保局的政策指导，以及支持中小企业发展。⑤发展中及转型国家司。设有质量与知识管理处、多边融资机构处、对外投资促进处、贸易收支援助及减免债务处、贸易和环境技术合作处、发展项目融资处。⑥世界贸易司。设世界贸易组织（WTO）事务处、经济合作与发展组织（OECD）事务处、欧洲自由贸易联盟（EFTA）事务处、出口监控及制裁处。⑦一体化办公室。为联邦经济部和外交部共管的机构，主要研究和推动瑞士同欧盟的一体化进程，下设政策与机构处、经济一体化处、合作与协调处、信息处以及条法处。⑧政策发展和特别任务司，专门研究和处理热点问题。此外还有一些内部服务性机构，如秘书、人事、财务、计算中心、信息等处室。

联邦专业教育和技术局 瑞士联邦关于职业教育、专业高校、促进技术应用等政策的权力中心。负责与议会的相关机构共同制定联邦的研究和科技政策；负责保障职业培训的质量和普及程度，为各级职业培训提供教材和考试材料；负责协调和指导专业高校的建设和重要工作，引导其参加高校科研合作；支持科技成果的实际应用。它下属的技术与革新委员会负责推动企业和高校及科研机构在特定项目中的研究与开发合作，帮助企业特别是中小企业发展高新技术产业是其工作任务之一。

机构设置如下：①服务中心。设财务处、人事教育处、法律处。②办公厅。设新闻处、监控处、信息处。③职业培训政策司。设有计划与机构处、教育制度处、教育督察处、瑞士职业培训学院、专业高校处。④科技政策司（瑞士科技革新委员会 KTI）。设 KTI 直属专业高校处、KTI 理事会、KTI 核心业务处、KTI 企业发展处、软件网络处、国际处（尤里卡计划）、医学技术处、瑞士电子和微观技术中心、KTI 职业培训研究处。除此之外，联邦专业教育和技术局还下设 7 个战略任务小组，即《职业培训法》修改小组、师资培训小组、专业学历国际认证小组、教育质量管理小组、高级职业培训小组、卫生福利职业小组以及信息公司小组。

联邦农业局 负责有关农业立法方面的工作，制定农业发展战略和规划，负责农业政策的贯彻执行，与各州及农业协会组织进行协调。机构设置如下：①办公厅。设信息处、人事处、综合处。②生产和国际司。下属3个分司，即特别事务分司：法律处、监督处、财务处、市场监视处、翻译处。动植物产品分司：牛奶和奶制品处、牛奶配额处、蛋和肉类处、粮食和饲料处、特别作物和葡萄种植处。国际和标准分司：国际处、质量和标准处、进出口处。③直接支付和结构司。下设2个分司，即直接支付分司：计算评估处、生态补贴（支付）处、一般直接支付处、土地登记处。结构改革分司：土地改良处、农业设施处、扶农处。④研究和咨询司。下设2个分司，即生产资料分司：植物保护和认证处、农药和农肥处、牲畜养殖处。研究分司：负责管理全国六大农业研究所以及国家种马场。

联邦兽医局 负责动植物及其产品的进出口检疫，检查动物产品的质量，防止疫情和疾病威胁牲畜。下设秘书处、信息处、咨询与教育处、许可与监督处、新闻处、法律处、内部服务处、化学处、微生物处、科学饲养中心（禽类和家兔）、科学饲养中心（反刍类动物和猪）、细菌疾病和免疫预防研究所。

联邦经济供应局 主要职能是与企业界配合，通过物资储备义务制、能源供应和运输保障体系以及紧缺物资分配办法等一系列措施，保证国内平时和紧急状态的充足物资供应。下设法律处、义务储备处、教育和特别任务处、粮食处、工业处、运输处、劳动处。

联邦住房事业局 主要职能是与建筑商合作，向公民提供符合其经济承受力的住房，保障低收入家庭、老年人以及残疾人的住房需求。协同联邦司法局，负责协调房屋租赁双方的利益冲突。下设秘书处、信息处、住房管理处、法律处、联邦补贴处、技术处、风险管理处。

价格监督局 负责监督价格变动情况，制止扰乱市场价格的行为，保护消费者利益。设有经济事务处、信息和法律事务处、举报和法律服务处、秘书处。

竞争委员会 监督和执行《卡特尔法》的实施，促进自由竞争，保障国民经济的整体利益。下设的秘书处负责监督和提出违反竞争原则的企业兼并和协价行为。竞争委员会按行业下分3个仲裁机构，即服务业仲裁委员会：卫生业、银行保险业、自由职业和咨询业、广告业、其他服务业；基础设施业仲裁委员会：能源、交通、传媒、环保和废物处理、旅游和旅店业、电信和邮政；产品市场仲裁委员会：农业和林业、消费品、化工和医药、金属加工和机械制造、建筑、贸易。

联邦职业教育和培训机构 负责职业培训领域的基础和继续教育以及研究和评估工作。在联邦职业教育和培训机构的洛桑、卢加诺以及苏黎世等基地，每年约有 600 人获得职业证书，6000 人接受考官培训；每年大约要检查 40 个新的教育条例，并开展 20 多个研究项目。

第二节　农业

一　农业的经济地位

瑞士农业的经济地位体现在以下方面。首先，农业在全国食品供应方面起着重要作用。按能源计算，瑞士本国生产的粮食，可以满足国内市场62% 的需求。农产品自给率逐年上升，一方面是由于农业生产率的提高，另一方面是由于需求的增长放缓。其次，农业与其他经济部门，包括工商业和外贸在内的许多行业紧密相连。它为食品工业提供原料，为商贸市场提供产品，为旅游业提供环境和内容。再次，农业也是教育和培训、基础与应用研究、信息和咨询服务的重要场所和基地。最后，农业的存在和发展，不仅使土地和自然资源得到保护和合理使用，而且保留了农村住宅群落，以及传统的乡土文化生活。

农业在国民经济中的地位逐步下降。在就业结构方面，20 世纪初，有超过 30% 的劳动力在农业部门就业，以后逐步下降。1972 年占 7%；1977 年占 6%；1999 年低于 5%；2001 年为 4.2%；2002 年为 4%。农业从业人员的数量不断减少，1985 年超过 30 万；1996 年为 22.5 万；1990~2000年，农业从业人员从 253561 人减少为 203793 人，每年下降 2.2%；2002 年为 19.7 万人；2003 年进一步下降为 17.6 万人；2009 年农业就业人数为 17万；2012 年为 16.2 万。在产值结构方面，农业总产值占国内生产总值的比例，1990 年约为 28%；2009 年为 1.2%。20 世纪 80~90 年代，瑞士每年的农业总产值基本上维持在 70 亿瑞郎左右。2009 年为 107 亿瑞郎。2013 年为 100.64 亿瑞郎。决定农业经济地位发展变化的原因，主要是技术革新、劳动成本提高、农业劳动力人口外流、农业产量增加和劳动生产率提高。

二 农业结构的变化

瑞士农业生产的组织方式主要是农场，家庭经营是农场的典型特征。农场绝大多数归农民个人所有，土地由家庭来耕种，家庭成员分担农场的工作，生产与生活都在农场上。农民的孩子要干农活，所以山区学校的暑假特别长。农民在进行高山放牧时，总会带着家中的一个男孩，外加两条狗。

半个世纪以来，瑞士农场的数目持续下降。1955 年为 20.6 万个；1965 年 16.2 万个；1985 年 12 万个；2000 年 7.05 万个。2009 年 6 万个，其中 1/3 的农场兼营副业，30% 是季节性小型农场。2012 年，59% 的农场在平原，其余 41% 在山区（详见表 4 - 4）。农场的平均面积扩大为 18 公顷。在瑞士的总体条件下，面积在 14 公顷以上的农场经济效益较好。2012 年的 5.66 万个农场中，59.8% 专营畜牧业，19.6% 混合经营种植业和养殖业，14.8% 专营种植业，4% 搞家禽饲养，1.8% 从事园艺。

表 4 - 4 瑞士农场 1990 ~ 2012 年的发展

单位：个

年度	1990	2000	2008	2009	2010	2011	2012
总数	92815	70537	60894	60034	59065	57617	56575
平原（%）	58	59	59	59	59	59	59
山区（%）	42	41	41	41	41	41	41
不到 1 公顷	6868	3609	2763	2911	2999	2462	2424
1 ~ 3 公顷（不含）	13076	4762	3791	3739	3660	3661	3609
3 ~ 5 公顷（不含）	8256	5393	3617	3477	3375	3224	3092
5 ~ 10 公顷（不含）	18885	13149	10068	9669	9280	8935	8491
10 ~ 20 公顷（不含）	31598	24984	20379	19864	19305	18728	18203
20 ~ 30 公顷（不含）	9951	11674	11628	11553	11432	11320	11199
30 ~ 50 公顷（不含）	3507	5759	6852	6937	7050	7208	7366
50 及以上公顷	674	1207	1796	1884	1964	2079	2191

资料来源：瑞士国家统计局。

现代农业是机械化生产，很少有手工劳动，农民大量投资购买仪器和机械设备。瑞士农场的技术装备十分先进，有四轮履带式卡车、运输车、挤奶设备、干草通风设备、仓储设备等，详见表4-5。由于标准的、大型农用机械的使用受到地形的限制，富有创造力的瑞士人还生产出专门的小型机器，如割草机、迷你拖拉机等，这些机器可以在最小片的土地和山坡地上操作。

表4-5　瑞士农场1990~2010年的技术装备

单位：台

技术装备　　　　　　年　　度	1990	1996	2003	2010
四轮履带式卡车(不包括吉普车)	112225	112008	107828	106504
运输车	24102	24187	20559	17105
载重农用收割机	49008	41238	36287	42033
单轴卡车、摩托车	91085	82759	68999	69581
挤奶设备	60630	56298	46259	36512
干草通风设备	43435	44833		
仓储设备	34079	35043		

资料来源：瑞士国家统计局。

今天，已经很少有农民只是依靠农场来维持生计，许多农民都有了第二职业，譬如从事建筑业、林业、旅馆业，或者出租自己的房屋给旅游者。农民的生活虽然比较简单，但是生活条件相当不错，拥有电炉、洗衣机、电视机等现代生活必备的耐用消费品。

三　农业生产

瑞士的全部生产用地，包括农业和森林占地，为28335平方公里，约占总土地面积的68.7%。其中农业生产用地，包括草原牧场、果园、耕地、阿尔卑斯山牧区，为38.3%；森林、灌木和树林为30.4%。瑞士的非生产用地，包括非生产性植被地、湖泊、河流、公路、铁路、建筑物等，占总土地面积的31.3%。农业生产在环境和生态保护中的作用十分重要。由于各行业严格遵守保护农业用地的规定，农业生产用地的规模基本上没有减小。可以说，每一块土地都被精心开发和妥善利用，整个瑞士就像一座大花园。

在农业生产用地中，大约 30% 用于种植业，60% 左右用于畜牧业。这种自然比例对农业生产的影响是决定性的。农业的最终产品，按照其价值计算，69% 来自畜牧业；31% 来自种植业。近 20 年来，这一比例发生了变化。2013 年，在 100.64 亿瑞郎的农业产值中，种植业占 39%；养殖业占 50%；农业服务占 7%；非农业的第二职业活动占 4%（见表 4-6）。2013 年农业各组成部分产量的占比情况，见表 4-7。

表 4-6　瑞士 2000~2013 年的农业总产值

单位：千瑞郎

年份	2000	2010	2011	2012	2013
农业总产值	11086813	10081303	10182133	9983412	10064006
农业经济	10729069	9738368	9820000	9615204	9668655
农业生产	10169005	9083307	9157946	8933817	8984275
种植业	4882686	4308786	4359563	4266907	4037416
养殖业	5286318	4774522	4798382	4666910	4946859
农业服务	560064	655061	662054	681387	684381
非农业活动	357744	342935	362132	368208	395350
农产品加工	186228	206972	203222	186486	187905
其他	171516	135963	158910	181722	207445

资料来源：瑞士国家统计局。

表 4-7　瑞士农业各组成部分产量占比情况（2013）

类别	所占比例%	类别	所占比例%
庄稼产量	40.1	动物产量	49.2
谷类植物	3.5	牛	12.6
饲料植物	8.8	猪	10.1
蔬菜和园艺产品	13.6	牛奶	20.8
水果和葡萄	5.4	其他动物和动物产品	5.6
葡萄酒	4.4	农业服务产量	6.8
其他作物产量	4.4	非农业第二职业活动	3.9
总计		100.0	

注：农业产量（2013）的总价值 = 101 亿瑞郎。

资料来源：瑞士国家统计局。

瑞士的农业生产不仅适应地形结构，而且也适应瑞士的粮食需求水平。种植业的生产可以根据自然条件，在比较小的规模上满足需求。养殖业同样如此。农业生产面积变化不大，产量稳定并略有增长。

种植业　瑞士的主要农作物有小麦、大麦、黑麦、燕麦、马铃薯、玉米；经济作物有甜菜、油菜、烟草、核桃等。马铃薯多年来一直是大规模生产，在第二次世界大战的经济困难时期，马铃薯产量达到粮食产量的54%。在战争年代，酷爱鲜花的瑞士人民，为了多生产粮食，连花盆都用来栽种马铃薯。20世纪90年代中期，瑞士每年大约生产130万吨谷物粮食，其中45%是小麦。其间，甜菜的种植也大大增加。

果品生产是种植业的重要组成部分。苹果树大约占了果树的一半，此外还有梨、李子、草莓和杏，这些果树主要生长在中央高原和罗纳河流域。在阿尔高的工厂里，水果被制成罐头或者果酱。无论在平原还是山区，瑞士人都习惯在自家院子和花园里栽种水果和蔬菜。瑞士拥有1.5万公顷葡萄园，分布在瓦莱州、沃州、日内瓦州、三湖泊地区、提契诺州、苏黎世湖一带以及格劳宾登州。著名的葡萄品种有"沙斯拉"（Chasselas）和"美佳"（Megay）等。葡萄酿造出甜美的葡萄酒，据说早在罗马大军穿越阿尔卑斯山的时代，葡萄酒文化已经被广为流传。瓦莱州、沃州和日内瓦州是瑞士的三大葡萄酒产区，出产的白葡萄酒品种有Fendant、Johannisberg、Malvoisie等，在红葡萄酒中Dole很有名气。

养殖业　由于气候、土壤、地形、海拔等有利的生产条件，瑞士的畜牧业十分发达，在农业经济中占据非常重要的地位。瑞士农民主要饲养牛、猪、羊和马，尤为重视养牛。80%的可耕地被用来种植饲料，用以喂养各种牲畜。2012年，瑞士农场有156万头牛（其中近一半是乳牛），154万头猪，42万只绵羊和9万只山羊，6万匹马，988万只家禽。山区的农业基本上就是牲畜饲养。

德文中有一个词"Alpauftrieb"，意即"驱赶牲畜上高山牧场"。随着季节的变化，农民把牲畜在高山和草地之间迁移。阿尔卑斯山区的温差很大，白天非常炎热，夜晚可以结冰，甚至突降一场大雪。在这样的自然环境中，瑞士奶牛生长得特别坚韧，能够抵抗酷热和严寒。瑞士的奶牛主要分为两种，一种是灰褐色的奶牛，另一种是红色斑点的奶牛。牛奶生产在养殖业中占有重要地位，产值约占养殖业产值的一半。大多数瑞士农场养牛，出产牛奶、酸奶、奶粉、黄油、奶酪，还有巧克力等各种奶制品。牛奶的生产量是每人每天大约 1.5 公斤。

四　农业政策

1. 农业政策的指导思想

瑞士农业经济的发展变化和由此产生的问题，主要是由粮食及食品的需求与供给的关系所决定的。从需求方面来看，粮食需求受人口和收入发展的制约和影响。瑞士人口几十年来增长缓慢，而实际收入水平的增长，对于提高粮食需求的影响并不大，甚至家庭收入增加的同时却减少了对食品的支出。从供给方面来看，技术进步是长期的决定性因素，技术进步和资本投入的增加，使劳动生产力提高，单位生产收益扩大，粮食供给明显增加。粮食需求因受人口和收入因素的限制而跟不上粮食供给增长的步伐，这样一种需求与供给关系就对农业产品形成价格压力，从而导致农业的总收益下降。农业总收入下降必然影响农民的劳动收入。瑞士政府为了维护农业生产和农民的利益，便由财政给予农产品价格补贴。妥善解决农业经济固有的矛盾现象，是联邦政府制定农业政策的基本出发点。

第二次世界大战以后，瑞士的农业政策多年来以居民的供给保障为目标。经历了两次世界大战的艰难困苦，瑞士人民深切体验到，自己生产和供给粮食非常重要。为此，国家有必要采取特殊的措施和手段。瑞士政府通过农产品价格补贴和销售保证等政策措施，保护农业免遭国际竞争的冲击，维持农民的收入水平，推动农业经济的发展。毫不夸张地说，没有政府的保护和扶助，瑞士的农业几乎无法生存。

瑞士于 1952 年颁布了《农业法》，其主要内容是推动农业发展，维护农民利益。瑞士农民联合会积极促进政府制定农业发展纲要，这一政策纲要的核心是农业保护主义。根据 1952 年《农业法》，政府有义务确保农产品的生产价格，要对廉价出售的农产品实行高额补贴，以保证农民收入不低于非农业工人的收入。这样，农民无须担忧价格下降，也不必因市场变化减少生产数量。农业是瑞士社会市场经济中的计划成分。

农产品补贴是联邦政府农业保护政策中最重要的措施。农产品补贴等同于政府的农业支出。2000 年，农业支出总计为 37.27 亿瑞郎，比上年增长 3.2%，在社会福利（122.81 亿瑞郎）、财政税收（94.13 亿瑞郎）、交通（66.30 亿瑞郎）和国防（50.04 亿瑞郎）之后居第五位。农业支出在联邦政府总支出中所占的份额，自 1960 年以来明显减少，2000 年已下降到7.9%。尽管如此，瑞士仍然是世界上农业补贴最高的国家之一。

2. 农业政策的基本措施

瑞士农业政策的基本措施有三项基本内容，即生产和销售、直接付款、改善生产条件。联邦政府对农业和粮食的支出体现了农业基本政策，详见表 4 - 8。农业支出项目的分配比例大致如下：60% 用于直接付款措施，30% 用于生产和销售保证措施，10% 用于生产条件改善措施，这里包括多种措施，如研究、教育、咨询和管理等。

表 4 - 8　瑞士联邦政府 1990~2012 年对农业和粮食的支出

单位：百万瑞郎

年度	1990	2000	2008	2009	2010	2011	2012
管理、实施和检查	25.5	42.8	104.0	110.6	115.1	118.4	122.6
改善生产条件	228.5	248.3	200.2	277.8	178.8	143.2	189.7
生产和销售	1484.8	1065.4	611.2	564.0	504.8	517.1	504.3
直接付款	774.5	2216.5	2635.5	2839.8	2867.1	2884.3	2894.5
总　计	2513.3	3572.9	3550.9	3692.3	3665.7	3663.0	3711.1

资料来源：瑞士国家统计局。

（1）生产和销售措施。旨在建立良好的农业基本条件，保证农产品的生产和销售。1998 年 4 月 29 日，瑞士新的《农业法》生效，联邦政府计划在 5 年之内，将对农业生产和销售的支出减少 1/3。2000 年，大约有 9.55 亿瑞郎用以促进生产和销售，比上年减少了 25% 左右。到2003 年，政府对农业生产和销售的支出已经下降为 8 亿瑞郎左右，比

1998 年减少了 37%。2009 年，政府用于促进生产和销售的资金只有 5.64 亿瑞郎。

2010 年，在生产和销售的总支出中，制奶业 2.92 亿瑞郎，占 57.8%；畜牧业 1020 万瑞郎，占 2.0%；种植业 7010 万瑞郎，占 13.9%；其他市场促进措施 1.33 亿瑞郎，占 26.3%。

（2）直接付款措施。直接付款是农业政策的核心要素，它使价格政策和收入政策分立开来，使农业为满足社会需要所作出的特殊贡献得到补偿。它对推广生态农业，保持和养护农业耕地，保护农村自然风景，保护居民生存环境以及村落和居住分散化等发挥重要作用。政府通过直接付款，保证农业为社会公共利益提供服务，促进农业经济可持续发展。

直接付款分为一般直接付款和生态直接付款。一般直接付款用于农业的共同利益，包括对土地保护的补贴和对粗饲料牲畜喂养的补贴，用在一定的区域范围。在生产条件困难的山区，农民接受山腰补贴和牲畜饲养补贴。生态直接付款是对特殊的生态业绩所给予的补贴，对夏季放牧和水资源保护所给予的补贴都在此列。

农民接受直接付款，一方面必须满足一般的条件，如法律要求，按照民法要求的居住地条件；另一方面还有结构和社会的标准，如农场的最小规模、农场主的年龄、收入和资本等，这些标准对于接受直接付款是非常重要的。此外还有一些关于环境方面的特殊条件。2000 年，在 72930 个注册的农场中，有 60702 个农场接受了直接付款。

（3）改善生产条件措施。政府促进和支持改善环境，以利安全和有效地进行农业生产，包括研究和咨询、农业手段、管理和提供各种保护。

2012 年，瑞士联邦支出 37 亿瑞郎用于农业和粮食部门，其中 78% 作为直接付款和社会资助，发放给符合资格的农场。

五 林 业

瑞士的森林面积为 125.8658 万公顷（2012），森林覆盖面积约占全国土地面积的 1/4，木材储量 4.04 亿立方米（1996），年增长大约 1000 万立方米，每年产出的新商业林木约为 700 万立方米，尽管 1999 年仅产出 470 万立方米。瑞士的森林不断生长成材，木材储量也在日益增加，如此大量的国土被森林所覆盖，人们会以为瑞士的木材足够国内使用，而且还可以出口，其实不然。为了养护森林资源，瑞士每年只对 50% 的可开发森林资源加以采伐。自 1980 年以来，瑞士平均每年的森林开采量为 450 万立方米，大大低于森林的增长速度，国内需求不足部分则依靠进口来补充。

2012 年，木材开采量为 465.8379 万立方米（见表 4-9）。所开采的木材中，针叶树材占 65.9%，阔叶树材占 33.8%。瑞士的大多数城镇都有木材场，从森林砍伐出的木材就堆放在那里。木材是重要的原材料，堆积的木材按品种分为：原木 53.0%；工业木材（纸浆原材）10.8%；木柴 35.9%；其他 0.3%。木材的重要用途除了各类建筑和生活取暖，还有保护农业土地，养护水土，防止暴雨和山洪的侵害。

表 4-9　瑞士 1990~2012 年林业生产、消费、进出口量

单位：千立方米

年份	1990	1995	2000	2008	2009	2010	2011	2012
国内开采	6262	4678	9238	5263	4880	5129	5075	4658
出口	1146	1202	4211	1892	1716	1716	1749	1551
进口	750	889	795	863	644	667	676	543
国内消费量	5866	4365	4322	4234	3808	4079	4003	3651

资料来源：瑞士国家统计局。

根据 2002 年的统计，森林的 67.4% 归集体所有，27.2% 为私人所有，各州政府和联邦政府所有的森林分别占 4.6% 和 0.8%。林业及相关贸易的就业人数大约为 9 万，主要在农村地区。经营林业的主要是公有企业，其木材开发量占到 3/4。由于采伐量受到限制，这些企业多年来一直亏损，2002 年每立方米木材亏损 26 瑞郎。为了养护森林，只能放弃开采

本国木材，没有别的选择。

瑞士的林业结构比较特殊，包括以下四个类型：①公共林业企业。代表大约 3500 个公共所有者，管理 71% 的国家或集体的森林。②私人所有的森林。由大约 245000 个私人所有者管理。③森林服务承包人。他们依据合同，为公共或私人森林的所有者提供服务，从事砍伐林木等工作。④森林培育人。他们负责主要用于对外销售的森林种植和培育，如公共绿地等。

早在 19 世纪，瑞士就已制定了《森林法》，以保障森林资源的养护与合理开发，促进林业生产的良性循环。新的《森林法》于 1993 年年初生效。新的《森林法》体现了多功能林业的思想，森林与耕地一样，不仅具有使用功能，而且还有养护作用。森林作为自然属地，森林及其附属物产均受到保护，规定允许砍伐的树木，必须按相同的面积、相同的生态价值重植补齐。瑞士森林政策的宗旨是维护和推动林地的健康和持久发展。为实现这一宗旨，联邦和州政府采取了适当的经济利用与天然林管理办法。这些办法包括支持重新造林计划，支持进行森林管理和保护，采取结构措施及开辟林间小路，支持开展森林工程师培训和科学研究工作。经过持续不懈的努力，森林养护和发展政策取得了明显的成效。1985～1995年，瑞士的森林总面积增加了 476 平方公里，增长了 4%。2008 年以来，联邦政府对林业的补贴增加了 1000 万瑞郎，2009 年达到 1310 万瑞郎。对林业的补贴，旨在保护森林的功能，使生态多样化，保护土地、林木和饮用水。

第三节　工业

瑞士的第二产业部门分为采掘工业、加工制造业、能源（及水供应）工业和建筑业。2008 年，第二产业就业人数为 106.3 万，共有企业 73064家，其中加工制造业 34980 家，建筑业 36521 家。

瑞士工业在国际市场上具有很强的竞争力，其技术水平先进，产品质量精良，创造了不少享誉全球的品牌，拥有一批国际驰名的大型企业和跨国集团，如雀巢、ABB、诺华、苏尔泽等。还有众多的中小企业，尽管它们的年营业额很少有超过 3000 万瑞郎的，但在瑞士工业中异常活跃，是生机勃勃的骨干力量。

一 制造业

瑞士制造业的主要支柱是机械、化工、钟表、纺织、食品业，这五大工业部门的总产值约占国内生产总值的 50%。

1. 机械和电子工业

瑞士的机械和电子工业在德语中被称为 MEM 工业，包括冶金、机械工程和运输工具、电气和电子工程、精密仪器四大部门，也统称为机械行业。

机械行业在瑞士工业中占有最重要的地位。机械行业就业人口占到瑞士工业总就业人口的一半以上，行业产值占瑞士工业总产值的 45%，约占国内生产总值的 8.8%（2000）。机械行业是瑞士最大的出口行业，按照平均值计算，出口额长期占到瑞士出口总额的 44%。2000 年，瑞士在世界最重要的十大机械出口国家中排第七位。瑞士的许多机械行业产品都处于世界领先水平：造纸加工机械位居世界第二；纺织机器和机械工具位居世界第四；包装、印刷、精密工具和测绘仪器位居世界第五；食品和木材加工机器位居世界第六；压缩机和真空泵制造业位居世界第八。

瑞士机械行业有厂商 2790 家。其中大型企业（500 人以上）114 家，从业人员占 39%；中型企业（50 人以上）1119 家，从业人员占 48%；小型企业（10 人以上）1757 家，从业人员占 13%。2001 年，机械行业总计有员工 33.27 万人，占到瑞士工业就业人口的 53.7%。其中冶金部门占 27.76%；机械工程和运输工具制造部门占 36.28%；电气和电子工程部门占 16.29%；精密仪器部门占 19.66%。在人员结构中，生产人员占 38.8%；技术人员占 15.2%；营销人员占 25.0%；高级管理人员占 13.8%；学徒工占 7.2%。机械行业可以说是男人的天下，绝大多数从业人员为男性，占比高达 83.7%。2013 年，机械行业容纳了 33 万就业人口。

20 世纪 90 年代，机械行业保持稳步发展，设备使用率在 1997 年和

2000 年分别达到和超过了 90%，2001 年下降为 87.6%。机械行业 2/3 以上的产品用于出口。2001 年，机械行业的出口额为 579 亿瑞郎，虽比 1999 年下降了 1.9%，仍占瑞士出口总额的 44.0%。其中冶金工业部门 104.53 亿瑞郎；机械工程和运输工具制造部门 291.88 亿瑞郎；电气和电子工程部门 99.04 亿瑞郎；精密仪器部门 83.96 亿瑞郎。2013 年，机械行业出口 650 亿瑞郎，占瑞士出口总额的 32.5%。

为了满足国际市场的需求，机械行业大力发展高新技术、高附加值产品，投入资金和人力进行研究与开发。2000 年，机械行业在本国投入的研发资金为 32.65 亿瑞郎，占瑞士工业部门研发总投入资金的 43%。如果加上海外投资，机械行业的研发资金高达 61.75 亿瑞郎。从事研发的人员有 16415 人，其中大学毕业生有 5585 人。

瑞士机械行业的产品，从微小的电子元件到巨大的机械设备，种类繁多，主要包括：滚轧机、铣削机、精纺机、编织机、抛光机、抽水机、收割机、电站（火力和水力）设备、精密工作母机、纺织机械、精密仪器、量具、工具模具以及检测和监测设备、高压泵、内燃机、压缩机、蒸汽机、制冷机械、食品加工机械、包装印刷机械、交通运输和通信设备等。

瑞士机械工业的创建，最初是为了适应国内纺织部门的需求。纺纱厂和织布厂从人工生产向机械化生产转变，为纺织业提供机器及零部件的机械工业随之发展壮大。铁路和汽船的发展以及 19 世纪末水力发电业的诞生，推动瑞士机床工业迅猛发展。在这一领域，瑞士工业大约拥有 80 个"世界第一"，其中包括涡轮式发电机（1898）、电动齿轨（1890）、泵式涡轮（1930）、燃气涡轮发电站（1978）、第一台燃油汽轮机车（1941）、世界第一台测量精度达到 1% 的微天平秤（1952）、全球首款防撞飞行机器人（2015）等。

瑞士的冶金工业中，炼铝工业占有重要地位，虽然原料依靠进口，但由于廉价的水力，炼铝业发展迅速。瑞士是世界上第一个使用电解铝的国家，铝产量长期居世界第六位，产品种类齐全。冶金工业主要出口精细产品，如用于手表发条、游丝生产的钢丝等。由于缺乏原料，瑞士只有一些中小型冶炼厂，包括钢铁冶炼厂、有色金属冶炼厂。

2. 化学和制药工业

化学和制药工业起源于国内的丝绸和纺织业。19 世纪中期，伴随着纺织业的发展，染料制造业首先兴起，以后逐步发展成为著名的化学和制药工业。里昂人亚历山大·克拉韦尔在莱茵河畔建设化工厂时，在巴塞尔开办了一个化工厂，这标志着瑞士化学工业的开端。

2002 年，瑞士化学和制药工业的国内就业人数为 6.36 万，国外就业人数为 23.56 万；全球的营业额达 984 亿瑞郎；出口额 448 亿瑞郎，占瑞士出口总额的 32.8%。产值占国内生产总值的 3.7%；就业占工业总人数的 9.6%。化工企业 350 多家，其中大型企业 9 家，中型企业 100 家，小型企业 245 家。2011 年，化学和制药工业的就业人数为 6.5 万人。化工医药企业约有 830 多家，其中 249 人以上的大型企业 50 家，约占企业总数的 6%。

化学和制药工业集中于瑞士的西北部地区，主要分布在巴塞尔城、利斯塔尔和阿勒斯海姆，还有劳芬堡和莱茵费尔登等地，就业人口占到 2/5，仅巴塞尔城就有 1.56 万人。在苏黎世、伯尔尼和日内瓦，也有几千人在化学工业领域工作。

瑞士生产的化工医药产品有 3 万多种，其中医药占 40%，颜料占 15%，农化占 15%，其他占 30%。由于缺少自然资源和国内市场狭小，化学工业在研究与开发上投入大量资金，集中生产高附加值的精密化工产品，此类产品占化工总产值的 90%，大大超过德国、法国、美国、英国和日本。化学工业是瑞士第一个在海外建立分支机构并将其产品国际化的行业，平均 85% 以上的产品向国外出口，其中 60% 销往欧盟国家。瑞士本土化工医药企业的产品 95% 用于出口，5% 提供国内市场，出口产品中 54% 销往欧盟国家。化工、制药产品的进口也主要来自欧盟国家，其次是美国和日本。

化学和制药工业大规模投资于新物质研究和新产品开发，将近 6 万人从事研究与开发工作，用于研发的费用高达企业营业额的 20%。当一种新产品进入市场时，工作人员已经对 8000 ~ 10000 种物质进行过试验，所需时间长达 10 ~ 12 年。2011 年，化工医药行业的研发支出 207 亿瑞郎，其中本土支出 69. 6 亿瑞郎，境外支出占到 66. 38% 。

瑞士的染料业在世界上名列前茅，其产品有纺织、印染用品，皮革和造纸工业用品，漆产品，印刷行业所需油墨以及建筑部门所需染料。日内瓦是香水和食品调味剂制造中心，罗氏公司的附属公司 Givaudan 也活跃在这一领域。瑞士的农用化学品工业也在世界上享有很高的地位，这主要归功于它的成套设备保护产品。瑞士先正达（Syngenta）公司在农用化学品的专业领域名列前茅。

3. 钟表工业

钟表业是瑞士最著名的产业。16 世纪末，一批胡格诺派教徒因法国的宗教斗争逃难到瑞士，带来了制造钟表的技术。17 世纪初，邻近法国的日内瓦出现了钟表匠人的第一个行会，钟表业从日内瓦起源，沿着汝拉山脉，一直扩散到沙夫豪森。自 20 世纪早期，瑞士钟表开始领先于国际市场。第二次世界大战以后，瑞士控制了几乎 80% 的全球钟表生产。1967 年，瑞士制造出世界上第一块石英表。

20 世纪 60 年代末，美国、日本和中国香港利用石英技术在中低档表上大举进攻，分割世界市场，瑞士表所占国际市场份额跌到 40%，中、低档表销售量所占市场份额由原来的 30% 下降到 10%，只有豪华型钟表还保持着低速增长。20 世纪 70 年代，受经济衰退和国际市场变化的影响，瑞士钟表业濒临破产，就业机会锐减。为摆脱经济困境，重新获得丧失的国际市场，瑞士 5 家银行集资 5 亿美元，用于钟表业的科研经费，国内两家最大的钟表集团瑞士钟表工业公司（ASUAG）和瑞士钟表总公司（SSIH），合并组建成瑞士微电子与钟表集团（SMH），瑞士钟表业方才出现转机。1983 年，瑞士制表商以 25 美元的低价推出一系列装饰表，最早面世、最具有代表性的是 SMH 集团生产的斯沃琪表（Swatch）。这些塑料石英表色彩绚丽，造型独特，新颖时尚，很快风靡世界，深受各地青年的喜爱，短短 9 个月即售出 100 万只，瑞士的中低档表也得以恢复其在世界市场的地位。1983 ~ 1986 年，钟表出口量从 1566 万只增加到 2807 万只，增长了 79. 25% 。

进入 20 世纪 90 年代以后，由于国际市场的激烈竞争，瑞士钟表行业经历了重大的改革与变化。从生产机械表转而主要生产电子表，之后又转向以生产高档表为主，同时逐步恢复机械表生产。钟表行业也进行了重组和兼并，企业数目大为减少。2002 年，瑞士钟表行业有 560 家公司，中小型企业占据大多数，国内员工 4.1 万人。钟表工业主要集中在瑞士西部的汝拉地区，仅纳沙泰尔州就有 8000 人之多。日内瓦州是瑞士钟表的发祥地，约有 5900 人从事钟表行业。汝拉州和纳沙泰尔州的钟表业所占就业比重比较高，分别为 16.1% 和 13.7%。此外在其他的州，如伯尔尼州、索洛图恩州和沃州也有一些钟表工业。

钟表业是瑞士传统的出口行业，每年生产大约 1.7 亿只钟表及机件，其中 95% 用于出口。瑞士钟表工业拥有最多的世界名牌，古典风格的机械手表价格昂贵，是高雅身份的象征，为世界政要、商界巨头和文化名流所喜爱。2004 年，瑞士钟表工业首次突破 110 亿瑞郎大关，与 2003 年相比，增长了 9.2%，出口额达到 111 亿瑞郎，创历史新高。2013 年瑞士钟表出口达创纪录的 218.3 亿瑞郎，较上年增长 1.9%。

瑞士的钟表行业是最为典型的高附加值产业。1990 年，瑞士手表生产总量为 9600 万只，占世界手表生产总量的 13.1%，但是其产值为 73 亿瑞郎，占世界手表产值的 55.1%，占世界市场份额的 56.3%。到 2002 年，瑞士钟表的数量占世界市场的份额大约为 5%，其产值仍然占世界市场份额的 50% 以上，牢固地保持了传统的优势。2014 年，瑞士钟表业全年销售额达 222 亿瑞郎。

2014 年瑞士钟表业协会公布了瑞士手表排名。特级表十枚，百大翡丽居于榜首。下分五类，一类一等、二等各六枚，劳力士排名第一。二类九枚，浪琴、雷达分列第一和第二名。瑞士的钟表工业，特别是豪华手表厂家所取得的巨大成功，归因于以下三个重要因素：产品的高品质；部件的不断改进和完善以及备受人们赞赏的客户服务。

4. 纺织和服装工业

在产业革命时期，瑞士出现了最早的纺织厂，发展起纺织机器。在产业化之前，纺织工业集中于苏黎世、弗里堡和圣加仑。纺织业起初带有村舍手工操作的特点，之后过渡为大规模的分散经营，主要分布在东北部地区。纺织业是瑞士最古老的基础产业，许多产业的出现都与纺织业有联系，之后这些产业发展成为瑞士最富竞争力的产业。染料业因对彩色织品的需求而产生；化工以及后来的医药工业，是从染料工业发展而来；机械工业最初是根据纺织制造厂的需要产生的，冶金工业则伴随着机械工业自然生长。1850～1880年，纺织业是瑞士的第一大产业。20世纪初至60年代期间，虽然瑞士纺织业转入低成本行业，机械工业等行业后来居上，但是纺织工业仍是与机械、化工并列的瑞士三大基础工业之一。

1989年，瑞士有纺织厂97家，针织厂93家，刺绣厂53家，装饰品加工厂421家，其他有关纺织行业的企业94家，从业人员1.8万人。到1998年，瑞士纺织服装业共有1760家企业，大多数是中小企业，总计员工2.58万人，其中纺织业占2/3，服装业占1/3。2000年，纺织和服装业大约有1.6万工人。根据2002年的统计，瑞士的纺织和服装工业有350家公司，在国内的从业人员有2万人，全球的营业额38亿瑞郎，出口额35亿瑞郎，占瑞士出口总额的3%。按照国际标准，瑞士的纺织和服装业属于小规模经营，但是生产能力强，极具革新和创新能力，产品质量高、种类多，不断推出新的特色。

瑞士纺织业产品种类齐全，有丝绸、毛纺、合成纤维、棉纺、刺绣以及各种成品加工，纺织品印染技术高，后期处理好，以质地考究、设计新颖、做工精美、技术尖端而闻名于世，织物和绣品在国际上享有很高声誉。在各类纺织品中，服装面料占50%，为机织织物，供生产男女服装之用；装饰面料占30%；高技术工艺织物占20%。第三类技术材料增长迅速，发展前景广阔，应用范围包括运输工具、医药、体育、环保等多个领域，如耐火座套、飞机火车汽车用地毯、绳索、登山用帆布背包、帐篷、帆篷、劳保服装、安全带、绝缘物品、过滤用品等。圣加仑的花边、苏黎世的丝织品是瑞士纺织业的精品。在服装产品中，60%为男、女装外衣；30%为内衣；10%为服饰，如头巾、领带等。大约80%的服装（市值37亿瑞郎）都出口海外。

瑞士在纺织工业的可持续发展方面走在世界前列。自2013年起，国际环保纺织协会推出 Step 认证，取代了 Oeko-Tex Standard 1000 认证。瑞士的纱线生产商 Hermann Buehler AG 成为全球首家通过 Step 可持续纺织生产认证的企业。

纺织服装业是瑞士第四大出口产业，极端依赖国外市场，产品的90%左右用于出口，包括棉花、羊毛、丝绸制品、绣花品、合成纤维、服装、袜子等，出口量约占世界总产量的 3% 以下，占瑞士总出口的 5%。出口产品中大约 85% 销往欧盟、欧洲自由贸易区和欧洲其他国家。欧盟和瑞士之间没有关税，但是其他国家如美国和远东地区有较高的关税和其他限制。20 世纪 90 年代末，发展中国家纺织品出口增长，占领了大部分国际市场，瑞士本地劳动力成本不断上升，纺织品缺乏竞争力，纺织行业出现不景气现象。

2008 年金融危机以来，瑞士纺织业的总产值不曾超过 12 亿瑞郎。外部环境因素是欧洲经济形势低迷，行业内部因素是产能利用率下降，就业人数减少。2012 年，纺织工业生产总值为 11.6 亿瑞郎，比上年减少 1.7 亿瑞郎；从业人员 1.36 万人，比上年减少 8%；出口 28 亿瑞郎，比上年减少 6%。瑞士纺织行业的未来发展，将着重于产能提高和高附加值产品的研发生产，并积极开发欧洲以外的新兴市场。

5. 食品加工业

瑞士的食品加工业起源于 19 世纪的小手工作坊，与钟表、纺织业一样，是最先发展起来的工业部门之一，也是瑞士的支柱产业之一。瑞士的食品加工业中，有世界驰名的跨国公司雀巢集团，但是绝大部分都是中小企业。这些企业为方便采集生产原料，选址多靠近农业区。2000 年，专门从事食品加工的企业有 160 家，员工 2.47 万人，总销售额为 104 亿瑞郎，对外出口额为 18 亿瑞郎。

食品加工业包括食品、饮料和烟草加工，主要产品有奶酪、其他奶制品、婴儿食品、巧克力、汤料、葡萄酒、各种饮料、咖啡、香烟等。生产厂家利用阿尔卑斯山区草场的新鲜奶制品，并且从世界各地进口各类天然食品原料，加工制作成多种多样的高附加值产品。瑞士食品工业着眼全球市场，求新图快，根据世界各地消费市场的结构及特点进行研究开发，迅速生产出适合当地客户口味的各类食品。

瑞士食品加工业非常注重科技创新，投入巨额资金用于研发。大型跨国公司拥有自己的食品研究所，运用多种科技手段，不断推出新产品，占领世界市场；而中小企业则术业有专攻，在研制自己的独特配方上狠下功夫。瑞士的食品工业一直走在世界前列，1875 年，瑞士人首先发明了牛奶巧克力。1879 年发明了可溶巧克力、加干果的巧克力。1883 年发明了速冲汤，此后还有速溶咖啡、无咖啡因的咖啡和不含酒精的啤酒、挤管芥末、冲咖啡用的密封小盒奶油、玻璃杯装儿童食品、奶酪火锅、酸奶、含杂粮的巧克力棒，等等。

在食品加工业的产品中，奶制品、巧克力和葡萄酒是最具代表性的产品。速溶咖啡是雀巢集团的著名品牌，畅销世界，特别为中国人所熟悉。瑞士称得上是奶酪的王国。据说在古罗马，阿尔卑斯山小屋里制作的奶酪，是当时的高级食品。如今，瑞士可以生产数百种各有特色的奶酪，奶酪的产量列入世界前十位。阿尔卑斯山鲜嫩的牧草，养育了肥壮的奶牛。刚挤下来的鲜奶直接送往附近的奶酪工厂，加工成奶酪。挤奶地点和奶酪加工厂往往就在同一座山上，这样可以保持牛奶新鲜，保证食品的卫生和健康。100 升牛奶可以制成 18 公斤的鲜奶酪，或者 8 公斤的硬质奶酪。瑞士最有名的奶酪品种有埃蒙塔尔奶酪（Emmental）、格吕耶尔奶酪（Gruyere）、阿彭策尔奶酪（Appenzell）、斯勃里恩兹奶酪（Sbrinz）等。有测试表明，埃蒙塔尔奶酪是世界上含钙量最丰富、含盐量最少的奶酪，因产于伯尔尼附近的埃蒙塔尔而得名。格吕耶尔奶酪产于弗里堡州，起源于 14 世纪，17 世纪时在欧洲邻国中已相当有名，富有阿尔卑斯山的香草味道，最受法瑞居民的喜爱。瑞士巧克力品种繁多，口味纯正，质量优良，在世界上享有美誉。专门生产巧克力的厂家有 Chocolat Frey、Alprose Chocolat、Halba 等。瑞士的葡萄酒历史悠久，品质优良，绝大部分供应国内市场，每年只有约 1% 的产量出口国外。

二　能源工业

瑞士能源需求的 82% 或者 4/5 依靠进口来满足，剩余 18% 由国内解决。2012年，瑞士的最终能源消耗量为882280兆兆焦耳（Terajoule，又称太拉焦耳，1太拉焦耳=239吨石油）。其中发动机燃料33.9%；电能24.1%；天然气12.9%；供热燃料19.3%；其他9.7%。按照能源消费的行业及部门划分，交通业占35.4%；家庭占28.4%；工业占18.7%；服务业占15.9%；农业占1.5%。

1. 石油

石油是最重要的能源。石油在能源最终消费中所占比例，1950年为24%。这一比例，曾经由于价格较低的原因，一度升至近80%，自70年代开始逐步下降：1970年为77.4%；1980年为71.4%；1990年为63.7%；2000年为59.7%；2002年为59%。2009年，原油及石油产品在能源利用总量中占45.1%；在能源最终消费中占21.7%。

瑞士没有一处油田，石油供应完全依赖进口。2012年进口原油和石油产品1171.3万吨，出口31.6万吨。原油进口占1/3强，加工油品或精炼油不到2/3。进口原油的90.2%来自非洲，9.2%来自中东，主要的原油产地国包括尼日利亚、利比亚、阿尔及利亚、伊朗、沙特阿拉伯。石油产品的99.9%来自欧盟国家，主要的成品油产地国有荷兰、德国、法国、意大利、比利时和卢森堡。在瑞士消费的石油产品中，60%直接进口，另外40%由国内加工生产。瑞士有两家炼油厂，分别设在纳沙泰尔州的科雷谢和瓦莱州的科隆贝，进口的原油在炼油厂里经过加工提炼为成品，约50%用做机动车燃料，50%用做供暖燃料。为了向这些炼油厂输送石油，瑞士专门铺设了连接欧洲输油管的支线。

2. 电力

电的重要性居于第二位，在能源最终消费中所占的比重为24.1%（2012）。瑞士短缺石油，发电主要靠水力和原子核动力，水力发电站和核电站提供电能源。瑞士的发电量为680亿度（2012）。其中58.7%来自水电站；35.8%来自核电站；5.5%来自常规热电站。

瑞士的水力资源丰富，可利用水力资源330亿千瓦时，利用率达95%，是世界上水能资源开发利用程度最高的国家之一。100多年来，瑞士一直依靠水力发电，水电站已有上百年的历史。2000 年，瑞士国内总发电量的 58% 来自水力发电。瑞士有 497 个大型水力发电厂，发电量超过 300 千瓦，发电总量最高达 1190 万千瓦。水力发电的潜能在 20 世纪 60 年代达到极限。

第一家核电站于 1969 年在贝茨瑙（Beznau）（阿尔高州）建成启用。随后又在贝茨瑙修建了第二家核电站。继而又在米尔贝格（Mühleberg）（伯尔尼州）、戈斯根（Gösgen）（索洛图恩州）、莱布施塔特（Leibstadt）（阿尔高州）建起了核电站。5 个核电站加在一起，发电量占瑞士总用电量的 38%。另外一些核电站的修建引起很大争议，由于人们强烈反对而放弃，如紧邻巴塞尔在凯撒罗斯特（Kaiseraugst）（阿尔高州）修建核电站的项目。2011 年受日本地震引发的核泄漏事故影响，瑞士政府表示，在现有 5 座核电站于 2019 ~ 2034 年陆续达到最高使用年限之后，瑞士将不再重建或更新核电站。

用石油发电的最大发电厂建在瓦莱州的沙瓦垄。

3. 天然气

天然气自引入瑞士以来，其消费量一直稳步增长。天然气在能源最终消费中，1972 年只占 1.4%，1997 年占到 12.2%，1999 年占 9%（长途热力发电厂用天然气除外），2002 年占 11%，2012 年占 12.9%。多年来，天然气已跃居瑞士第三大能源。

瑞士天然气输送管道与欧洲的主要网络相连。在欧洲 9 条天然气管线中，有一条荷兰至意大利的管线，从北向南跨越瑞士计 164 公里。

4. 新的可再生能源

新的可再生能源是指太阳能、将环境热能与生物物质相结合的热力混合能等。瑞士提倡用木材作为热能，使用热泵及在沼气设施中使用生物物质。在 1990 ~ 1997 年，可再生能源来自各种渠道，其中木材占 51%；环境热能占 16%；生物燃气占 13%。更多地利用可再生能源，一方面可以减少环境污染；另一方面可以减少对石油的依赖。新的可再生能源在能源最终消费中所占比重 1990 年为 15.8%，2012 年达到 20.8%，其中：电力 13.70%，生物燃气 4.46%，废物再生能源 1.29%，环境热能 1.38%。

1999 年 1 月 1 日，瑞士新的《能源法》生效。瑞士政府于 2011 年制定了《2050 年能源策略》。瑞士现行的能源政策是：保证能源供应充足、无环境污染；提高和改善能源效率，力求能源使用经济、最优化；探寻国内的可再生能源资源。目标是优化能源结构，减少对石油的依赖，利用和开发多种能源。

三　建　筑　业

建筑业是第二产业的一大部类。2001 年，建筑企业共有 34533 家，占到第二产业企业总数的 45.5%。其中独资企业 18010 家，集体企业 1215 家，两合公司 232 家，股份公司 10746 家，有限责任公司 4001 家，合作企业 51 家，其他类型的企业 278 家。独资和股份制是建筑企业的主要形式，分别占到 52.2% 和 31%。建筑业从业人员 287615 人，占第二产业就业总人数的 27.7%。建筑业大部分是中小企业。其中 1~9 人的小公司有 28484 家，占 82.5%；10~49 人的公司占 15%；50~249 人的公司占 2%；500 人以上的公司只有 51 家。

建筑业主要从事住宅建设（公寓和私宅建设）、经济设施建设（工业、手工业、农林业的设施建设和设备安装等）、公共基础设施建设（交通、通信和水、电、气等设施建设）、军事工程设施建设等。在建筑业的全部工程量中，住宅建设约占 31%，其他民用和商用设施建设约占 24%，公共工程建设约占 45%。劳动力的 59% 集中在公共工程建设上，而住宅建设和民用、商用设施建设分别占有劳动力的 24% 和 17%。

20 世纪 90 年代，瑞士建筑业增长乏力，市场萎缩，增长率大大低于 80 年代，也低于国际水平。1995 年，建筑业生产总值 466 亿瑞郎，占国内生产总值的 12%，1997 年建筑业生产总值为 177 亿瑞郎，占国内生产总值的 4.8%。1999 年实现了 0.2% 的增长。2002 年，建筑业生产总值为 210 亿瑞郎，占国内生产总值的 5%。

自 20 世纪 70 年代中期至 21 世纪初期，瑞士建筑业几经高潮到低谷、低谷到高潮的周期性发展。建筑业的总支出，按照 1990 年的不变价格计算，1975 年为 321.66 亿瑞郎，1980 年为 353.79 亿瑞郎，1990 年为

491.82 亿瑞郎，1994 年达 503.09 亿瑞郎，2000 年为 452.52 亿瑞郎。2010 年建筑业的总支出为 492.40 亿瑞郎（按照 2000 年不变价格计算）。

2009 年，建筑业开支总计 473.79 亿瑞郎，包括政府公共开支和私人订户投资。政府公共开支总计 153.99 亿瑞郎，联邦、州和市镇三级政府分别为 44.68 亿、49.86 亿和 59.45 亿瑞郎。按照建筑项目类型划分，地下工程建筑为 168.47 亿瑞郎（其中道路建设 44.06 亿瑞郎），高层建筑为 66.10 亿瑞郎（其中住宅 2.89 亿瑞郎）。基础设施 30.83 亿瑞郎，住宅 167.66 亿瑞郎，农林业 6.03 亿瑞郎，工业企业和服务业 75.71 亿瑞郎。私人订户投资总计为 319.80 亿瑞郎。按照订货者分类，机构投资者 13.54 亿瑞郎；私人天然气和电力企业以及铁路部门 11.90 亿瑞郎；建筑和不动产公司 76.76 亿瑞郎；私人 114.06 亿瑞郎；其他投资者 103.54 亿瑞郎。按照建筑项目类型分类，基础设施 30.83 亿瑞郎，住宅 167.66 亿瑞郎，农林业 6.05 亿瑞郎，工业企业和服务业 75.71 亿瑞郎。

2012 年，建筑业开支总计 519.26 亿瑞郎，包括政府公共开支和私人订户投资。政府公共开支 170.12 亿瑞郎，用于工程建筑 101.69 亿瑞郎（其中道路建设 46.62 亿瑞郎），高层建筑为 68.43 亿瑞郎。私人订户投资总计 349.14 亿瑞郎，其中住宅 240.08 亿瑞郎。

瑞士的住宅建设速度明显高于人口增长的速度。1980～1990 年，住宅增长约 16%，人口增长 8%。平均每套住房的居住人数从 2.6 人下降为 2.4 人，人均居住面积则由 34 平方米提高为 39 平方米。1990～2000 年，住宅增长 8%，人口增长 5%。平均每套住房的居住人数从 2.4 人下降为 2.3 人，人均居住面积则由 39 平方米提高为 44 平方米。

20 世纪 90 年代以来，瑞士的区域计划政策要求减少建筑用地，订立了有效使用建筑用地的措施，住宅建设得到了较快的发展。1999 年，新建住宅 33108 套，改建住宅 2808 套，减少住宅 1267 套，净增住宅 34649 套，年末住宅总计 3542171 套。1990～1999 年，住宅总储存量（包括闲置未居住的房屋）约增加了 12%，达到 354.2 万套。居住人口的数字相对只提高了 6%。2012 年新建住宅 45157 套，年末住宅总计达到 417.7 万套。

瑞士住宅发展的趋势及特点是：第一，多居住宅增长较快。3～4 居室住宅 1999 年占比为 48%，2000 年为 54%，2012 年为 59.2%。1~2 居室住宅在新建住宅中所占份额明显下降：1990 年占到 18.2%，1999 年下降为 8.5%，2002 年只有 6%，但 2012 年占 14.2%。5 居室及以上的住宅所占新建住宅的比例显著增加，1990 年占 28.3%，1999 年一度上升为 43.2%，2012 年下降为 26.4%。第二，单个家庭住宅发展较快。1970~2000 年，单个家庭住宅所占全部住宅的份额从 40% 提高到 56%。2002 年新建住宅中有 76% 是单个家庭住宅，2012 年该比例回落至 58%。

瑞士一直走在世界建筑业发展的前列。瑞士的建筑工程在国际上负有盛名，瑞士的建筑设计师在世界上声誉极高。瑞士是山地国家，地形复杂，瑞士人自古以来就是穿山凿洞、修路架桥的能工巧匠。在 16 世纪，瑞士提契诺的名师 Domenico Fontana 出任罗马教皇的首席建筑设计师。1931 年，瑞士工程师 Othmar Amman 设计修建了世界上第一座悬挂式大桥——美国纽约的乔治·华盛顿大桥。20 世纪 90 年代，瑞士教授克里斯蒂安·梅恩（Christian Menn）为美国波士顿市设计了跨度大、难度高的 Charles 河大桥。瑞士 Herzog 和 De Meuron 建筑公司承建的英国现代艺术博物馆工程，受到英国媒体和公众的一致好评。瑞士圣加仑的建筑师和 Holztechnic Kolb 建筑公司在德国柏林近郊建设了一所生态节能型学校，由于采用了新的木建筑手段，其技术价值超过了标书的要求。2003 年 4 月 17 日，由瑞士建筑师、第 23 届（2001 年）普利兹克奖得主雅克·赫尔佐格和皮埃尔·德梅隆担任主设计师的"鸟巢"方案在所有参选作品中脱颖而出，被确定为 2008 年北京奥运会主场馆——中国国家体育场的设计方案。2009 年，瑞士建筑师彼得·卒姆托（Peter Zumthor）获得第 31 届普利兹克建筑奖。

四　著名工业企业

瑞士拥有一批全球知名的工业企业。2015 年福布斯全球 500 强排行榜上，瑞士占有 15 家，包括工业企业和金融服务集团，其中有雀巢公司（第 30 位）、诺华公司（第 52 位）、瑞银集团（第 73 位）、苏黎世保险集团（第 78 位）、罗氏控股（第 81 位）、嘉能可国际（第 110 位）、瑞士信贷集团（第 139 位）、瑞士再保险（第 146 位）、ABB 集团（第 201 位）、ACE 保险（第 216 位）、霍尔希姆公司（Holcim，第 350 位）、历峰集团（Richemont，第 374 位）、先正达集团（Syngenta，第 450 位）、泰科电子（TE Connectivity，第 466 位）、瑞士通讯（Swisscom，第 470 位）。与 2009 年相比，虽然瑞士进入 500 强的企业数量有所减少，但是企业排名提前，并且金融集团显示出超强的整体实力。

1. 雀巢公司（Nestle）

雀巢公司成立于 1866 年，总部设在韦维，是世界上最大的食品工业集团。在 2015 年福布斯全球 500 强排行榜上，雀巢公司名列第 30 位，在瑞士进入 500 强的企业中排名第一。雀巢公司以生产经营食品、饮料为主，包括速溶咖啡、牛奶、奶酪、汤料、巧克力、糖果、其他饮料和奶制品、冷冻食品、成品及半成品食物等，产品结构分为饮料，麦片、牛奶及营养品，巧克力和糖果，烹饪产品，冷冻食品和冰激凌，冷藏食品，宠物食品七大类。

雀巢公司高度重视科学研究和技术开发，为此投入了巨大的人力、物力和财力。公司在全球建立了 17 个研发中心和产品技术中心，拥有 3000 多名研发人员，致力于研究和开发最新产品，同时不断对现有产品进行更新和改良，从而一直保持世界食品行业的领先水平。2003 年，公司用于研发的资金高达 12 亿瑞郎。

雀巢公司通过兼并、收购、控股、参股、联合等多种形式不断发展壮大，通过科学的经营管理成为世界食品工业的巨头。2014 年成立的雀巢皮肤健康公司，进入专业医药皮肤治疗行业。2013 年销售额 922 亿瑞郎，营业利润 140 亿瑞郎，雇员 27.8 万人。董事长是彼得·包必达（Peter Brabeck-Letmathe），首席执行官是保罗·布尔克（Paul Bulcke）。

2. ABB 集团（Asea Brown Boveri Group）

ABB 集团是世界上最大的电工技术公司，在世界电气工程领域占有极其重要的地位。ABB 集团于 1988 年 1 月 1 日，由瑞典的阿西亚（Asea）公司和瑞士的勃郎勃威（Brown Boveri & Co.）公司合并而成。这两家中型电气工程公司均具有上百年的历史，合并后各占 50% 的股份，成为一个大型的电气工程设备制造跨国集团，总部设在苏黎世。

ABB 集团的业务领域在发电设备、输配电、工业和建筑、铁路运输等方面居世界领先地位。其产品主要包括：发电系统、输电设备、配电系统、工业产品、运输业务、环境控制设备、金融服务等。作为超大型国际工程与技术集团，它的生产技术和产品质量堪称一流。ABB 集团下设 5 大业务部门，包括电（动）力产品、电源系统、离散自动机和运动、低压产品、过程自动化。集团管理层是 8 人董事会、8 人执行委员会。

集团有 1000 多家子公司，遍布世界 140 多个国家和地区。2013 年营业额 388.96 亿美元，收入 418.48 亿美元，雇员 14.77 万人。集团董事长是胡伯图斯·冯·格林伯格（Hubertus von Gruenberg），总裁兼首席执行官是约瑟夫·豪根（Josef Hogan）。

3. 诺华公司（Novartis）

诺华公司的前身是汽巴－嘉基公司（Ciba-Geigy Ltd.）和山德士公司（Sandoz Ltd.）。1996 年 12 月，这两家瑞士化工制药跨国公司合并成为诺华公司。诺华公司集中经营医疗保健、农用化学和食品三个核心领域，下设医药保健部、农业部、消费者保健部三个业务部门，拥有 8.2 万名员工，275 家分支机构，业务遍布全球 142 个国家和地区。

2002 年，公司营业额 324 亿瑞郎，同比增长 2%；纯利润 73 亿瑞郎，同比增长 4%。高于世界平均同行业增长水平，在世界药品市场占有率由 3.98% 增长到 4.1%，其中在心血管药品市场的份额从 5.3% 升至 6.4%，肿瘤药品的份额由 7% 增至 7.8%。2005 年 3 月 8 日，诺华集团第一次进入《财富》杂志公布的世界顶尖公司前 50 名的行列，列于第 48 位。2013 年，公司营业额 579.2 亿美元，营业收入 109.1 亿美元，净收入 92.92 亿美元，全球员工约 12 万人。董事长是约尔格·赖因哈特（Joerg Reinhardt），首席执行官是约瑟夫·日默内（Joseph Jimenez）。

4. 罗氏公司（Roche Ltd）

霍夫曼－罗氏公司（F. Hoffmann-La Roche & Co.）创建于 1896 年，当时只有 50 名员工和 63 万瑞郎的总资产。经过上百年的发展，罗氏公司已经成为全球最大的维生素、医疗诊断设备的生产商，在生物技术及基因工程的研究与应用领域居于世界领先地位。2014 年，罗氏公司的营业额为 518 亿美元，利润额为 102 亿美元，资产额为 761 亿美元，雇员为 8 万多人。首席执行官是泽韦林·施万（Severin Schwan）。

罗氏公司的总部设在巴塞尔，业务范围主要涉及药品、医疗诊断、维生素和精细化工、香精香料四个领域。在公司的总销售额中，药品占65%；维生素和精细化工占 20%；香精香料占 10%；医疗诊断占 5%。药品生产部门是公司的第一大业务部门，历史悠久，主要研制各种治疗神经系统疾病、传染病、肿瘤、心血管疾病的药物。维生素和精细化工部门主要生产维生素和胡萝卜素产品，在人体和动物营养、维生素补充、人造色素和食品添加剂等领域居于世界领先地位。香精香料部门主要生产用于香水、化妆品、肥皂、洗涤剂的香料，以及用于食品、饮料、药品、烟草制品、动物饲料的香精等。医疗诊断部门于 1968 年设立后发展迅速，所生产的试剂被广泛应用在医学免疫学试验中。1998 年兼并宝灵曼公司后，罗氏公司在医疗诊断领域跃居领先地位。罗氏的专利产品"达菲"，正式名称为"奥司他韦"（Oseltamivir），对禽流感有显著疗效。

5. 苏尔寿公司（Sulzer）

苏尔寿公司是瑞士最大的机器制造商之一，也是世界上纺织机的重要生产厂家。1906 年公司研制出世界上第一台逆向双循环船用内燃机并投放市场。第一次世界大战前，苏尔寿成为一家股份有限公司。到 1963 年，公司已在世界低速船用内燃机市场上占据主导地位。1972 年公司建立了计算中心。20 世纪 80 年代，公司拥有欧洲最先进的铸造技术设备，包括世界上最大的垂直铣床，运用计算机控制生产流程，铸造和浇铸工序都实现了自动化。1990 年苏尔寿医学工程公司组建成立，并于 1997 年在苏黎世股票交易所上市。

苏尔寿公司有五大生产企业，它们是：苏尔寿纺织机械（Sulzer Textil）公司，主要产品为片梭织机、喷气织机和箭杆织机等；苏尔寿·英弗拉（Sulzer Infra）空调和建筑技术公司，业务范围包括空调设备制造、服务、管理和咨询；苏尔寿·麦地卡（Sulzer Medica）医疗器械公司，主要经营矫形外科机械、心脏起搏器等；苏尔寿·罗特克（Sulzer

Roteq）公司，生产热力涡轮机、泵及压缩机；苏尔寿·温特图尔（Sulzer Winterthur）公司，生产水轮机、表面涂层系统等。苏尔寿公司有五大管理部门，即总秘书处及信息部、人事部、公司财务及行政管理部、公司开发研究部、国际企业集团部。

1885年，苏尔寿公司在德国的路德维希港建立了国外第一家工厂。20世纪初，公司开始向国外大规模扩张，到第二次世界大战前，已经在海外建立了大量的子公司。20世纪90年代末，在世界171个国家和地区设有分支机构，员工近2.5万人，年销售额达57亿瑞郎，海外业务约占总销售额的80%。2013年销售额32.64亿瑞郎，净收入2.34亿瑞郎。董事长是弗拉迪米尔·库茨内佐夫（Vladimir Kuznetsov），首席执行官是克劳斯·施塔曼（Klaus Stahlmann）。

6. 迅达集团（Schindler Group）

迅达集团创建于1874年，总部设在卢塞恩。是欧洲最大、世界第二大电梯和自动楼梯制造商，同时也是重要的铁路车辆生产商之一。迅达集团的业务范围十分集中，主要产品是电梯和自动扶梯、铁路车辆、计算机软件和硬件产品。电梯和自动扶梯占到总销售额的90%。迅达集团的海外销售所占比重比较大，海外销售额占总销售额的80%左右。迅达集团在全球100多个国家和地区有90多家控股公司，1000余家分公司或分支机构，员工超过5万人。2013年经营收入88.13亿瑞郎，营业利润8.96亿瑞郎，净利润4.63亿瑞郎。2011~2013年，迅达集团连续三年名列《福布斯》杂志评出的全球100家最具创新力公司的排行榜。董事长是阿尔弗雷德·N.申德勒（Alfred N. Schindler），首席执行官是西尔维奥·纳波利（Silvio Napoli）。

迅达集团在中国的创举广为人知。1980年，瑞士迅达股份有限公司、香港怡和迅达（远东）股份公司和中国鑫三维科贸公司合资成立了中国迅达电梯有限公司，合资期限20年，总部设在北京。这是中国与西方国家合资经营的第一家机械工业企业。此后，迅达集团又在北京、上海、苏州等城市和地区建立了19家分公司和80多家分支机构，在中国的员工总数已经超过3000人。

7. 斯沃琪集团（Swatch Group）

斯沃琪的诞生是钟表业革命的一个传奇。1983 年，瑞士微电子与钟表集团公司成立，即 SMH 集团，1985 年该集团更名为斯沃琪集团。它是瑞士在低价表国际市场上最具竞争力的生产厂家，是瑞士第一大钟表集团，也是世界上第三大钟表生产商（按产量计算）。1984 年斯沃琪产量突破 100 万，2002 年产量突破 3 亿！斯沃琪集团总部设在瑞士比尔市，下属多家钟表制造厂，员工总共近 1.8 万人。1998 年销售额 32.69 亿瑞郎，纯利润 3.57 亿瑞郎。董事长兼首席执行官是尼古拉斯·G. 海耶克（Nicolas G. Hayek）。

斯沃琪集团生产的钟表有以下品牌：豪华表勃浪帕爱，高档表欧米茄、雷达、浪琴，中档表天梭、雪铁纳等，低档时尚表斯沃琪等。自 1996 年起，斯沃琪已连续五届成为夏季奥运会官方指定计时器，包括亚特兰大、悉尼、雅典、北京、伦敦夏季奥运会。

8. 劳力士公司（Rolex S. A）

劳力士公司的历史可以追溯到 1908 年，创办人是汉斯·威尔斯多夫（Hans Wilsdorf），他为腕表起名"ROLEX"。劳力士腕表表盘看起来富贵美观，后逐渐成为誉满全球的名表，精准时计的象征。1910 年，劳力士腕表获得由瑞士官方钟表评级中心颁发的瑞士时计证书。1919 年劳力士迁往日内瓦，次年以劳力士有限公司注册。现在是世界上最大的豪华表生产厂家，年销售额逾 20 亿瑞郎，境内员工 3700 人。劳力士公司引领全球手表业的时代潮流，创造了诸多的世界第一：世界首款恒动型自动摆陀手表、首款具有自动转换功能的天文台表、首款防水潜水员手表、首款日志型腕表等。劳力士表因其杰出品质成为名表中的精品，最著名的经典豪华表品牌是"蚝式"表。2012 年劳力士推出专为环球旅游人士设计的 SKY-DWELLER 蚝式恒动腕表。2013 年劳力士成为一级方程式赛车的长期合作伙伴，担任大会时计。

第四节 商业和其他服务业

服务业，即第三产业，是国民经济中最具活力且发展前景最为广阔的部门。按照瑞士国家统计局的统计口径，服务业分为八个门类，即商业、旅馆业、交通和通信业、银行保险业、企业服务业、教育事业、卫生和社会事业及其他服务业。20 世纪 90 年代以来，瑞士第三产业的增长最快，2013 年占总就业人口的 74%，约占国内生产总值的 67%。在瑞士服务业中，银行、保险、旅游、交通是最具特色和代表性的行业部门，享有世界声誉；零售商业、企业服务业、会展业也十分发达，占有重要的地位。

一　零售商业

零售商业与工业、金融、旅游并列为瑞士经济的四大支柱，在国民经济中的地位十分重要。瑞士人民生活水平较高，消费需求和购买力很强，形成零售商业发展的有利条件。瑞士现已建成现代化的商业体系，构成庞大而稠密的销售网络，多层次满足了消费者的需求，同时也垄断了国内的商品零售市场，跨国连锁企业因而在瑞士商品零售市场所占份额很小。2002 年，零售商业（包括日用品修理业）的生产总值为 483.19 亿瑞郎，从业人员约 35 万人。

自 1990 年起，瑞士的商品零售总额连续八年接近 800 亿瑞郎，1998 年超过 800 亿瑞郎，2000 年达到 832 亿瑞郎，2001 年达到 902 亿瑞郎。在欧洲，瑞士的人口数排在第 15 位，而商品零售总额却居于第 6 位，约占私人消费的 35%。2004~2012 年瑞士商品零售的增长变化情况，见表 4 – 10。

表 4 – 10　瑞士 2004~2012 年商品零售的增长变化：与上年相比增长

单位：%

类别 \ 年份		2004	2005	2006	2007	2008	2009	2010	2011	2012
总计	名义	1.8	1.7	1.9	3.6	4.6	- 0.2	1.9	- 1.2	1.0
	实际	1.8	2.0	2.4	4.2	3.5	0.4	3.2	1.2	3.4
食品饮料烟草	名义	1.8	0.2	1.1	2.9	7.7	1.6	2.3	- 0.5	1.7
	实际	0.9	0.2	1.0	2.1	4.5	1.4	3.1	2.1	2.4
服装鞋袜	名义	- 0.2	3.8	1.8	4.3	0.9	- 1.6	2.0	- 4.0	- 2.3
	实际	2.7	4.1	- 0.0	4.0	- 3.0	- 4.1	0.9	- 5.6	4.0

续表

类别＼年份		2004	2005	2006	2007	2008	2009	2010	2011	2012
燃料汽油	名义	6.5	10.8	8.0	4.4	9.8	-15.2	2.2	4.7	6.9
	实际	-0.3	1.4	0.6	1.9	2.3	-2.9	-5.7	-1.4	2.5
其他类别	名义	1.8	1.2	1.8	4.1	3.1	0.5	1.5	-1.9	0.5
	实际	0.5	3.3	4.0	5.8	4.1	1.5	3.6	1.2	3.6
不归类小商品	名义	3.4	1.8	2.0	1.2	2.2	2.9	2.8	-1.2	2.7
	实际	3.5	2.2	2.6	1.6	1.1	3.5	4.0	1.2	5.0
总计（不包括燃料）	名义	1.6	1.3	1.6	3.5	4.3	0.7	1.9	-1.6	0.7
	实际	1.8	1.7	1.9	4.0	2.9	0.7	2.9	0.6	3.2

资料来源：瑞士国家统计局。

瑞士零售商业（包括日用品维修业）的经营方式及范围，划分为 7 大类。①百货零售。有正规、固定的销售场所，又分为食品销售为主和非食品销售为主两种。以食品销售为主的零售商场有日用品市场（大于 2500 平方米）、大型超市（1000～2499 平方米）、小型超市（400～999 平方米）、大百货店（100～399 平方米）、小百货店（小于 100 平方米）。以非食品销售为主的零售商场有百货店和其他专卖店。②食品零售。有正规、固定的销售场所，专门经营食品、饮料、香烟等食品。包括的种类有：蔬菜和水果、肉和肉制品、鱼和水产品、面包和香肠、各种饮料、香烟和其他食品。③药妆用品专卖零售。专门经营药品、医疗用品、化妆品。④非食品零售。经营纺织、服装、鞋类、皮革制品、家具和室内用品、电器、收音机、电视机、乐器、金属器皿、油漆染料、玻璃制品、建筑和装饰材料、书籍、报刊、纸张等。⑤艺术品、工艺品专卖零售。经营艺术品、古玩、字画、工艺日用品类。⑥分散零售。没有商店或铺面，在露天定期或临时进行的销售。⑦日用商品的维修和修理。

瑞士的零售商品分为食品（含烟酒类）和非食品两大类，其中食品类占 45.9%，非食品类占 54.1%。食品销售长期以来一直是零售业的大户。瑞士的食品市场，包括饮料，每年销售额约 500 亿瑞郎。1990 年，瑞士家庭在饮食方面平均支出 545.6 瑞郎，占家庭平均消费支出的 12.7%。2001 年，瑞士家庭在饮食方面平均支出为 486.3 瑞郎，占家庭平均消费支出的比重下降为 9.7%。2009 ~ 2011 年，瑞士家庭的饮食支出，包括食品和饮料（非白酒类），平均占到家庭消费开支的 6.9%。

在非食品零售中，服装和鞋类是销售大户。但在 20 世纪 90 年代，服装和鞋类的销售连年低迷。1990 年，瑞士家庭在服装鞋类上平均支出 209 瑞郎，占家庭平均消费支出的 4.87%。2001 年，瑞士家庭在服装鞋类上平均支出 165 瑞郎，所占家庭平均消费支出的比重下降为 3.3%。2009 ~ 2011 年，瑞士家庭的服装鞋类支出，平均占到家庭消费开支的 2.5%。

食品零售主要通过大中型超市、廉价食品店、个体食品零售店及食品零售分店、食品专卖店等销售渠道。大型超市基本上都属于米格罗（Migros）和科伯（Coop）两家大型零售企业，中型超市由一些中型零售企业如 Jumbo 公司和 Waro 公司等设立。廉价食品店、个体食品零售店及食品零售分店星罗棋布，分散在城乡各地，主要经销商有 Dennr、EPA、Pick Pay、Merkur 及 Spar 等企业。食品专卖店主要指面包房、肉店、奶制品商店及其他营销专类食品的商店。瑞士的食品零售业是高度集中的行业，米格罗和科伯处于垄断地位，约占食品零售 60% 的份额。他们通过产品多样化、改建或扩建新的分店、较低的价格等手段形成强大的市场力量。

非食品商品的零售渠道有大型百货商店、非食品商品专卖店及专业市场、售货亭、自动售货机、药房、化妆品商店等。大型百货商店主要由 ABM、Coop、Globus、Jelmoli、Loeb、Manor 等企业经营。非食品商品专卖店及专业市场，服装、家具、鞋类、体育用品、照相器材等商品大多采用这种销售方式。售货亭及自动售货机主要销售书报、香烟、水果、零食等商品，经销商有 Valora、Naville、SKIV、Selecta 等企业。邮购业务也是非食品商品的零售渠道之一，经销商主要有 Ackermann、Spengler、Veillon 等企业。

瑞士分为四个不同的语言区域，商品零售市场也带有不同区域消费模式的特色和印记。在非食品零售领域，有许多中型百货商店。尤其是在纺织、钟表和珠宝方面，零售贸易的地域差别很大。例如纺织品，在瑞士东部和接近法国的西部很是不同。在日内瓦，店家的商品销售范围不大，还有诸多的小商店，而在苏黎世，主要是中型商店，还有大的连锁店。

网上销售是近年兴起的新型零售方式。尽管与其他欧美国家相比，瑞士人对于在线购物和网上拍卖显得比较谨慎，但人们对网上购物的兴趣也大为增长，并且追求时尚。据估计，瑞士一半的成年人经常上网，这一潜在市场约有 340 万人，目前约有 15.3 万人对网上购物感兴趣，大约 3.4%的瑞士人参与 eBay 和 Ricardo. ch 网上拍卖，4.5%的瑞士人利用各商场的在线销售进行购物。2000 年圣诞节期间瑞士人通过互联网购物的交易额达 8600 万欧元，圣诞节期间的购物消费占全年商业营业总额的 29%。瑞士最大超市米格罗的网上生活用品超市 LeShop. ch 是瑞士最大的销售网，2003 年营业额达到 2320 万瑞郎，比上年提高了 50%。2004 年，拍卖网站 eBay 在瑞士以 120 万瑞郎拍卖了一辆法拉利跑车，创下了近年来的拍卖最高纪录。

长期以来，在瑞士大多数的州，商店开门时间是被严格限定的。20世纪 80 年代以来，欧洲出现贸易自由化趋势，商店营业时间更为自由，瑞士也相应发生了变化。2004 年 9 月，瑞士联邦通过议案，放宽了对商店营业时间的限制，规定各机场和 25 个主要火车站的商店在星期日可以照常营业。据估计，此举每年可以增加 2000 万瑞郎的商业收益。

二 银行业

瑞士银行业具有悠久的历史。早在 13 世纪，意大利银行就在瑞士设立了分支机构，承办汇兑等业务。14 世纪，商人银行家和货币借贷者已经活跃在日内瓦。16 世纪，在一些商人的组织下，瑞士出现了银行的雏形，银行业逐渐从经济部门中独立出来。18 世纪，瑞士出现了第一批少量的银行。1755 年，瑞士第一家银行在苏黎世成立，后发展成为瑞士最大的私人银行。1906 年，瑞士首次公布银行业统计情况：银行有 317 家，资产负债总额 64 亿瑞郎，为当年国民生产总值的 2 倍。20 世纪初，瑞士已经是全球重要的债券市场、外汇交易和资产信托管理中心。"二战"后至 20 世纪 80 年代末，瑞士银行业的资产负债总额增长了 50 倍，达到国民生产总值的 3 倍。2002 年，瑞士的银行机构有 375 家，总产值 444. 61

亿瑞郎，在瑞士本土的员工有 12.5 万人。2012 年，银行机构 297 家，总资产 27782.79 亿瑞郎，年利润 70.89 亿瑞郎（见表 4－11），员工 12.89 万人，女性占员工总数的 37.8%。

表 4－11　瑞士银行的总资产和利润（2012）

银行类别	机构数（家）1990 年	机构数（家）2012 年	总资产（百万瑞郎）	比上年增长变化（%）	年利润（百万瑞郎）	年损益（百万瑞郎）
总计	495	297	2778279	－0.5	7089	6903
州立银行	29	24	482278	7.3	2369	—
大银行	4	2	1364750	－7.0	183	—
地区和储蓄银行	204	66	104307	3.2	397	—
瑞士贷款协会	2	1	164670	5.6	605	—
其他银行	218	163	506384	－0.4	3071	168
外国银行分行	16	28	94121	65.7	239	79
私人银行	22	13	61768	13.5	225	11

资料来源：瑞士国家统计局。

经过几个世纪的发展，瑞士已是世界上银行密度最高的国家之一，金融网络极为密集，人称"银行的王国"。根据历史的和金融的标准，瑞士的银行分为七类：州立银行、大银行、地区和储蓄银行、瑞士贷款协会、外国银行分行、私人银行及其他银行。

（1）州立银行。州立银行是瑞士联邦国家的标志之一，它的建立是1850 年工业化和铁路快速发展的直接后果。州立银行由各州政府依照本州法律批准设立。沃州、楚格州、汝拉州、瓦莱州和日内瓦州的银行是混合股份制，另外 19 家州立银行都是具有独立法人地位的官方性质银行机构，其自有资本来源于州，所获盈利的一部分也必须按所在州的《银行法》缴纳给州政府。州立银行由州来承担经济责任，只有日内瓦州、沃州银行除外，但它们受州有关机构直接管辖。州立银行是综合性银行，其优势在于储蓄及地产抵押业务。在资产管理、有价证券和外汇交易、小型信贷、出口信贷及租赁等业务上，州立银行为其所在州的企业提供了诸多便利。苏黎世州银行是最大的州立银行，排名第二、第三位的是沃州银行和日内瓦州银行。州立银行于 1907 年联合成立了瑞士州立银行协会。

（2）大银行。从资产负债总额和业务量来看，大银行在瑞士银行业中占据了最重要的地位。大银行原有 8 家，经过多次合并和重组，特别是 1993 年和 1997 年两次重量级的"大象联姻"，现只剩下瑞银集团（UBS）、瑞士信贷集团（CSG）两家。1997 年 12 月，原瑞士联合银行和瑞士银行集团合并为瑞士联合银行集团（即瑞银集团），投资资产总计 2.23 万亿瑞郎，拥有员工 7.9 万人，是世界排名第一的资产管理公司。2008 年受金融危机牵连，亏损高达 208.9 亿瑞郎，同时经历了"逃税风波"冲击。2009 年营业额为 393.56 亿美元，利润额为 −25.20 亿美元，资产额为 12970.86 亿美元，雇员 65233 人，居于世界 500 强企业第 73 位。瑞士信贷集团成立于 1856 年，2009 年营业额 476.58 亿美元，利润额 61.93 亿美元，资本额 9979.94 亿美元，拥有员工 4.76 万人，名列世界 500 强企业第 139 位。大银行的主要业务是：资产管理、股票交易、外汇交易、贵金属交易、信用证、担保及金融衍生物交易。在瑞士银行业中，大银行的资产负债总额占到 64%，雇员人数占 52.7%，国内信贷业务和地产抵押业务分别占 40% 左右，瑞士银行间业务也主要由其承担。

（3）地区和储蓄银行。其业务领域与州立银行相似，主要局限于商业业务，但是地区范围更小。为了适应竞争形势和区域经济发展需要，地区和储蓄银行的功能也在向综合型发展。地区和储蓄银行主要集中在伯尔尼和阿尔高两州，新阿尔高州银行是其中最大的银行。

（4）瑞士贷款协会。创始人是一个名叫弗里德里希·威廉·赖夫爱森（Friedrich Wilhelm Raiffeisen）的瑞士人。协会总部设在圣加仑，拥有 722 个会员，采用合作社组织形式，服务对象主要是合作社成员，向其提供信贷、抵押业务服务，由于资金力量有限，协会下设有本行业的"中央银行"，为其成员提供资金上的支持。协会的分支机构在瑞士银行业中数量最多，主要分布在农村及城郊地区。

（5）其他银行。分为瑞士控股银行和外资控股银行两大类。瑞士控股的银行有商业银行、其他金融机构等。商业银行多为综合性银行，业务重心是向工商界发放商业贷款和经营抵押业务，Leu 银行是最大的一家商业银行。其他金融机构有专门从事股票和有价证券交易和资产管理的金融机构，最大的一家是日内瓦的 Union Bancaire Privee 银行。还有从事个人贷款、消费贷款及典当业务的金融机构。此外还有其他难以划分类别的银行。外资控股银行是指，按照瑞士法律建立，外国人间接或直接持有半数以上的股本的银行，或者外国人以其他方式拥有控制权的银行。20 世纪60 年代以后，外国人直接或间接地通过投资或者购买股票，将一些瑞士银行 50% 以上的股权买下，这些银行由外国人控制，或是由外国人施加很大的影响。

（6）外国银行分行。是指外国银行在瑞士设立的、非独立的分行。它们与外资控股银行统称为外国银行。

（7）私人银行。历史最为悠久，组织形式多样。债权不仅包括银行资本，还包括业主的私人财产。其主要业务为有价证券交易、资产管理、股票交易等，极少从事商业金融服务。

除州立银行外，其他各类银行的设立均需经过联邦银行委员会审批。在瑞士境内设立的外国银行分行或外国银行分支机构、代表处等，必须依照瑞士法律开展业务活动，同时还必须向瑞士国家银行即瑞士的中央银行保证遵守和维护瑞士的信贷和货币政策，并向瑞士国家银行提供业务范围以及该银行与国外组织关系的材料。

金融业协会组织有：瑞士银行家协会、瑞士银行集团（伯尔尼）、瑞士州银行协会（巴塞尔）、瑞士地区银行监督协会（苏黎世）、瑞士信贷投资银行协会、商业行政银行协会、外国银行协会、私人银行家协会、储蓄所协会等。这些协会组织属于非官方性质的机构，代表金融界的利益，与政府沟通和对话，开展信息服务和综合协调。

瑞士银行业的显著特点如下。

第一，全能银行体制。瑞士法律不对商业银行和投资银行业务加以区分，并准许银行管理客户的资产。银行可以从事所有的银行业务，包括吸收存款、发放贷款、支付交易、证券交易、贵金属和外汇交易、资产管理、保管服务、承销证券等。传统上，只有大银行才真正从事几乎所有金融服务领域的业务，包括证券交易，中小银行则是各有自己擅长的专业领域。长期以来，在银行体系之外，并不存在一个独立的证券业。只是近年出现非银行证券公司之后，才有了单独制定瑞士证券法的必要。

第二，国际资产管理。瑞士金融机构总收入的一半来自资产管理账户。按照瑞士国家银行的统计，1998 年年末，瑞士银行为顾客所管理的证券有 3 万亿瑞郎，其中 1.6 万亿瑞郎是外国顾客的。另外还有 1.2 万亿瑞郎是在银行账户和信托投资中，其中有 6000 亿瑞郎是外国客户的。瑞士银行已有多年的提供离岸私人银行服务的成功经验，管理着世界上约1/3 的海外金融资产，在快速增长的资产管理领域居于全球领先地位。2001 年，由瑞士银行管理的顾客账户资产达 3.32 万亿瑞郎。2002 年，由于股票交易的急剧下降，银行管理的顾客账户资产下降了 14%，为 2.86万亿瑞郎。根据波士顿咨询集团统计，在全球跨境私人银行业 2011 年管理的财产中，瑞士占 27%。

第三，高度国际化。瑞士银行的国际化进程起源于 1848 年，当时的革命封锁了瑞士向传统地区德国和法国的投资，瑞士银行不得不转向南美、英国和苏联，以寻求资本出路，并由此逐步确立起瑞士银行的国际形象。瑞士银行国际化经历了一个历史发展过程。20 世纪 60 年代，银行只有 10% 的资产和负债来自外国。20 世纪 90 年代，由于大银行和外国金融机构的全球性活动，来自外国的资产和负债占到 50%。瑞士联合银行和瑞士信贷集团，已经进入世界领先的跨国银行之列。银行国际化也表现在瑞士银行业的结构变化上。1993 年，瑞士有 529 家银行和金融机构，其中 215 家是在外国控制之下。2002 年，设在瑞士的外国银行分行和外资控股银行总计 147 家，分支机构 326 个。

第四，个性化综合服务。在日益激烈的世界竞争中，金融机构将自己的服务项目和业务条件，与其竞争对手的项目和条件简单地加以区别更为困难，产品的技术创新所创造的竞争优势也是十分有限的。因此，金融服务质量成为关键性因素。瑞士银行在金融服务质量方面享有良好的声誉，诸如提供多种语言服务，客户指令加工中的低差错率，严守秘密的职业品行，访问客户的细致礼貌等，这些都是瑞士银行业为世人所称道的优点。

第五，顾客保密传统。1934 年，瑞士《联邦银行和储蓄银行法》诞生。法律明确将违反银行保密规则的行为规定为犯罪。"银行保密"的理念具有了法律效力。瑞士银行界认为，"银行保密"的目的不是保护银行，而是保护客户，所以使用"顾客保密"一词也许更为确切。自 20 世纪 60 年代以来，"顾客保密"的概念已经牢固地植入瑞士国家的价值体系，并且深入人心，成为瑞士金融中心的一大法宝。

《银行保密法》是瑞士银行法律的重要组成部分，它保护经济和顾客的私人领域，保证遵从顾客的要求进行金融交易，这是瑞士金融中心的基石。《银行保密法》与《联邦银行和储蓄银行法》是一致的，违反保密法要受到严厉的惩罚，包括高达 5 万瑞郎的罚款和长达 6 个月的监禁。银行保密制度在于防止客户的信息资料在未经许可的情况下对外泄露，向本国和国外客户提供广泛的保护。

《银行保密法》在实行中要受到一定的限制，例如在犯罪调查，或者公众利益受到威胁和损害的时候，银行有责任确定顾客的身份，尽其所能确定银行存款没有犯罪来源。同时，银行保密制度并不为那些违背瑞士法律的可疑存款提供任何保护。在必要的情况下，如税务欺诈案件，法院可以冻结银行保密制度，根据外国当局的请求提供司法援助。由于瑞士的税收制度建立在自我申报原则上，因此对于逃税案件，司法部门不提供司法援助。

三 保险业

瑞士现代保险业起源于 19 世纪上半叶，当时出现了独立保险公司，在业务经营方面没有地域和人员限制，到 1913 年瑞士有 31 家保险公司。如今，瑞士是全球保险业最为发达的国家之一，在保险专业领域居世界前列。苏黎世金融服务集团和瑞士再保险公司是国际知名的大保险公司，1998 年进入全球企业 500 强之列。2001 年，瑞士的人均保险费支出近4400 美元，世界排名第一，比排名第二的日本高出约 900 美元，比排在第三、第四位的英国和美国高 1000 美元。

瑞士的保险涵盖私营保险业和社会保险体系。关于社会保险体系的内容，参见本章第九节，这里只涉及私营保险业。私营保险业提供的服务划分为直接险和间接险，直接险又分为寿险、事故与伤害险两类；间接险主要是指再保险业务。私营保险公司的经营方式多元化，有的只经营一个或少数几个险种，有的经营几乎所有主要险种，有的仅限于某地区范围之内，有的扩展到国际市场。2012 年瑞士私人保险收支情况，详见表 4 - 12。2012 年，瑞士有 207 家私人保险公司，经营直接险的公司 146 家，其中瑞士公司 100 家，外国公司 46 家；经营再保险的公司 61 家。

表 4 - 12　瑞士的私人保险收支情况（2012）

单位：百万瑞郎

保险类型	保险费收入	支出	保险类型	保险费收入	支出
人寿险	33413	27395	再保险	33698	18885
事故与伤害险	48743	30621	总　计	115854*	76901*

注：保险费收入和支出包括国内和海外。

资料来源：瑞士国家统计局。

直接险大约占总保费收入的 75%。寿险、事故与伤害险在直接险的保费收入中几乎各占一半，2002 年分别为 49% 和 51%。寿险的投保形式多样，可以个人投保，也可以集体投保；保费可一次性缴纳，也可分期缴纳。事故与伤害险包括事故险、第三者责任险、火险、运输险以及其他险。2009 年，在经营直接险的 150 家公司中，有 25 家做人寿保险，其中 4 家外资公司，另外 125 家做事故和伤害保险，其中 43 家是外资公司。

间接险主要指再保险业务。再保险业大约占总保费收入的 25%。瑞士的再保险业在世界上居领先地位。著名的瑞士再保险公司创建于 1863 年，是世界四大再保险公司之一，在国际上被公认为风险转移组合最多元化的全球再保险公司，其资信状况被标准普尔公司评定为最高的 AAA 级。公司总部设在苏黎世。员工约 9000 人，在世界上 30 多个国家共设有 70 多家办事处。2009 年营业额为 307.45 亿美元，利润额为 4.66 亿美元，资产额为 2328.05 亿美元。2015 年居于世界 500 强企业第 146 位。2014 年瑞士再保险公司的营业额 371 亿美元，利润额 35 亿美元，资产额 1975 亿美元。

苏黎世金融服务集团，成立于1872年，是以保险为核心业务的金融服务集团。1997年与英国烟草集团BAT下属金融保险业务分部（BASF）合并，总部设在苏黎世。重组后的苏黎世金融服务集团，成为世界十大保险集团之一。2014年营业额为730亿美元，利润额为39亿美元，资产额为3900亿美元，雇员约5.5万人，2015年居世界500强企业的第78位。

由于每年都有大规模的资金流入保险部门，为了保证各种偿付的需要，同时壮大资金实力，补充自有资本之不足，保险公司通常将保费等收入进行各种再投资业务，如房地产、有价证券等。2002年，各类保险机构的投资总额达到4510亿瑞郎，比1990年增长了近两倍。2012年保险机构的投资总额为5288亿瑞郎。

四　旅游业

在瑞士41284.98平方公里的土地上，耕地只占6%，矿产奇缺，没有工业所需要的原料及能源。然而，多种多样的地形地貌，千变万化的自然景观，古老城镇和乡村的文化魅力，使瑞士拥有丰厚的旅游资源，成为瑞士旅游业赖以生存的基础，成就了瑞士的旅游业。

（一）旅游业的发展

旅游者大量涌入瑞士是在18世纪末"大旅行"风潮时期，从此瑞士成为欧洲人的疗养胜地。19世纪，英国旅游者将瑞士作为旅游景点标在地图上，英国人称瑞士为"欧洲游乐园"。欧洲第一批旅行商之一托马斯·库克（Thomas Cook）于1863年组织了首次瑞士旅游。作家和登山者如爱德华·怀普（Edward Whymper）、亨利·伦先生（Sir Henry Lunn）都广泛地传播了阿尔卑斯山的名声。瑞士的旅游业，无论是旅游人数，还是旅馆床位数目，在1914年前都达到了高峰。

现代意义上的旅游业始于19世纪中叶。随着交通工具的进步，来自欧洲各国特别是英国的游客猛增，瑞士旅游业飞速发展。四通八达的交通网络，世界一流的酒店管理技术，加上品质优良的瑞士手表、古朴耐用的瑞士军刀、美味可口的瑞士巧克力等特色商品，同时欧洲大文豪卢梭、拜伦、雪莱、歌德的讴歌和赞美，广泛吸引了世界各地的旅游度假者，瑞士也由此赢得了"世界花园"的美名。

第二次世界大战以后，瑞士的旅游业出现了迅速的增长。1950~1970年，旅馆（包括疗养院）的游客过夜数（包括国内外游客）从1900万人次上升到3600万人次，增加了近一倍。20世纪70~90年代，旅馆（包括疗养院）的游客过夜数（包括国内外游客）一直超过3300万人次，1972年为3690万人次，1990年达到3775万人次的最高峰。1991年开始下降，1997年回升。2000年美国"9·11"事件对旅游业产生一定影响，但2000~2001年的游客过夜数仍然保持在3500万人次左右。2005年和2006年游客过夜数分别为3290万人次和3640万人次。2008年再度达到3730万人次的高峰。2012年，旅馆的游客过夜数为3476.6万人次，受金融危机影响连续下降。

20世纪30~90年代，到瑞士旅游的外国游客构成发生了明显的变化。1937年，在瑞士过夜的外国旅客为800万人次，其中英国人最多，为200万人次，其次是法国人和德国人。到1978年，外国游客过夜数为1900万人次，其中德国人最多，其次是法国人、美国人和比利时人。1980~2000年，外国游客过夜数基本上保持在1990万人次左右，其中欧洲人最多，然后依次是北美洲人、亚洲人、非洲人和大洋洲人。亚洲游客增长最快，20年间增加了整整一倍。2012年，外国游客过夜数为1907.6万人次，约占总数的54.8%（见表4-13）。外国游客主要来自德国、英国、法国、美国、意大利和荷兰。与上年相比，来自欧洲、非洲、美洲以及亚洲其他国家的游客过夜数全线下降，唯有中国内地和香港地区分别增长了26.8%和20.4%。

表4-13 瑞士旅游业2008~2012年的发展情况

项 目 年 份	2008	2009	2010	2011	2012
床位数（张）	270487	273974	275193	273969	271168
游客数（千人）	15997	15564	16203	16229	16298
其中:外国游客（千人）	8608	8294	8628	8534	8566
过夜数（千人次）	37334	35589	36208	35486	34766
其中:外国游客（千人次）	21508	20164	20443	19734	19076

续表

项目 ＼ 年份	2008	2009	2010	2011	2012
人均过夜数（夜）	2.3	2.3	2.2	2.2	2.1
其中：外国游客人均过夜数（夜）	2.5	2.4	2.4	2.3	2.2
床位总利用率（％）	37.7	35.6	36.0	35.5	35.0
床位净利用率（％）	44.5	42.6	42.9	41.9	40.8
来自在瑞外国游客的收入（百万瑞郎）	15597.6	15376.6	15355.6	15185.4	14983.5
瑞士人在外国的旅游支出（百万瑞郎）	11781.8	11846.7	11643.5	12127.6	12941.6
盈余（百万瑞郎）	3815.8	3529.8	3712.1	3057.9	2041.8

资料来源：瑞士国家统计局。

2011 年世界旅游组织发布报告，在最佳旅游投资目的地的排行榜上，瑞士蝉联第一。瑞士在监管框架、卫生安全政策、对旅游业的重视、基础设施建设、人文自然条件等诸多方面为旅游业的发展提供了良好环境，成为最具吸引力的旅游投资目的地。

（二）旅游业的经济地位

旅游业是瑞士的支柱产业之一，对国民经济和人民生活具有重要的意义。瑞士旅游业在世界上也享有很高的知名度。根据世贸组织的统计，2002 年，按照接待游客数排序，最高的是法国，为 7700 万人次，瑞士为 1000 万人次，居世界第 19 位。1990 年瑞士曾经达到第 11 位。在以往的瑞士国民经济统计中，旅游业不作为一个独立的部门加以统计。后瑞士根据联合国、世界贸易组织、经济合作与发展组织的规定，建立了关于旅游业的从属账户（卫星账户），并入国民经济总账。

旅游业是瑞士重要的创汇行业，仅次于化工医药业和机械制造业，占出口收入的 5.4%（2009），位居瑞士举世闻名的手表业、银行业之前。多年来，瑞士旅游业的国际收支一直呈现盈余，外国游客在瑞士的消费高于瑞士人在外国的旅游消费。1970 年，瑞士来自外国的旅游收入是 32.6

亿瑞郎，瑞士人在外国的旅游支出是 13.7 亿瑞郎。1980 年，瑞士来自外国的旅游收入是 56.0 亿瑞郎，瑞士人在外国的旅游支出是 40.6 亿瑞郎。1990 年，外国旅游收入突破了 100 亿瑞郎，达 102.9 亿瑞郎，瑞士人在外国的旅游支出 81.5 亿瑞郎。2000 年，瑞士来自外国游客的收入达 131.25 亿瑞郎，瑞士人在外国的旅游支出是 107.18 亿瑞郎。2012 年，瑞士来自外国游客的收入为 149.83 亿瑞郎，瑞士人在外国的旅游支出为 129.41 亿瑞郎。

旅游业创造了国民收入。瑞士旅游业的总收入，1980 年为 107.32 亿瑞郎，其中 52.2% 来自外国游客；47.8% 来自本国游客。1990 年为 155.59 亿瑞郎，其中 58.2% 来自外国游客；41.8% 来自本国游客。2000 年为 228.03 亿瑞郎，其中 57.6% 来自外国游客；42.4% 来自本国游客。2001 年为 223.42 亿瑞郎，其中 56.7% 来自外国游客；43.3% 来自本国游客。在旅游业总收入中，旅馆及疗养院约占 44%；非标准旅店约占 12%（2000）。旅游业总收入占国内生产总值的比重，1980 年为 6%；1990 年为 5.6%；1991～2001 年为 5.3%～5.6%。

旅游业扩大了劳动就业。旅游业是劳动密集型行业，提供了较多的劳动就业岗位。2002 年，旅游业从业人员 20.8 万人，约占就业总人数的 5.4%。旅游业的产业关联度高，带动了诸多相关和配套行业、部门的发展，如商业、交通、银行、保险、文化事业部门等。根据 1998 年的统计，游客的旅游支出总计 306.1 亿瑞郎。其中旅馆和饭店方面的花费占 36%，另外 2/3 的支出花费在其他相关行业和部门，如客运交通（25.7%）、零售商业（23.4%）、旅行社（5.7%），以及娱乐、文化、体育和健康服务等。

旅游业对于瑞士的边界地区、阿尔卑斯山区的经济具有特别重要的意义。从旅馆床位的分布来看，62% 在阿尔卑斯地区。

旅游提高了国民的生活质量。旅游是高级的文化消费活动，在物质生活比较富裕的基础上，瑞士人民普遍重视国内外的旅游活动。瑞士人最喜爱的旅游胜地是法国、西班牙、意大利、德国。1999 年瑞士人出国旅游 1201.2 万人次。2009 年，瑞士人外出旅游（过夜）1700 万人次。61% 的瑞士人前往国外旅游，目的地主要是近邻德国、法国、意大利，平均过夜数 2.7 夜。瑞士人的旅游支出，1980 年为 91.9 亿瑞郎，其中国内旅游支出 51.3 亿瑞郎，占 55.8%。此后国内旅游支出所占比重下降，基本上稳定在 47% 左右。瑞士人的旅游总支出，1990 年为 155.59 亿瑞郎，其中用于国内旅游的支出为 74 亿瑞郎，占 47.56%。2000 年为 203.95 亿瑞郎，其中用于国内旅游的支出为 96.77 亿瑞郎，占 47.45%。2001 年为 203.84 亿瑞郎，其中用于国内旅游的支出为 96.69 亿瑞郎，约占 47.43%。

（三）旅游设施

瑞士建有多层次、多功能、充分完备的旅游设施。根据瑞士国家统计局的统计，瑞士的旅游基础设施分为两大类，一类是旅馆，包括疗养院在内；另一类是非标准旅店，包括私人度假住宅、露营和汽车旅行、集体膳宿、青年旅社。

旅馆及疗养院是旅游设施的主体。旅馆还包括饭店、膳宿公寓、客栈、附有停车场的汽车游客旅馆等。疗养院还包括疗养所、高山诊疗所、风湿病诊疗所、疗养浴场等。瑞士旅馆及疗养院的床位，早在 1912 年就已达到 21.1 万张。1970～2001 年，旅馆及疗养院的床位基本上保持在 26 万张左右，1975～1985 年曾经达到 28 万张，1999 年为 26.45 张，2009 年为 27.39 万张，2012 年为 27.11 万张。2001 年，旅馆及疗养院共有 5777 家，其中旅馆 5722 家，疗养院 55 家。2009 年旅馆及疗养院共有 4866 家。旅馆高、中、低档次搭配合理，可以满足各类旅客的需求。瑞士的旅馆大多数是中小规模的企业，3/4 的旅馆的床位数不超过 50 张。2009 年，旅馆床位的平均利用率为 42.6%，2012 年为 40.8%。旅馆床位的利用率有季节和地区的差异。夏季利用率为 44%，冬季为 40%。大城市的旅馆床位利用率最高，如日内瓦 50%、苏黎世 49.3%、格劳宾登 47.3%；最低的是弗里堡、纳沙泰尔、汝拉和东部瑞士地区。2012 年，旅馆及疗养院的游客到达数为 1629.8 万人次；过夜数为 3476.6 万人次，其中外国游客为 1907.6 万人次；平均过夜 2.1 夜。

非标准旅店，包括私人度假住宅、露营和汽车旅行、集体膳宿、青年旅社。非标准旅店所提供的床位数几倍于旅馆和疗养院，2001 年达到

80.4 万张，比 1970 年的 49.4 万张几乎翻了一番。私人度假住宅，1990 ~ 2001 年有 9 万套，提供床位 36 万张。露营和汽车旅行点，1990 年有 635 个，2001 年有 594 个；1990 年提供床位 26.65 万张，2001 年 20.90 万张。集体膳宿，1990 年有 3150 处，2001 年有 3332 处；1990 ~ 2001 年提供床位 22.9 万张。青年旅社，1990 年有 86 家，2001 年 62 家，2009 年 56 家；1990 年提供床位 0.81 万张，2001 年 0.62 万张。2012 年，宿营地的游客到达数为 91.7 万人次；过夜数 296.4 万人次，其中外国游客 120.2 万人次；平均过夜 3.2 夜。青年旅社的游客到达数为 45.9 万人次；过夜数为 91.7 万人次，其中外国游客 38.0 万人次；平均过夜 2.0 夜。

大多数瑞士旅馆都是瑞士旅馆协会的成员。由旅馆协会确定不同的标准，并根据协会的规定排定成员的等级。旅馆的等级分为：豪华级（五星级）、一级（四星级）、旅游级（三星级）、标准级（二星级）、基本级（一星级）。根据星级排列，旅馆的价格定为单人间和双人间。早餐一般包括在房价内，如果额外交费，大多数旅馆还提供半天或全天的膳食。

瑞士有 2.6 万家饭店，众多的酒店、酒吧、茶座等餐饮设施，餐饮业每年收入约 150 亿瑞郎。从业人员和相关人员一般都接受过正规、良好的训练，能操德、法、英多种语言，从侍者到饭店经理，礼貌待客，业务娴熟。瑞士人擅长酒店管理，经验非常丰富。餐饮设施环境优美，清洁舒适，提供的食品精美考究，服务快捷便利，令旅客宾至如归。

瑞士的旅游交通设施完备而先进。全国拥有大型旅游车 10 万多辆，登山铁路专线 50 多条，山区齿轨铁路 94 公里，电缆吊车线 400 多条，滑雪电缆吊椅线 1000 多条。

（四）旅游季节与项目

瑞士拥有美丽迷人的自然风光，交通运输安全便利，旅游内容丰富多彩，服务细致入微。瑞士旅游业规划的游览项目和娱乐活动有 100 多种，从攀登阿尔卑斯山峰到荡舟莱蒙湖畔；从高山滑雪到语言训练；从典雅艺术欣赏到冰河跋涉、深谷探险；从闹市的卡西诺游戏到山间郊外的烧烤野炊，可谓应有尽有。游人一年四季都乐意选择瑞士作为旅游目的地。即使在严冬和酷暑季节，瑞士也是旅游者的天堂。

冬季旅游的时间比较长，大约 120 天。随着滑雪和其他冬季运动的普及，冬季成为山区最重要的旅游季节。许多山间的度假胜地在夏季完全空闲，而冬天又难以完全满足游客的床位需要，因此到处都在修建新的旅馆和滑雪者登山用的吊索设备。瑞士现有 13 条齿轨铁路，50 辆登山缆车，大约有 600 条空中索道，还有 1200 辆上山吊车。瑞士有 200 多座滑雪场。冬季里，瑞士山区的滑雪场景十分特别，在滑雪比赛时，人们或是呼叫着冲下山去，或是环绕冰道横冲直撞。瑞士有 200 多所滑雪学校，每处滑雪场地均设有一所学校，专业滑雪教练有 4000 名左右。滑雪项目很多，有花样滑雪、雪上芭蕾、越野滑雪、跳台滑雪、震动滑雪、滑雪旅行、乘雪橇、滑雪游戏等。圣莫里茨是著名的滑雪游戏区，滑雪者被一匹奔马拖下滑雪道，游戏惊险而刺激。瑞士还有 300 多座天然或人工的滑冰场，可以进行滑冰、冰上溜石游戏、冰上曲棍球等运动。旅游者在冬季还可以选择其他方式消磨时光，如洗温泉健身治病，圣莫里茨也是知名的温泉疗养地。游客还可以乘坐火车旅游，沿途观赏别有情趣的乡村风景。瑞士有 600 多条山区铁路，其中许多条可供冬季游客使用。

2001 年，冬季游客在旅馆登记的过夜数为 1509 万人次，其中外国游客 869.1 万人次，约占到 57.6%。与 1980 年相比，国内游客的过夜数变化不大，外国游客的过夜数增加了 100 万人次。冬季旅馆的利用率为 47%，1980 年为 36.2%，提高了 10.8 个百分点。2001 年，冬季游客在非标准旅店登记的过夜数为 1591.6 万人次，其中外国游客 638.0 万人次，约占到 40.1%。与 1980 年相比，国内游客与外国游客的过夜数分别减少了 14.4 万人次和 12.7 万人次。

与冬季不同，夏季旅游时间只有 90 天。人们选择去湖边、山间或者低地的旅游胜地，尽情享受夏日的美好时光，消费那些在冬季里价格昂贵的游览项目。夏季里，登山是一项主要的运动。瑞士阿尔卑斯山众多的山峰吸引着登山爱好者。在瑞士，海拔超过 4428 米的山峰至少有 39 个，还有许多比较小的山峰也很适合攀登。游客在经验丰富的高山向导的带领下甚至能够穿过冰河。瑞士开设有一些登山学校，如在 Pontresina 的一所学校，可以提供登山培训服务。山间的棚屋适合登山者过夜，有 150 多间小屋属于瑞士高山俱乐部所有。喜爱远足的人越来越多，瑞士全境有 5000公里带有标记的远足小道，黄色标志告知步行者终点位置，并预测徒步时间。游泳运动也很普及，瑞士有 350 多座天然浴场，有成百上千的室内外游泳池，城镇和乡村还建起了可以加热的游泳池，全瑞士带有游泳池的旅馆约 200 家。瑞士全国有 32000 公里的活水即流动水路，有 13.5 万公顷的湖泊可以用来钓鱼。还有湖上赛艇、滑水、漂流、游泳、骑马、高尔夫球、网球、壁球等多种多样的旅游运动项目。

2001 年，夏季游客在旅馆登记过夜的人数为 1863.6 万人次，其中外国游客 1078.6 万人次，约占到 57.9%。与 1980 年相比，国内游客与外国游客登记过夜的人数分别减少了 21.8 万人次和 132.7 万人次。夏季旅馆的利用率为 52%，1980 年为 46.4%，提高了 5.6 个百分点。2001 年，夏季游客在非标准旅店登记过夜的人数为 1773.6 万人次，其中外国游客622.8 万人次，约占到 35.1%。与 1980 年相比，国内游客与外国游客登记过夜的人数分别减少了 269.3 万人次和 295.0 万人次。

（五）旅游业组织

瑞士的旅游业组织有瑞士联邦旅游局、全瑞旅游促进会等。瑞士联邦旅游局是一家半官方的组织机构。其资金的 60% 来自政府，40% 来源于各景区、旅馆上缴的会费。政府是最大的股东，景区和旅馆有股东代表，旅游局长由董事会选举产生。旅游局的主要工作任务是制定全球营销计划，对外推销瑞士的旅游产品。联邦旅游局设在苏黎世，各州、市镇设有分局。

全瑞旅游促进会于 20 世纪初成立，旨在推动瑞士旅游业发展。

五　其他服务业

企业服务业　1991 ~ 2001 年，瑞士的企业服务业持续发展。企业服务包括企业咨询、法律顾问、建筑和规划、广告和私人中介等。这些服务活动在城市比较集中，最为活跃的是楚格州。2001 年，全瑞士企业服务业人员总计为 30.4 万人，占总就业人口的比重为 9.1%，超过平均值的州有苏黎世州、巴塞尔城市半州和日内瓦州，楚格州最高，从业人员占到13.3%。

企业服务业中，有管理咨询和工程咨询两个行业，它们主要是为企业和机构的决策者提供信息咨询服务。管理咨询的业务范围包括公司战略、财务管理和经营、人力资源、营销和共同交流、信息技术、生产和服务管理、项目管理、兼并和收购、经济和商务环境研究、动态管理等。瑞士大约有2000家管理咨询机构，从业人员超过1.7万人。

工程咨询的业务范围包括建筑合同、建设规划、电子和电力系统的设计、化学加工设计、机械系统设计和自动化、软件开发等。它主要是在工程技术领域，围绕工程建设项目提供各种咨询服务。工程咨询的从业人员约有3000人。Hayek Engineering、Helbling 和 Gherzi Management 都是顶尖的工程咨询公司。

会议展览业　瑞士的会议展览业十分发达，具有很强的综合优势。100多年来，瑞士已经成为众多国际会议、重大展览的举办地。瑞士拥有世界一流的基础设施，足够的高档饭店，最新的技术设备配置，还有世界上最为集中的同声传译人员，可以为会议和展览提供便捷而舒适的服务。瑞士每年接待和承办大量的代表会议、专业研讨会、企业行会等，举办各种各样的展览会。瑞士的会议展览业在提升瑞士国家形象、瑞士产品形象、交流国际市场信息和促进对外经济贸易发展等诸多方面发挥着重要作用。

日内瓦是举世闻名的会议之都，自1954年成为国际组织和会议中心以来，每年在日内瓦召开的大小国际会议达到数千次。瑞士的达沃斯是国际著名的会议举办地。35年来，世界经济论坛年会几乎都在这里召开，会议中心拥有30多个可容纳30~1200人的会议室，配备有最先进的通信系统。

瑞士展览会、交易会的协调和促进机构主要有三家，即瑞士贸易促进会、瑞士贸易交易会和展览会、瑞士交易会协会。瑞士交易会协会下属6家贸易展览公司，即巴塞尔博览会公司、伯尔尼博览会合作公司、日内瓦宫展览会公司、瑞士展销会公司、圣加仑奥尔玛博览会公司、苏黎世博览会公司，大约80%的交易会在这6家公司的场地举行。瑞士每年大约举办 150 场展览会和交易会，其中不少是国际性的大型专业展览会，有些在独特技术领域中享有盛誉。著名的展览会有：巴塞尔样品博览会，巴塞尔世界钟表和珠宝博览会，巴塞尔电子、自动化和电气技术博览会，日内瓦国际汽车博览会，日内瓦国际发明展，日内瓦高级钟表珠宝沙龙等。

第五节　交通与通信

一　交通运输

瑞士地形复杂，有崇山峻岭，有平原丘陵，有高原山地，但水陆交通四通八达，以公路和铁路运输为主，快捷便利。在这个多山的国度里，还建有许多隧道和桥梁。交通运输业是支撑瑞士经济发展的大动脉，每年数量巨大的原料进口和商品输出都依靠它来完成。经过多年持续不断的艰苦努力，瑞士建成了世界一流的交通运输体系。瑞士 1990 ~ 2012 年交通运输线路网的情况，详见表 4 - 14。有关统计显示，瑞士在交通基础设施、客车、运输效率三项指标上都高于欧盟国家的平均水平，而交通事故、死亡人数的指标则低于欧盟国家的平均水平。

表 4 - 14　瑞士 1990 ~ 2012 年交通运输线路网情况

单位：公里

交通线路 \ 年份	1990	1995	2000	2005	2010	2011	2012
铁路	5049	5059	5032	5040	5124	—	—
公路	70970	70975	71132	71296	71452	71464	71519
国道	1495	1540	1638	1756	1790	1799	1809
高速公路	1148	1197	1270	1358	1406	1415	1419
州道	18278	18238	18097	18094	18040	18027	18013
镇道	51197	51197	51397	51446	51622	51638	51697
水路	1217	1208	1244	1227	—	—	—
空路	348762	376193	512912	—	—	—	—
管道							
输油管道	239	239	108	108	108	108	108

资料来源：瑞士国家统计局。

联邦政府自20世纪60年代末，就已设立专门委员会对道路建设进行规划。制定规划既要考虑瑞士的地理特点、人口分布状况，还要注意农业用地和环境保护。联邦政府将交通运输业的发展原则确定为：①为全体国民提供便利，保证社会效益。②保护生态，提高效率，节约能源，节省空间。③多种交通运输手段综合运用，互为补充。④提高瑞士的吸引力与竞争力。⑤降低成本，提高收益。⑥使瑞士融入欧洲的发展进程。公共交通政策的主要任务，一是完成必要的交通基础设施建设，保证交通设备的正常运营，同时加以经常性的维护和保养。二是为各种交通运输方式构造良好的环境条件，从而带来有效的收益。

1. 铁路

1844年，首节列车从法国的斯特拉斯堡驶入瑞士的巴塞尔。1847年8月9日，瑞士第一条铁路线在苏黎世和巴登之间投入运营。苏黎世、日内瓦机场火车站先后于1980和1987年开通，成为瑞士交通运输业发展的重要里程碑。1990年瑞士铁路总长度为5049公里，2000年5032公里，到2002年，瑞士的铁路总长度达5063公里，火车站1842个。在全部铁路中，3007公里属于瑞士联邦铁路局（SBB）；245公里属于伯尔尼-勒奇山-辛普朗铁路公司（BLS）；其余路段分属于49家铁路企业，私人铁路公司拥有约2000公里的铁路网。瑞士的铁路蜿蜒曲折，翻山越岭。庞大的铁路网包括700个隧道，隧道总长395公里；要穿过7495座铁路桥，长度近130公里；要穿过大约12300个公路站口；要穿越上、下跨道5720次以上；还要通过约1600个铁路栅栏、道口栏杆。到2010年，瑞士的铁路总长5124公里。

在瑞士境内，穿越阿尔卑斯山的隧道至少有12条，长度3.7~19.8公里。最知名的是哥达隧道，长15公里，于1882年建成。还有辛普林隧道（1906）、劳斯堡隧道（1913）、福卡隧道（1982）、维莱纳隧道（1990年开工）。1992年9月瑞士选民投票通过一项协议，耗资126亿瑞郎，建设"新阿尔卑斯山横贯铁路"（NEAT）工程。这是一条贯穿瑞士全境的南北铁路干线，需要在哥特哈德（Gotthard）和勒奇堡（Loetschberg）两地开凿低海拔隧道，长度分别为57公里和36公里。铁路隧道建成后，可以实现"载重汽车上火车"的构想。1999 年年初，瑞士与欧盟达成车辆过境协议，允许欧盟各国 40 吨以上的载重车限量通过瑞士境内。

铁路在瑞士交通运输体系中发挥着最重要的作用。瑞士的陆地交通每年总计约有 1014 亿人/公里，公共交通占其中的 18%，大约 188 亿人/公里。铁路交通占到公共交通（公里数）的 3/4，约为 145 亿人/公里。瑞士平均每人每年乘火车 47 次，人均 42 公里。瑞士的货物运输总计大约 280 亿公里，其中火车运输约占 87 亿公里。2012 年，瑞士铁路承担了阿尔卑斯山货物运输的 61.8%，净重约 2370 万吨。

瑞士联邦铁路局成立于 1902 年 1 月 1 日，联邦铁路局统一经营瑞士铁路事业。经过一百多年的经营，瑞士联邦铁路局实现了 99.6% 的电气化，铁路线总长超过 3000 公里，拥有各种机车 2508 部，平均日发火车 109 列，客运量 72.4 万人，装载货物量 15.3 万吨。1997 年，营业总额 63.15 亿瑞郎，在瑞士企业中排名第 23 位。但是，垄断经营也导致诸多弊端，使得企业的竞争力下降。1993 年，联邦委员会决定对其进行改革，以增强企业自身活力，保障运输供给，开放市场，促进竞争，同时改善联邦的财政状况。

1999 年 1 月 1 日，瑞士联邦铁路局改组为独立的股份制企业，成为私人有限公司。它具有特殊的法律地位，每年与联邦签订给付协定，此协定须经议会通过。议会为铁路运输业的发展制定相关的框架政策。联邦政府仍然拥有公司的全部股份，联邦和各州分别为该公司的年度预算提供约占 1/3 的资金。联邦委员会拥有董事会成员的任命和撤换权，负责审核企业年报、批准企业预算。董事会负责从联邦委员会提名的人选中挑选组成管委会，并对其实施监督和管理。管委会负责企业的具体经营业务。主要业务部门是客运、货运和基础设施，实行独立经营、分别核算、自负盈亏。近年来，瑞士逐步放开铁路市场，允许本国和外国的国营及私营企业进入铁路运输市场。

2. 公路

早在罗马帝国时期，瑞士就已经修建了贯通全境的公路，南北连接意大利与高卢，东西连接康斯坦茨湖与日内瓦湖。圣哥达大道于 12 世纪建成。此后，几条纵贯瑞士的公路陆续建成，其中 3 条穿越阿尔卑斯山。如今，瑞士境内已经形成纵横交错的公路干线。

2012 年，瑞士公路网总长约 7.1 万公里，分国道、州道和镇道。其中国道 1809 公里，占 2.5%；州道 18031 公里，占 25.2%；镇道 51697 公里，占 72.3%。

据统计，2010 年瑞士人每日出行的距离为 36.7 公里。按出行的目的划分，工作和上学 10.9 公里，购物 4.7 公里，服务和陪同 1.8 公里，商业出行 2.5 公里，休闲 14.7 公里，其他 2.1 公里。往返两地上班，是瑞士上班族的一大特色：在居住区以外工作的人占 69%，在本州之外工作的人占 19%，9/10 的人需要往返两地上班。

瑞士的汽车拥有率很高，仅次于美国、德国和意大利。1980 年平均每 3 位居民大约拥有 1 辆汽车，到 20 世纪 90 年代平均每 2 位居民（包括未成年人和老人）便拥有 1 辆汽车。瑞士居民境内交通的八成依靠私家车辆。在瑞士注册的汽车有 350 万辆，还有 50 万辆摩托车，篷货车和卡车大约也有 50 万辆。

联邦政府提供大量财政资金，用于公路建设投资和国道、主要公路的维修及保养，还有国道网络的运营，以及与公路交通有关的环境保护措施。其余的公路网费用由州和市镇承担。自 1959 年以来，国道建设、保护和运营所使用的资金达到 567 亿瑞郎，其中联邦支付 486 瑞郎，占 86%；州支付 81 亿瑞郎，占 14%。

国道网络于 1960 年建成，后于 1971 年和 1984 年不断扩大。国道网络的建造经过了长期的规划与设计，听取各州的意见，每年对建设项目进行修订。联邦政府负责对全国公路进行监督和检查，由公路局具体实行。新扩建的国道网络于 2015 年完工。穿山公路建设一直是瑞士基础设施建设的重要项目。圣哥达隧道于 1980 年开通，长达 17 公里，是目前世界上最长的公路隧道之一，每日有近 2 万辆车通过这一隧道。国道建设、维修和运营的费用来自一项专用资金。这项专用资金一半来源于石油税收益，其余来自燃料税以及高速公路边沿销售所得款项。2000 年，有 37.4 亿瑞郎归入该专用资金，其中 14.7 亿瑞郎来自石油税；20 亿瑞郎来自燃料税；2.7 亿瑞郎来自高速公路边沿销售款项。联邦政府每年投入国道的 20 亿瑞郎、投入主要公路的 2.3 亿瑞郎都是来自该项专用资金。其他专用和非专用的款项计 12 亿瑞郎。

3. 水运

瑞士境内湖泊河流上的水运是其运输业的组成部分。1990 年，瑞士有水道 1208 公里，1995 年至今为 1214 公里。莱茵河是瑞士唯一的入海水道，莱茵河水运尤其适合大宗货物和集装箱运输。瑞士外贸出口商品的很大一部分是从巴塞尔境内的莱茵河沿岸各港口发送，运往世界各地的。水运也是旅游业的重要运输手段，帆帆点点的轮船每日在湖泊中往来穿行，将游客送往各个风景名胜。在图恩湖上，有一艘名为"布吕姆里萨尔普"的老式汽船深受客人的欢迎。这艘蒸汽驱动的轮船，于 20 世纪初开始行驶，运送的乘客可以多达 800 人，它穿行在现代客船中间格外引人注目。

瑞士拥有一支由 24 艘货船组成的商船队，在全世界 152 个航海国家中排第 56 位。由于瑞士原材料进口量很大，如果没有自己的海运力量，在战争和经济危机时，就会受制于别国。出于此种考虑，瑞士决定发展其海上运输力量，并于 1953 年通过了一部《海上运输法》，对深海航运进行管理。目前瑞士海运总吨位为 82.6 万吨。瑞士 1990～2012 年水路货运工具数量情况，详见表 4 – 15。

表 4 – 15　瑞士 1990～2012 年水路货运工具数量

单位：艘

年份	1990	1995	2000	2005	2010	2011	2012
湖泊	289	219	236	198	244	259	253
莱茵河	205	142	86	74	93	94	95
其中：							
货船	169	104	63	52	74	73	74
远洋、公海	22	21	20	26	37	39	40

资料来源：瑞士国家统计局。

4. 空运

瑞士航空公司于 1931 年成立，由巴塞尔航空公司和苏黎世航空公司合并而成，为公私合营的股份公司，联邦政府以投资方式入股 20.78%，后发展成为世界最大的航空公司之一，在全球的雇员超过 3 万人。瑞士航空公司 1995 年的飞行时间达 234778 小时，乘客 8703270 人，货运量 306617 吨，总收入约 53 亿瑞郎。1998 年，瑞士航空公司的营业额高达 112.97 亿瑞郎，被称作瑞士的"空中银行"。成立以来，以瑞士国旗的红底白十字为其标志的瑞士航空公司，已成为瑞士人的骄傲和自豪。

克劳斯航空公司（Cross Air）是瑞士航空公司集团所属的另一家较小的航空公司，主要经营瑞士境内航线和包机业务。

2000 年，瑞士航空公司定期航班利用率 73.3%，飞行 419433 小时，承运货物和邮件 368550 吨，全公司营业额 162.29 亿瑞郎，亏损 28.85 亿瑞郎，几近破产。2001 年 10 月 28 日，瑞士航空公司因财力空虚，加之"9·11"事件的沉重打击，最终陷入困境，不得已宣布倒闭。克劳斯航空公司经过重组，取代了原瑞士航空公司，维持瑞士国际客、货运航线。

瑞士国际航空公司目前可以飞往 41 个国家的 70 个目的地。欧洲航线有 43 条，覆盖欧洲大陆主要国家和地区。洲际航线有 27 条，通往南北美洲、中东地区、亚洲和非洲。2004 年，瑞航航班的平均上座率达到 74.9%，比上年提高 2.5%，洲际航线的上座率更是高达 81.3%。2009 年和 2010 年的上座率分别为 76% 和 79%。瑞士 2005～2010 年的航空运输情况，详见表 4 – 16。

表 4 – 16　瑞士 2005～2010 年航空运输情况

年份	2005	2006	2007	2008	2009	2010
飞机(架)	3841	3822	3813	3765	3685	3705
航班(次)	404428	394174	408880	419474	398396	404921
乘客(人)	30860051	33487883	36067164	37995844	37235027	39009046

资料来源：瑞士国家统计局。

苏黎世机场和日内瓦机场是瑞士最重要的国际机场。苏黎世机场建于1948年，2004年完成了历时4年的扩建工程，成为欧洲最现代化的机场之一。每天约有7.2万人前往苏黎世机场，从这里可以飞往世界各地120个目的地。日内瓦机场的一部分建在法国境内。巴塞尔机场只有南面登机口在瑞士境内，其余部分位于法国及德国境内。伯尔尼机场和卢加诺机场的飞行航线仅限于欧洲国家。瑞士的小型民用机场萨梅丹（Samedan），位于圣莫里茨附近，海拔1707米，是欧洲最高的机场。

瑞士的重要机场都位于瑞士边境附近，涉及与邻国的关系。2000年，应德国方面的要求，瑞士与德国达成一项新的协定，内容包括减少飞越德国领空的次数，对禁飞时间规定了更多的限制。

二 邮电通信

瑞士的邮电业比较发达。全国有600条邮车线路，总长7500公里。瑞士邮政公司成立于1675年，历经时代变迁，成长为现代化的企业集团。2011年，公司利润9.04亿瑞郎，营业收入85.99亿瑞郎，邮政储户存款881亿瑞郎，邮递信件230万封，投递包裹1.07亿个，运载乘客1.24亿人次。2000年，瑞士有固定电话523万部，移动电话464万部，公用电话45万部。2010年，移动电话964.4万部，公共电话16.9万部。全国城乡间及瑞士与欧洲各国、北非、美国用户之间电话都可以直拨，不需经过中继站。瑞士的电信业务主要由瑞士无线电有限公司经营，其业务范围包括：国内通信，国内电报，国际电报、电传，向私人用户出租电信线路，与海上船只无线电联系，航空服务，洲际传递数据，向瑞士联邦气象局提供卫星天气预报，报道时刻信号及再传递自动信息等。

瑞士多年来一直采取"邮电合一"的管理体制。瑞士邮政和电信公司建于1847年，最初由电报业务起家，后发展成为大型国有企业。1997年拥有5.8万名员工，年营业额达110亿瑞郎。瑞士邮政和电信公司长期垄断了瑞士的邮政和电信市场，它直接受联邦委员会管辖，其垄断地位受到国家法律的保护。当邮政部门因运营效率低下而造成亏损时，就由电信部门的利润来弥补，邮政部门每年享受的巨额补贴高达上亿瑞郎。

1997 年，欧洲电信和邮政市场相继开放，瑞士电信公司在国内市场上面临空前激烈的竞争。与实力雄厚的外国同行相比，瑞士电信公司在资金和技术方面均不占优势，如果继续背负补贴邮政的包袱，电信部门也将被拖入困境。根据国际通信业市场的自由化发展趋势和企业自身以及社会的改革需求，瑞士政府决定废除"邮电合一"体制，实行邮电分立，使电信业轻装上阵，同时也将邮电局推上市场竞争的前台。1998 年 1 月 1 日，瑞士邮政和电信公司分离成为瑞士邮局（Post）和瑞士电信（Telecom，后更名为 Swisscom）两个独立的企业。瑞士邮局仍然属于瑞士联邦政府，而瑞士电信到 1998 年 10 月时，已经将 1/3 的股权出售给瑞士公众和外国投资者。

　　1. 邮政业

　　瑞士邮局执行联邦政府委托的任务，在全国各地提供邮政服务，保证经济和社会生活的正常运转。瑞士邮局有 1.9 万辆邮政车，再加上铁路的500 节车厢，每天运行的邮政里程达 50 万公里。邮局还要处理与邮政账户有关的业务，邮政账户约有 240 万个，每年发生约 7.75 亿宗交易。邮政公共汽车有 1945 辆，行车线路长达 10316 公里，每年运送乘客 9500 万人。

　　1998 年 1 月，瑞士颁布了《邮政法》。该项法律明确了邮局的企业性质以及联邦政府与邮局的关系。根据该项法律，邮局是向公众提供邮政服务的国有企业。它自负盈亏，在保证优质服务的同时，确保国有资产不断增值，并且承担对员工"应尽的社会义务"。

　　联邦政府拥有邮局全部股权，享有所有者权益，具体包括：①重大事项决策权。邮局每年向政府提交年度经营报告，必须用数量指标详细说明经营状况，由政府审核批准。邮局每 4 年向政府提交一份企业发展战略报告。②重大人事任免权。政府有权任命董事会成员。③资本收益权。政府在审核年度经营报告时，具体规定国有资本增值指标。这三大职能，统一由交通部行使，避免了政出多门、效率低下的弊端。除此之外，政府不干预企业的经营管理，全权委托董事会主持企业的日常工作。

　　邮政改革当年即收到显著成效。1998 年，瑞士邮局完成营业额 55 亿瑞郎，实现利润 2 亿多瑞郎。政府投入的国家资本金也由 13 亿瑞郎增加到 16 亿瑞郎。瑞士邮政从多年依靠电信部门盈利来补贴亏损的国家行政机构，转变为自负盈亏、年盈利上亿瑞郎的国有企业。

电子邮政的迅速发展对邮政业产生了深刻的影响，极大地改变了传统邮政业的运营方式和工作内容。电子邮件的广泛传播使得传统的信件邮递数量下降，特别是 1997 年以来的变化更为显著，2002 年的邮递数量大致相当于 1990 年的邮递数量，而同期无信纸邮件的传送却增长了 30%。自从 1990 年以来，报纸和包裹的邮寄量也下降了。包裹占邮件市场的份额不断下降，1999 年 85%，2002 年 75%。由于通信技术进步和邮政业的结构调整，瑞士邮局关闭了一系列小邮局，邮政支局的数目不断减少，但是邮政支局在网点覆盖面积和业务销售网络方面仍然占有一定的优势。

伴随通信技术进步和新兴服务业态的出现，瑞士邮局制定新的发展战略，进行结构的转换调整，形成以下四大业务领域：邮政函件、邮政物流、邮政金融和邮政客运。邮政函件包括有名址函件、无名址函件、报刊和电子服务。邮政物流提供包裹、快递、货运、仓储、揽投（pickpost）等多项服务。邮政金融包括支付业务、邮政金融卡、邮政储蓄和企业咨询服务等。邮政客运从最初的邮政运输发展而来，在全国的客运市场占据一席之地。2006 年，瑞士邮局的邮政巴士部转为瑞士邮政巴士旅游公司，为邮局的全资子公司，并成功上市。2013 年，瑞士邮局的营业收入 85.75 亿瑞郎，集团利润 6.26 亿瑞郎，股本金 56.37 亿瑞郎，经济增加值 1.35 亿瑞郎，全职员工 44105 人。

2. 通信业

1998 年 1 月 1 日，欧盟国家全面放开通信服务市场，瑞士与欧盟同步动作，新修订的《通信法》于 1998 年 1 月 1 日生效。按照有关规定，瑞士电信（Swisscom）必须允许竞争者借用瑞士的网络进入市场，双方通过准入谈判签订《联网协议》。在谈判中瑞士必须提供透明的、非歧视性的和依据成本而非盈利的准入条件，从而打破了以往对电话网络及设备安装的垄断权利，私人企业和外资企业纷纷加入市场竞争。

瑞士约有 150 家通信企业。瑞士电信是瑞士最大的通信公司，总部设在首都伯尔尼附近的伊提根（Ittigen），约有员工 2.1 万人。瑞士电信经营一个密集的电话、移动电话和数据传输网，确保卫星通信和广播电视达到最佳效果。它负责维护固定网络内 500 万条以上的电话、电子和综合业务数据网（ISDN）线路，系统基础是一条 43 万公里长的玻璃纤维。该公司在火车站、机场和邮电局设立了约 12500 座公用电话亭，并设电子电话号码簿，使用者可以根据地址或姓名查询电话号码。

瑞士电信于 1998 年 10 月 5 日在瑞士和纽约股市上发行了名为"蓝股"的公司股票，政府占有 65.4% 的股份。该公司仍然属于公共企业，即国有企业的一种形式，但是部分可实行非国有化，甚至私有化。政府只要求公司完成所规定的纲领性的社会服务义务，其他业务均由企业自主安排。瑞士电信采取了较大规模的重组措施，并参股多家欧洲电信企业，谋求共同占领欧洲的通信市场，向现代化的通信服务公司迈进。

瑞士电信经过改革，显著提高了经济效益，1998 年上半年收入增长 5.1%，达到 51 亿瑞郎。面对多种服务价格下降和新通信公司的竞争，瑞士电信 2000 年的营业额达 141 亿瑞郎，2001 年达到 148 亿瑞郎，2014 年为 117 亿瑞郎。

通信市场最令人瞩目的变化是远程通信的兴起和迅速发展。1990～1999 年，固定上网电话从每 100 个居民 57.7 部上升为 68.6 部，到 2002 年下降为 56 部。同期，移动电话从每 100 个居民 1.8 部上升为 40.3 部，增加了 40 倍，仅 1999 年一年就增长了 83%。2012 年达到每 100 个居民 129.5 部。在瑞士，移动电话数量已超过了普通的固定电话数，二者分别是 450 万部和 410 万部。与电视终端连通的同轴或纤维设备也发展很快，1990 年每 100 个居民 25.5 部，2002 年增加到 37 部。2012 年，有线电视用户 280 万户，互联网用户 322 万户。

尽管价格高于固定电话，移动电话仍因携带方便而越来越受到欢迎，这为通信公司带来了滚滚财源，瑞士通信公司的营业额中有很大一部分就来自移动电话用户。瑞士有三家公司提供移动电话服务：瑞士电信、"日出"公司和"橘子"公司。1998 年以前，移动电话市场完全由瑞士电信独家经营。1999 年，"橘子"公司和"日出"公司先后获得了瑞士移动电话经营许可证。2000 年，瑞士电信公司依然处于市场领先地位，用户数接近 300 万，电话网覆盖全国居民区的 98%。但在人口稠密地区，另外两家公司的市场接受程度与瑞士电信不相上下。"日出"公司的用户数为 67.5 万，"橘子"公司的用户数为 77.7 万。2012 年，瑞士移动电话用户数总计达 1041.4 万，比 2007 年增加 220.5 万。

移动电话的使用实际上仅限于通话和发送短信息，并且主要是私人用途。如今在瑞士，短信息服务（SMS）已经成为一种新的联系方式和信息渠道。2000 年，短信息的日发送量超过 500 万条，在 2000 年和 2001 年交替之际，短信的日发送量多达 1680 万条。发送的信息大部分都是新闻事件、体育比赛消息和证券交易行情。2000 年，瑞士联合银行开通了移动电话证券交易服务，股票持有者可以通过自己的移动电话进行股票的买卖交易。

由于新的远程通信工具的普及，公共电话局、电话所自 1997 年以来有所减少。20 世纪 80 年代中期，瑞士每 1000 个居民拥有 6 个电话所，1997 年增至 8.6 个，1998 年 7.5 个，2001 年 5.5 个，2002 年 5 个。公用电话的数量不断减少，2007 年 2.35 万部，2012 年 1.23 万部。远程通信的发展对服务价格产生了很大的影响，1998 年通信费下降了 13%，1999 年下降了大约 15%。

瑞士联邦通信局是瑞士通信产业的综合管理部门，于 1995 年成立，隶属于瑞士交通与能源部。通信委员会成立于 1997 年 9 月 29 日，受瑞士联邦政府管辖。它的工作任务主要是为移动电话供货商、国际电话服务商颁发许可证，对国内通信频道和号码的分配进行规划。瑞士通信协会（Protelecom）是瑞士通信企业的行业组织，有大约 150 个成员，包括设备供应商、网络开发商、服务商和科研咨询机构。

第六节　财政与金融

一　财政

财政制度包括财政活动的地区组织、财政收入在不同国家级别上的分配、税收制度和转移制度。瑞士分为 26 个州（20 个全州和 6 个"半州"），约 2900 个市镇。公共财政体制实行联邦、州和市镇三级核算。从财政分配的角度衡量，三级财政的职责划分是：联邦负责社会福利、交通、财政和税收、国防、国民经济、对外关系；州负责教育、卫生、司法、警察、消防；市镇负责公共管理、环境、土地规划、文化和休闲。税收分为两大类，即收入和财产税、消费税和使用税。三级政府均有权征收收入和财产税，消费税由联邦征收，使用税由州和市镇征收。由于各州、市镇的财力不同，联邦通过转移支付的手段来加以平衡。

"二战"以后，瑞士联邦长期奉行财政收支平衡政策，并且据此确定税收政策，一般不以抗经济周期为目的，旨在平衡预算的基础上提供有效的公共服务。财政政策由联邦政府决定，但是政策的调整需要经过直接民主制的程序，由全民投票而通过。

如同大多数工业国家一样，瑞士政府的作用发生了较大的变化。由于交通、电信和环保等基础设施建设的发展，以及围绕社会福利、援助等分配目标的开支，政府财政支出在国内生产总值中所占的份额显著增加了，公共管理支出所占国内生产总值的比重已经上升为40%左右，但仍然低于大多数欧洲国家。瑞士三级政府的预算赤字合计低于国内生产总值的4%，所有公共部门的债务总计大约相当于国内生产总值的55%，是欧洲债务水平最低的国家之一，财政状况总体运行正常。

1. 财政支出

财政支出采取两种分类方法。一种是按照功能划分，另一种是按照物品划分。

按照功能划分，财政支出的主要项目是学校与研究；经济事务；社会福利；国防、公安、消防和法律保护；卫生事业；行政管理；环境保护；文化、休养与体育；特别服务和对外关系。联邦的财政支出主要用于经济事务、社会福利和国防，并且承担对外关系和特别服务；州的财政支出主要用于学校与研究、经济事务、卫生事业和社会福利，以及公安、消防和法律保护；市镇的财政支出主要用于学校与研究、经济事务、卫生事业以及环境保护。

2008年，联邦、州、市镇三级财政总计支出1870.23亿瑞郎，用于社会保险的为676.84亿瑞郎，占支出总额的36%，而1970年只占20.6%，今后这方面的支出还会增加。2008 年与 1970 年相比，国防支出从 11% 下降为 7.5%；交通支出从 14.9% 降为 8.3%；教育支出维持不变，为 16.7%。

按照物品划分，财政支出分为经常性支出和投资性支出。

经常性支出包括四项，即人力消耗、物耗、应付利息、保险费和赔偿费。经常性开支持续上升。1990 年为 741 亿瑞郎，占总支出的 85.5%；2000 年为 1079 亿瑞郎，占总支出的 88.2%。财政总支出中，约 2/5 用于人力消耗，为 426 亿瑞郎；约 1/5 用于物力消耗，为 206 亿瑞郎。2007 年，经常性支出为 1298.28 亿瑞郎，占总支出的 88.9%。

投资性支出包括三项，即投资物品、贷款和参股、保险费和救济金。投资性支出大量下降，1970 年占 22.6%，1998 年只占 9%。因为在 70 年代，基础设施比较落后，道路、学校、卫生保健机构等建设需要大量的投资。大规模的建设之后，投资受到更多的监督和控制，投资需求也比较稳定。20 世纪 90 年代以来的高赤字和财政紧缩，使投资也受到直接的影响。2000 年，投资性支出为 156 亿瑞郎，约占总支出的 12.6%，其中大约 100 亿瑞郎用于建筑领域投资。2007 年，投资性支出为 161.30 亿瑞郎，占总支出的 11.1%。

自 2008 年起，瑞士的财政支出统计口径发生变化。财政支出，按照物品划分为经常性支出和额外开支，经常性支出分为企业支出、财政支出和投资支出；额外支出包括额外费用和额外投资。2012 年，政府部门的财政支出总额 1964.31 亿瑞郎，其中经常性支出 1945.19 亿瑞郎，占总支出的 99%；额外支出 19.12 亿瑞郎，占总支出的 1%。联邦政府的财政支出 2012 年为 621.88 亿瑞郎。

联邦、州、市镇三级财政支出和强制性的社会保险支出（AHV、IV、EO、SUVA、ALV）统称为公共管理支出。公共管理支出占国内生产总值的比例 1990 年为 31%，2002 年达到 40.3%。在经合组织成员国中，大多数国家的这一比例都高于瑞士，瑞典为 58.3%，法国为 54.0%，德国为 48.6%，欧盟及意大利为 47.7%。低于瑞士的有西班牙、日本和美国，分别为 39.8%、38.6% 和 35.6%。

2003 年公共管理支出占国内生产总值的比重为 37.9%，2008 年

32.5%，2009 年 34.6%，且依然低于大多数经合组织成员国。强制性社会保险所占国内生产总值的比重，1990 年为 7.2%，2009 年为 10%。

2. 财政收入

瑞士的财政收入有两大来源，即各项税收和其他收入。2001 年，瑞士的财政收入为 1308.82 亿瑞郎，各项税收和其他收入分别占 71.6% 和 28.4%。其他收入又细分为规费收入和财产收入。规费收入是公共事业收入和医院收入等。2000 年，规费收入占总收入的 16%。财产收入是利息收入、不动产的红利、账面利润等。1998 年，由于瑞士电信私有化，这部分收入增加较多。2000 年，财产收入占总收入的 6.5%。

2000 年与 1970 年相比，各项税收所占财政收入的比例由 80% 下降为 72.5%。在各项税收中，直接税占绝对比重，2000 年占 51.7%。间接税所占比重，1970 年为 27.5%，2000 年为 20.7%。在税收增长有限的条件下，拓展其他收入渠道，也是增加财政收入的有效办法。在税收所占财政收入比重下降的同时，规费收入的份额提高了，从 12.3% 提高为 17.1%。

瑞士的财政收入（包括社会保险）占国内生产总值的 30.6%（2001），超过美国（28.9%）和日本（27.3%），但是低于经合组织的平均值（36.9%）和欧盟的平均值（41.0%），也低于瑞典（51.4%）、法国（45.0%）、意大利（42.0%）和德国（36.8%）。

与 1970 年相比，2000 年财政收入所占国内生产总值的比重大约提高了 50%。提高的原因首先是社会保险费，特别是医疗保险和失业保险费大量增加。2000 年与 1970 年相比，保险费所占国内生产总值的比例从 5.6% 增长为 12.0%，增长约一倍。社会保险的增长明显超过税收的增长。其次是税收收入增加。2000 年与 1970 年相比，税收收入所占国内生产总值的比重从 18.2% 上升为 23.7%。特别是在 1998 年，结算税和印花税的收入大幅提高。

瑞士的财政收入统计口径自 2008 年起发生变化。财政税收和其他收入，按照物品划分为经常收入和额外收入，经常收入区分为企业收入、财政收入和投资收入；额外收入包括额外收益和额外投资收入。2011 年，政府部门的财政收入总额为 1986.67 亿瑞郎，其中经常收入 1983.55 亿瑞郎，约占总收入的99.8%；额外收入3.12亿瑞郎，约占总收入的0.2%。2012年财政收入为1982.16亿瑞郎，其中经常收入1974.78亿瑞郎，占99.6%。联邦政府的财政收入2012年为638.29亿瑞郎。

3. 财政赤字

1970~1985年，瑞士的公共财政连年出现赤字，但由于社会保险盈余，赤字的规模并不大，基本上占国内生产总值的1%左右。只有1975年和1976年例外，这两年的财政赤字分别占国内生产总值的1.8%和2.0%。公共财政出现赤字的主要原因是公共开支的大幅增加。1970~1979年，联邦财政的经常性支出增长了1.1倍，在经常性支出中，社会福利和公职人员的工资增长了1.5倍，而同期财政的经常收入只增加了87%。瑞士经济严重依赖国外市场，受世界经济周期的影响，国外市场萎缩，国内生产下降，财政收入更加困难。联邦政府想方设法开源节流，冻结公职人员工资，减少社会福利补贴，但是收效甚微。后又两次提出将营业税改为增值税的法案，均遭到公民否决。1978~1980年，赤字分别达到15.2亿瑞郎、23.2亿瑞郎和21.6亿瑞郎。1981年财政状况有所好转，但仍赤字8.1亿瑞郎。1986~1989年，公共财政出现盈余，财政盈余占国内生产总值的比重平均超过1%。

1990年以后，随着瑞士经济步入衰退，以及经济结构本身限制、政府开支加大等多种因素，财政赤字迅速积累，于1993年达到高峰，形成165亿瑞郎的赤字，占到国内生产总值的4.7%。联邦政府采取了紧缩财政的综合措施，包括节约行政经费等。1993~1995年赤字下降，之后又有上升。1998年，联邦政府又将瑞士电信私有化，增加了财政收入。1998年，联邦政府提出《财政目标2001年》，在议会以70%以上的投票获得通过。该计划确定，到2001年，联邦赤字减少10亿瑞郎，赤字最高不得超过联邦财政收入的2%。于2003年第一次推行"债务制动"计划，防止持续出现结构性赤字。各州都要确定一个赤字比例，不得超过。联邦政府的一系列措施收到成效，财政赤字逐渐缩减，1999年尚有250亿瑞郎赤字，到2000年已出现财政盈余，并占国内生产总值的2.6%。2012年，联邦财政收入638.29亿瑞郎，支出621.88亿瑞郎，盈余16.41亿瑞郎。

按照欧盟的统一规定，一国的财政赤字不得超过本国国内生产总值的 3%。赤字占国内生产总值的比例即赤字比率。1970～2002 年，瑞士只是在 1992 年、1993 年，赤字比率分别达到 3.4% 和 3.8%，突破了欧盟的标准。

4. 公共债务

随着财政赤字的发展，公共债务也相应提高。1990～2012 年以来，瑞士公共债务的发展如表 4－17 所示。

表 4－17 瑞士 1990～2012 年的公共债务发展情况

单位：10 亿瑞郎

年份	1990	2000	2009	2010	2011	2012
政府部门	104.8	220.4	209.0	208.2	208.0	211.1
联邦	38.1	108.1	110.7	110.0	110.2	112.3
州	29.2	63.1	52.8	52.5	51.3	50.9
市镇	37.4	49.1	45.3	45.8	46.4	46.6
社会保险	0.1	5.8	5.8	7.4	6.1	6.3
人均（瑞郎）	15503	30595	26846	26456	26148	26265

资料来源：瑞士国家统计局。

公共债务占国内生产总值的比重即为债务比例。瑞士的债务比例 1970 年为 40.1%，1977 年提高到 48.3%，1980 年下降为 42.8%，1990 年进一步下降为 30.9%。20 世纪 90 年代以来，随着高赤字的出现，债务比例也相应提高。1998 年达到 54.4%，1999 年下降为 51.2%，2000 年基本稳定为 51.3%，2001 年下降为 50.3%，2002 年提高到 54.4%，2005 年为 50.8%，自 2008 年下降到 40% 以下，2012 年为 35.7%。

按照欧盟的标准，债务比例不得超过 60%。2002 年，债务比例高于瑞士的国家有：意大利为 121.2%，法国为 67.1%，德国为 62.4%，美国为 61.0%。债务比例低于瑞士的国家有：澳大利亚为 21.3%，挪威为 23.5%。2009 年，欧盟国家的债务比例平均为 78.9%，意大利 115.9%，法国77.7%，德国73.2%，只有卢森堡的债务比例低于瑞士，为14.5%。

随着公共债务的增长，应付利息也随之增加。自1993年起，每年应付利息约占税收收入的10%，而1989年还只是5.6%。2001年，应付利息约为80亿瑞郎，其中34亿瑞郎是联邦支付的。

5. 财政平衡

财政平衡有广义和狭义之分。广义的财政平衡，是指国家在联邦、州和市镇三级的职责划分和为履行其职责而筹措的必要收入的分配。狭义的财政平衡，是指公共财政在三级之间的平衡以及每一级各自的平衡。

财政平衡的方式有纵向平衡、横向平衡、纵横向交叉平衡三种。纵向平衡包括联邦与各州之间的平衡、各州与其下属地方之间的平衡。例如，财力弱的市镇得到州财政的补贴。横向平衡包括各州之间的平衡、各州下属各地方之间的平衡。例如，财力强的州支付给财力弱的州。纵横向交叉平衡既包括纵向平衡，也包括横向平衡。例如，联邦给予各州补贴，财力强的州少得，财力弱的州多得。

联邦根据州的财政潜力和支出负担，制定了州的财力指数，用作衡量各州财力的标准。按照这一指数，财力比较强的州有：楚格州、巴塞尔城市半州、苏黎世州、日内瓦州、下瓦尔登半州；财力比较弱的州有：外阿彭策尔半州、纳沙泰尔州、弗里堡州、上瓦尔登半州、汝拉州、瓦莱州；其他州的财力处于平均水平。

20世纪90年代末，瑞士出台了新的财政平衡计划。该计划的主要目标是强化联邦制度，合理划分联邦和州的权限和职责。该计划于2001年经议会讨论通过，并于2004～2005年执行。

二 税 收

1. 税收体制

瑞士实行联邦、州和市镇三级征税制度，税收立法权主要集中在联邦，各州也有一定的税收立法权。瑞士的税收体制具有明显的联邦特征，联邦、州和市镇都有权征税。除了联邦宪法禁止的或者明确规定联邦保留的税种之外，各州在征税方面是独立自主的。瑞士税法包括联邦税法和

26 个州税法。经过多年的讨论，联邦税协调法案于 1990 年获得通过。联邦政府要求各州在 2001 年之前通过州立法，使所有州的税法与联邦税协调法案保持一致。各州税法的总体原则是相同的，具体内容也有许多相似之处，差别在于纳税收入的定义、扣除额和摊提、税期和税率等方面。各州税务当局除了履行本州权限内的征税职责外，还根据联邦的要求，征收若干联邦税。市镇在本州税法范围内，可以征收附加税。在 2000 年瑞士全国的税收收入中，联邦一级的税收收入占 66%，州一级的税收收入占 20%，市镇一级的税收收入占 14%。

收入是征税的起点。对收入的征税，分为直接和间接两种形式：直接来源于收入和财产；间接来源于消费。直接税和间接税构成瑞士税收的两大税种。直接税是对纳税对象（自然人和法人）行为主体课征的税，由州、市镇和联邦三级政府征收，包括对企业的盈利和资本、对个人的收入和财产所征收的税。间接税是对商品和劳务在生产与交易过程中所课征的税，间接税及其他费用主要由联邦政府征收，是让社会和大众消费者承担的捐税负担。在 2000 年瑞士的税收收入中，直接税占 80.3%，间接税占 19.7%。

联邦税务局设在瑞士首都伯尔尼，是管理国内和国际税收事务的权力机关，业务范围包括联邦直接税、结算税、印花税、赌场税、增值税。该机构履行征税职责，贯彻税收法律，提供税收方面的信息，促进联邦税收的发展，解决国际税务问题。联邦税务局是联邦财政部的下属机构，有职工 1100 人，工作人员来自不同领域，有商人、管理人员、会计员、会计专家、税务专家、经济和法律人士。

2. 联邦主要税种

联邦直接税 现行的联邦直接税起源于第二次世界大战期间，在战争时期首次实行。在 1983 年以前，联邦直接税一直被称为联邦防务税。后来由于该税种不再特别适应军队开支，名称也就随之改变。联邦直接税是联邦政府最重要的收入渠道，主要包括对自然人收入征收的所得税、对法人征收的收益税，是除了州和市镇征收的类似税收之外的，对个人收入、公司或其他法人的利润和净资产进行的征税。它根据纳税人所提出的税收申报书来征收。联邦直接税的征收分散在各州手里，联邦税务局实行监管，必要时加以干预，以保证税收的统一性。联邦直接税采用累进税率。对自然人收入征收的所得税率为 11.5%；对法人征收的收益税率，股份公司和合作社于 8.5%，其他法人团体为 4.25%。

结算税 结算税是对可动资本资产收益征收的源泉税，税率为 35%。资本的债务人经常将结算税转嫁给债权人即投资者。银行结存额、债券利息、股东的红利、其他以货币计价的所得都需纳税。在瑞士定居的资本收益的受领人，只要他为其相应的财产和收益纳税，就可以要求返还结算税；在国外居住的人，只要住在国与瑞士之间签订有避免双重征税协议，就可以部分或全部得到退税款。

印花税 印花税是对特定的经济交易征收的税，包括两类。一类是瑞士股票发行、有限责任和合伙公司的权证、收益权和参股证、债券和货币市场证书，税率为 3%。另一类是保险费支付。人寿、疾病和伤残保险；农业自然灾害保险，如冰雹险、牛险等；再保险；船只、飞机险除外。公共责任和机动车损害险的税率为 1.25%；其他类型保险的税率为 5%。

增值税 20 世纪 90 年代初，增值税已经在大多数欧洲国家推行。1993 年，瑞士联邦议院提出以增值税取代以前的交易税。同年 11 月 28 日，这一提案获得通过。自 1995 年 1 月 1 日，瑞士开始实行增值税。增值税是对商品和服务各个环节征收的消费税，以企业的销售额为计算基数，应税范围是国内全部销售量、国外进口商品和自身消费。货物出口完全免除增值税。年销售额低于 7500 瑞郎的，无须缴纳此税。增值税率 1998 年之前为 6.5%，1999 年开始为 7.6%。日用品税率为 2.4%，例如：水、非餐馆用的粮食和非白酒饮料、牛、家禽、鱼类、谷物、籽种、药剂、报纸、杂志和书籍。与提供住宿有关的劳务所使用的税率为 3.6%。应纳税者必须每三个月自动按照官方的表格申报其交易活动。增值税在联邦政府各项财政收入中居第一位，且呈上升趋势，1970 年的占比为 21.2%，1980 年为 29.3%，1990 年为 35.0%，后因税收制度变化，2002 年下降为 32.6%。2004 年 5 月，瑞士公民投票否决了将现行增值税率提高 1.8 个百分点的提案。

截至 2012 年 12 月，瑞士已签订 85 份双边协定，避免国际双重征税。中国于 1990 年与瑞士联邦签订了关于对所得和财产避免双重征税的协定。

三　中央银行及其货币政策

1. 瑞士货币

瑞士货币名称为瑞士法郎（CHF），简称瑞郎。1 瑞士法郎 = 100 生丁。瑞士货币有 7 种面值的纸币：10、20、50、100、200、500、1000 瑞士法郎；有 7 种面值的硬币：1、2、5 瑞士法郎和 5、10、20、50 生丁。

瑞士法郎属自由兑换货币，币值长期稳定，在国际货币交易中被广泛接受和使用，2001 年，瑞郎在美元、欧元、日元和英镑之后居第五位。

汇率：100 日元 = 0.7784 瑞郎

　　　1 欧元 = 1.0652 瑞郎

　　　1 美元 = 0.9631 瑞郎

　　　1 英镑 = 1.5043 瑞郎（2015 年 7 月 29 日）

瑞士中央银行近年来一直采取宽松的货币政策，维持较低的利率水平，以扶持本国资本和技术密集型产业发展，刺激经济增长，促进出口和就业。瑞士的长期利率比德国、法国、意大利低 2% 左右，低于欧元区国家的利率水平。

瑞郎对美元、日元等主要货币的兑换率，在欧元启动之前主要参照德国马克的走势进行调整，1999 年欧元启动后又易辙追随欧元。瑞士没有参加欧洲货币联盟，不属于欧元区，但瑞士的工商业与欧元密切相关。瑞士银行和瑞士证券交易所为客户提供欧元账户，以欧元进行的银行交易可以自由出入瑞士，对欧元的使用既不强制也不禁止，50% 以上的瑞士机械工业的出口都用欧元结算。欧元与瑞郎的比价波动比较小，振幅一般不超过 3 个百分点。

2. 中央银行

1850 年以前，瑞士的货币、金融事务是由各州分散管理的，国家没有统一的货币。自 1850 年，瑞士设立了国家专门机构管理银行业，瑞士法郎被规定为国家的统一货币单位。此后，联邦的《铸币法》创立了金融法律基础。1891 年，联邦被授予专有的货币发行权。1906 年，瑞士的中央银行法生效。瑞士中央银行称瑞士国家银行，于 1907 年开始经营业务，从而取代了原来 30 多个代行中央银行职能的金融机构。

瑞士中央银行的总部分别设在伯尔尼和苏黎世，下设 6 个代表处，分布在巴塞尔、日内瓦、洛桑、卢塞恩、卢加诺、圣加仑，还有 14 个分支机构负责中央银行业务经营。

中央银行具有双重身份，作为银行的银行，它要与商业银行交往；作为联邦的银行，它又要与不同的联邦部门往来。中央银行按照中央银行法的规定进行组织管理，并接受联邦的监督。中央银行是一个特殊法律形式的股份公司，资本额为 5000 万瑞郎，实收资本 2500 万瑞郎，其中 2/3 为州政府、州银行及其他社团法人所持有，其余部分由私人持有。中央银行的股票是记名有价证券，可以在证券交易所自由交易。联邦政府不是中央银行的股东，以确实保证中央银行的独立性。

中央银行的管理机构有股东大会、银行董事会、银行委员会、审计委员会。股东大会每年 4 月召开一次。银行董事会由 40 人组成，其中 15 人由股东大会选任，25 人由联邦政府委任，董事会成员的人选要照顾到不同经济部门和区域分布。银行委员会由 10 人组成，银行董事会的主席和副主席参加银行委员会，另 8 人由银行董事会选出。银行委员会作为银行董事会的代表，具体监督和控制银行的领导工作。审计委员会由 3 人组成，经股东大会选举产生。银行董事会向联邦政府提交董事会任命的提议。联邦政府任命董事会（3 个成员及其代理人）和董事长。董事会的 3 个成员即中央银行一部、二部和三部的部门负责人。

联邦政府和中央银行在制定重大经济和货币政策之前，互相交换意见和看法，彼此协调措施和办法。1999 年年末，联邦在中央银行的存款为 168.62 亿瑞郎，其中活期存款 1.12 亿瑞郎，定期存款 167.50 亿瑞郎。

根据联邦宪法的规定，瑞士中央银行的职责是：管理货币流通，便利支付交易，保证信贷和货币政策服务于国家的整体利益。其主要任务是：垄断货币发行，执行货币政策，掌握利率政策，管理国内银行结算体系，管理外汇，代理国库等。一般而言，中央银行独立制定货币政策，不受其他政治因素的干扰。

瑞士中央银行在每年 3 月、6 月和 9 月，都对经济、货币形势进行分析和评述，预测下一季度的货币走向，并于 12 月公布次年的货币政策。中央银行在每年的 7 月和 12 月举行新闻发布会，对经济形势和货币政策阐明其立场和观点。

3. 货币政策

中央银行货币政策的首要目标是稳定物价，使经济活动均衡发展，特别要防止和对付通货膨胀。以往，瑞士中央银行采取直接控制"中央银行货币供应量"的办法，来对货币供应量进行调节与控制。自 1990 年，中央银行不再规定货币供应量的年度增长指标，而是确定中期（5 年）的中央银行货币供应量增长指标，这一增长指标应保障价格水平的稳定。在第一个 5 年期间，即 1990～1994 年，货币供应量增长指标确定为不超过 1%。而在第二个 5 年期间，即 1995～1999 年，这项货币计划半途而废，中央银行自 1997 年不再发布 5 年的货币供应量增长指标。

1999 年 12 月，瑞士中央银行公布了对其货币政策计划的调整变化。自 2000 年起，中央银行不再确定货币供应量的增长目标，而是采用新的通货膨胀控制目标，根据对中期通货膨胀的预期做出货币政策决定，核心是价格稳定。价格稳定的含义是指消费价格指数低于 2%。中央银行每年年末对今后三年的通货膨胀发展做出预测，对通货膨胀发展进行预测需考虑所有重要经济指标，如劳动市场状况、国民经济发展、对欧元的汇率等。货币政策转向调控货币市场的利率水平，参考 3 个月的伦敦银行同业贷款利率（Libor），确定瑞士法郎利率的目标幅度，并定期公布。

四　金融市场

瑞士是中、短期资本的分配中心，也是一个长期资本市场。外国游资在瑞士存放安全，调度自由，外汇可以自由兑换，资本输出很少受到限制。瑞士是世界外汇清算中心之一。在瑞士进行的许多外汇交易可以不经过中间商或经纪人，而由银行自己通过电话或者电传进行。1985 年，瑞士继英国、日本和美国之后成为第四大国际金融中心。

1. 货币市场

瑞士的货币市场不是很发达，其主要原因在于：第一，联邦税收制度。瑞士对所有的证券发行和交易都要征收印花税，并对收入预扣所得税。印花税率对国内债务人是 0.15%；对外国债务人是 0.3%。1993 年免除了外国发行证券和银行交易的印花税，但对国内发行证券仍要征收。税收对长期瑞士法郎工具的影响比较小，因为可以在较长时间里分摊。贷款的期限越短，税收的负担也就越重。对短期债务工具来说税率因素影响较大，增加了发行和交易的成本，从而抑制了短期债权市场的发展。第二，联邦债务的规模和构成。由于联邦制的政府结构，瑞士联邦政府的债务比较低，发行量比较小。第三，国内银行体系结构。瑞士银行体系高度集中，资金交易者的流动性需求经常在机构内部即可得到满足。地区银行和贷款协会等小机构有自己的清算体系，不必求助于货币市场。苏黎世州银行是最大的州银行，它作为清算所，为大多数小的机构提供服务。其结果是瑞士货币市场的经常性参与者不超过 50 家，包括中央银行和少数机构投资者，中央银行和大银行操纵了货币市场。第四，货币风险也是限制货币市场需求的原因之一。

2. 资本市场

瑞士资本市场是世界上最活跃、最有效率的市场之一。由于国内储蓄率高，瑞士在 16 世纪就已经开始对外输出资本，在海外发行基金成为瑞士早期资本市场发展的强大动力。瑞士资本市场发达的原因还有：对国际资本自由流动不加严格限制；低水平的通货膨胀率；瑞士法郎是国际承销市场使用最广泛的货币之一；瑞士大银行作为国际资产管理者在世界上发挥重要作用等。

瑞士证券交易所（SWX）是世界上最大的 10 个交易所之一，该交易所于 1995 年由苏黎世、巴塞尔和日内瓦三地的证券交易所合并而成，设在苏黎世，是具有全自动交易和清算系统的交易所，支付体系、贸易平台、证券清算和结算完全一体化，并且效率很高。从证券交易所的交易委托，到证券交易完毕，所有的步骤都准确无误、自动地实施完成，其先进设备及高素质人员是为投资者提供优良服务的保证。据统计，瑞士证券交易所自1996年引入电子交易后，交易的差错率只有0.1%，办公成本节约了80%。

目前，在瑞士证券交易所上市的证券约3500只，其中股票近500只，瑞士股票和外国股票各占一半。在瑞上市的公司427家，其中瑞士公司224家，外国公司203家。瑞士的诸多知名企业，如ABB、雀巢、诺华、罗氏、瑞士联合银行、瑞士信贷集团、瑞士再保险集团等都在此挂牌上市。瑞士证券交易所的年交易量逾1万亿瑞郎。按照交易量计算，瑞士证券交易所居世界第六位、欧洲第三位。

瑞士股票市场指数（SPI），始于1987年6月1日，基期值为1000，以全部上市股票为样本，以股票发行量为权数，用加权综合法计算。它分为服务业和工业两组部门指数，并且各自再细分为若干分指数。服务业指数细分为银行、保险、交通、零售商业指数等；工业细分为机械、能源、化工医药、食品、电子、建筑指数等。2012年年末，瑞士股票市场指数为6290.5。

1999年7月20日，瑞士证券交易所设立的"瑞士证券新市场"（SWX new market）开市。该市场面向瑞士及外国的高科技企业，主要是生物和信息技术企业，现有11只股票挂牌，包括7家瑞士公司、2家爱尔兰公司、1家美国公司、1家荷兰公司。与传统交易市场相比，新市场的股票上市门槛比较低，但同时有更高的透明度要求。

2009年以前，瑞士银行委员会负责对证券交易所进行审批和监管，保障投资者在交易中的公平待遇，维护证券交易的透明度，为证券市场的良性发展创造条件。银行委员会实行审批和监管的主要法律依据是《交易所和证券交易法》与《交易所和证券交易规定》。自2009年起，由瑞士金融市场监管局对银行、证券、保险业实行统一监管。

3. 外汇市场

瑞士的外汇市场是无形市场，所有的外汇交易都是在银行同业间借助于电话、电脑、电传机等设备进行的，没有经纪人和中间商。外汇市场由瑞士几家大银行、经营国际金融业务的银行、外国银行分支机构、国际清算银行、瑞士国家银行组成。瑞士外汇市场交易量仅次于东京外汇市场。瑞士也是世界上现钞买卖中心之一，每年成交量在 20 亿瑞郎左右。

外汇市场的汇率标价采用直接标价法，美元对瑞郎的汇率为主要市场汇率，其他货币对瑞郎的汇率根据其他外汇市场对美元的汇率进行折算。外汇交易的交易方式有以下几种：即期外汇交易、远期外汇交易、外汇期货交易、货币互换、汇率协议、货币利率互换、货币期权等。

4. 黄金市场

在瑞士，经营黄金交易的城市主要有苏黎世、日内瓦、巴塞尔，其中苏黎世黄金市场具有国际地位，是目前仅次于伦敦的世界第二大黄金交易市场。

早在 20 世纪 30 年代，苏黎世就已成为世界主要的实金交易中心。第二次世界大战爆发后，伦敦黄金市场关闭达 15 年之久，直到 1954 年 3 月才重新开放。在此期间，苏黎世黄金市场趁机发展起来，到"二战"结束后已经成为世界第一大实金交易市场。60 年代后期，国际上爆发了抢购黄金风潮，各国中央银行放弃对金价的干预政策，伦敦黄金市场被迫暂时关闭两周，而苏黎世黄金市场只停业一天，一部分黄金交易因而转到了苏黎世。70 年代末，苏黎世黄金市场的黄金交易量占世界黄金总交易量的比重达到 80%，这一时期堪称苏黎世黄金市场的鼎盛时期。

20 世纪 80 年代以来，黄金主要生产国南非和苏联，改变了以往过分依赖单一市场的做法，采取了黄金销售多样化的新策略，欧洲传统的伦敦黄金市场以其自身优势（如固定报价制）吸引了更多的客户，亚洲新兴的香港、东京、新加坡黄金市场也参与了竞争，这使得黄金供给者和需求者的选择范围更加广阔，苏黎世黄金市场的地位面临挑战，并曾一度衰落。1982 年，瑞士再次取消了黄金流通税，这大大加强了它的黄金中心地位，苏黎世的黄金交易量占世界总交易量的比重恢复到 70%。20 世纪 80～90 年代，瑞士每年进口黄金 1200～1400 吨，约占世界年供应总量的 40%；出口黄金 1000～1200 吨。

苏黎世黄金市场最初依靠国内钟表业对黄金的大量需求，后来逐渐转为主要满足国外的黄金需求，包括黄金的工业需求、首饰制造需求及各国中央银行的黄金储备需求等。苏黎世黄金市场以瑞士几家大银行为中心，它们对外采用统一的买卖报价，直接从产地或者从伦敦市场购进黄金，既做中间经纪人，本身也做实际交易，尤以金币交易为主，是世界上最重要的金币市场。

五　金融监管

自 1998 年，瑞士的专家和立法者就已开始酝酿对金融市场监管进行改革。2007 年 6 月 22 日，《瑞士联邦金融市场监管机构法》出台，对金融监管体系实施重大改革，将原来独立的三家监管机构，即瑞士联邦银行委员会、联邦私人保险局和反洗钱管理局合并，组建为瑞士金融市场监管局。《瑞士联邦金融市场监管机构法》于 2009 年 1 月正式生效，瑞士金融市场监管局同时正式成立。在发展统一金融监管模式的过程中，瑞士听取了国际货币基金组织的意见和建议，同时借鉴了德国等其他欧洲国家的做法，更从 2008 年金融危机中吸取了经验和教训，最终决定设置独立性较强的现代管理结构。

瑞士金融市场监管局为瑞士金融市场监管机构，其组织结构分为董事会、执行董事会和扩大执行董事会。2013 年，董事会主席是阿内·埃里捷·拉沙（Anne Heritier Lachat），首席执行官是帕特里克·拉弗洛（Patrick Raaflaub）。

董事会　董事会是瑞士金融市场监管局的战略管理机构，由 7～9 名独立专家成员组成。董事会决定重大事务，发布法令和通令，负责财务预算，通过内部审计部门来保证内部控制，并监督执行董事会。董事会下设 3 个委员会：人事任免和薪酬委员会，为董事会的人事决策进行准备；审计委员会，作为独立的专业委员会，为董事会的监管活动提供支持；战略委员会，掌握战略发展进程，提出关于瑞士金融市场监管局的战略重点的议案，交董事会讨论。各委员会的成员由董事会成员组成。董事会为最高管理层，与国内外的重要机构和组织保持联系，推动金融监管的重大发展。

执行董事会　执行董事会是瑞士金融市场监管局的运营管理机构，负责保证银行、保险公司、证券交易所、证券交易商和其他金融中介在监管下遵循法律和各自的战略。执行董事会决定的事务有：批准执照，关键的管理、组织和人事问题，重要的跨部门的指导和监管事务。执行董事会准备必要的业务事务方面的文件和材料，以供董事会决策，负责执行和实施董事会和董事会委员会的决定。

扩大执行董事会 扩大执行董事会辅助和减轻执行董事会的负担，其功能的发挥主要在于战略实施、人员发展方面，并对外代表瑞士金融市场监管局。

瑞士金融市场监管局下设银行部、保险部、市场部、战略和中心服务部四大部门。分别负责银行业、保险业、证券市场的监管业务和战略策划及公共服务。

银行部 银行部分为七大业务领域。一是对瑞士银行集团的监管；二是对瑞士信贷集团的监管；三是对财富管理银行、证券交易商的监管；四是对零售银行、全能银行的监管；五是风险管理；六是对经营许可批准的管理；七是对偿付能力和资本的管理。

保险部 保险部分为八大业务领域。一是对人寿保险的监管；二是对非寿险的监管；三是对再保险的监管；四是对健康险的监管；五是对保险集团的监管；六是风险的质量管理；七是风险的数量管理；八是保险监管法。

市场部 市场部分为五大业务领域。一是集体投资计划管理；二是实施和市场监管；三是负责反洗钱和金融中介机构；四是对会计、审计公司和评级机构的监管；五是对证券交易所的监管。

战略和中心服务部 战略和中心服务部分为六大业务领域。一是战略服务和国际事务；二是中心服务；三是人力资源；四是对外交流与联络；五是秘书处；六是法律和履约。

瑞士金融市场监管局认为，一个专业素质高的、具有奉献精神的、充满信心的员工队伍，是金融监管部门最重要的人力资源。瑞士金融市场监管局的员工人数 2009 年为 320 人，2010 年为 405 人，2013 年为 504 人。董事会在专门文件中规定了雇佣关系，其中特别包含关于薪金、特殊津贴、工作时间、忠诚责任、雇用终止的内容。

瑞士金融市场监管局的工作宗旨是保护债权人、投资者和被保险人的利益，确保金融市场在符合相关法律的条件下发挥其应有功能和作用。

20 世纪 90 年代以来，国际政治经济形势复杂多变，恐怖主义和腐败分子成为瑞士国际金融中心和金融服务业面临的两大威胁，瑞士的金融监管当局必须与国际社会一道，担负起打击恐怖和腐败等跨国犯罪的艰巨任务。近年来，瑞士的相关法律法规的变化情况如下。

《瑞士联邦刑法》　　《瑞士联邦刑法》为反对恐怖和腐败犯罪确立了法律基础。1990 年，瑞士通过补充国内刑法条款的方式，将洗钱明确规定为刑事犯罪。根据法律的规定，任何人在知道或应当知道财产来自犯罪的情况下，从事了危害调查财产来源或没收财产的行为构成洗钱犯罪，对犯罪者可以判处有期徒刑或罚金。瑞士刑法还规定：凡从事专业性接受、保存存款，管理或转让属于第三方的财产的任何人，没有以最大限度的应有注意证实受益所有人的身份，构成犯罪并应受处罚的，可处以 1 年的监禁或罚金。

《反洗钱法》　　1998 年，瑞士成为首批颁布《反洗钱法》的国家之一。《反洗钱法》规定了金融中介的法律定义，金融中介是指"从事专业性接受、保存存款，帮助投资或转让属于第三方财产的任何人"，银行和在金融部门提供服务的受托人、律师等都属于金融中介。该法规定金融中介必须：第一，负责任地确定缔约方；第二，确定资金的受益人；第三，建立有关受益人的经济背景和资金来源的书面档案。即使初次审查通过，如果金融中介发现受益人的身份可疑或有非同寻常的交易，还必须继续加以审查，研究其特殊背景。如果发现可疑交易，如资产与某种重罪相关联，则必须向联邦洗钱举报处报告，并且自报告之日起冻结缔约方的全部资产至多 5 天。非银行金融中介，如贸易公司、资产管理公司等，应与银行一样遵守反洗钱规定，并向有关当局报告可疑的交易。不遵守该法的公司将被处以高达 20 万瑞郎的罚款或被勒令停业。包括瑞士最大的贸易公司在内的 27 家瑞士公司都曾因可疑的跨境金融往来而受到正式调查。由于此类调查涉及境外金融活动，瑞士与法国、澳大利亚、新西兰、美国、中国等国家先后签订了金融合作双边协定，协定内容包括互通疑案信息、根据对方要求冻结账户等。

《反对和防止洗钱指南》 联邦银行委员会于 1991 年发布了《反对和防止洗钱指南》。该指南提出了银行或类似银行的机构在确立客户的身份和评价客户的诚实性时应当遵循的规则。指南规定，当银行遇到下列情况时应当进行例外询问：第一，客户与银行建立关系时，以现金交易或交付贵金属开户或存储金额超过 10 万瑞郎。第二，客户与银行保持关系期间，所进行的频繁或大额的现金或贵金属交易不符合业务一般过程。第三，银行识别出某些表明洗钱活动的情况。

《银行行为法典》 瑞士银行家协会于 1987 年制定有关实行应有注意的《银行行为法典》，以银行自律的方式承担义务确立收益人的身份，限制传统银行保密制度的弊端。此后，瑞士银行家协会又于 1992 年对该法典进行了补充和修订，要求银行发现客户身份可疑时，要重复查验客户身份，应记录和保存有关客户身份的基本资料。

第七节　对外经济关系

瑞士国土面积很小，森林、湖泊和岩石覆盖了全国 2/3 的土地，靠农作物耕种不能供养瑞士人口。原料和自然矿产资源匮乏，农产品自给不足，国内市场狭小，劳动力较贵，这诸多因素使得瑞士很早就重视发展对外经济、贸易关系，与世界各国广泛建立经济联系，进口所需要的大部分原材料、能源和半成品，生产并出口高质量的最终产品。瑞士经济极端依赖对外贸易，这种依赖性同时体现在进口和出口两个环节之中。因此，在进口和出口两个环节上，最大限度地利用和开拓海外市场，便是瑞士对外经济政策最为基本的内容。

一　对外贸易

瑞士是典型的外向型经济，人均进口额、出口额和进出口额所占 GDP 的比例均是世界最高的。对外贸易，特别是出口，对于瑞士这样的小国尤其具有极端重要的意义，可以说是瑞士经济的生命线，瑞士国民收入的一半以上来自国际贸易。

1. 对外贸易结构

瑞士的外贸进出口商品结构，一直是以进口原料、半成品和出口质量较高的制成品为主。瑞士出口的商品主要有五大类，即机电产品、化工和医药产品、仪器和钟表、纺织品和服装、食品。瑞士进口的商品主要有四大类，即原料及半成品、消费品、设备、燃料及其产品。在瑞士所有出口产品中，机械电子、化工医药、钟表首饰三大类占到70%。最重要的进口产品是：机械电子产品、化工医药以及汽车。

瑞士的对外贸易收支传统上一直为进口盈余即入超。自1960年起，只有1976年、1993~1997年、1999年、2002年是出口盈余即出超。入超通常是与欧盟中的高度工业化国家，而出超则是与欧盟内相对经济比较落后的葡萄牙、西班牙、希腊，还有美国、日本，以及发展中国家、门槛国家（边缘国家）和转型国家。自2005年以来，这种状况发生变化，对外贸易转为出口盈余即出超。2012年，瑞士对外贸易的进口额1854.09亿瑞郎，出口额2118.08瑞郎，连续8年实现了出口盈余（见表4-18）。

表4-18 瑞士1980~2012年的对外贸易额

单位：百万瑞郎

年度	1980	1990	2000	2006	2007	2008	2009	2010	2012
进口	60859	96611	139402	177148	193216	197521	168998	183436	185409
出口	49608	88257	136015	162991	206252	215984	187448	203484	211808
差额	-11252	-8354	-3387	8068	13035	18464	18449	20048	26399

说明：不含统计误差项。

资料来源：瑞士国家统计局。

欧洲国家是瑞士的主要贸易伙伴，占进口的79%、出口的63%（2009）。与欧盟国家的贸易特别重要，占74.6%的进口和55.8%的出口（2012）。从外贸对象的国别来看，德国是瑞士的第一大贸易伙伴，其次是意大利、法国、美国和英国。瑞士与亚洲国家的贸易关系也有较快的发展。2012 年，瑞士商品出口国家中，德国占 19.8%，意大利占 7.1%，法国占 7.0%，美国占 11.1%，英国占 5.4%，日本占 3.3%，西班牙占 2.6%，荷兰占 2.4%，奥地利占 2.9%，中国占 3.7%，其他国家占 34.7%。瑞士商品进口国家中，德国占 29.6%，意大利占 10.2%，法国占 8.4%，美国占 5.7%，荷兰占 3.4%，奥地利占 4.2%，英国占 3.6%，中国占 5.5%，西班牙占 2.9%，日本占 2.3%，其他国家占 24.2%。

2. 对外贸易政策、机构

瑞士奉行自由贸易政策，其基本特点是进口低关税和基本无进口配额制，以鼓励和促进对外贸易的发展。联邦政府对外贸的管理注重于创造自由、平等、互利的国际贸易环境和谈判、签署对外贸易法律协议、文件，并通过贸易促进和服务机构向出口企业提供指导和帮助，而对于进出口商品的市场、种类及价格不加以干预，但极特殊的商品除外。

瑞士负责对外贸易事务的管理机构是联邦国民经济部的对外经济事务办公室。瑞士政府对企业的国际贸易活动不进行直接管理，也不进行具体的"经营指导"，而是通过一系列有关的法律、法规对企业行为加以规范和调节，同时给予一些辅助性的支持和资助，如向企业提供一定数量的财政出口补贴和有限的信贷支持。瑞士联邦政府每年对企业的出口补贴只占瑞士出口总额的 0.011%，在发达国家中是最少的。

瑞士有许多贸易促进机构，如瑞士贸易扩大处（OSEC）、出口风险担保局（ERG）、瑞士工商会、瑞士进口及批发商协会、瑞士转口及世界贸易商协会等。这些机构都是私人协会，经费来源于私营企业，政府提供有限的资助，其活动多是由政府授权进行的。瑞士的贸易促进机构主要职责是帮助瑞士企业，特别是中小企业把产品销往国际市场。它们作为市场中介，为企业提供国外市场行情和信息资料，协助物色贸易合作伙伴，为本国产品进行广告宣传，为出口商在市场销售的各个环节提供指导和帮助。瑞士的商业银行也在促进对外贸易方面发挥重要作用。

瑞士一共签署了 26 个不同的自由贸易协定，也是世界贸易组织的成员国。瑞士给予所有世界贸易组织成员方以最惠国待遇，对与瑞士签订多边、双边协议的国家也给予最惠国待遇，并且向包括中国在内的发展中国家提供普惠制。

3. 与中国的贸易关系

瑞士是中国在西欧的重要贸易伙伴。1974 年，中瑞两国签署贸易协定，并且成立中瑞贸易混合委员会。1979 年，瑞士给予中国贸易普惠制待遇。2000 年 9 月 26 日，中国与瑞士就中国加入世界贸易组织签署协议。两国贸易关系一直发展比较顺利。2013 年，瑞士与中国签署自由贸易协定，为两国贸易合作发展注入新的强劲动力。

20 世纪 80 年代以前，两国的年进出口贸易总额不到 3 亿瑞郎。中国对瑞士的年出口额在 1 亿瑞郎以下，主要出口产品为原材料和初级产品，制成品出口几乎为零。尽管当时中瑞贸易基数仍然较低，但是通过双方经济贸易主管部门及企业界的共同努力，双方贸易额增长的幅度不小。进入 90 年代，两国进出口贸易总额在 10 年内翻了两番，年均呈两位数增长。自 2002 年以来，全球经济陷入衰退，瑞士经济受此牵连，国内消费市场很不景气，瑞士从中国进口略有下降，但是总体发展趋势良好。

2002 年，据中国海关统计，双边货物进出口贸易总额为 26.7 亿美元，同比增长 12.3%，占中国对外贸易总额的 0.43%；其中中国从瑞士进口 20.3 亿美元，同比增长 17.7%，占中国进口总额的 0.7%；中国对瑞士出口 6.4 亿美元，同比下降 2.1%，占中国出口总额的 0.2%。据瑞士海关统计，2002 年，中国（包括香港在内）是瑞士的亚洲第二大贸易伙伴，位居日本之后。双边进出口货物贸易总额为 27.26 亿美元，同比增长 8.34%，占瑞士对外贸易总额的 1.6%；其中瑞士进口额为 14.15 亿美元，同比减少 2.3%，占其进口总额的 1.7%；瑞士出口额为 13.12 亿美元，同比增长 22.7%，占其出口总额的 1.5%。之后几年，中国从瑞士进口的增幅，不仅高于中国进口总额的增幅，也高于中国对瑞士出口的增幅。2009 年，在全球金融危机的背景下，中瑞贸易额下跌，中瑞双边贸易额为 95.56 亿美元，同比下降 15.1%，其中中国对瑞士出口 26.58 亿美元，从瑞士进口 68.98 亿美元。2010 年，中瑞贸易额出现了猛增的势头。

2011 年，双边贸易额为 300.9 亿美元，同比增长 54%。2012 年，中瑞贸易额达到 263 亿美元，其中瑞士对华出口 228 亿美元。

中国对瑞士的出口商品过去一直以初级品和原材料为主，近年来，制成品、机械电子等高附加值产品有了较快的增长。中国对瑞士出口的主要商品有：纺织品及服装、机械电子产品、非医药类化工产品、钟表、玩具和运动器械、皮革及其制成品、鞋类、雨伞，以及羽绒制品、农副产品、非贵重金属及产品，还有家具。中国从瑞士进口的主要商品有：机械电子产品、化工产品、仪器设备、医药、钟表、汽车、非贵金属及其产品等。

4. 转口贸易

转口贸易在瑞士的对外贸易中占有重要地位。瑞士位于西欧中心，政局长期稳定，金融业十分发达，具有发展国际贸易的良好条件。由于本国市场容量有限，瑞士的国际贸易公司大量进行转口贸易。例如，嘉能可（Glencore）公司 1998 年的营业额为 400 亿美元，其中与中国的贸易额高达 15 亿美元，但是该公司所购买的中国产品极少进入瑞士市场，而是转口销往其他国家或地区。2014 年该公司的销售额达 2209 亿美元。瑞士的转口贸易已有 100 多年的历史，每年的转口贸易额与进口贸易额大致相等。为了推动对外贸易特别是转口贸易的发展，瑞士还在与德国、法国和意大利接壤的地区设立了许多自由仓库，本国厂商和外国公司可以在自由仓库租用场地，便于对德国、法国和意大利等欧洲国家进行转口贸易。

二 对外援助

瑞士对外援助政策的指导方针是维护和促进自由与安全、推动福利建设、提高社会公平正义、保护自然生存条件；其主要目的是扶贫、环保等，同时兼顾国家外贸政策。瑞士对外援助的法律依据主要有：瑞士联邦宪法（2000 年）；关于国际发展合作和人道主义援助的法律（1976 年）；瑞士与东欧国家签订的合作协议（1995 年）等。

瑞士联邦有两个组织机构专门负责对外发展援助的工作。一个是瑞士联邦外交部的发展与合作处；另一个是瑞士联邦国民经济部的对外经济处。瑞士联邦外交部的发展与合作处将发展双边合作列在首位，集中对17个国家开展工作，制定了4个专门计划，对其他国家（主要是发展中国家）则通过国际组织给予多边援助。

2002年，瑞士官方对外援助额为16亿瑞郎，其中技术合作和财政援助为10.6亿瑞郎，人道援助为3.5亿瑞郎，食品援助为3500万瑞郎。2007年官方对外援助额超过20亿瑞郎，之后逐年增加。瑞士的官方援助主要面向发展中国家。按照联合国的规定，发达国家的对外援助应当占到本国国民收入的0.7%，瑞士自行规定为0.4%。20世纪70年代和80年代，瑞士的对外援助分别仅占国民收入的0.1%和0.2%，90年代以来有所提高，约占0.3%，2001年超过0.4%。2012年，瑞士对外援助支出为28.549亿瑞郎，占国民收入的0.467%（见表4-19）。瑞士政府计划于2015年达到联合国制定的0.7%的目标。

表4-19　瑞士1980~2012年对发展中国家的援助

单位：百万瑞郎，%

	1980	1990	2000	2010	2011	2012
官方援助	423.1	1041.4	1510.9	2398.0	2706.7	2854.9
其中：						
联邦	416.7	1025.6	1488.6	2350.4	2664.5	2790.6
州	2.7	7.7	14.2	32.1	27.7	46.2
市镇	3.6	8.1	8.1	15.5	14.6	18.1
占国民收入的比重	0.239	0.300	0.326	0.393	0.458	0.467
占联邦支出的比重	2.4	3.3	3.2	4.1	4.3	4.6

资料来源：瑞士国家统计局。

三　资本输出与输入

1. 资本输出

瑞士是世界上重要的，也是传统的资本输出国之一。由于国内工业发展空间有限，瑞士早在 19 世纪末就已开始对外投资。政府鼓励和支持本国企业对外直接或间接投资，银行为对外投资提供了丰富的资本来源。据瑞士联合银行统计，1970～1980 年，瑞士在国外的资产总额由 1664 亿瑞郎增至 4438 亿瑞郎，增长了 1.7 倍。其中对外直接投资，由 338 亿瑞郎增至 585 亿瑞郎，增长 73%。瑞士在国外的资产，大部分投放在发达的工业化国家，如美国、法国、日本、意大利、奥地利等国。这一时期对欧洲经济共同体的投资约占瑞士对外总投资的 40%。从 20 世纪 70 年代末起，瑞士加强了对发展中国家的投资，如巴西、阿根廷、墨西哥等国家。

20 世纪 90 年代以后，瑞士的对外直接投资更为活跃，1995 年为 144 亿瑞郎，1997 年为 257 亿瑞郎。1998 年年末，瑞士的国外净资产为 4870 亿瑞郎，超过了当年的国内生产总值 1000 多亿瑞郎。2000 年，瑞士的对外直接投资达到 754 亿瑞郎，此后逐年减少，2002 年为 156 亿瑞郎。此后对外直接投资回升，2005 年达到 636 亿瑞郎，2006 年高达 950 亿瑞郎，2007 年和 2008 年分别为 587 亿瑞郎和 563 亿瑞郎，2009 年下降为 288 亿瑞郎，2011 年达到 361.3 亿瑞郎。

发达国家依然是瑞士对外投资的重点，资金主要流向美国、英国、德国、法国、比利时等国家。近年来，瑞士对美国的投资增长了 5 倍，对欧盟成员国的年度直接投资翻了一番以上。瑞士对新老欧盟成员国的投资是有差别的。瑞士对英国的直接投资达到 390 亿瑞郎，对德国的直接投资超过 260 亿瑞郎，而对 10 个欧盟新成员国的直接投资总计只有 60 亿瑞郎，其原因主要是瑞士企业对东欧国家的投资环境还缺乏足够的信任。瑞士对发展中国家的投资也在增加，现已进入世界对中国直接投资前 15 名的国家之列。

瑞士的对外直接投资有四个特点。第一，瑞士的海外企业大多是国内具有比较优势的行业或部门，如化工医药行业的诺华公司、食品行业的雀巢公司。第二，瑞士对外直接投资的行业不仅有制造业，还有服务业。第三，对外直接投资的多是拥有先进技术的大型企业，如 ABB，中小企业较少。第四，对外直接投资是贸易创造型的，由于瑞士国内市场狭小，对外投资的增加会带来国际贸易量的扩大。

间接投资是指证券投资等国际投资。贸易和直接投资出于不同原因，如部门保护等，而受到诸多限制，于是产生了一些新的国际化形式。国际投资和出口融资便是介于贸易和直接投资之间的新的国际化形式。20 世纪 90 年代以来，瑞士的对外证券投资十分活跃，1995 年为 105 亿瑞郎，1997 年和 1998 年为 286 亿瑞郎和 215 亿瑞郎，2000 年达 376 亿瑞郎。此后的对外证券投资升降起伏，2002 年为 466 亿瑞郎，2005 年上升为 663 亿瑞郎，2006 年 536 为亿瑞郎，2007 年下降为 250 亿瑞郎，2008 年高达 713 亿瑞郎，2009 年又保持在 402 亿瑞郎。

2. 资本输入

自 20 世纪 70 年代以来，瑞士的资本输入也有很大增长。1970～1980 年，外国在瑞士的资产总额由 859 亿瑞郎增至 2642 亿瑞郎，增长了两倍多。其中直接投资由 51 亿瑞郎增至 150 亿瑞郎，增长了近两倍。外国资产投放主要来自美国、德国、法国、意大利、英国等国家。20 世纪 90 年代以来，流入瑞士的直接投资继续增长。其中外国对工业领域的直接投资持续增长，化工业和金属加工业是外资的投资重点。对金融和控股公司的投资也增长很快，对银行和保险业的投资比较稳定。1998 年，外国在瑞士的直接投资为 108.74 亿瑞郎，其中 89.4% 来自发达国家，10.6% 来自发展中国家。2000 年，外国在瑞士的直接投资为 325 亿瑞郎。2001 年，外国在瑞士的直接投资下降为 135 亿瑞郎，2006 年达 548.19 亿瑞郎。2009 年为 298 亿瑞郎，2010 年仅为 45.28 亿瑞郎，2011 年达到 233.9 亿瑞郎。

外国对瑞士的证券投资，1995 年为 58 亿瑞郎，2000 年高达 178 亿瑞郎，2002 年为 114 亿瑞郎，此后投资锐减，波动不定。2005 年下降到 71 亿瑞郎，2006 年仅为 7200 万瑞郎，2007 年回升为 17 亿瑞郎，2008 年达到 328 亿瑞郎，2009 年又降到 82 亿瑞郎，2010 年回升为 230 亿瑞郎。

在瑞士，每个联邦州以及几乎所有较大的城市和地区都设有投资促进局，瑞士每年用于吸引投资的费用为 1 亿瑞郎。各地区的投资促进局为了吸引外资到本地区，相互之间竞争激烈。据统计，2011 年在瑞士，注册资产在 1000 万瑞郎以上的外资企业共有 817 家，1000 万瑞郎以下资产的外资企业约有 4000 家。外资企业员工约 33.7 万人。

四 国际收支

自 1953 年以来，瑞士定期编制国际收支平衡表。当时，资本往来没有单独列项，只能从收支平衡表的差额中得出。20 世纪 70 年代初期，瑞士经济受到外国货币资金的强烈影响，故需要了解和掌握资本流动的详尽信息。自 1984 年，瑞士开始公布包括资本往来数据在内的完整的国际收支平衡表，它与国际货币基金组织所规定的格式相吻合。

20 世纪 90 年代，经常性项目持续出现盈余，对外资本输出继续增加。1992~1997 年，贸易收支连年呈现顺差。1993 年经常性项目盈余达 276 亿瑞郎，相当于国内生产总值的 8%。1997 年经常性项目盈余增至 303 亿瑞郎，这在工业化国家中首屈一指。其原因之一是，受到经济衰退的影响，与商品出口相比，商品进口大大减少，因而出现了商品贸易收支的顺差。90 年代，瑞士继续保持资本大量输出。由于受到生产成本比较高、仍旧徘徊在欧盟之外等不利因素的影响，瑞士对于外资的吸引力有所减弱。

2000 年，瑞士国际收支的经常性项目仍为顺差，比上年提高 20% 左右。经常性项目盈余 530 亿瑞郎，比上年增加 97 亿瑞郎，所占国内生产总值的比重也相应提高，为 13% 左右（数字修正后约为 11%）。投资收益是经常性项目盈余的最主要因素。2000 年，来自瑞士海外投资的收益达到 1025 亿瑞郎，比上年提高 38.9%，收益净盈余超过 470 亿瑞郎。

经常性项目顺差的另一个主要因素是服务盈余。2000 年，服务收支盈余 233 亿瑞郎，比上年增长 16.5%。旅游收支状况有极大的改善，收入比上年增加 10.2%，盈余扩大为 22 亿瑞郎。其他服务部门的收益也十分可观。来自有价证券和投资业的收入增长 22%，达到 146 亿瑞郎。

贸易收支自 1997 年开始连年呈现逆差，2000 年扩大到 42 亿瑞郎。贸易出口额自 1993 年以来连年增长，2000 年比上年增长超过 10%。进口额自 1997 年开始超过出口额，形成逆差。特别贸易（专门贸易）收支自 1992 年以来首次出现逆差，为 21 亿瑞郎；其他贸易收支本是连年逆差，所以总的贸易收支逆差一下子扩大了 8 倍。贸易收支出现逆差，主要是由于与出口相比，进口有更大幅度的增长；石油价格居高不下和强势美元等因素也有一定的影响。

2000 年，资本项目有 492 亿瑞郎的逆差，比上年下降了 77 亿瑞郎。瑞士在海外的直接投资大幅增长，达到 698 亿瑞郎，比上年提高了 29.3%。瑞士海外直接投资的增长，主要归因于瑞士大银行在国外大举招揽顾客和生意，以及瑞士化工行业在海外大力拓展其业务。瑞士在海外的直接投资收益显著，比上年增加了近 39%。

2000 年，外国在瑞士的直接投资也大幅增长，达到 325 亿瑞郎，比上年增长了 70%。从国别来看，美国居第一位，投资 127 亿瑞郎，占 43.5%。加拿大是第二个重要的投资者，金额达 76 亿瑞郎，占 26%，与欧盟相当。德国在瑞士的投资则比上年下降了 79.4%。

瑞士在海外的证券投资在经历了 1999 年的 704 亿瑞郎高峰之后，2000 年趋于平缓，下降为 377 亿瑞郎。而外国对瑞士的证券投资陡然攀高，达到 178 亿瑞郎，比上年增长了一倍。

瑞士的国际储备雄厚，排在世界前列，但它并不追求扩大储备规模。自 1966 年以来，国际储备呈上升趋势。1970 年为 52.77 亿美元。1980 年，瑞士的国际储备在西方国家中占第 7 位，按人口平均则居世界第一位。1990 年，瑞士的国际储备为 384.12 亿美元。2005 年，瑞士的国际储备（不包括黄金）为 356.93 亿美元，其中外汇储备 341.86 亿美元；在国际货币基金组织的储备头寸为 14.85 亿美元；特别提款权（SDR）为 0.22 亿美元；另外，黄金储备（按照市值计算）为 179.17 亿美元。2013 年 12 月 31 日，瑞士的黄金储备 355.65 亿瑞郎，外汇储备 4352.219 亿瑞郎，在国际货币基金组织的储备头寸 22.954 亿瑞郎，国际支付手段 42.939 亿瑞郎，货币储备总计 4773.762 亿瑞郎。

第八节 资源开发与环境保护

一 自然资源开发

土地与矿产资源 瑞士全国可耕地面积占总面积的 28%，牧场占
21%，森林占 30%，其余部分为丘陵和湖泊，土地资源贫瘠。

在自然矿产资源方面，瑞士堪称世界上最穷的国家之一。山区几乎没
有什么矿藏，只有北部靠近莱茵费尔登处有一些盐矿，在汝拉山脉有铁矿
和锰矿。有些地方即使有少量的地下储藏，但因为开采价值不大或人们不
愿破坏美丽的风景而放弃。其他对工业发展至关重要的矿藏，如煤、石油
以及其他燃料、金属等都极度贫乏。除少量的煤矿留作战备所用外，生产
生活所需的能源、工业原料几乎全部依赖进口。

瑞士地少人多，人口密度大，基础性矿产资源极度稀缺，不得不在经
济上形成自己独特的发展道路。从过去大量壮年男子到欧洲各国充任雇佣
军的“人力出口”，到工业化进程中着力发展资源需求少的钟表、精密仪
器等精密加工业，或者充分利用丰富农牧资源的农牧产品加工业，无不追
求利用资源少而附加值比较高的生产模式。现代瑞士已经成为高度发达的
工业化国家，在产业结构上，资本密集型和知识密集型的第三产业占据主
导地位，金融服务业和旅游业举世闻名。瑞士人扬长避短，选择了适合本
国国情的工业化道路，克服了矿产资源贫乏的不利因素，实现了经济的长
期繁荣和稳定发展。

水力资源 遍及全国的河流湖泊，让瑞士拥有丰富的水力资源。从
19 世纪末开始，瑞士人就开始大规模地开发水力资源，在山中筑坝蓄水，
建造水库，在核电站出现之前，瑞士的电力几乎全部来自水力发电。到
20 世纪 80 年代中期，瑞士已有 490 多座水力发电站，水力资源利用率达
到 95% 以上。位于瓦莱州的大狄克森水电站，水坝高达 285 米，是世界
上最高的水坝，该水库蓄水量达 4 亿立方米，平均发电量为 17.95 亿千瓦
时。

森林资源 瑞士另一项重要的自然资源是森林资源。据调查，瑞士拥有的森林资源价值9000亿瑞郎。宝贵的森林资源可以防止雪崩、土壤侵蚀，可以提供木材原料，净化水质，过滤空气中的有害物质，抵抗温室效应，为动植物提供生存的空间，为游人提供旅游休闲的场所。今天我们看到的森林，已经不再是原生森林，而是经过科学的搭配所形成的多种树种组合的复合林，这种经过多种树种搭配的森林比单一品种的树林有更好的有机生物链作用，更有利于野生动物的生存，自身也有更好的抗虫害、抗洪涝、抗干旱等自然灾害的能力。

在汝拉山区、中部高原和阿尔卑斯山区都有森林分布。汝拉山区林木稀疏，大部分覆盖着优质的草地。中部高原为富饶的农业区和牧业区。阿尔卑斯山区内有巍峨的山峰和大片的森林，随着地势的起伏，分布着各种不同的植物。海拔1000米以下的地区是农作物种植区，1500米左右地带则布满针叶林和阔叶林，1500米以上森林逐渐减少，多半是阿尔卑斯草地。2500～3000米的高地则大半是荒漠和岩石，草木不生。

野生动植物资源 地形、气候、植被的多样性，为多种多样的动植物提供了良好的生存环境，瑞士拥有远较其他欧洲国家丰富的野生动植物资源，据统计，瑞士共有动植物5万多种，其中动物4万余种，植物1万余种，在过去的150多年中，瑞士共有224种动植物绝种或消失。

从平面分布看，瑞士的农作物和植物分布大体分为以下四个地带。

一是丘陵、耕作地带。这是海拔比较低而气候温热的地区。主要农作物包括小麦、葡萄、玉米、苹果、梨、烟草、蔬菜等。日内瓦湖周围和提契诺州盛产栗子；瓦莱州和提契诺州还产桃、杏；日内瓦湖、纳沙泰尔湖等一些湖畔坡地盛产葡萄，这里有欧洲中部山区海拔最高的葡萄园，这也使得沃州、瓦莱州、纳沙泰尔州的葡萄酒非常著名。

二是山区的落叶性植物地带。其中阿尔卑斯山北部普遍生长榉树，还有山楂、榆、亚平宁械、菩提、苏格兰松。阿尔卑斯山南部则产胡桃、假阿拉伯橡胶和冬青属林木。中部高原较高地带的可耕地随海拔升高而逐步减少，让位于多草的牧场。

三是亚高山地带（下阿尔卑斯山）、松柏科植物地带。这是盛产云杉、银枞、落叶松的地区。

四是阿尔卑斯山植物带，在海拔 900 ~ 3000 米处。海拔 2000 米以下生长树木，2000 ~ 3000 米一般为高山草场。3000 ~ 4000 米则是终年积雪地带。

从垂直分布看，阿尔卑斯山区的天然植被根据海拔高度可分为五个垂直植物带：海拔 500 ~ 600 米以下有栗树、胡桃树、柏树、杏树和生长在南坡的棕榈树、无花果树和柑橘树；海拔 1100 ~ 1200 米以下有山毛榉树和冷杉树；海拔 1600 ~ 1700 米以下有松树和冷杉树；海拔 2000 ~ 2100 米以下有杜鹃花和落叶松树；在海拔更高的地方则是生长各种草本植物的高山草场，有时在海拔 3000 米以上还可以看到牧场，这些高山草场上生长着各种各样的野花：龙胆根、野番红、百合、阿尔卑斯大叶野茉莉、樱草、高山火绒草等，在春暖花开的季节，这里漫山遍野一派繁花似锦，非常漂亮。

在瑞士，即使是高山上的野花野草，法律也是禁止采摘的；即使想砍伐自家园林里的树木，也必须经过有关部门的批准。

瑞士的动物群主要是高山类的，有兔子、狐狸、獾、土拨鼠、鹿、小羚羊、獭和各种各样的鸟。除了每年短期的狩猎季节可狩猎某些种类外，动物均受到保护。

在瑞士森林地带生活着一种珍贵的鸟类——雷鸟，这种鸟体形较大，叫声很独特，尾巴又大又黑。在海拔更高的松树林里则生活着星鸦，这种鸟的最大特点是它们能储藏食物，它们总是不断地将松果压碎，找出其中营养丰富的种子，然后储藏在巢穴里，等巢穴装满，它们再飞到其他地方继续挖洞埋种子，这在客观上起到了帮助松树传播种子的作用。狼与熊等大型食肉动物已被捕杀殆尽。在汝拉山区的林地中生活着一种野猫，这种野猫体形比家猫要大，通常在夜间活动，主要以啮齿类动物和地面巢穴鸟类为食。在阿尔卑斯高山地带生活着旱獭，还有阿尔卑斯野山羊、岩羚羊等珍贵动物。

除了山区和森林外，在瑞士的众多河湖里也有大量的野生鸟类，有白鹳与黑鹳、黑鸫鸟、小麻鸦、大冠阿比鸟等。河湖和湿地中还生活着欧洲海狸、水獭等珍贵动物。海狸是动物中优秀的建筑师，它们总是不停地用木头和树枝加上泥土精心构筑坚固的堤坝，营造自己的家园。河湖中还能看到引自南美的河鼠和引自北美的麝鼠。

从众多的化石中可以了解到瑞士地区过去曾经拥有丰富的动植物种群，但是这些动植物种群随着自然条件的变化而大量灭绝。近年来很多动物的灭绝、消失或者急剧减少却更多是人为因素造成的。为了保护畜养生物不受损失，人们大量捕杀狼、棕熊等动物，最后造成这些动物在瑞士的消失。近年来，瑞士通过一些有计划的项目安排来重新引进一些已经消失的动物，比如欧洲猞猁、阿尔卑斯野山羊等珍贵的野生哺乳动物又重新出现在瑞士境内，在良好的管理下，这些动物的数量得到很大的增长。通过人类的努力重新返回阿尔卑斯山的动物还有长须秃鹰和鹫。人们通过人工孵化喂养然后不断放归野生环境的方式使这些珍贵的鸟类重新获得生机。

瑞士国家公园是欧洲没有被破坏的"最后净土"，被认为是"没有人为因素干扰的自然世界，所有的动植物都在自然状态下发展"的一个世外桃源。公园位于格劳宾登州景色优美的阿尔卑斯山区，最早建于1914年，1959年扩建，面积达到了169平方公里，而且还有计划进一步扩大。最初是为了科学研究而建立的这个自然保护区，禁止伐木、放牧、采花、打猎和钓鱼，公园内有各种罕见的阿尔卑斯山地植物，有阿尔卑斯野山羊、小羚羊、红鹿、狐狸、貂、土拨鼠等野生动物及鹰和其他鸟类。这里为瑞士及其他国家的很多濒危或已经灭绝的动植物以及重新引进瑞士的生物种类提供了一个安全的生存空间。

瑞士在保护野生动植物资源方面是世界上做得比较成功的国家之一。除了引进其他大洲和国家的野生物种，建立大型国家公园以保护珍贵的动植物物种以外，更重要的是以法律形式保护野生动植物资源：在阿尔卑斯山区等地区，实行的是"除了足迹，什么都不能留下，除了记忆和照片，什么都不能带走"的方针，即使小小的一株野花，也是禁止随意采摘的。在瑞士，保护生态环境、与大自然和谐共存的意识早已深入人心，成为瑞士人一种基本的生活态度。

二 生态环境保护

瑞士人很早就意识到国土面积狭小与人口增长、经济发展的矛盾，在人与自然的关系问题上需要寻求一个新的标准、新的平衡，实现人与自然的和谐共存。在这样的原则下，瑞士法律严格要求对环境的保护，其中包括动植物、水、自然环境等。今天的瑞士人，环保意识普遍很强，在这方面政府及非政府机构也很活跃。无论是农村还是城市，瑞士水系统都已符合饮用标准。与欧洲其他国家相比，瑞士的空气状况也要好得多，食品也具有很高的卫生安全性。瑞士人很注重开展全面的自然和环境保护，无论是联邦还是州都颁布了许多针对环境破坏性行为的禁令。在20世纪50年代，瑞士就颁布了联邦法律以保护湖泊与河流，从70年代开始，瑞士的自然资源与景观逐步得到了有效的保护。2011年，瑞士联邦用于环境保护的公共支出为42.23亿瑞郎，比2000年增加了8.18亿瑞郎。

瑞士人在环保意识上的自觉醒悟是比较早的。瑞士在工业化、城市化进程中，也经历过土地大规模开发、自然和人文景观遭到破坏的问题，在如何保留瑞士独有的传统自然风貌、人文遗产，同时防止城市人口、规模和功能过于集中和拥挤，防止乡村的过度城市化方面，瑞士一直存在着争论。从19世纪末期开始，瑞士联邦和各州政府及民间就已经开始为瑞士这个美景天成的世间桃源被工业化和城市化所改变而担忧。19世纪70年代到20世纪20年代，瑞士有一系列与生态保护有关的法律相继出台，政府开始明确土地使用的功能，明确界定农业用地、非建筑用地，以保护农村土地和自然景点不受破坏。早在1905年，就有一些有识之士成立了"保护瑞士风光联盟"，得到许多州、市镇和人民的积极响应，各地纷纷制定合乎各自情况的自然与历史遗迹的保护措施。

1955年颁布的《联邦湖泊与河流保护法》于1971年得到加强，并于1977年、1997年分别予以修订，用来保证水力发电所需的水量。尽管瑞士于1956年就颁布了《自然和遗产保护法》，但没能阻止人们对自然景观和人类文化遗产的破坏和毁坏，因此，1987 年 12 月 6 日，瑞士选民通过了《罗腾图姆倡议》，将风景优美和重要的沼泽、湿地置于严格的保护之下，相应的规章自此得到全面的实施。1983 年瑞士有了《联邦环境法》，这是各州必须执行的基本法。有关森林的新立法于 1993 年年初生效，从而使森林受到法律保护。法律规定只有在重新种植相同面积和有同等生态价值的树木的条件下，才能批准伐树。在旅游方面，1979 年出台了一个专门的《瑞士旅游方案》，规范旅游业的建筑和各类设施。1998 年修改的宪法专门设有"环境保护和领土整治"的章节，内容包括可持续发展、环境保护、国土整治、水资源保护、森林保护、自然与文化遗产保护、渔业和狩猎、动物保护等部分，以基本法的形式表达了瑞士人民坚持环保的决心。总部设置在伯尔尼的联邦环境、森林和风景保护局拥有 330 名工作人员，为全国性环保工作提供服务。

2010 年，瑞士用于环境保护的公共支出为 42.16 亿瑞郎，其中污水治理占 38%，垃圾处理占 28%，治理大气污染、噪音占 17%，生态和风景保护占 12%，环境研究占 4%。

第五章

军　事

第一节　国防体制与武装部队改革法案

一　国防体制与预算

　　瑞士国防体制的基本架构是由瑞士联邦宪法、"95'联邦军事部改组计划"和 2003 年 5 月通过的《21 世纪武装部队——关于武装部队与政府军事部门的联邦法修正案》（通常简称"21 世纪武装部队改革法案"或"21 世纪军队改革法案"）规定的。联邦委员会（联邦政府）是国家最高行政机构。全国武装力量的最高指挥权属联邦委员会，联邦委员会主席为国家元首兼政府首脑，是全国武装力量最高统帅。联邦委员会主席由联邦委员会 7 名委员轮流担任，任期 1 年。联邦委员会是最高国防决策机构，成员包括全部 7 名联邦委员，由联邦主席主持。在联邦委员会中由联邦国防、民防和体育部部长，司法警察部部长和财政部部长组成联邦国防委员会，负责处理国防与国家安全事务。联邦议会是国家最高权力机构，重大防务与军事问题均须经议会批准并立法。联邦议会的国民院和联邦院各设一个安全政策委员会，是议会有关国家安全和国防问题的最高咨询机构。联邦国防、民防和体育部为联邦政府的一个部，是最高国防与军事行政机关，负责领导国防和武装部队的日常管理工作。武装力量由民兵正规军、民兵预备役和准军事部队组成。正规军分为陆军和空军两个军种，陆军的最高指挥官为陆军司令，空军的最高指挥官为空军司令。最高军事指挥机构为武装部队司令部。平时，联邦委员会通过联邦国防、民防和体育部与武装部队司令部对全国武装力量实施领导和指挥。战时，由联邦委员会提名并经联邦议会核准，任命一名军官为武装部队总司令并授予上将军衔，直属联邦政府，统一指挥全军作战。

现任联邦主席兼武装力量最高统帅是约翰·施奈德－阿曼（2016年1月上任）。

瑞士2014年的国防预算为47.3亿瑞郎，比2013年的46.9亿瑞郎（约合50.4亿美元，按兑换比率为1美元兑换0.94瑞郎计算）有所增加。

二 联邦国防、民防和体育部

在相当长的历史时期里，瑞士联邦的最高国防与军事行政机关为联邦军事部。1989年的苏联东欧剧变，导致国际形势的重大变化。瑞士联邦委员会的安全政策和武装部队指导方针的变化，就是对于国际形势的重大变化所作出的反应。为了使瑞士武装部队适应新的业已发生变化的环境，改革和加强对国防与武装部队事务的管理，联邦委员会适时推出"95'联邦军事部改组计划"。

最高国防与军事行政机关新的架构是建立在适应瑞士国情的模式之上的。武装部队的任务、能力和职责在很大程度上被重新确定。1996年1月1日，新的架构开始运作。此后，作为联邦政府重要工作和行政改革的一部分，联邦各部开始调整改组，许多联邦机构被调整到不同的部。与此相应，各部内部也开始调整改组。

1998年1月1日，联邦民防局、国家紧急行动中心、联邦新闻广播电视委员会和瑞士体育学校并入联邦军事部，联邦军事部因而改组为联邦国防、民防和体育部①。

联邦国防、民防和体育部下辖国防与武装部队司、安全政策司、民防司、国防采办与装备司和体育司。

---

① 1999年1月1日，联邦测绘处并入联邦国防、民防和体育部下属的联邦地形与测绘局。

三 "21 世纪武装部队改革法案"

2003 年 5 月 18 日，瑞士举行全民公决，以 76% 的得票率通过 "21 世纪武装部队改革法案"。根据这项新法案，瑞士武装部队的职能将从保卫国土转变为国防和防范恐怖主义相结合。

瑞士目前实行全民兵役制度，18 岁至 42 岁的健康男子每隔 2 年必须抽出 3 个星期的时间到武装部队服役。新法案通过后，瑞士男子的总服役时间从 300 天减少到 260 天，服役人员同时获得可以一次性服役的选择权。

瑞士军方认为，随着冷战的结束，欧洲爆发大规模武装冲突的可能性已经不复存在。对瑞士国家安全利益的最大威胁已不是武装入侵，而是灾难与突发性事件，而当今的灾难与突发性事件所产生的破坏性比过去更大。自从 "9·11" 事件以来，国际恐怖主义危险增大，地区冲突接连不断，国家面临更多的是恐怖主义威胁和参与国际维和行动。因此，瑞士联邦委员会在其国防安全政策报告中指出，为了迎接目前与未来潜在危险的挑战，瑞士将调整国防政策，将武装部队职能的重点从过去的保卫国土转变为现在的促进和平与灾难救援。2003 年 1 月 1 日，联邦委员会颁布新的《国家安全和保护与支援的联邦法律》，明确规定瑞士的国家利益包括：保护人民的自由和权利，保持国家的安全与独立，保护人民和在灾难事件、突发事件与武装冲突中的资源与财产以及促进世界和平。瑞士的国家利益决定了国家防务政策的修订与执行。

"21 世纪武装部队改革法案" 规定，为了适应新形势和履行新职能，瑞士武装部队将裁减员额，调整编制体制。瑞士武装部队将建成为一支机动性强的、规模小而质量高的多功能部队。武装部队的总人数将从 40 万人精简至 22 万人，其中包括 8 万名预备役人员和 5000 名职业军人。改革后的瑞士武装部队仍然实行民兵制和全民兵役制，但职业军人的作用将进一步得到加强。编制体制改革是此次武装部队改革的重点。根据此项改革方案，瑞士将设立武装部队司令部，统一领导和指挥陆军和空军的所有部队。瑞士地面部队的军师级编制将被旅级编制所替代。此外，瑞士全国将被划分为 4 个国土防卫区。为了更积极地参加国际维持和平行动，瑞士武装部队将组建一支 1600 人的维和部队。根据武装部队改革计划，瑞士妇女不但可以在自愿的基础上继续服兵役，而且还可以加入作战部队。

瑞士重视空军的建设，将空军作为国家武装力量的核心。瑞士从近期发生的局部战争中认识到，空军在未来战争中将起着决定性的战略作用，强大的空中力量能允许瑞士对新的形势进行有效的快速反应，夺取制空权并支援陆军作战。有鉴于此，瑞士在国防预算总体减少的情况下，反而加强空军建设，不断升级改造作战飞机，购买更新型的空空导弹。瑞士平均每年国防预算的总值为 13 亿瑞郎，而对空军投资却高达 4.07 亿瑞郎，约占整个武装部队开支的 31%。这些经费主要是用于空军武器装备的采购，以进一步加强空中防御能力。

第二节 武装部队及其军种组成

一 武装部队

2003 年 12 月 16 日，瑞士联邦国防、民防和体育部与瑞士军方在伯尔尼滑冰馆举行共有 1 万人（其中包括 4000 名官兵）参加的隆重转型仪式，瑞士联邦国防、民防和体育部部长塞缪尔·施密德将象征武装部队指挥权的亨利·吉桑上将（第二次世界大战时期的瑞士武装部队总司令）将星旗帜交给时任瑞士武装部队总参谋长、即将改任瑞士武装部队司令的克里斯托弗·凯克斯空军中将，宣布正式启动瑞士武装部队由 "95' 武装部队" 向 "21 世纪武装部队" 的转型计划。

1. 武装部队的任务与职责

1995 年 2 月 3 日通过的瑞士军事法和 2007 年 6 月 18 日发布的《武装部队战略：构想与战略重点》规定，瑞士武装部队的任务与职责是：通过威慑维持和平；保卫瑞士和瑞士人民，使瑞士和瑞士人民免受攻击；在联邦政府当局面临以其自身资源无法应对的局面和突发事件时，向联邦政府当局提供支援；在国际框架内参与国际维持和平行动。

2. 武装部队的指挥与控制

1870～2003 年，瑞士武装部队的最高军事首长为武装部队总参谋长（战时则另外任命一名上将级的武装部队总司令）。根据"21 世纪武装部队改革法案"的规定，2004 年 1 月 1 日起，瑞士武装部队的最高军事首长改称武装部队司令。瑞士武装部队司令负责战略军事指挥、武装部队的整体发展，直接向联邦国防、民防和体育部部长报告工作；指导武装部队高级干部训练机构，指挥陆军和空军这两个独立的军种、武装部队后勤机构、联邦国防、民防和体育部中央指挥支援机构和信息技术部。瑞士武装部队司令拥有中将或空军中将军衔，但不应与只有在战时才任命的武装部队总司令（拥有上将军衔）相混淆。

在武装部队司令部司令、副司令领导之下，瑞士武装部队司令部主要设置以下职务和部门机构。

武装部队司令办公室 主要负责管理支援，发布国防方面的信息，财务监察，中央参谋业务，以及处理有关武装部队中的女性问题（信息、公共关系等）。

首席国防人事官 直接向武装部队司令报告工作。负责国防人力资源管理，特别是在全部人力资源事务方面向国防、民防和体育部部务委员会提供建议，对武装部队司令办公室，武装部队高级干部训练机构，陆军与空军，武装部队后勤机构，联邦国防、民防和体育部中央指挥支援机构和信息技术部的人力资源管理军官实施专业领导。此外，负责制订国防人力资源战略，制订基本人力资源政策，负责人事与编制体制发展、管理发展、监察发展和军事人员职业管理。

作战训练参谋长 负责战略层次的军事训练，作战条令的编写与施行。

国防国际关系处 负责处理国防事务方面的国际关系，选拔、培训并派遣驻外武官，以及军事礼宾事务。

总体安全处 由武装部队副司令领导，计划并指导有关总体安全的基本政策与指令的制定、执行，以及协助其他部门开展相关工作。

武装部队计划参谋部 是武装部队司令的指挥与管理机构之一。负责计划联邦国防、民防和体育部的国防事务和陆军、空军两个军种在总体计划框架内的发展和未来需求。负责拟订长期和基本的国防计划与法案。负责控制与管理国防预算。负责指导国防人事与信息技术工作。负责制定基于国家安全政策需求的武装部队规模结构和国防与武装部队司令部发展的方案。

武装部队联合参谋部　是武装部队常设的作战指挥与控制机构，下辖以下部门机构。

武装部队人事部（J-1）：负责武装部队人力资源管理的各个方面（包括人力战备事务），协调并募集新的志愿人员为军官等事务。

军事情报部（J-2）：负责武装部队高级司令部和各部队的军事情报支援，负责武装部队在国内外执行任务时的情报分析，收集外国武装部队的情报文件资料。

作战与计划部（J-3/J-5）：负责拟订武装部队的联合作战计划，管理战备和作战计划工作，拟订即将发布的作战与计划方面的命令；负责计划和指导武装部队在国内外的联合作战行动（单一军种执行的任务除外）。

后勤部（J-4）：负责协调包括陆军和空军两个军种的后勤支援工作，协调战役层次的后勤需求评估；计划和协调武装部队在国内外的后勤活动，提供稳定的后勤指挥与控制。

医务部：负责拟制战略层次的军事医务指令，制定武装部队的基础医务架构，指导武装部队的医务工作，下发武装部队医务补给指令和医务器材和装备。医务部部长同时还是联邦委员会负责各医务部门的代表。

指挥支援部（J-6）：负责在联合战役层次上、在指挥支援范围内创建指挥支援机构并使之处于的战备状态，计划并控制武装部队在国内外执行任务时的作战指挥支援资源的运用，制定司令部、通信兵和指挥支援兵编组训练的指令和目标。

指挥训练部（J-7）：负责为武装部队联合参谋部和武装部队计划参谋部提供训练与教育课程，在战略军事层次提供训练与教育协助，总结武装部队发展和联合训练的经验教训。

管理与支援部：在武装部队联合参谋部内负责管理支援、人事问题、办公室勤务、财务管理、指挥勤务、通信以及全球军事事务等。

维和能力中心：负责瑞士参与的国际维和行动的准备与指导。

核化生能力中心：负责武装部队的防核化生工作，拟制武装部队资源方面的战备指令，发布各军兵种的核化生训练指令。

武装部队后勤机构：负责在武装部队训练和作战时提供与后勤相关的部（分）队和编组。与每个单独的军种一道，武装部队后勤机构司令负责在总体战略规定之下的后勤战略的发展，制定与之相应的后勤理论与后勤训练文件；协助各军种采办和介绍新的武器系统，使武器系统发挥其应有的功效；负责联邦国防、民防和体育部国防系统的建筑管理；负责武装部队后勤战备工作，提供后勤补给分发、装载、维护、医疗用品、交通运输，以及财务、信息技术支援、司法事务、文件与媒体控制等。下辖以下的部门机构：武装部队后勤处、第 1 后勤旅、总部勤务中心、医疗服务处。

武装部队高级干部训练机构：通过对新任命人员实施相应的基础训练为武装部队提供军官和专业军事人员；对已有服役经历的专业军事人员和高级军事干部提供适当的继续训练；通过特种课程训练推动武装部队的可持续发展。下辖下列院校：中央学院、参谋学院、联邦理工学院附属军事学院、武装部队专业军士学院、战术训练中心。

采办与装备司（局）：2004 年 1 月 1 日成立，由原采办局根据"21世纪武装部队改革法案"改组而成。作为国防、民防和体育部的采办与技术中心，负责研究与发展、评估、采办，维护和处置武装部队的补给和营区房产，确保武装部队在装备补给和生活方面的需求。下辖下列部门机构：联邦管理、信息与训练系统办公室、联邦武器系统与补给办公室、联邦国家地形地理办公室、营区房产处、科学技术中心、中央服务处。

信息技术部：为整个国防、民防和体育部提供信息技术服务。根据2003 年 8 月 14 日国防、民防和体育部部务委员会的决定，信息技术部由隶属秘书长转而隶属武装部队司令，直接向武装部队司令负责。

特种部队司令部 瑞士特种部队司令部负责训练特种作战分队，组织指挥特种作战行动。

武装部队学院司令部　瑞士武装部队学院司令部负责初、中、高级军官的国家安全与军事专业教育训练，下辖参谋学院、指挥与参谋学院、苏黎世联邦理工学院附属军事学院、武装部队专业军士学院。

3. 军衔设置

瑞士武装部队的军衔分 5 等 18 级：将官 4 级（上将［战时］、中将、少将、准将），校官 3 级（上校、中校、少校），尉官 3 级（上尉、中尉、少尉），军士 6 级（一级军士长、二级军士长、三级军士长、上士、中士、下士），兵 2 级（上等兵、列兵）。

2015 年，瑞士武装力量的兵力构成为：民兵正规军（现役部队）2.265 万人，民兵预备役 16.125 万人，准军事部队（民防部队）7.4 万人。

二　军种组成

瑞士武装部队由陆军和空军两个军种组成。

（一）陆军

陆军司令（编制军衔为中将）。负责领导所有陆军部队，由陆军作战参谋部和陆军参谋部协助工作。陆军训练司令部、各军区参谋部和陆军旅均归其指挥。

陆军作战参谋部　负责确保陆军作战指挥职能，陆军编组适于战备和作战，由陆军司令指导。无论出现何种情况，均将指导陆军部队执行业已奉命执行的任务。陆军作战参谋部主任充当陆军司令的作战副职。

陆军参谋部　负责支持陆军司令的决策，计划并协调中长期参谋工作，协调陆军内部跨部门的工作；负责陆军的可持续发展，管理陆军的信息技术和传媒事务，控制陆军的国际联系。

陆军训练司令部　陆军训练司令部司令负责训练部队和当其领导的专业能力中心；根据训练部队和基本战备指令的要求，为陆军各部门下达适当的训练标准，建立陆军部队官兵在各种不同的编组和训练部队中的训练要求，制定适当的训练条令理论。陆军训练司令部包括 4 个专业训练司令部：步兵训练司令部、装甲兵与炮兵训练司令部、工程兵训练司令部和后勤训练司令部。

2015 年，瑞士陆军编有 3 个步兵旅（含 1 个预备役步兵旅）、3 个山地步兵旅（含 1 个预备役山地步兵旅）、2 个装甲旅，1 个后勤旅，1 个总部直属旅，4 个国土防卫区。

3 个步兵旅：第 2 步兵旅、第 5 步兵旅、第 7 步兵旅（预备役）。

3 个山地步兵旅：第 9 山地步兵旅、第 10 山地步兵旅（预备役）、第 12 山地步兵旅。

2 个装甲旅：第 1 装甲旅、第 11 装甲旅。

1 个后勤旅：第 1 后勤旅。

1 个总部直属旅：第 41 总部支援旅。

4 个国土防卫区：第 1 国土防卫区、第 2 国土防卫区、第 3 国土防卫区、第 4 国土防卫区。

诸作战旅的基本编制如下。

第 2 步兵旅（旅长马蒂厄斯·图舍准将），下辖：第 2 司令部支援营、第 2 侦察营、第 1 步兵营、第 13 步兵营、第 14 步兵营、第 19 步兵营、第 54 炮兵营。

第 5 步兵旅（旅长汉斯·沙茨曼准将），下辖：第 5 司令部支援营、第 4 侦察营、第 5 侦察营、第 11 步兵营、第 20 步兵营、第 56 步兵营、第 97 步兵营、第 10 炮兵营。

第 7 步兵旅（预备役）（旅长马丁·沃格利准将），下辖：第 7 司令部支援营、第 7 情报与侦察营、第 9 侦察营、第 12 侦察营、第 8 机械化步兵营、第 28 机械化步兵营、第 54 步兵营、第 60 步兵营、第 72 山地步兵营、第 73 步兵营、第 91 山地步兵营、第 47 炮兵营。

第 9 山地步兵旅（旅长莫里齐奥·达特里诺准将），下辖：第 9 司令部支援营、第 7 山地步兵营、第 17 山地步兵营、第 29 山地步兵营、第 30 山地步兵营、第 48 山地步兵营、第 49 炮兵营。

第 10 山地步兵旅（预备役）（旅长埃里克·拉巴拉准将），下辖：第 10 司令部支援营、第 4 侦察营、第 10 侦察营、第 15 装甲营、第 20 机械化步兵营、第 5 步兵营、第 8 山地步兵营、第 10 山地步兵营、第 24 步兵营、第 36 步兵营、第 32 炮兵营、第 41 炮兵营。

第 12 山地步兵旅（旅长弗兰茨·纳格尔准将），下辖：第 12 司令部支援营、第 6 山地步兵营、第 65 步兵营、第 70 步兵营、第 77 山地步兵营、第 85 山地步兵营。

第 1 装甲旅（旅长伊冯·兰格尔准将），下辖：第 1 司令部支援营、第 1 侦察营、第 12 装甲营、第 17 装甲营、第 18 装甲营、第 16 步兵营、第 1 炮兵营、第 1 装甲工程营。

第 11 装甲旅（旅长威利·布鲁利索尔准将），下辖：第 11 司令部支援营、第 11 侦察营、第 13 装甲营、第 14 装甲营、第 29 机械化步兵营、第 61 步兵营、第 16 炮兵营、第 11 装甲工程营。

因为装甲营和机械化步兵营在 2010 年均全部重组为同时拥有坦克和步兵战车的诸兵种合成营，从 2011 年 1 月起，所有的装甲营和机械化步兵营都由人事连、后勤连、2 个坦克连、2 个机械化步兵连组成。

陆军主要武器装备的情况如下。主战坦克："豹" Ⅱ型（PZ－87 型）250 辆。步兵战车：CV9030 型 154 辆，CV9030CP 型 32 辆。装甲侦察车："鹰" Ⅱ型 443 辆。装甲输送车：M113A2 履带式装甲输送车 238 辆，"食人鱼" Ⅱ型轮式装甲输送车 346 辆，"食人鱼" Ⅰ/Ⅱ/Ⅲ C CP 型轮式装甲输送车 330 辆。自行炮：155 毫米 M109 型 133 门。迫击炮：81 毫米 M113 型 250 门。高炮：20 毫米 630 门。反坦克导弹："陶－2"自行型 110 具。地空导弹："毒刺"型若干部。直升机："别动队" ADS－95 型若干。

（二）空军

1914 年 7 月，瑞士航空部队组建。1936 年 10 月，瑞士军方宣布瑞士航空部队改编为瑞士空军－防空军。1996 年，作为瑞士武装部队重组计划的一部分，瑞士空军－防空军改编为瑞士空军。

空军司令（编制军衔为空军中将）。负责领导所有空军部队，由空军参谋部协助工作。空军训练司令部及其训练部队、空军后勤局和空军勤务中心均归其指挥。

空军参谋部 承担作战指挥与训练职能和管理职能。作战指挥与训练职能方面：负责确保空军作战指挥职能，空军编组适于战备和作战，由空军司令指导。无论出现何种情况，均将指导空军部队执行业已奉命执行的任务。空军作战参谋部主任充当空军司令的作战副职。经与空军司令协商之后发布有关空军部队的基本指令与战备指令。根据空军司令发布的指令，必须确保在全国和国际环境中空军指挥的顺畅，确保空军的战备状况良好。无论在何种环境，必须指导空军执行业已奉命执行的任务，与民用航空局协调航空航天管理，处理空军的情报需求，指挥并训练其直接下属；拟制人事、设施和系统（如空军基地、军事雷达站等）的需求计划，制定适当的作战条令，总结空军可持续发展的经验教训。管理职能方面：负责支持空军司令的决策，计划并协调中长期参谋工作，协调空军内部跨部门的工作；负责空军的可持续发展和"军事空中交通管制"的各个方面，处理飞行事故预防事务和飞行安全问题。

空军作战部队司令部 空军作战部队司令部的主要任务包括：维护空中主权，防空，航空运输，获取并向政治和军事领导人报告有关情报。2006 年 1 月 1 日，空军训练司令部撤销，空军作战部队司令部形成作战能力。空军训练司令部的职责（负责使空军训练部队达到和维持基本的战备状态，实施武装部队内部专业的作战训练，向空军介绍新型装备；负责制定必要的训练条令，指导和安排专业军事人员和技术教官的工作，安排他们的训练和专业计划；负责监管航空医学中心的工作）移交空军参谋部训练部（A7），空军训练部（分）队（第 30 指挥支援训练分队、第 31 飞行训练分队、第 33 防空训练分队）则改由空军司令部直接指挥。

空军作战部队司令部下辖 6 个空军基地司令部（其中包括飞行联队、飞行中队和后勤保障分队），拥有部署数个战斗机中队、直升机中队、运输机中队和防空营的能力。根据任务的需要，飞行中队和防空分队能够在空军作战部队司令部的组织指导下联合组成特遣部队。

空军勤务中心 负责计划、人事与法律事务、财务、信息技术与通信工作。

瑞士空军实施动员后兵力可达 2.6436 万人。编有 6 个空军基地司令部、1 个联邦运输联队、1 个空运联队、6 个战斗机中队、1 个运输机中队、1 个飞行训练中队、8 个直升机运输中队、1 个无人机营、1 个特级飞行表演大队、1 个航空医学中心。

空军基地司令部概况如下。

阿尔普纳奇空军基地司令部（第 2 空军基地司令部）：驻有第 2 空运联队，下辖第 6 空中运输中队和第 8 空中运输中队。

罗迦洛空军基地司令部（第 4 空军基地司令部）。

埃门空军基地司令部（第 7 空军基地司令部）：驻有第 8 战斗机/截击机中队、第 7 无人机中队和第 7 空中运输中队。

柏耶讷空军基地司令部（第 11 空军基地司令部）：驻有第 1 空中运输中队、第 6 战斗机中队、第 17 战斗机中队、第 18 战斗机中队、第 31 飞行训练分队、第 12 空中目标（无人机）中队。

迈林根空军基地司令部（第 13 空军基地司令部）：驻有第 11 战斗机中队。

锡永空军基地司令部（第 14 空军基地司令部）：驻有第 19 战斗机中队/截击机中队。

此外，杜本多夫军用机场为瑞士空军司令部及其防空指挥中心、军民两用空中交通管制机构的驻地，还驻有第 3 空运联队（下辖第 3 空中运输中队和第 4 空中运输中队）。

空军主要武器装备的情况如下。战斗机：F-5E "虎" Ⅱ型 42 架、F-5F "虎" Ⅱ型 12 架、P/A-18C/D "大黄蜂" 32 架。运输机：PC-6 型 16 架、其他型号 6 架。教练机：PC-7 型 28 架、PC-9 型 8 架、PC-21 型 8 架。直升机：AS332M "超级美洲豹" 运输直升机 15 架、AS532UL "美洲狮" 运输直升机 11 架、EC-635 轻型运输直升机 20 架。

三　部队部署

陆军野战部队兵力主要部署在北部、东北部、中部和西部地区；山地部队全部部署在阿尔卑斯山地区；4 个国土防卫区全部沿北部、东北部和东南部边境地区部署；空军部队的航空旅和机场旅驻中部地区；防空旅部署在重点保护目标、主要军事设施和军用机场附近地区。共有军事基地40处。

瑞士驻外军事人员的情况如下。

1953年，瑞士军方派遣96名军事人员赴朝鲜，支持中立国监察委员会。直至现在，仍有5名瑞士军官在板门店的中立国监察委员会执行监察军事停战的任务。

1988年，瑞士联邦委员会决定扩大参与联合国维持和平行动。在此之前，瑞士仅为联合国维持和平行动提供财政支持。

1989年，瑞士军方派遣1支医务分队前往纳米比亚，向联合国过渡援助团提供医疗支援。

1989~1990年，大约有150名瑞士男女官兵奉命前往西南非洲执行任务。

1990年起，瑞士军方开始派遣军官担任联合国维持和平行动中的非武装军事观察员。

1991~1994年，将近80名瑞士志愿人员前往西撒哈拉的3座野战医院，为驻西撒哈拉的联合国观察团提供医疗支援。

1995年3月至1998年10月，瑞士军方派遣2名医务军官和1名医务助理前往驻塔吉克斯坦的联合国使团医院工作。

1995年北约波黑和平协议执行部队组建后，瑞士军方先后派遣将近220名军事志愿人员组成瑞士连，参加驻波黑地区的和平协议执行部队。

1996~2000年，瑞士军方派遣非武装志愿"黄盔"部队50余人驻波黑欧安组织履行民事行动。

1998年12月至1999年3月，瑞士军方派遣26名人员参加科索沃举证使团。

2015年，瑞士驻外兵力包括：驻波黑欧盟部队20人，联合国驻布隆迪军事顾问1人，联合国组织刚果民主共和国稳定特派团观察员13人，联合国尼泊尔特派团监督员3人，驻塞尔维亚北约科索沃部队200人，联合国苏丹特派团观察员2人。

第三节　军事训练与兵役制度

瑞士实行"全民皆兵"的普遍义务民兵制。联邦宪法规定，凡年满20～42周岁的男性公民必须服兵役。女性公民可志愿服兵役。凡年满19周岁的男性青年必须就近到征兵处报名并体检，合格者20周岁入伍。入伍第1年在所属军兵种新兵学校接受为期15周的军事基础训练，此后直到42周岁每隔1年到部队参加1次复训，共10次，每次19～20天，总受训时间为300天，士官的总受训时间为460～670天，尉官为770～900天，校官为1050～1300天，将官视情况而定，一般高于1300天。各级军官最高服役年限，将官为52岁（可根据需要服役至62岁）。校官为52岁，尉官为42岁（其中上尉可根据需要服役至52岁）。民兵军人退出现役后自动转为民防役。自1999年1月1日起，公民服民防役的最高年限由原来的52岁降为50岁。

瑞士兵役制度具有鲜明的特点。第一，国民公平负担兵役义务。国家不设常备军，整个武装部队由民兵组成；全体公民都有责任履行国防义务。瑞士公民通过3种途径履行国防义务：参加军事勤务，参加辅助勤务，缴纳军事义务补偿金。联邦法律对拒服兵役者进行严厉惩处。第二，严格实行全民军事义务教育。男性青年首先要在新兵学校接受4个月左右的基础教育，学习攻防武器、通信器械及装甲等专业。新兵学校毕业后，参加复训，每次15天左右；49岁以后转入后备役，要参加3次训练，时间总计不超过40天。军官和军士要比士兵接受更多的军事训练。第三，完善的组织动员体制。瑞士的动员包括平时动员和战时动员两种。平时动员也就是每年进行的军训。战时动员由政府向全国发布公告，接到公告的兵役义务者将以最快的速度到所属部队集中。此时，联邦武装部队接管一切公共运输企业和军需工厂。在紧急动员的情况下，各级地方政府和居民都有责任给武装部队以必要的支援。由于瑞士政府重视对民兵制军人的日常管理并建立了一套完善的动员制度，瑞士在紧急状态下可以在24小时内动员起全国人口的1/7，约85万人。

第四节 国防科技与国防工业

瑞士奉行"武装中立"的防务政策，历来重视国防工业的发展。国防工业体系是由数家主要由联邦政府拥有或控制的国防工业公司和一批私营军工企业构成的。联邦国防、民防和体育部下设的国防采办与装备司专门负责武器装备的研制和采购，管理国防工业生产与科研。瑞士国防工业的就业人数约为2万人。国营军工企业主要研发和生产坦克、大中口径火炮、战斗机、直升机、导弹、各种弹药和发射炮、部分步兵武器。私营军工企业侧重小口径高炮及其火控系统、弹药、装甲车辆、导弹、军工机械、军用光学及通信系统、引信及其他军用器材的生产和研制。军工企业生产的产品绝大部分用于出口，其技术先进，质量可靠，与民用产品同样享有良好声誉。瑞士的小高炮系统、防空反坦克两用导弹系统，是具有世界先进水平的高技术产品。瑞士的装甲车辆、军用电子产品也在世界军火市场上占有重要地位。

在此，仅对几家具有代表性的瑞士国防工业公司做出扼要介绍。

瑞士拉哥联合防务集团公司 瑞士拉哥联合防务集团公司（RUAG）是瑞士联邦拥有的航空、航天、科技与防务集团公司，总部设在伯尔尼。1998年成立。其前身可以追溯到1867年成立的瑞士联邦制造厂。其生产厂家分布在瑞士（阿尔高、图恩、伯尔尼、埃门、阿尔特多夫和因特拉肯）、德国（上法芬霍芬、汉堡和菲尔特）、瑞典（哥德堡、林彻平和阿莫特福斯）、匈牙利（斯罗克）、奥地利（维也纳、贝恩多夫）和美国（坦帕），其销售公司分设在英国、法国、比利时、巴西、马来西亚。目前，集团有大约8000名熟练的员工。

瑞士拉哥联合防务集团公司的发展战略基于三个主要支柱："民用和军用相结合（军民两用）""专注于核心业务"和"国际增长"。

第一，民用和军用相结合（军民两用）。拉哥联合防务集团公司的专长在于民用和军用相结合的技术与能力，保留这些领域的关键能力是至关重要的。来自武装部队的需求是开发新技术的动力。当前，军事业务深受民用技术的影响。在许多情况下，科技进步在民用领域的发展比军事领域更快。

第二，专注于核心业务。拉哥联合防务集团公司发展战略的中心支柱之一，就是系统专注于核心业务，并将其核心能力提供到地面、航空和太空系统的必要组成部分。这既是整个集团的核心理念，又是下属航天事业部、飞行器零部件事业部、航空事业部、小口径弹药事业部、防务事业部的核心理念。

第三，国际增长。考虑到国家财政在许多欧洲国家的脆弱性，拉哥联合防务集团公司的市场环境仍然充满挑战。在瑞士国内，情形也大体如此。因此，积极加快并努力开拓国际增长市场就显得更为重要。

瑞士拉哥联合防务公司下设航空航天和防务两大业务部门。

航空航天业务部门包括：拉哥飞行器零部件事业部（民用飞行器零部件制造和回收），拉哥航天事业部（瑞士、瑞典和奥地利），拉哥航空事业部（生产民用和军用"道尼尔"Do228NG 飞机，航空系统解决方案）。

防务业务部门包括：拉哥小口径弹药事业部（12.7 毫米口径以内的小口径弹药，供国防、执法、狩猎和体育领域之用）。拉哥公司也是 HG85 手榴弹的生产商，负责生产的子公司在德国、匈牙利、美国和瑞典。拉哥防务事业部（模拟与训练器材，远程信息处理，维护，作战网络，战斗与支援车辆、防护解决方案等）在瑞士和德国设有子公司。

瑞士工业公司 瑞士工业公司（SIG）是瑞士一家大型工业公司，世界著名的轻武器制造公司，总部设在诺伊豪森。1853 年，弗里德里希·派依尔、海因里希·莫泽和康拉德·内尔在瑞士莱茵河福尔斯附近的诺伊豪森创办了一家生产四轮马车的瑞士马车制造厂。7 年后，该厂开始制造更为复杂的四轮马车和列车车厢。这时，三个合伙人开始了一个更大的冒险。根据瑞士联邦防务部门的要求，瑞士马车制造厂开始加入研制新型步枪的竞争，希望瑞士军队会采用。研制成功 4 年后，瑞士马车制造厂生产的普雷拉兹－伯南德步枪获得瑞士军队一份生产 3 万支前装式普雷拉兹－伯南德步枪的订单。瑞士马车制造厂从此更改为瑞士工业公司

（Schweizerische Industrie-Gesellschaft，简称 SIG）。SIG 公司下设 6 个事业部。

动力传输与控制事业部，设计与制造电动液压和电动气压驱动系统以及专用控制设备和界面。

制造和采矿机械事业部，设计与制造供开采矿石、开凿地道和隧道使用的机械及地下运输车辆。

包装机械事业部，设计与制造各类包装机械。

车辆事业部，设计与制造铁路客、货车厢。

合作服务事业部，负责国内外合作与服务事宜。

轻武器事业部，即 SIG Arms，与公司下属的子公司哈默里公司和绍尔公司一起设计与制造各类轻武器。

绍尔公司（Sauer）的全称是绍尔与索恩机械设备有限公司（J. P. Sauer & Sohn），其产品包括各种工业和交通工具用机械设备，枪械生产只是其中一项小业务。SIG 与 Sauer 合伙的最主要目的是因为 SIG Arms 太小了，SIG 需要在手枪的设计和生产上有更大的发展空间，在德国增加一个生产车间显然有助于 SIG 完成任何北约的手枪订单（虽然直到 20 世纪 90 年代才开始有北约成员国的大宗 SIG-Sauer 手枪的订单）。

20 世纪 90 年代是西方枪械生产厂合并和分家的旺季，许多著名品牌都换了东家，SIG 集团一直撑到 21 世纪，但最终在 2000 年中期把 SIG Arms 卖给了一家名为"瑞士轻武器"（Swiss Arms）的私营公司，Swiss Arms 允许这个武器分部的各个部门仍旧独立运作，因此尽管这个前 SIG Arms 的分部已经不再属于 SIG 集团了，但是其美国分公司仍然称为"SIG Arms"，这种手枪的名字前面仍然加上"SIG"的大号。

2003 年 5 月份，Sauer 获得一份法国政府要求提供 27 万支 SIG Pro 手枪的内部供应合同。这是第二次世界大战以来世界上最大的手枪订单。

瑞士工业公司产品种类主要包括手枪、突击步枪、狙击步枪、机枪和代理产品。手枪种类包括：P210、P220、P225、P226、P228、P229、P239、P245、P250、P230、P232、SIG Pro、GSR 1911。突击步枪种类包括：Stgw. 57/SIG510、SIG530 – 1、SG540、SG550/SG551、SG551 – 1P、SG551 – SWAT、SG552、SIG 556、SIG SAPR。狙击步枪种类包括：SG550 –

Sniper、SSG2000、SSG3000。机枪种类为：SIG 710。榴弹发射器种类包括：GLG40、GL5010/5140。代理产品包括：M2"毛瑟"手枪、Blaser R93 狙击步枪。

瑞士皮拉图斯飞机公司 瑞士皮拉图斯飞机公司成立于 1939 年，是世界上领先的单引擎涡轮螺旋桨飞机制造公司，总部位于斯坦茨，主要在各大洲研发、制造、销售飞机和航空训练系统。皮拉图斯飞机公司还授权对各类飞机开展维护和升级工作。皮拉图斯飞机公司拥有 1500 余名员工，是瑞士中部地区最大的用人单位。皮拉图斯飞机公司还包括设在美国科罗拉多州、澳大利亚阿德莱德和瑞士阿尔滕莱茵的 3 个独立的子公司。2012 年 12 月 18 日，皮拉图斯飞机工业（中国）公司总部暨生产基地、维修基地、总装交付中心入驻重庆两江新区航空产业城。

总部设在科罗拉多州的皮拉图斯商业飞机有限公司成立于 1996 年。有 60% 的 PC - 12 生产线在斯坦茨完成客户要求的设计（内部装饰和外部涂装）。皮拉图斯澳大利亚有限公司成立于 1998 年，主要负责澳大利亚、新西兰、巴布亚新几内亚和太平洋岛屿的市场。阿尔滕莱茵航空有限公司是皮拉图斯飞机有限公司的全资子公司，位于瑞士东部圣加仑阿尔滕莱茵机场，2003 年 1 月 1 日起开始运营，提供皮拉图斯 PC - 12、飞机 PC - 6S 的专业维护，现代化检修，以及其他业务和支线飞机。皮拉图斯飞机公司支持超过 40 个精心挑选的独立销售和世界各地的服务中心，所有这些都有助于皮拉图斯提供一流的客户服务。

2012 年 12 月，在两江新区及其航空产业投资平台"两江航投"历时一年的努力下，经过双方的多轮磋商谈判，瑞士皮拉图斯飞机公司决定将其中国公司总部、生产基地、维修基地、交付中心设在重庆两江新区，希望依托两江新区作为国家级开放平台的作用和在通用航空产业政策领域的全新突破，分享高速增长的中国通用航空市场，并将在随后带领其零部件制造商登陆重庆，成为重庆"整机 + 零部件"垂直整合的又一成功案例。皮拉图斯将以中外合资公司的模式在两江新区投资建设通用飞机生产、总装制造和维修公司，并将 PC - 6 生产线由瑞士全部迁至重庆，这意味着两江新区将成为 PC－6 全球唯一的生产基地。同时，皮拉图斯也将其面向亚太地区的 PC－12 生产线迁至重庆。根据双方的合作协议，该飞机制造项目投资 4 亿美元。项目全部建成后，将形成年产 PC－6 飞机 100 架、PC－12 飞机 50 架或 PC－6 飞机 50 架、PC－12 飞机 100 架的年产能力。

皮拉图斯的首款产品为 SB－2，是一款专门针对狭窄高山峡谷环境来设计的飞机。此后，皮拉图斯陆续成功推出 P－2 和 P－3 两款机型，并成功进入瑞士空军和瑞士航空公司服役。这让皮拉图斯在这一领域非常成功。这些训练飞机的使用，不断为皮拉图斯公司提供改进意见，而这些经验使皮拉图斯迅速成长为世界级水平的飞机公司。

1959 年，皮拉图斯成功研发并生产 PC－6 "搬运工" 飞机，这是一款非常坚固耐用的飞机。这是皮拉图斯发展历史上的重要里程碑。PC－6 的特点是它的多功能性和出色的短距起飞与着陆（STOL）的性能。在国际飞机市场上 PC－6 的需求量相当的大。

皮拉图斯 PC－6 飞机独特的短距起飞与着陆（STOL）能力、可靠性和多功能性，使其在各种天气和地形条件下已经建立了良好的飞行声誉。作为一款坚固耐用的通用飞机。PC－6 飞机是完全有能力从不同类型的简陋机场，如在高海拔地区、偏远地区和各种气候条件下的短跑道机场起降。PC－6 飞机具有简单而坚固的结构和优良的系统的特点，是精密的瑞士制造工艺中最高的可靠性和最低的维护要求的有机结合。

皮拉图斯 PC－12NG 飞机是市场上最流行的涡桨公务机之一。PC－12 NG 飞机在世界各地执行运输、货运、空中救护、航空、政府特殊任务等任务。美国空军的 PC－12 飞机的编号为 U－28A，执行侦察和特种作战任务。

PC－21 初级教练机（军用产品）是世界上最先进的涡桨教练机之一，是注定要彻底改变军用飞机飞行员训练的先进设计。它拥有喷气教练机的优秀性能与涡桨教练机的高出勤率和高性价比。它拥有先进的 "手不离杆" 一平三下玻璃化座舱、马丁·贝克零/零弹射座椅、数据链系统，还可以在土跑道或公路上起降。油箱足以携带足够执行英国皇家空军标准 3 小时高—低—高任务的燃油。

皮拉图斯目前正在研发的 PC–24 飞机，是全世界第一款适用于在非柏油跑道短距起降的喷气公务机。

第五节 主要领导人物

瑞士武装部队的主要领导人物有：瑞士武装部队司令安德烈·布拉特曼中将，瑞士陆军司令多米尼克·安德烈中将，瑞士空军司令阿尔多·谢伦伯格空军中将。

安德烈·布拉特曼中将，瑞士武装部队司令。1956 年 3 月 6 日出生于瑞士里希特斯韦尔。2003 年获得苏黎世大学工商管理硕士学位。1989 ~ 1992 年，任"毒刺"防空导弹项目副主管。1993 ~ 1996 年和 1997 ~ 1998 年，任"毒刺"防空导弹项目培训课程班主任。1999 ~ 2000 年，任"毒刺"防空导弹学校校长。2001 年 1 月，任瑞士第 4 野战军参谋长，晋升为准将。2002 年，为驻美国蒙特雷的美国海军研究生院国际防务管理高级课程班学员。2004 ~ 2005 年，任瑞士武装部队指挥与参谋军官学院院长。2006 年 1 月，任瑞士武装部队司令的高级参谋。2008 年 1 月，任瑞士武装部队副司令，晋升为少将。2008 年 8 月至 2009 年 2 月，任瑞士武装部队代理司令。2009 年 3 月 1 日，出任瑞士武装部队司令，晋升为中将。

多米尼克·安德烈中将，瑞士陆军司令。1955 年 8 月 1 日出生于瑞士弗里堡。1980 年毕业于瑞士洛桑联邦理工学院，1987 年获得理学博士学位。1981 ~ 1985 年，任警备炮兵连连长。1986 ~ 1987 年，任警备连连长。1988 ~ 1993 年，任第 10 要塞旅参谋、参谋长。1987 ~ 1995 年，兼任要塞部队教官。1994 年，任警备炮兵营营长。1995 ~ 1997 年，任警备先锋营营长。1996 ~ 1997 年，兼任防御工事与炮兵学校校长。1998 年，先任第 1 国土防卫师参谋，后为法国高等国防研究学院学员。1999 年，参与"21 世纪武装部队改革法案"的拟制。1999 ~ 2000 年，任第 1 要塞团团长。2000 年，任驻军警备军官学校校长。2001 ~ 2003 年，任联邦国防民防体育部长的助理，兼第 1 国土防卫师参谋长。2004 ~ 2005

年，任瑞士陆军参谋部主任。2006～2007 年，任瑞士陆军参谋部人事部部长。2008 年 1 月 1 日，出任瑞士陆军司令。军衔晋升情况为：1978 年获得中尉军衔，1986 年晋升为上尉，1994 年晋升为少校，1998 年晋升为中校，1999 年晋升为上校，2006 年晋升为准将，2008 年 1 月晋升为中将。

阿尔多·谢伦伯格空军中将，瑞士空军司令。1958 年 9 月 9 日出生于瑞士苏黎世州比拉赫。1979 年考入苏黎世大学攻读经济学专业，1986 年毕业。1986～1991 年，任苏黎世大学经济研究所助理。1991 年，创办一家咨询公司。1992～2011 年，任该公司总裁。2003～2011 年，任伯尔尼大学会计与控制研究所讲师。2006～2009 年，攻读伯尔尼大学法学研究生，如期毕业并获得法学硕士学位。军事生涯方面。1990 年，任瑞士罗德要塞防空连连长。1994 年，任瑞士第 12 山地师司令部参谋。1997 年，任瑞士第 12 轻型防空导弹师司令部参谋。2000 年，任瑞士第 12 山地师司令部副参谋长。2001 年，任瑞士第 12 山地师参谋长。2004 年，任瑞士第 12 山地步兵旅参谋长。2008 年，任瑞士第 12 山地步兵旅人事处处长。2010 年 7 月，任瑞士第 12 山地步兵旅旅长。2012 年 1 月，任瑞士武装部队参谋部主任。2013 年 1 月，任瑞士空军司令。军衔晋升情况为：1990 年获得上尉军衔，1997 年晋升为少校，2000 年晋升为中校，2001 年晋升为上校，2010 年晋升为准将，2012 年 1 月晋升为少将，2013 年 1 月晋升为空军中将。

瑞士历任国防、民防和体育部部长

（瑞士联邦军事部部长，1848 年～1997 年 12 月）

乌尔里希·奥施森本（1848～1854 年）

弗雷德里希·弗赖－希罗塞（1855～1859 年）

雅科布·斯塔姆普夫利（1860～1861 年）

康斯坦特·福恩罗德（1862 年）

雅科布·斯塔姆普夫利（1863 年）

康斯坦特·福恩罗德（1864～1866 年）

埃米尔·维尔蒂（1867～1868 年）

维克托·鲁菲（1869 年）

埃米尔·维尔蒂（1870～1871 年）

保罗·塞罗索尔（1872 年）

埃米尔·维尔蒂（1873～1875 年）

约哈恩·雅科布·谢勒（1876～1878 年）

威廉·赫滕斯坦（1879～1888 年）

沃尔特·豪泽（1889～1890 年）

埃米尔·弗赖（1891～1897 年）

爱德华·穆勒（1897 年）

尤金·鲁菲（1899 年）

爱德华·穆勒（1900～1906 年）

路德维格·福勒（1907 年）

爱德华·穆勒（1908～1911 年）

阿瑟·霍夫曼（1911～1913 年）

卡米勒·德科佩特（1914～1919 年）

卡尔·舒勒（1920～1929 年）

鲁道夫·明格（1930～1940 年）

卡尔·科贝尔特（1940～1954 年）

保罗·肖德（1955～1966 年）

内洛·塞利奥（1967～1968 年）

鲁道夫·格内吉（1968～1979 年）

乔治－安德烈·谢瓦拉（1980～1983 年）

让－帕斯卡·德拉穆拉兹（1984～1986 年）

阿诺德·科勒（1987～1989 年）

卡斯帕·维利格（1989～1995 年）

阿道夫·奥吉（1995 年 11 月 1 日至 1997 年 12 月 31 日）

（瑞士联邦国防、民防与体育部部长，1998 年 1 月 1 日起）

阿道夫·奥吉（1998 年 1 月 1 日至 2000 年 12 月 31 日）

塞缪尔·施密德（2001 年 1 月 1 日至 2008 年 12 月 31 日）

于利·毛雷尔（2009 年 1 月 1 日上任）

瑞士历任总参谋长或武装部队司令

（瑞士武装部队总参谋长，1870～2003 年）

鲁道夫·帕拉维齐尼中将（1870～1875 年）

赫尔曼·齐格菲中将（1875～1879 年）

约翰·鲁道夫·冯·辛纳中将（1879～1882 年）

马克斯·阿尔方斯·普菲弗·冯·阿尔蒂绍芬中将（1883～1890 年）

阿诺德·凯勒中将（1890～1905 年）

西奥菲尔·斯普雷切·冯·伯尼格中将（1905～1919 年）

埃米尔·桑德雷格中将（1920～1923 年）

亨里希·鲁斯特中将（1923～1936 年）

雅各布·拉伯哈特中将（1936～1940 年）

雅各布·胡伯中将（1940～1945 年）

路易斯·德蒙莫林中将（1945～1957 年）

雅各布·阿纳索恩中将（1958 年 1 月至 1964 年 12 月）

保罗·吉格利中将（1965 年 1 月至 1971 年 12 月）

约翰·雅各布·维舍尔中将（1972 年 1 月至 1976 年 12 月）

汉斯·森中将（1977 年 1 月至 1980 年 12 月）

约格·楚姆斯泰因中将（1981 年 1 月至 1985 年 12 月）

欧根·吕蒂中将（1986 年 1 月至 1989 年 12 月）

海因茨·哈斯勒中将（1990 年 1 月至 1992 年 5 月）

阿瑟·利纳尔中将（1992 年 5 月至 1997 年 12 月）

汉斯－乌尔里希·舍雷尔中将（1998 年 1 月至 2002 年 12 月）

克里斯托夫·凯克斯空军中将（2003 年 1 月至 2003 年 12 月）

（瑞士武装部队司令，2004 年 1 月 1 日起）

克里斯托夫·凯克斯空军中将（2004 年 1 月至 2008 年 12 月）

罗兰·奈夫中将（2008 年 1 月至 2008 年 8 月）

安德烈·布拉特曼少将（2008 年 8 月至 2009 年 2 月，临时）

安德烈·布拉特曼中将（2009 年 3 月上任）

瑞士历任空军司令

西奥多·里尔上尉（1914 年 7 月至 1916 年 10 月）

马克·施莱皮上尉（1916 年 10 月至 1917 年 3 月）

沃尔特·谢里尔少校（1917 年 3 月至 1918 年 11 月）

路德维希·霍尔扎克上尉（1918 年 11 月至 1918 年 12 月）

伊斯勒·阿诺德少校（1918 年 12 月至 1920 年 3 月）

艾伯特·穆勒少校（1920 年 4 月至 1929 年 12 月）

菲利普·马迪特上校（1930 年 1 月至 1936 年 3 月）

汉斯·班迪空军少将（1936 年 10 月至 1943 年 12 月）

弗里茨·赖纳空军少将（1944 年 1 月至 1952 年 12 月）

埃蒂恩尼·普里莫特空军少将（1953 年 1 月至 1964 年 10 月）

尤金·斯图德空军中将（1965 年 1 月至 1973 年 6 月）

库尔特·博利格空军中将（1973 年 7 月至 1980 年 12 月）

阿瑟·莫尔空军中将（1981 年 1 月至 1983 年 12 月）

恩斯特·威勒空军中将（1984 年 1 月至 1986 年 12 月）

沃尔特·杜里格空军中将（1987 年 1 月至 1989 年 12 月）

沃纳·容格空军中将（1990 年 1 月至 1992 年 3 月）

费尔兰德·卡雷尔空军中将（1992 年 3 月至 1999 年 12 月）

汉斯－鲁道夫·费尔林空军中将（2000 年 1 月至 2005 年 12 月）

沃尔特·克努蒂空军中将（2006 年 1 月至 2008 年 6 月）

马库斯·吉加克斯空军中将（2008 年 6 月至 2012 年 12 月）

阿尔多·谢伦伯格空军中将（2013 年 1 月 1 日上任）

第六章

社　会

第一节　国民生活

一　就业

劳动是第一位的生产要素。对于瑞士来说，劳动更具有特殊的重要意义。瑞士是一个小国，原材料匮乏，劳动几乎是唯一的生产要素。劳动力是科学、技术和创新的载体，劳动力素质直接决定了瑞士经济的竞争力。按照劳动生产率（每个工作小时所创造的价值）计算，瑞士仅次于卢森堡，居于世界第二位。2013 年第三季度末，瑞士的就业人口总计 484.4 万人。按照就业形态分类，其中包括个体经营者（自营者）40.1 万人，家庭工人 9.5 万人，雇员 434.8 万人。

1. 劳动就业的变化及特点

瑞士的劳动就业随着产业结构的升级换代，发生了很大的变化。其主要特点是：服务业容纳了超过 2/3 的就业人口；妇女的就业人数显著增加；外籍劳工在瑞士劳动市场是一支重要力量。

劳动力向服务部门集中　1960 年，工业部门集中了 46.5% 的就业人口；服务业容纳了 39% 的就业人口。到 2009 年，73.8% 的就业人口在服务部门，工业部门的就业人口下降为 22.8%。这种发展趋势主要是技术进步（制造业的自动化）和经济全球化的结果，它导致生产制造业转向低工资国家。服务业内部的就业结构也在发生变化。例如零售业的从业人数下降了，而卫生、社会事业，还有教育和为企业服务的行业及部门的从业人数大为增加。另外，伴随产业结构变化和技术进步，劳动力的素质不断提高，传统意义上的劳动者几乎见不到了，受过良好教育的知识型劳动者构成瑞士的产业大军。

妇女就业显著增加　自20世纪70年代以来，瑞士经济增长的主要动力来自服务部门扩张，这种扩张直接带动了妇女就业的增加。与1960年相比，2009年妇女就业率从33%提高到53%。同一时期，男性就业率则从66%下降为63%。其首要原因是男性一般受教育的时间比较长，同时领取养老金的时间也比较早。妇女就业传统上集中在服务领域。2009年，在服务部门工作的妇女要多于男性，占53%，其中包括跨境劳工、短工和季节工人。在第二产业部门，妇女所占的比例为22%。妇女就业增加带来了家庭和社会的变化：传统的家庭模式失去其重要性，每个妇女拥有的孩子数目减少，更多的妇女既要从事职业工作，又要照顾家庭生活。

外籍劳工发挥重要作用　外籍劳工是瑞士劳动市场的重要组成部分。第二次世界大战以后，瑞士经济的强劲增长，没有外籍劳工的参与是不可想象的。瑞士的许多行业和部门缺少劳动力，例如建筑、贸易、旅馆业，需要从外国聘请和雇用专家、技术工人、工程师、科学家等。自20世纪60年代来，外籍劳工所占就业人口的比例基本上保持在20%左右，并且不断提高，2010年达到27%，其中包括跨境劳工。在工业部门，外籍劳工的比例更大，占到37%，在服务业部门占到25%。大约2/3的外籍劳工来自欧盟和经合组织国家，2009年为68%，这其中来自德国和意大利的劳工又占50%左右。

许多外籍劳工起初只是被准许短期停留。1970年，只有大约1/5的外籍劳工得到永久居留的许可，大部分的外籍劳工都是季节工、短期停留（一年以内）或者跨境工人。外籍劳工是瑞士劳动市场的调节器和稳定器。在经济停滞和衰退时期，失业便会增加，而外籍劳工首当其冲。第一次石油危机期间，外籍劳工比例1972年为26%，1977年下降为20%。在之后的经济衰退时期，如1982～1983年，还有20世纪90年代的衰退时期，根据居留法的有关规定，外籍劳工的处境得到改善，多数人获得长期居留的许可，不必再离开瑞士。

2002 年，瑞士与欧盟签署了关于劳动力自由流动的双边协议，欧盟当年率先向瑞士开放劳动力市场，自 2004 年 6 月 1 日起，瑞士对外开放劳动力市场，欧盟成员国公民与瑞士公民享有同样的权利。不过，瑞士对欧盟国家设立了每年 1.5 万个工作许可的限额，并且在 2005 年之前尚不包括欧盟 10 个新成员，届时可能还要经过瑞士全民公决。

2. 失业率的变化及特点

关于失业的统计有两种方法。一种是由瑞士劳工调查局所做的统计，其对失业的认定是：第一，15 岁或 15 岁以上没有工作；第二，正在积极寻找工作；第三，没有工作，但基本上是可以劳动的，例如没有严重疾病。这种定义适合于国际标准。另一种是由国家经济处所做的统计，对失业的认定是：以失业人员在所在州劳动局的登记为准。

以往，失业统计只是统计登记失业的数字，并不能反映失业的全部状况。根据调查，在停发救济金两个月之后，大约 40% 的相关人员登记失业，还有 20% 的人员在寻找岗位之中，另外 40% 的人员不再进行失业登记。自 1991 年起，瑞士国家统计局定期公布失业率，它按照国际通行的定义，也统计非登记失业。在经济衰退时期，非登记失业率一般低于登记失业率。

20 世纪 40 ~ 80 年代，瑞士的失业率一直处于很低的水平，除了偶有例外，基本上是在 1% 以下。例如，整个 80 年代，除 1984 年为 1.1% 外，其他年份平均失业率都在 1% 以下。以国际标准衡量，瑞士失业率属于极低的水平，尤其是 15 ~ 24 岁的青年失业率低于欧洲其他国家。

瑞士失业率较低的主要原因是：长期以来，瑞士雇用大量的外籍劳工，当经济危机或经济衰退来临时，企业往往首先解雇外籍劳工，被解雇的外籍劳工一般离境回国，联邦政府统计的失业人数不再将他们计算在内。外籍人口对于稳定经济、解决就业发挥了重要作用。瑞士劳动力市场的供给和需求基本上处于平衡状态。供给即劳动力人口，需求主要是企业的用人需要，两者长期以来保持了协调发展。瑞士的经济结构相对比较平衡，传统行业如采矿业等只有少数企业及员工，劳动就业大量在现代制造业、建筑业和服务业。

20 世纪 90 年代初期，瑞士经济步入严重衰退期，失业率逐年上升。1990~1993 年，失业率从 0.5% 上升为 4.5%，1995 年为 4.2%。1997 年达到 5.2%，同年 2 月份甚至达到 5.7%，为 30 年代以来的历史最高点。此后随着经济复苏，以及统计方式的变化，失业率逐步下降，2000 年的失业率为 1.8%，2001 年为 1.7%，2002 年为 2.5%。此后，失业率又呈上升趋势，2003 年达到 3.7%，2004 年为 3.9%，2008 年下降为 2.6%，2010 年再度达到 3.9%，2011 年降为 3.1%，2013 年为 3.2%。

由于经济衰退，1991~1998 年，企业大约减少了 29 万个工作岗位。与以前危机时期的情况不同，外籍劳工不再大量被劳动力市场排挤出去，同时妇女参与就业的程度提高了，这样作为就业缓冲器的外籍劳工和家庭主妇不再起很大作用了。同时，失业保险于 1976 年强制实行，雇主解雇工人比以前容易了，就业矛盾被推向社会，被解雇的工人寻找新的工作岗位也需要更多的时间。

伯尔尼一家研究院自 1976 年起，每年都为瑞士信贷银行在 1000 名有选举权的瑞士公民中间进行一次社会调查。2004 年的调查结果表明，瑞士人最为忧虑的四大问题是：失业、健康、养老金和难民问题。有 69% 的被调查人员最为担忧失业问题。这与 1995 年的调查结果几乎相同，当时有 70% 的人对失业充满恐惧。

20 世纪 90 年代至 21 世纪初，失业的结构性特点是：法语区和意大利语区的失业率高于德语区，女性高于男性，外籍人高于瑞士人，25~49 岁年龄段高于 15~24 岁和 50 岁及以上年龄段。2013 年失业率为 3.2%，男性为 3.2%，女性为 3.1%；瑞士人为 2.2%，外籍人（季节工和过境人员不记在内）为 6%。15~24 岁为 3.4%。

在瑞士，几乎 1/5 的从业人员（18%）有过失业的经历，大多数是短期失业。平均的失业时间随着失业率的提高而增加。长期失业（失业时间 12 个月以上）所占失业的比例明显增加了，1999 年为 7%，2013 年为 15.3%。

3. 工作时间

瑞士人的工作时间比较长，1990 年全年平均一周工作 42.4 小时，2010 年降到 41.6 小时。全时雇员每年只有 20 个工作日可以离开工作岗位，远远少于许多其他欧洲国家。瑞士劳动者很少罢工，离开工作场所的比率也很低。

1937 年，机械、手表工业的工会与雇主签订了第一个《和平协议》。根据协议，劳资双方承诺在发生冲突的情况下，放弃采用罢工、停工、解雇等对抗手段，如果不能达成协议，则要求仲裁委员会出面解决。从此以后，劳资矛盾大为缓解，罢工现象极少发生，因此由罢工造成的劳动时间损失也很小。1996 年，在瑞士私人经济中，几乎 50% 的雇员都参加了工会组织。2002 年，工会成员总计有 79 万人，比 1990 年大约减少了 10%。集体协议已达 1200 份，涵盖私营部门雇用工人的 50%。1991～2001 年，每年平均 8100 个劳动日的损失是由罢工引起的，大约每 1000 名雇员损失 2 个劳动日，大大低于其他大多数工业化国家。

二　收入

家庭收入　按照瑞士国家统计局的统计，私人家庭的收入分为工作收入、租金和财产收入、转移收入三部分。租金收入包括出租房屋所收取的房租等；财产或资产收入包括利息、股息等，转移收入包括从老年、遗属保险和残疾保险（IV）取得的收入，以及养老金收入。

关于家庭收入，一方面，所统计为私人家庭平均月收入，家庭成员为两人或以上，家庭中从业人员往往不止一人。另一方面，私人家庭收入不仅仅是工作收入，还包括其他形式的收入，如养老金、利息、股息、租金、实物工资等。2009～2011 年，瑞士的私人家庭月平均收入为 9565 瑞郎。

工资　工资的形成，是劳动力市场上劳动力供给和需求共同作用的结果。影响工资水平的主要因素是：劳动力市场和商品市场的市场形态；雇工和雇主的信息情况；总的经济形势以及劳动力在空间和职业上的移动。瑞士实行自由雇用制度，工资水平通过劳资双方协商而定。工人实行小时工资制、集体计件或超额计件工资制，职员、工程技术人员、管理人员实行月工资制。工资增长幅度取决于上一年通货膨胀的变化。20 世纪 70 年代以来，职工工资增长率在多数年份高于通货膨胀率。

第二次世界大战以来，瑞士职工的工资几乎增加了两倍，妇女的工资超平均增长，男女职工之间的工资水平差距变小了。工资增长的变化并不是很有规律的，主要是取决于经济发展的状况。20 世纪 70 年代中期，由于经济形势有利，职工工资有较大增长。1990 ~ 1999 年，工资年平均增长 0.3% 左右。某些行业和部门，如建筑业，在经济危机中失业率虽然超过平均水平，但是工资水平并没有下降。一些经济效益好的行业和部门，如银行和保险业的工资明显增长。2000 ~ 2009 年，实际工资年平均增长 0.6% 左右（见表 6 - 1）。

表 6 - 1　瑞士 1960 ~ 2012 年工资和 GDP 的年平均增长率

单位：%

年度	工资(实际)	GDP(实际)	年度	工资(实际)	GDP(实际)
1960 ~ 1964	3.7	6.0	1985 ~ 1989	1.1	2.4
1965 ~ 1969	3.0	3.6	1990 ~ 1994	0.5	- 0.2
1970 ~ 1974	3.5	3.7	1995 ~ 1999	0.0	1.5
1975 ~ 1979	1.1	- 0.4	2000 ~ 2009	0.6	—
1980 ~ 1984	0.7	0.9	2011 ~ 2012	1.5	—

资料来源：瑞士国家统计局。

不同行业的工资水平有很大的差异。增加值比较高的行业和部门的员工，他们的薪金也特别高。2010 年，瑞士平均月工资收入为 5979 瑞郎。工资水平处于高端的行业部门是：金融保险业为 8731 瑞郎，信息通信为 8139 瑞郎。薪金比较低的是个人服务部门，即洗涤、理发和美容业等，如旅馆业为 4106 瑞郎。

一般而言，公共部门的工资高于私人部门，可达 7200 瑞郎，而后者在 5928 瑞郎至 6546 瑞郎之间不等（2010）；银行、保险和化工行业的薪金高于公共部门。高级技术和管理岗位的平均工资可以达到 1 万瑞郎，而简单或重复性劳动岗位的工资只有 4000 瑞郎左右。工资水平也随着工龄年数而提高。例如，在私人企业中，有 20 年工龄的雇员，其收入要比他刚参加工作时的收入多出 40%。

　　妇女的平均工资低于男性的平均工资。其主要原因是：妇女的受教育程度比较低，大量妇女在低工资水平的部门和行业工作，妇女为了照顾家庭和子女不得不中断职业，因而工龄一般比较短，同时社会对妇女就业还存在一定的性别歧视。

　　在不同的地区工作，工资收入也有差别。瑞士联合银行于 2003 年对世界 70 个城市所做研究显示，苏黎世、日内瓦和巴塞尔是三个年净收入最高的城市。据统计，2010 年，苏黎世的平均月工资收入最高，为 6349瑞郎，提契诺最低，为 5076 瑞郎。

　　瑞士国家统计局采用最高工资和最低工资之比来衡量工资差距的状况。2002 年，瑞士一个中等收入的雇员月收入大约 5417 瑞郎，有 1/10的雇员月收入超过 9412 瑞郎，另有 1/10 的雇员月收入低于 3574 瑞郎。那么 2002 年，最高工资和最低工资之比为 2.63。如与 1994 年进行比较，1994 年的最高工资 8112 瑞郎与最低工资 3116 瑞郎之比为 2.60。由此得出，在 1994～2002 年，瑞士的工资差距并没有显著扩大。

　　个人所得税　个人所得税的纳税人是瑞士居民个人和非居民个人。在瑞士长期居住的个人视为居民。非居民如果居住在瑞士并且从事收益活动，如受雇或自谋职业，视同居民纳税。非居民在瑞士居住，但没有进行收益活动，当其在瑞士居住一段时间后，同样被视为居民对待。瑞士居民应当就其来源于全世界的所得缴纳个人所得税，但来源于外国常设机构和国外的不动产所得除外。非居民个人仅仅就其来源于瑞士的一定所得缴纳个人所得税。

　　居民的总收入划分为工资及货币收益和资本收益及投资收入两类。负有纳税义务的瑞士居民雇员，应就其工资或根据就业合同从雇主处获得的任何其他货币收益，包括生活费补助等纳税。课税注重取得收入的事实，而不论雇员的从业时间长短、工作岗位，以及取得收入的地点和方式。雇员获得的动产资本收益是否纳税，各州规定不同。在某些州，如苏黎世州，可以免税，在某些州则属于应税范围。处理位于瑞士境内不动产的资本收益，须向市镇单独纳税，但是免缴联邦税。投资收入如股息、利息及特许权使用费，要以世界范围为基础缴纳所得税。

所得税的扣除有几种情况。①经费扣除。个人为获得职业收入支付的任何必要支出，例如与经营有关的交通费和汽车费、往来于工作地点的交通费、经营招待费（有限制）、在外用餐额外支出、专业文献费、继续教育费，凡没有报销的，均可以扣除。搬迁费按照一般规定不能扣除。②非经费扣除。允许扣除的种类很多，一般包括任何抵押或其他借款的利息费用以及向强制性联邦社会保障及养老金计划的缴款。对于经认可的慈善组织的捐款，最高可以按照纯收入的20%扣除，但是仅限于州及市镇的所得税。也可以申请其他扣除，规定有扣除的最高限额。③个人宽免。根据个人情况给予个人宽免。④税收抵免。从与瑞士签订避免双重征税协定国家获得的股息、利息和特许权使用费收入，其已纳的外国预提税可以进行税收抵免。此外，对工资、股息和利息源泉征收的瑞士预提税也可进行税收抵免。

其他税收　①社会保险税。雇主和雇员均缴纳社会保险税，税基为工资总额或者经营收入，没有应税收入的上限规定（失业保险除外）。2002年，在老年及遗属养老金计划、伤残保险及军事服务补偿计划中，雇员的社会保险税税率为5.05%，自营者的社会保险税税率为9.5%。在失业保险中，雇员工资低于10.68万瑞郎的税率为15%；工资在10.68万瑞郎和26.7万瑞郎之间的，税率为1%。雇主与雇员的税率相同。②州及市镇税。大多数市镇要征收市镇税，主要是按照州税的一定比例征收。此外，大多数州还要征收一种教区税或教堂税，用以资助基督新教、罗马天主教及天主教的教堂。信仰其他宗教或不属于任何宗教成员的个人不必缴纳这种税。每个男性纳税人，凡20～49岁者，还要缴纳消防税，除非他本人积极参加消防队。③财产税。所有州就净资产征收财产税。不对私人财产征收联邦直接税。净资产包括所有资产（不动产、净经营资产、证券、应收款、储蓄存款、人寿保险或相同保险的退保金额、动产及贷款、预付款和私人借款）。计算应税财产时，依据税法规定的扣除标准。④个人税。从20岁开始，每位纳税人都要缴纳12瑞郎的个人税。

配偶双方的收入及财产必须共同评估。申报以日历年度为基础。纳税人在缴税前应填写申报表。无论是政府雇员，还是企业雇员，其申报表均应由雇主签字认可。申报表寄送给所在地税务局审查，申报时雇员要封送由雇主出具的报酬证明书。税务机关可要求进一步的证明，尤其是关于扣除方面的证明材料，并且可以向纳税人提出质询。缴纳联邦税，纳税期为两年。缴纳州税，纳税期限为一年。个人通过邮局或者银行汇款将税款交给税务局。

1995 年 1 月 1 日，瑞士实行新税法。新税法规定，雇主为税务局代扣其雇员一部分税，如不按时缴纳，税务局要发通知单催收。每年 1 月 31 日之前，雇主应将上年其雇员的薪金情况报告给税务局，清缴未交款项。雇主如果不按照规定办理，要受到 1 万瑞郎以下的罚款；如果隐瞒所扣税款不报不缴，要被处以 6 个月以下的监禁。应扣未扣、应缴未缴的税款应如数补缴，还要受到处罚。

三 消费

个人可支配收入中，一部分用做个人或家庭的消费支出，另一部分用做个人或家庭的储蓄。2009 年，瑞士家庭的可支配收入 3421.19 亿瑞郎，消费支出 3113.66 亿瑞郎，企业年金 335.81 亿瑞郎，总储蓄 643.34 亿瑞郎，总储蓄率 17.1%，强制储蓄率 8.9%，自愿储蓄率 8.2%。

瑞士家庭的消费结构，是典型的富裕型消费结构。除"衣、食、住、行"基本生活消费外，文艺、体育、娱乐、旅游、休闲等高级文化消费占有相当的比重，用于卫生保健的支出相对稳定，有小幅增长。2008 年，家庭消费支出的比重如下：食品和非白酒类饮料占 7.2%；白酒和烟草占 1.2%；饭馆和旅店占 5.7%；住房和能源占 16.2%；税收保险等占 26.8%，交通占 8.2%；储蓄占 11.3%；娱乐文化休闲占 6.9%；其他消费支出占 16.5%。与 2001 年相比，衣食基本生活消费所占比重下降，卫生保健支出所占比重大为减少，而交通通信、娱乐休闲等开支所占比重提升较快。

在食品消费方面，每人每年平均消费肉食 82.5 公斤，牛奶 450 公升以上，粮食 60 公斤，巧克力 9.2 公斤，葡萄酒 44.5 公斤。耐用消费品拥有率（2011），电视机为 93%；手机为 96%；电脑为 90%；洗碗机为 82%，洗衣机为 62%，衣物烘干机为 38%。每千人小轿车拥有量持续增长，1980 年为 353 辆，2001 年为 458 辆，2009 年为 518 辆，2011 年为 523 辆。

英国《经济学家》杂志曾经做过一项关于世界各国生活质量的调查，从 100 多个国家的收入状况、健康状况、失业率、气候和政体稳定性等方面进行评比，瑞士人的生活质量居于世界第二，仅次于爱尔兰。

四　物价

瑞士是一个高物价、高收入、高消费的国家，国内物价水平通常比其他工业发达国家高出近 40%，但价格相对稳定，增幅不大。瑞士的物价水平与国内的货币政策、商业周期和进口商品的价格，特别是与油价关系密切。瑞士进口额的 50% 以美元结算，汇率变动对国内物价产生一定的影响。

1. 总体物价水平

瑞士的消费价格指数（LIK）反映私人家庭日常生活必需的一定数量和质量的商品和劳务的价格在不同时期的变动程度。1990～2003 年，瑞士的消费价格指数上升了 24%。由于海湾危机刺激石油价格上涨，中央银行实行扩张性货币政策，物价连年上涨，只有 1998 年基本保持稳定。1990～1993 年物价涨幅最大，1991 年达到 5.9%。1994 年以后，受经济衰退和瑞士法郎坚挺的影响，物价上涨逐渐回落，降至 1% 以下。

瑞士的总供给价格指数包括生产者价格指数和进口价格指数。生产者价格指数，又称批发价格指数，系指生产者在国内市场上或者为出口销售其产品时的价格，该指数包含原材料、半加工、消费品和投资品的价格。1990～2003 年，瑞士的总供给价格指数下降了 3.7%。同期，生产者价格指数和进口价格指数分别下降 1.9% 和 8.7%。1991～1995 年，年平均价格指数比较稳定。1996 年、1998 年和 1999 年变动比较大，2000 年价格上涨幅度最高，达 2.7%。

自 2001 年以来，物价上涨步伐放缓，逐渐趋于稳定。2001 年消费价格指数下降 1%，石油价格下降起了关键作用。生产者价格指数提高 0.5%，进口价格指数下降 1.3%。2002 年，瑞士经济增长再度放缓，劳动力市场的形势不利，失业率增加，消费价格指数提高 0.6%。国内商品价格提高 1.4%，进口商品价格指数下降 1.7%。瑞士法郎汇价轻微上升，超过上年。

2009 ~ 2013 年，瑞士的消费价格指数上升 0.1%，总供给价格指数下降 1.7%。

2. 不同物品类别的价格水平

瑞士的消费价格指数，包含进口商品和劳务的价格和国内商品和劳务的价格。1990 ~ 2003 年，国内的劳务价格上升了 35.4%（私人部门 35.7%；公共部门 34.8%）。商品价格增长较缓，为 11.1%。耐用消费品价格下降 1.3%，电器商品（如私人电子计算机、电视机、音响和照相设备等）价格下降 41%。商品价格与劳务价格的发展变化，主要原因在于原材料价格下跌；总体生产力提高和第二产业部门的竞争力增强。进口商品和劳务的价格提高了 8.3%；而国内商品和劳务的价格提高了 29.8%。其主要原因是瑞士法郎对外价值的强势，还有进口商品在商品中占据主要部分。

20 世纪 90 年代，燃料油价格和汽油价格波动剧烈。1990 年年末，在海湾地区冲突的影响下，石油价格提高。1997 年年末至 1999 年年初，亚洲危机引发了石油价格的崩溃。石油输出国组织决定减少原油采掘量，世界范围的经济高涨导致新的石油价格上涨，这在 1999 年第二季度开始对消费价格产生影响。2001 年 ~ 2002 年 4 月，原油价格在一度下降之后，于 2002 年 9 月重又提升。2003 年 4 月，随着伊拉克危机的结束，下半年原油价格趋于稳定，2003 年原油生产指数只增长了 3.2%。

住宅租金的变化对于家庭的影响比较大，房租大约占到家庭开支的 20%。近 13 年间瑞士的房租大约提高了 36.3%，而其他消费价格只提高了 21%。1990 ~ 1993 年，由于抵押贷款利率提高，房租提高了

23.5%。自 1993 年以来，抵押贷款利率明显下降，但是并没有导致租金降低。

3. 价格水平的国际比较

自 1990 年起，瑞士每年都参加欧盟的日常生活必需品指标评比，居高消费国家前列。2000 年，瑞士私人家庭消费品和服务的价格水平，超过欧盟国家平均水平 35%，超过法国 35%，超过德国 36%，超过意大利 53%。瑞士的价格总水平，比欧洲国家平均水平高 33%。瑞士的某些商品及服务的价格特别高，与欧盟国家的平均水平相比，2000 年，住宅租金大约高 83%，食品价格约高 46%（肉类约高 82%），公共交通价格约高 53%。烟草商品是一个少有的特例，瑞士的价格比较低。2001 年，瑞士的肉类价格比欧洲大陆平均高 89%，油料和脂肪类高 67%，鱼类高 59%，蔬菜高 57%，不含酒精饮料和酒类分别高 13% 和 20%。2002 年欧盟的统计显示，瑞士是欧洲物价最高的国家之一，在挪威和冰岛之后名列第三。瑞士人要为肉类、食物油、鱼类和蔬菜等生活消费品支付昂贵的价格。

2012 年，瑞士的价格水平高出欧盟 28 国平均水平 54%。从国别来看，高出意大利 54%，高出奥地利 44%，高出法国 42%，高出德国 41%。

五　住房

家庭住宅的产权形式划分为：私人所有、房地产公司所有、住宅合作社所有以及其他所有。自 20 世纪 70 年代以来，私有住宅的比例一直在增加，1980 年为 67.8%，1990 年为 68.8%，2000 年为 73.3%。2000 年，房地产公司的房产约占 4.7%，住宅合作社的房产约占 4.5%，其他所有者的房产约占 17.4%。

瑞士居民的住房自有率很低。2000 年住宅的住户类型划分为：承租人占 60%；房产主占 34.6%；合作社占 3.7%；其他占 1.7%。与欧盟 10 个国家相比，瑞士居民的住房自有率最低，不到 35%。在这 10 个欧盟国家中，爱尔兰的住房自有率最高，为 78%，比利时 74%，英国 68%，葡萄牙64%，芬兰60%，奥地利56%，法国55%，荷兰53%，丹麦51%，德国43%。

自20世纪70年代以来，瑞士居民住房自有率的变化如表6-2所示。

表6-2　瑞士1970~2011年居民住房自有率

单位：%

年度	1970	1980	1990	2000	2011
住房自有率	28.5	30.1	31.3	34.6	36.8

资料来源：瑞士国家统计局。

瑞士居民的住房自有率在不同地区高低不同。一般而言，大城市集中地区的住房自有率比较低，如日内瓦州是16%，巴塞尔城市半州为13%，苏黎世州为25%；而乡村地区的住房自有率比较高，如瓦莱州高达61%，内阿彭策尔半州为58%，汝拉州为51%，格拉鲁斯州为50%。

瑞士的房屋建造成本较高，特别是在城市，房价因而偏高。联邦政府不提供财政及其他援助，只对低收入家庭、病人、监狱所需的低成本房屋提供资金援助。在城市，水、暖、电等公用基础设施一般较好。在一些偏远的山村和山区，居住条件和设施相对比较简单。

第二节　社会保障与福利

一　社会保险体系的建立

与其他欧洲工业化国家相比，瑞士在建立《劳动保护法》方面相当超前，但是社会保险制度却起步比较晚。1925年，关于老年社会保险条款写进了宪法修正案。第二次世界大战期间，瑞士建立了所谓的服役保险。自1940年起，不应服兵役者将2%的工资收入用来补偿应服兵役者的经济损失。1947年，公民投票同意将战时的服役保险转变为老年及遗属保险，该法案于1948年开始实施。根据法案规定，个人收入的

271

4%（雇主支付一半），加上联邦和州政府的一定补贴，作为退休养老金来源。这就是所谓的"第一支柱"。1985年，根据联邦法令，瑞士建立了强制性的职业老年、遗属和残疾保障措施，这就是所谓的"第二支柱"。后来，"第三支柱"也开始建立，即私人养老储蓄。至此，瑞士形成了以"三根支柱"为支撑的，建立在国家、集体和个人之上的养老保险体系。

《疾病保险法》最早出现于1911年，其修正案后于1964年实行，扩大了保险公司最低偿付范围，提高了联邦政府为疾病保险所支付的款额，结果有95%的居民自愿参加了疾病保险。1996年新的《疾病保险法》生效。伤残保险于1960年建立。失业保险于1976年开始建立，规定为强制性的保险，1996年又做了部分修正，使之更加完善。

经过了100多年的实践，特别是在"二战"以后的50年内，瑞士逐步建成了比较完善的社会保障体系，这一体系成为现代福利社会不可缺少的稳定器，并为全世界树立了样板。世界银行曾高度评价瑞士的社会保障体制，认为其设计完好，在许多方面值得各国仿效。

二　社会保险的目标、原则和作用

社会保险有两个基本目标：一是收入保证，二是收入平衡。这两个目标既有联系，又是相互独立的。通过社会保险，一方面，社会成员能够抵御直接威胁生活境况的各种风险，如伤残、失业等；另一方面，消除或减少社会成员与团体的实际收入分配不公从而引起不满的现象。

瑞士的社会保险基本上是按照起因原则建立的。所谓起因原则，是指根据造成收入损失的原因，而不是根据收入损失本身，来建立社会保障体系。例如，由于失业造成收入无着落，就通过失业保险来解决；由于伤残造成的收入减少，则通过伤残保险解决。其他的原则还有担保原则、供养原则和救济原则。

社会保险具有重要的经济和社会意义及作用。瑞士联邦政府每年将大约1/4的财政预算用于社会保险和其他保障计划。瑞士的社会保险开支1990年为617.94亿瑞郎，占GDP的18.2%；2000年为1065.47亿瑞郎，占 GDP 的 24.6%；2011 年为 1555.03 亿瑞郎，占 GDP 的 26.5%（见表 6 - 3）。

表 6 - 3　瑞士 1990～2011 年社会保险的情况

单位：百万瑞郎，%

年度	1990	1995	2000	2008	2009	2010	2011
支出	61794	89659	106547	139855	148475	153321	155503
其中：社会福利费用	55009	81691	96282	130046	137990	139386	141681
收入	86156	113006	130248	170579	172490	176628	184527
支出占 GDP 比重	18.2	23.4	24.6	24.6	26.8	26.7	26.5
其中：社会福利费用占 GDP 比重	16.2	21.3	22.3	22.9	24.9	24.3	24.1
收入占 GDP 比重	25.4	29.5	30.1	30.0	31.1	30.8	31.4

资料来源：瑞士国家统计局。

联邦社会保险局（FSIO）是联邦政府的老年、残疾和家庭政策的权力中心，计划管理社会保险体系的有效运转，同时也负责与其他国家签订有关互惠协议。

三　社会保险的主要类别

社会保障分为两大类别，即社会保险和社会救济。联邦拥有社会保险的立法权，州负责大部分社会保险的贯彻执行。州拥有社会救济的立法权并负责实施，具体经常由市镇来执行。瑞士的社会保障体系经不断修改、补充和完善，现在已经涵盖社会所有人员。社会保险分为老年、遗属和残疾保险；疾病、产妇和事故保险；失业保险三个门类；社会救济有家庭救济金，包括军队或国防服务人员的家庭给付和收入补偿等。

1. 社会保险

老年、遗属和残疾保险　老年、遗属和残疾保险，针对年老、离世和残疾的风险而设立，是由国家和私人部门分别运作的。

国家老年、遗属和残疾保险强制实行，用于保障基本的生活需要，预防收入的下降或损失。它保证对退休人员发放养老金，并对遗属和残疾人员提供抚恤金。被保险对象为所有常住居民，目前人数为 700 万人，年支出约为 250 亿瑞郎。老年、遗属和残疾保险三项开支约占社会保险总预算的 60%。

《养老、遗属和残疾保险法》规定，年满 17 岁的从业人员和年满 20 岁的非从业人员必须投保。国家保险机构收取占工资 10.5% 的保险费，由雇主和雇员各自承担 50%。独立经营者缴纳其收入的 5.116% ~ 9.5%。年收入 1.01 万瑞郎以下者每年只需缴纳 390 瑞郎。高收入者缴纳无上限。外籍人员自愿参加，按收入的 9.8% 缴纳，期限至少 5 年，且在原居住地无社会保险合同。年满 62 岁的妇女和年满 65 岁的男子均可领取养老金，目前养老金标准每年 11940 ~ 23880 瑞郎。提前 1 年退休则扣除养老金 6.8%。可以推迟退休 1 ~ 5 年，所领取的养老金比例相应提高。寡妇除领取本人养老金之外，还可领取已故丈夫养老金的 60%。丧失父母的未成年子女可以领取相当于父母养老金 40% 的抚恤金。残疾人的抚恤金等同于退休人员的养老金。养老金根据工资增长和通货膨胀指数每两年调整一次。

老年、遗属保险是瑞士最广泛的社会保险项目，它的缩写"AHV"可以说是瑞士最知名的词语，人们常用"AHVage"来代替退休年龄。早在 20 世纪初，老年、遗属保险就已经开始计划，但直到 1925 年才被写进宪法。1947 年的相关公民投票之后，法案于 1948 年生效。此后，有关宪法条款经过 10 次修改。

残疾保险（IV），于 1960 年开始实行，与老年、遗属保险一样，是强制性的，适用于所有居民。强制或自愿参加老年、遗属保险的人，自动便享受残疾保险。雇员和雇主必须各自交付工资总额的 0.6% 给残疾保险。一旦残疾发生，该保险支付为恢复生活能力所需的医疗和职业方面的资金，并按残疾程度，给予个人残疾养老金。

国家的养老金无法完全满足老年、遗属的生活需要，这个缺口起初由福利救济金来弥补，到 1966 年通过补充救济金（EL）来弥补。1972 年，老年、遗属和残疾保险作为"三根支柱"之一，在联邦宪法中加以确定。

职业保险（BV），自 1985 年起强制实行，旨在保证一般生活水平。

该法规定：年满 17 岁从业人员参加死亡和残疾保险，年满 24 岁才参加养老保险。目前从事企业职业保险的有 1 万个基金会，分属不同的商业保险公司。参加此项保险的有近 30 万家企业，从业人员 300 万人。

职业保险采用资本存储积累模式，投保人每年领取的养老金占其累积资本的 7.2%。这 7.2% 分别相当于妇女和男子投保工资的 34.5% 和 36%。投保人死亡后其资本积累归基金会，子女不能继承。高龄老人一直可以领取养老金，直至死亡。由于平均寿命的提高，领取职业保险（BVG）的人数也在增多，所以职业保险金额 10 年内已从 7.2% 逐年减少到了现在的 6.8%。自 2005 年起，新的职业保险覆盖大约 10 万人。

各种形式的银行储蓄和人寿保险，建于自愿基础上，用于满足个人的特殊需要，分为两种：约束保险和自由保险。约束保险只适用于从业者，可向保险公司投保，也可在银行开户，可以享受税收优惠（目前，最高额每年为 5587 瑞郎），但只能到退休时或退休前 5 年支取。自由保险除投保寿险外，一般不享受税收优惠，但支取不受限制。

私人保险涵盖了补充的养老资金需要。保险公司开发了各种保险计划，其中一些提供税收优惠。特别适用于个体经营者、不工作和高收入群体。私人保险已成为一种组织化管理的形式。无论是老年保险，还是健康保护方面，大部分筹资不是通过税收，而是通过私人与收入相关的保险捐助，为养老进行储蓄，一旦需要将使保险者受益。

疾病、产妇和事故保险　防范危害健康的风险因素，是任何社会保障体系所要担负的重要任务。健康状况恶化的经济后果，一方面是职业收入的减少；另一方面是生活费用的提高。除残疾、伤残因素由"三根支柱"涵盖外，还有疾病、事故等因素。

疾病保险（KV）。在瑞士，将近 98% 的人口都有疾病保险。在一些州和社区，早已宣布疾病保险是强制性的。1996 年 1 月 1 日，联邦关于疾病保险的法律生效，规定每个瑞士居民都要参加，但强制性是对基本保险而言，不针对附加保险。瑞士大约有 400 家资格认定的健康保险公司，其中少数是公共的，即是由州或社区建立的，大多数是私人部门或合作性质的。大约 3/4 的健康保险公司基金来自个人保险费，另外的 1/4 来自雇主、赚得的利息和公共基金。

疾病保险区别为疾病医疗保险和疾病补助保险。疾病医疗保险涵盖医生的门诊治疗，包括药物和病人在医院、疗养院和心理诊所的治疗。保证自由选择医生和医院。健康保险公司通常支付 90% 的治疗成本费用，根据医生与健康保险公司协议的比率。疾病补助保险是对参保人在患病期间的收入损失部分给予补偿。法律和合同规定，当雇员患病，而疾病出现并非雇员的过错，雇主必须继续支付雇员一定时期的薪水，这个时期的期限随着雇员的服务年限而增加，如期满后雇员仍然患病在身，疾病保险即刻生效。老年、遗属保险和其他的社会保险是转移基金，它们接受的是保险费，支付的是养老金。而健康保险公司和健康保险部门的情形则不同，患者接受医院和医疗服务，这种服务是公共花费的组成部分。

20 年来，保险人用于健康的费用增加了 7 倍。费用膨胀的原因有：医院、医生和药品的成本攀升；总人口中老龄人口比例提高；增加药疗法使用和扩展技术设施等。不同利益集团的代表，如医生、健康保险公司、私人保险公司协会、制药业等对存在问题的看法以及解决办法很不相同。成本上升对低收入阶层影响较大，故联邦的资助也需更有针对性。此外，健康保险缺少适当的关于产科或产妇利益的计划。

产妇保险（MSVG）。自 1945 年，根据宪法 116 条，联邦被授权设立一种产妇保险。关于产妇保险的联邦法律，曾经在 1999 年遭到否决。产妇保险计划包括两种福利金：一是工作补偿，在 14 周的产妇休假期间，按照保险的工资收入的 80% 给予补偿。二是基本福利金，向职业产妇和没有工作、收入微薄的产妇提供补助。

事故保险（SUVA）。由于事故后果与疾病后果一样，都会对健康造成严重的损害。因此事故保险与疾病保险一样受到重视和加以规范。自 1890 年，在宪法 117 条中已有关于事故和疾病保险的法律规定。自 1911 年，两者适用共同的联邦法律。事故保险的总修订是在 20 世纪 80 年代，使之具有了独立的法律基础。事故保险对于雇员是强制性的，自主经营者则可以自愿加入。

强制性事故保险，针对所有雇员在其工作场所出现的职业事故、非职业事故和职业疾病所引起的后果而设立。这种保险也通过提供预防措施和教育计划来防范事故发生。事故保险对长期、永久性伤害支付一定时期的健康和疾病救济，还对无工作能力者、寡妇和孤儿提供救济。其资金筹集完全通过保险费。

失业保险（ALV） 与前述险种不同，形成失业的原因往往并不在于失业者自身，而是受到客观经济形势的支配和影响。瑞士的第一个失业保险是由私人倡导的，出现于 19 世纪。现行的失业保险根据宪法 114 条而立，于 1984 年生效，它是强制性的，适用于全体有收入的就业人员。

失业保险的资金筹集，如同老年、遗属保险，也是通过工资的一定比例，由雇员与雇主分担，各自 0.2%。所有加入老年、遗属保险的人员，也有义务缴纳失业保险的保险费。它的目的是：为超出工资收入者所能控制的情形下发生的收入损失，至少提供一部分的补偿。所谓无法控制的情况包括：经济形势变化；生产或者销售受到季节性影响，特别是建筑业和服务业；产业结构调整等原因造成失业。失业保险不仅弥补部分工资或薪金损失，还推动职业再培训，并对因居住地改变、因往来两地上班而不得不花费更多的交通费用者提供资助。失业保险为收入损失的支付是临时性的，期望人们能够接受一份季节性工作，即使这份工作所提供的工资或者薪水低于从前。

2. 社会救济

家庭补助金 所有的州都提供某种形式的家庭津贴给有孩子的雇员。各州的有关规定不尽相同，但通常是按照孩子数目给予雇员固定的月津贴。一个孩子的月津贴是 100~210 瑞郎，根据家庭拥有孩子的数目而定。各州安排这个计划是以家庭补助金的名义，资金来源于雇主的捐助，其比例各州不同，苏黎世州是工资总额的 1%，汝拉州是 2.7%。社会救济近年来大大扩展，目前已经成为社会保障体系的第四大分支，位于老年、遗属保险，残疾保险和疾病保险之后。

贫困人口 瑞士有 85 万贫困人口。1990~2001 年，社会救济金发放额增加了近一倍，约为 20 亿瑞郎。2003 年，瑞士申请领取救济金的人数接近 30 万，比往年提高约 10%，增加了约 2.5 万人。瑞士社会救济部门的调查显示，造成救济金领取人数增加的主要原因是经济萧条，另外一个原因是失业保险金领取期限缩短。以前，失业者领取失业保险金的期限为520天，2003年7月1日起实行修订后的《失业法》，将该期限缩短了约4个月，为400天左右。这项措施的实施为联邦政府节省了400多万瑞郎，同时也将更多的失业者推向社会救济部门。2012年，瑞士有25万人接受社会救济，占人口3.1%，比上年增加1.4万人。在社会救济接受者中，18岁以下人员占29.9%；单身人员占64.3%；失业人员占36.4%。

社会救济部门有关人士提出的解决方案是：首先，家庭帮助应该实行全瑞士统一的措施，对于那些无职业者的家庭也应当一视同仁。其次，家庭在税务方面应该享有更多优惠。再次，增设幼儿园和托儿所，并降低收费。最后，除发放救济金外，还应该资助各类失业人员参加各类培训，采取社会救济和失业及伤残保险共同计划的失业人员再培训措施。

四　社会保险的调整与改革

随着瑞士人口出生率降低和平均寿命延长，领取养老金的人数不断增加，如1990年为13.5万人，1995年为18.5万人，增加了37%。

1997年，瑞士国家养老金首次出现亏空，额度达6亿瑞郎。1995年，从业人员与退休人员的比例为4.2∶1，预计2030年将达到2.5∶1。面对这种发展趋势，瑞士政府重点对"三根支柱"体系进行调整和改革，维持和限制第一支柱的发展水平；扩大第二支柱的覆盖面，使每个从业者，特别是部分工作时间的劳动者也能享受；支持和鼓励第三支柱，以税收优惠鼓励无业人员参加第三支柱，储蓄防老。对其他保险领域也进行了相应的改革。

调整退休年龄。瑞士的退休年龄原规定是男子65岁，女子62岁。2005年女子退休年龄提高到64岁，并计划提高到65岁。1939~1941年出生的女性仍可根据原规定退休并领取退休金。而1942年及以后出生的女性则根据新法规到64岁退休，每月最低养老金金额也从1055瑞郎提高到1075瑞郎。无论男女，均可推迟1~5年退休，推迟退休后领取的养老金相应提高。

延长养老金调整时间。养老金原是每两年调整一次，根据价格和工资混合指数，用算术平均法计算。后改为每三年调整一次，以节省开支。提高独立经营者的收费标准。独立经营者的保险费标准，1979 年为 7.8%，现提高到 8.1%。

调整残疾保险。作为"第一支柱"的组成部分，残疾保险面临的最大问题是负债累累，1997 年年底负债已经超过了 20 亿瑞郎。其原因有：1990~1997年的经济衰退；残疾人数增加较多；残疾者恢复微少或者生存寿命提高等。残疾保险的调整包括：给予结婚夫妇补充年金；改变补充救济年金的困难状况；将残疾障碍机构的需求计划纳入法律层次，使之有可能更好地控制残疾保险的费用开支。第 4 次残疾保险的修订于 2003 年生效。

调整职业保险。职业保险的第一次修订与老年、遗属保险的第 11 次修订相结合。人口的寿命提高需要降低职业保险费的标准，目前是7.2%，到 2016 年逐步降为 6.65%。改革的目标是巩固职业保险的筹资。提出的改革计划是总额变动，增加更多的开支费用，从最初的 1.45 亿瑞郎到 2.58 亿瑞郎，2015 年达到最高 3.55 亿瑞郎。

调整疾病保险。《疾病保险法》将进行部分修订。第一步，疾病保险法将更加透明、更富有鼓励性，使之更好地发挥其功能和作用。疾病保险法的变革集中在两个关键点上，即稳固性和限制成本。由于现行人头保险费体制中，作为社会集体的减价保险费起到中心作用，故在第一步改革中特别重要。第二步将对医院、养老院的筹资做出新的规定。自 2005 年 1月 1 日起，医疗保险个人负担部分实行新的规定，可分别选择 500 瑞郎、1000 瑞郎、1500 瑞郎和 2500 瑞郎的个人负担部分，从而扩大受益面，减少必须缴纳保险金额部分。

调整最低年收入的规定。缴纳养老、残疾、丧偶、职业保险的最低年收入，从 25320 瑞郎降至 19350 瑞郎。这部分养老金的最低利息从 2.25%升至 2.5%；丧偶和残疾保险将提高 1.9%。

五　养老金改革

2013 年 11 月，瑞士的"养老金计划 2020"已经进入政府的议事日程，2014 年年末提交国会一份法律修订草案。由瑞士内政部部长阿兰·凡尔赛主持的"养老金计划 2020"法律修订案包括以下要点：

①女性的退休年龄从 64 岁推迟到 65 岁，与男性的退休年龄相同。

②延迟提前退休年龄，鼓励人们在 65 岁之后继续工作。

③职业养老金（即第二支柱）的换算率从 6.8% 下降到 6%，这意味着养老金的减少。

④在职人员从 18 岁，而不再是从 25 岁开始缴纳职业养老金。

⑤商品和服务的增值税从 8% 提高到 10%。

养老金改革计划引起社会热议，也遇到来自各方的阻力：瑞士社会民主党坚决反对延迟女性退休年龄，工会则反对退休金的减少，瑞士雇主联盟反对提高增值税。延迟女性退休年龄，是瑞士选民于 2004 年和 2010 年投票反对养老体系变革的主要症结。2010 年，瑞士选民对降低养老金换算率的议案投下反对票。瑞士民众强烈要求将退休年龄下调至 62 岁，或者实行"弹性工作制度"。但是面对日益加重的财政负担，瑞士政府决心推动养老金改革，甚至打算将退休年龄延长到 67 岁。瑞士最大的老年人组织 Pro Senectute Schweiz 则认为，政治家们"盯着服务费用和养老金改革不放，从而忘记了老年人也是我们社会的一分子。这威胁到我们社会的团结一致"。或许该老年组织的观点会给养老金改革提供另外的思路。瑞士养老保险体系改革的前景如何，人们将拭目以待。

第三节　医疗卫生

一　医疗卫生概况

1. 医疗

在瑞士，医药的发展经过了漫长的历程。在远古时代，猎人、农夫和牧民缺医少药。人们认为，寿命长短取决于谨慎小心和运气好坏，有病只能请巫师治疗，而巫师的办法只是在夜晚围着火堆念咒来驱除病魔。

公元前，凯尔特人以及德鲁伊教祭司给瑞士带来了治病方法，他们用植物制成药水为人们治病，这种药水被奉为灵药。后来罗马入侵瑞士，并占领了大部分欧洲，罗马医生取代了凯尔特人。罗马人统治欧洲 400 年后，日耳曼人统治了整个欧洲，其中包括瑞士。日耳曼人给瑞士带来了先进的武器，同时也带来了医学。

在中世纪，瑞士逐步基督教化，同时医学也得到发展。两位医学大师，古希腊的希波克拉底（Hippocrate，被誉为"医学之父"）和古罗马人加仑（Galien），对瑞士的传统医学产生了影响。瑞士人在接受宗教信仰的同时，对医学也有了新的认识。公元 820 年，圣加仑修道院在药用植物园旁开设了一个医务室，软膏和试剂是那里的主要药品。当时修道士可以算作是正宗的"医生"，而民间也存在许多的江湖医生、土法接骨医生，为普通百姓治病疗伤。

自 13 世纪起，瑞士开始创办学校对医生进行培训，年轻有为之士还被派往国外学习。经过医疗培训的人当时被称为"城市医生"，然而医术还是有些陈旧过时。1460 年，巴塞尔大学成立。医学在欧洲文艺复兴之前没有多大发展。到文艺复兴时期，教会开始被允许进行解剖研究，人们才得以对人体进行科学的分析，认识了人体的各种器官及其作用。在很长一段时间中，医学经验和医学著作的传播受到了很大的限制。后来由于印刷技术的进步，医学领域的信息才得到了最广泛的传播。

从 15 世纪起，瑞士产生了一批才华出众的医学家和医生，如帕拉塞尔（Paracelse，1493 - 1541）、贝尔努利家族（les Bernoulli）、阿尔布雷希特·冯·哈勒尔（Albrecht von Haller，1708 - 1777）、亚历山大·耶尔森（Alexandre Yersin，1863 - 1943）等人。

16 世纪的瑞士是产生人文主义和各种改革思潮的沃土。众多的哲学家、神学家、艺术家、印刷厂主、科学家纷纷涌现。著名的瑞士医师、炼丹术士帕拉塞尔就生活在这个时代。他幼时接触冶金学及化学，遍游欧洲寻访名师，上过许多大学，回国后被巴塞尔大学聘为教授。他反对传统的教育及医学，甚至当众烧毁古书。他认为人类是大宇宙中的小宇宙，医学应该完全建立在客观观察之上，同时参考相关的四个因素，即自然界、上帝、星相学和炼丹术。他对医学的贡献主要是在医学病理学方面，把化学

（当时称为炼丹术）引入医学之中，最早将甲状腺肿与饮用水中的矿物质联系起来。他在研究梅毒治疗上取得极大的成功，于 1536 年写成关于梅毒的论文，代表了当时的最高研究水平，帕拉塞尔是一位宽厚的人文主义者，是文艺复兴时期医学史上最具代表性的人物之一。

医学复兴的主要特点之一是对于外科学的深入探讨。苏黎世人康拉德·格斯纳（Konrad Gessner）、雅各布·鲁夫（Jakob Ruff）和费利克斯·维尔茨（Felix Wirtz），巴塞尔人费利克斯·普拉特（Felix Platter）和皮埃尔·佛朗哥（Pierre Franco），撰写了许多关于外科医疗技术的论文。从那时起，医学诊断建立在比较科学的基础上，根据对病情的观察、对人体的分析和了解病人的身体反应来作出判断。

在 17 世纪，医学界取得了一些非常重要的发展，如血液循环的发现、显微镜的研究、物理研究和医用化学研究。尽管医学实验和医疗实践已经取得相当的进步，但是医疗技术在实践中推广得比较缓慢。医生一般只开些常用药品，采用灌肠、放血、催泻、排毒这些医疗手段，护理工作也不被重视。

生理学及其研究在 18 世纪才出现。伯尔尼人哈勒被称为实验生理学之父。他在生理学、解剖学、植物学、胚胎学等领域均做出了巨大贡献，总计写出了 20 多部专著。此外，还有三位瑞士医生是当时的名人：预防天花种痘的虔诚的传教士、日内瓦人泰奥多尔·特龙尚（Théodore Tronchin）；关心大众健康的先驱、洛桑人奥古斯特·蒂索（Auguste Tissot）；还有世界著名的临床矫形外科学的奠基人、沃州人让 - 安德烈·韦内尔（Jean - André Venel）。

到 18 世纪，医生不再沉迷于炼丹术和占星术，而是专心从事真正的医疗事业。外科医生也终于获得了与内科医生同等的地位。这个时候，人们开始重视公共卫生服务，并以此抗衡和取代江湖骗术。18 世纪，瑞士的医学发展很快，尤其是在瑞士法语区，如日内瓦等地。

19 世纪，瑞士医学方面的发展和成就主要是在德语区，特别是办成了几所大学。化学和物理学的发展，促进了对人体内部结构及人体器官的研究，巴斯德接种就是这个时期取得的一项伟大成果。1894 年，瑞士人亚历山大·耶尔森（Alexandre Yersin）发现了鼠疫杆菌。解剖生理学特别是外科学有了很大的进展。由于麻醉醚和灭菌法的发现，手术后的感染被控制，从而使手术后死亡的比例大大降低，这是外科学的一个重大飞跃。放射学出现于 1895 年，是诊断领域的一次革命。

20 世纪初，瑞士的内科医生数量并不多。医学开始被视为一个特殊领域，逐步形成专业化。那时城乡差别比较明显，医生作为一种职业随着城市的发展而发展。城市医生在诊疗时，除了会诊方式，还要利用血液化验、放射性检查等手段。

随着科学研究的不断发展，医疗技术也在不断进步。心电图检查、脑电图检查，一切医疗器械的临床应用目的只有一个：发现和治疗疾病，减轻患者的痛苦。17 世纪对精神疾病患者进行"脑石"手术，是用曲柄骨钻进行无麻醉穿颅术。如今在神经科里，一台普通的 EEG（脑电图）机就可以诊断此病，并且可以采用化学治疗法，即著名的无痛疗法。麻醉药的发明、外科学的进步、放射学、超声波、核磁共振、剖宫产手术，医学在不断发展，不断创造奇迹。过去无法救治的病症、最棘手的治疗，现在都有了办法。无论是诊断还是治疗，当代瑞士人享受着医学科学技术的最新成果。

最近几年，各种各样的补形手术在瑞士迅速发展，整形外科创造出人间奇迹。根据"仿生学"原理，人体的各种器官和"零件"都可以被替代：牙、肩、髋骨、膝、腹、主动脉、冠状动脉、瓣膜、心脏起搏器，乃至人造心脏。

自"公共卫生"时代起，瑞士对食品实行了卫生监督，在学校和工作场所开展疾病预防。人民群众的卫生状况受到国家政府的关注。在培养公众的卫生和自我保健意识、宣传医药的最新发现方面，报纸和新闻媒体发挥了积极的作用，使人们了解营养学的基本原理，掌握急救和自我保健的基本知识。在卫生保健方面，瑞士是世界上做得最好的国家之一。在联邦政府的支持下，经过几十年的努力，全国各地建立起医疗卫生保健的基础设施，形成适合人民需要的医疗卫生体系，并且日臻完善。瑞士在预防医学方面取得了可喜的成果。瑞士人对待疾病的态度是预防重于治疗，认为有健康的身体才会有健康的精神，只有身体健康的国民才不会成为利己主义者，才会表现出宽阔的胸怀和无私的精神面貌。

早年医生的培养方式是师傅带徒弟，在医疗过程中传授医术及基础理论。所有僧侣，尤其是学问高深的僧侣都懂得医术。19 世纪，大学有了医学院，医疗卫生领域引入科学的概念，不再墨守成规。当时的医疗机构基本上是教会组织，那时的护士被称为"嬷嬷"。受益格鲁－撒克逊人的影响，人们发现妇女同样能够从事责任心很强的医护职业。到 20 世纪初，护士学校遍地开花，所有的医学院都开始接收女学生。瑞士的第一个医学女学生出现在 1867 年，是一个俄罗斯人。几十年后，"当医生"的思想才被瑞士妇女所普遍接受。

在 1850 年，家庭医生上门给病人看病，患者一般都是在自家床上病逝的。后来，随着医学的分科日趋细化，人们开始思考建立医院。在医院里，病人不仅可以接受各种分析检查，医生也能做出可信的诊断，而且还可以求助最有经验的专家。医疗机构在 20 世纪初时还是受教会管理。随着医疗的普及和社会保险的进步，医疗企业应运而生，医疗体制逐渐过渡到由政府管理。今天的医院已把旅馆的温暖舒适和医疗的尖端技术融合在一起。对医生的培养也不同以往，除了必须完成基础医学课程，还要完成医疗实践的训练。如果开设独立的诊所则必须有一段较长的实习期。

瑞士地处西欧中部，交通便利，对外开放，逐渐成为一个科学、进步的医学思想传播中心。瑞士当前关于医学研究的主要项目有：①癌症，研究早期诊断和治疗。②心血管病，研究心肌梗死和动脉硬化症的预防和治疗。③风湿病，研究早期诊断和治疗，战胜疼痛，在可能的情况下阻止病情的恶化。④精神紊乱，研究精神分裂，早老性痴呆病。⑤病毒性感染，主要研究艾滋病。

2. 药物

早期的药物是植物或取之于植物，草药的利用和巫师有关。中世纪时，人们相信圣人和巫师胜于草药产品。到希波克拉底时才有了药剂师和医学。到 12 世纪，人们才将药剂学和医学分离开来。古罗马人加仑被公认为"药学之父"。

自 6 世纪开始，修道院的修士开始认识和利用植物。基本上每个修道院都有自己的植物园，僧侣担任药剂师。糖浆、汤剂、膏剂、糊剂、软膏等，是教会给人治病的专用药。起初，药剂师就是做药材交易的商人，他们手里有各种各样的香料、植物、药用原材料。因此医生逐渐放弃了制药，制药的任务由药材商担当。后来，药材商又转变成了今天的药店。

到 17 世纪，化学发展很快，药理学变成了实验科学，人们学会了使用水银和砒霜治病，金鸡纳树根从秘鲁进入瑞士后很快流传开来，进口的茶、咖啡、可可，甚至土豆都被认为具有特殊的药理作用。18 世纪时，瑞士引进了麻醉药（天仙子、秋水仙）和洋地黄。学者们已经发现珍珠和螯虾有奇特的药用价值，但这没有引起足够的重视。18 世纪末，人们开始用科学方法分析药品，能够炮制出今天意义上的药品。药店的作用也越来越重要。一大批学者和名人汇集制药行业，这个领域成为学者论化学、论政治的地方。

19 世纪，医学科学的地位提高。通过科学研究，吗啡、士的宁、奎宁、阿托品等药物先后被发现。小镇里的药剂师尽管有名，但不能算做一个有学问的人，药剂师必须具备所销售产品的专业知识。20 世纪，瑞士引进了阿司匹林。药剂师不再亲自制药，但是必须懂得制药的配方和有关的医药学知识。药品都来自制药厂，药剂师的作用是验证医生的处方，为病人提供服药的建议，如服药方法、注意事项、服药的副作用或后遗症、药品的有效期限等，在给病人发药时准确掌握药品的剂量。药剂师在民众卫生教育中起到特殊作用，病人从药剂师那里获得必要的医药知识。

瑞士的制药厂不断研究出对付各种疾病的新药。世界上 23 种著名的药品中的 10 种都是出自瑞士。瑞士实验室中最成功的发现要算维生素 C、B - 受体阻滞药。当前，瑞士科学家正在潜心研究对抗癌症、风湿病、心血管病和艾滋病的新药。

瑞士的制药工业每年生产和销售 11000 多种药品，每年对未来生命科学领域的投资大约 30 亿瑞郎。瑞士化工制药业的总营业额是 430 亿瑞郎，其中制药占 170 亿瑞郎。西巴 - 盖吉公司、罗氏公司和桑多公司三大制药公司占世界市场的 6% 。这三大公司拥有 92 个研究中心，分布在 19 个国家；有311个生产中心，分布在50多个国家，共有19.4万名雇员，其中4.3万名在瑞士。

二 医疗卫生制度与组织机构

公共卫生系统 瑞士医疗卫生制度比较复杂，这是由联邦体制的结构特点所决定的。国家保护公民自由，而身体被认为是个人的财产，不能由法律来规定。19世纪末，关于国民健康章程，联邦和各州都有一套，相互之间的区别和联系模糊不清。今天，联邦和各州的职责和任务已经划分得比较清楚。瑞士的公共卫生系统分为两个部分，一部分是联邦政府和州政府的卫生部门；另一部分是私营机构。公共卫生系统体现了具有瑞士特色的地方分权主义，适合瑞士国情和瑞士经济的发展。

瑞士没有联邦卫生部，在联邦内政部下设有联邦公共卫生局和联邦社会保险局。联邦公共卫生局（OFSP）负责执行有关公共卫生的法律规定。联邦社会保险局（OFAS）是在社会保险方面起监督作用的联邦行政机关。联邦公共卫生局与健康促进基金会共同制定实施全国促进健康政策和预防战略，其中联邦公共卫生局主要负责艾滋病、吸毒、酗酒等方面的问题；健康促进基金会主要负责青春期卫生和癌症防治等。

瑞士各州的卫生局制定各自的公共卫生服务政策，各州的卫生事务联合会协调处理与各州相关的卫生系统的计划和管理问题。州卫生局长会议（CDS），旨在推动州与州之间在公共卫生方面的合作，关注公共卫生领域中各组织间的密切协作。各州间的药品监督局（OICM），负责核实上市药品是否合格并给予必要的批准。各州政府主要负责公民健康服务，执行医疗预防措施和医疗保健的具体规定。每个州各自决定保障公民身体健康的方法。例如：可以不建设州立医疗机构，而把财政资金用于支持私立医院。社区的任务是：负责老年人、社会救济机构和家庭护理。

私营卫生组织 传统的联邦主义也给社会造成了一些缺憾，比如相邻的两个州投资兴建两个相同的医院。各州财力不同也会造成事实上的不平等或不公正的现象。在各级政府的松散式管理下，私营卫生组织有很大的活动空间，发挥了举足轻重的作用。联邦和各州的主要私营医疗机构有：

①瑞士红十字会。得到联邦政府承认，其宗旨是执行人道主义任务，下属71 个部门，有 5 个流动组织。②瑞士医生联合会（FMH）。隶属于瑞士红十字会，捍卫医务界的利益，保证瑞士人民享受完善的医疗救助。③瑞士药业协会（SSPH）。其宗旨是确保药剂师能够胜任其专业技术职责，为国民利益服务。④瑞士医院联合会（VESKA）。旨在探索瑞士医院实际问题的解决办法。⑤瑞士医院学会（ISH）。旨在推动公共卫生的服务质量、经济效益和协调配合。⑥瑞士医疗保险协会（CCMS）。旨在促进防病、防意外事故保险，增加社会福利。

三 医疗服务与保障

瑞士经济发达，交通运输便利，建立了广泛的卫生服务网络，医院分布稠密，医疗设备先进，医生受过良好的专业教育和训练，医疗卫生系统十分完善。2012 年，全瑞士有 298 家医院，其中综合医院 116 家，专科医院和诊疗所 182 家。医院拥有的床位总计 38440 张，床位占用率89.6%。医院全职员工总计 144114 人，其中医生 19907 人，护士 60451人。医院的全年病例 135 万个，营业费用开支总计 255.16 亿瑞郎。

从 20 世纪 70 年代到 21 世纪初，瑞士的医生数量增长了一倍多，女医生所占比例提高，护士和护理人员也大量增加。2012 年，全瑞士拥有医生 31858 人，比 1990 年增加 11828 人；牙医 4181 人，比 1990 年增加913 人；药剂师 1740 人，比 1990 年增加 204 人。

20 世纪 80 年代至 21 世纪初，瑞士每年获得医师证书的人数略有减少，而每年获得护士证书的人数增加了近 1/2。1985 年，瑞士有 909 人获得医师证书；有 2134 人获得护士证书。2002 年，全瑞士有 731 人获得医师证书，其中一半是妇女；有 96 人获得牙医证书，其中 32 人为女性；有3143 人获得护士证书，其中约 1/3 为女性。

四 医疗卫生现状

瑞士公共卫生的各项指标在欧洲国家中名列前茅。瑞士是欧洲最长寿的国家之一。1808 年，瑞士人的平均期望寿命低于 50 岁。从 19 世纪至

21 世纪，瑞士人的平均期望寿命不断提高，并且女性的平均期望寿命高于男性（见表 6-4）。这主要归因于婴儿和青少年死亡率降低，医疗保健事业的发展和医学的进步。由于医疗条件改善，瑞士的婴儿死亡率不断降低：1970 年为 15.1‰，1980 年为 9.1‰，1990 年为 6.8‰，2000 年为 4.9‰，2009 年为 4.3‰，2010 年为 3.8‰，2012 年降到 3.6‰。

表 6-4 瑞士人 1980~2012 年的平均期望寿命

单位：岁

年度	1980	1990	2000	2010	2012
女性	79.1	80.8	82.6	84.6	84.7
男性	72.4	74.0	76.9	80.2	80.5

资料来源：瑞士国家统计局。

2012 年，84% 的瑞士男人和 81% 的瑞士女人认为自己身体健康或非常健康，只有 4% 的瑞士人认为身体不好或很不好。2012 年，瑞士居民由于身体健康原因不能外出工作或把工作带回家做的时间平均为 13 天。

瑞士人患病死亡的主要原因是心血管疾病和肿瘤。2012 年，血液循环障碍或血行障碍方面的疾病占死亡原因的 34%，居于第二位的是癌症，占到 27%，但男女比例不同，分别为 31% 和 23%。高发的癌症是肺癌、前列腺癌和结肠癌。

1990 年，艾滋病在瑞士形成一个发病高峰，100 万人中新增 90.6 例，2000 年减少为新增 30.3 例，2012 年已下降为新增 15 例。

统计数据显示，与 20 世纪 80 年代相比，进入 21 世纪后，瑞士人死于主要疾病、交通事故以及自杀的现象在减少。1980 年，10 万人中有 35.0 例死于肺癌；有 10.3 例死于肝硬化；有 18.5 例死于道路交通事故；有 24.9 例自杀事件。2008 年，10 万人中有 29.2 例死于肺癌；有 5.3 例死于肝硬化；有 4.3 例死于道路交通事故；有 14.4 例自杀事件。另外，吸毒、酗酒和抽烟仍然是最令人担忧的现象，它们不仅严重危害身体健康，还带来各种社会问题。2012 年，15~39 岁的人中吸食大麻者约占 11%，吸烟者占 28%，每日饮用烈性酒者占 13%。

　　瑞士医疗保健事业的总支出，2011 年为 645.74 亿瑞郎，其中政府支出 125.128 亿瑞郎，占 19.3%；社会保险支出 267.618 亿瑞郎，占 41.4%；私人保险支出 55.363 亿瑞郎，占 8.5%；私人家庭支出 162.217 亿瑞郎，占 25.1%；其他私人筹资 6.027 亿瑞郎，占0.9%。可见，社会保险、私人保险和私人家庭承担了约 75% 的医疗卫生费用，政府的开支不足 20%。

　　瑞士的医疗卫生保健事业支出，在 1960 年只占国内生产总值的 4.8%，基本上用于住院费用。之后由于医疗设备更新、医疗技能进步，以及药品质量的提高，形成高位药价，加上一些不合理因素，造成医疗、药品及其他费用大幅增长。到 2011 年，医疗卫生保健事业支出已占国内生产总值的 11.0%。

　　2011 年的保健事业支出额为 645.74 亿瑞郎，其中住院治疗费占 45.1%，门诊治疗费占 33.2%，健康管理资源支出（包括药品和医疗器械）占 11.4%，行政管理费占 4.7%，其他服务费占 3.4%，以及预防费占 2.2%（见表 6-5）。

　　在 20 世纪 90 年代，医疗费用增加的大部分原因是个人消费的增长。和保健消费总体相比，个人消费从 1991 年的 61% 升到 1996 年的 66%。这也反映了瑞士人收入有了较大幅度的增长。今天，瑞士普通家庭用于保健方面的费用已经超过日常食品的消费支出。

表 6-5　瑞士 2001、2011 年健康保健支出情况

单位：百万瑞郎

年度	2001	2011	年度	2001	2011
住院病人治疗	21248	29138	健康管理资源	5830	7334
门诊病人治疗	13691	21455	其中:药品	3399	4204
其中:(内科)医生	6476	9277	医师	1496	1849
牙科医生	2930	3827	预防	1063	1443
家庭护理	936	1734	行政管理	2270	3037
其他服务	1471	2167	总　　计	45573	64574

　　资料来源：瑞士国家统计局。

第七章

文　化

第一节　教育与科研

一　历史回顾

中世纪时，瑞士人口中大部分是文盲。当时，教会在整个社会中占有相当重要的地位，学校隶属于大教堂或修道院，各教区的神甫或修道院的修士即为教师。教会办教育的目的在于培养神职人员，使宗教事业后继有人。最初只有特权阶层能够享受教育，农民、手工业者的子弟没有资格进入教会学校。在中世纪，瑞士有好几个修道院学校驰名欧洲，最著名的是圣加仑修道院。该校用拉丁文教学，开设语法、辩证法、修辞学、几何、算术、天文、音乐七个科目。其他学校也大致相同。教会办学历史悠久，在教育史上具有重要作用，今天瑞士仍然延续和保留了部分传统的教学方法。

中世纪后期，随着资本主义工商业的逐渐发展，普通民众和世俗人家也迫切要求接受教育。新兴资产阶级的子弟开始进入教会学校，不仅限于男生，不时也有少量女生走进教会学校。修士学校、教士学校、大教堂学校、城市学校和行政学校先后成立。到12世纪时，瑞士各地涌现出一批小型学校，满足了当时城市资产者的特殊需求。在这些新成立的学校里，除了教授拉丁语、算术和地理知识外，还教授外国语言。

16世纪产生的宗教改革运动，大大推动了私立学校的蓬勃发展。新旧教两派都加紧开办公共教育，为宣传各自的教义主张、培养各自的接班人而努力。在苏黎世，茨温利于1525年建成了第一所"师范学校"，被尊称为"学校大师"。在日内瓦，加尔文和泰奥多尔·德贝兹（Théodore de Bèze，1519－1605）于1559年成立了日内瓦学校，即日内瓦大学的前身。已经接受宗教改革的各州极力推广教育，使农民也可以读书和写字，以便每个家庭都能阅读圣经。信奉天主教的各州，一方面，创办神学院培养神职人员，如成立于1574年的卢塞恩神学院，1580年成立的弗里堡神学院等；另一方面，开办由教士领导的学校，向普通百姓灌输宗教思想。

到17～18世纪，公共教育越来越受到重视，公立学校在城市里的影响也越来越大，一种新的办学观念开始形成。学校摆脱了教会的管理，拉丁文的课时逐渐减少，新开设了自然科学的课程，学校教育更适应社会的需要。在18世纪的启蒙运动中，伟大的思想家、日内瓦人卢梭提出的人身自由、尊严和平等权利等思想，对瑞士的教育思想产生了深刻的影响，促使瑞士的教育制度发生了真正的转变。在启蒙运动中，瑞士教育界最具代表性的人物当属约翰·亨里希·裴斯泰洛齐（Johann Hernrich Pestalozzi，1746－1827），同一时代的瑞士知名教育家还有：伊塞兰（Isaak Iselin，1728－1782）、普朗塔（Martino Planta，1727－1772）和弗朗茨·乌尔斯·巴尔塔扎（Franz Urs Balthasar，1689－1763）等。

瑞士的职业教育发展比较早，在19世纪下半叶工业化时期尤为突出。瑞士缺少矿产资源，工业主要依靠进口原材料，加工制成品出口，只有高质量的产品才能顺利进入外国市场。因此与其他许多欧洲国家不同，瑞士在工业化初期，就对工人的技术和文化要求比较高。工业化的现实需要，推动了职业教育的快速发展。18世纪末，在苏黎世、伯尔尼等地都出现了传授专业技术的学校，到19世纪初，许多地方都开办了这类学校。这些学校不仅讲授专业技术，而且进行职业道德的教育，旨在培养爱岗敬业、技术精湛的合格技术人才。1884年，瑞士联邦议会做出发展职业教育的决定，支持成立"手工业工人和工业学校"，以促进和提高手工业的竞争力。

瑞士最早的大学是巴塞尔大学，成立于 1840 年，是由教皇拨款修建的。当时，各州都为拥有新型大学而感到自豪，大学就是各州的一个亮点。1839 年，一名神学家在苏黎世代表保守势力发动了一场政变，反对新型大学，结果遭到广大教职员的抵制。1850 年有人企图废除大学，结果也在巴塞尔遭到失败。

1848 年，瑞士颁布第一部联邦宪法，其中第 27 条涉及教育，规定除了现有的综合工科大学以外，联邦有权成立联邦大学以及其他高等院校或资助这类高等学校。把创建高等院校的问题列入宪法，反映了瑞士当时对于高级技术人才的紧迫需要。1855 年，第一所全国性的高等院校——苏黎世联邦高等理工学院便应运而生。1874 年 4 月通过的宪法，在教育制度方面有了新的规定：各州负责办小学，小学受州政府领导。公立小学必须实行免费教育，必须接受不同宗教信仰的人就读，来自不同宗教信仰家庭的学生进入公立学校不受影响。如果哪个州不履行这些义务，联邦政府有权采取必要措施进行惩罚。自此，各州办学校在法律上得到了确认。根据宪法，联邦被授权在联邦工学院之外再建大学或其他学校。此后，联邦宪法经过历次修改，又增补了不少关于教育的条款，内容包括教育经费、教育科研自由等。

苏黎世州于 1859 年通过的《学校法》，体现了教育平等、教育协调发展的进步思想。逐渐崛起的中产阶级，要求教育机会人人平等，能否接受教育不应受社会地位的支配，而应取决于个人的作为。学校作为培养人才的专门机构，应当将道德修养教育与知识技能教育看得同等重要。教育内容应是全方位的，使学生在德育、智育和体育诸方面都能够健康地发展。教育要在全社会协调发展，学校应把社会各阶层公民的孩子培养成为勤奋好学、对社会有用和具有宗教信仰的人。

瑞士联邦宪法规定，教育由各州主办。瑞士分成 26 个州（包括半州），有 26 种不同的教育体制，各州之间的差异很大。当然全国性的原则也存在，如教育阶段的划分、义务教育的规定等是一致的。由于历史、地理因素和多语言文化传统，瑞士教育体制的各自为政并不奇怪，人民也习以为常。到 20 世纪，各州学校都很注重发展自身的优势和强项，相互间的合作问题提上日程。为此，各州学校配合联邦政府做了许多实验，但还是以没有找到合理的措施而告失败。瑞士教育制度的不统一，各州的年限不一，各州的开学时间不一，凡此种种，不一而足，往往令外国人感到困惑和不解。瑞士人关于统一开学时间、春季还是秋季开学的辩论竟然持续了20年。1985年，全瑞士举行了一次全民投票，终于确定从1989/1990年度起，学校一律在八九月间开始新的学年。

纵观瑞士教育的历史发展，我们发现，瑞士的教育是一种奇特的文化现象。由于瑞士联邦制的影响，教育具有多元性，与各州的文化传统密切相关。由于瑞士国情所决定的工业发展道路，教育突出实用性，与提高劳动者的素质密切相关。由于资产阶级启蒙运动的洗礼，教育体现普及性，与各阶层人民的文化生活密切相关。

二　教育地位

"教育、研究和技术是瑞士最重要的资源"，这早已成为瑞士政府和人民的共识。瑞士全国实行九年义务教育制，人口识字率达到99.5%。根据联合国人口处1998年发布的统计资料，瑞士是世界十大"博士生产国"之一，年培养博士为3800人左右，虽然在绝对数量上远不及美国的4万多人，但所占人口比例大大超过美国。2012年，瑞士有3640人获得博士学位，女性占43.2%。

瑞士非常重视教育事业的发展，教育经费在各级政府的财政预算中均占很大比重。在联邦政府预算中约占8%，各州的年度教育经费占到州总支出的24%。1980~2001年，联邦政府对教育的投资从148亿瑞郎增长到234亿瑞郎。2011年，瑞士的教育支出为308.756亿瑞郎，其中各州占66%，市镇占28.8%，联邦占5.2%。教育支出占国内生产总值的5.3%，占公共支出的15.7%。与其他发达国家相比，瑞士教育支出占GDP的比例低于法国、奥地利，但高于德国、美国和意大利。2010年这一比例略低于经合组织的平均水平。

瑞士的人均教育支出，2001年为3200瑞郎，由州和市镇支出的大约3000瑞郎。各州的人均教育支出差别很大，在日内瓦州、巴塞尔城市半州和楚格州，达到或超过 3700 瑞郎，而在上瓦尔登半州、外阿彭策尔半州和提契诺州甚至低于 2400 瑞郎。

瑞士教育的行政管理权掌握在州和市镇手里。教育总支出的一半由州承担，市镇负担约 1/3，其余由联邦政府负责。市镇的教育开支用于幼儿园、小学、中学（第一阶段），以及职业教育。州的教育开支用于中学（第一阶段）、职业教育、中学（第二阶段）以及文法学校。联邦和州共同承担大学的教育经费。

除了公共教育支出，私人部门也是教育投资的重要渠道。2011 年，瑞士私人企业对教育的支出达 28 亿瑞郎。

目前，瑞士正在实施促进教育、研究和创新的规划（2013～2016）。根据该规划的政策指南和目标，教育应当满足劳动力市场对于受过专业教育或具备职业资格的人才的需求，通过竞争推动和奖励高水平的研究和创新，进一步增强瑞士的国际竞争地位，在机会平等、持续和竞争的基础上，把瑞士建成研究和经济活动的创新基地。在 2013～2016 年，联邦政府将为教育、研究和创新投入大约 260 亿瑞郎。

三 教育体制

瑞士联邦不设教育部，联邦一级的教育事务分别由内政部的科学与研究领导小组所辖联邦高工系统委员会和联邦教科司负责，同时辅以大学联席会议、大学校长联席会议、瑞士高教中心等全国性协调机构；全国的职业教育由国民经济部联邦职业教育与技术办公室管理。

瑞士有 26 个州或半州，有 26 种不同的教育体制。有的大州开办了小学、中学和大学，教育设施比较齐全；而有的州小一些，没有能力独立开办高等教育，只能和邻近的州合办。而职业培训学校则由企业根据各自的实际情况创办。私立学校和教会学校所占的比例较小。在边远地区，还存在一些"一个教师的学校"。瑞士的教育特点是：初中教育普及；高中教育比重小；职业教育比重大；大学教育质量高。

瑞士的教育阶段划分为小学、中学和大学，其中中学分为两个阶段：第一阶段相当于中国的初中，第二阶段相当于中国的高中。从小学到中学的第一阶段为义务教育阶段，一共为 9 年。各州的学制不一样。小学分别有 4 年、5 年和 6 年制，中学第一阶段有 5 年、4 年和 3 年制。从小学至高中毕业一般为 12～13 年。

2011/2012 学年，学生总人数为 1540880 人。其中，义务教育阶段的学生 900408 人；高中及职业教育的学生 356720 人；高等院校的学生 270550 人；其他（等级不确定）学生 13202 人。学生总数中，女生占 48.5%，外国学生占 22.5%，私立学校学生占 6.1%。

1. 学前教育

幼儿园是学前教育的基本形式。随着妇女就业增加和教育的普及，在城市和各大城镇郊区，普遍成立了幼儿园。幼儿园通常是由州和市镇资助兴办的，也有私人办的幼儿园。孩子进入幼儿园的年龄为 4～6 岁，由家长及儿童自愿选择。家长一般都愿意将孩子送到幼儿园。因为孩子进入小学前适应一下集体生活、接受系统的学前教育，对孩子的个性发展、智力和身体的发育都有好处。据统计，在进入小学之前，98% 的孩子上过一年幼儿园，63% 的孩子上过两年幼儿园。

以往瑞士并没有强制规定学前教育，其中 9 个州没有规定学前教育制度；7 个州参考小学教育制度进行学前教育；4 个州的小学教育制度包括有关幼儿园的责任、幼儿园的经费，以及幼儿园对孩子身体健康的规定；5 个州专门制定了学前教育制度。如今这种状况发生了变化，瑞士正在实施学前教育各州同步协调，为期两年的学龄前教育也纳入义务教育的范围和统计口径。

瑞士的学前教育大体分为两种教学法：一种是德语区普遍实行的快乐教学法；另一种是法语区和意大利语区实行的心理教学法，即日内瓦教学法。后者强调从了解孩子心理出发进行教育。

2011/2012 学年，全瑞士有 149660 名儿童接受了学龄前教育计划项目。有 14517 名教师从事学龄前教育工作，其中女教师高达 97%。

2. 义务教育

瑞士各州均实行 9 年义务教育制度。义务教育分为两个阶段：小学阶段和中学第一阶段。

小学教育 在小学一年级，由一位老师负责一个班，教授所有的课程。主要教会学生一些基本知识，如识字、书写和基本的计算。在小学二年级和三年级，学生主要学习语文、算术和写作，同时开设体育课和艺术课。在小学高年级，加深以前学习的内容，增加历史、地理和自然科学知识，为升入初中打好基础。这个阶段学生开始学习本国的第二种语言。2011/2012学年，学生人数为431086人，教师有45625人，其中82%是全职员工。

中学教育第一阶段 在这个阶段，学生被分别编在三个不同水平的班级。第一是基础班，也称为实践班。这种班级的学生毕业后不再升学，而是直接参加职业培训。第二是高级班，也叫作理科班。学生学习自然科学，毕业后准备继续求学。第三是专业班。一些身体素质和心理素质相对较差的学生，可以参加这种专业班，学得一技之长，将来直接参加工作。2011/2012学年有学生283503人。

3. 中等教育第二阶段

义务教育之后，学生分为三个去向，即职业培训、普通中学和完全中学，归于职业教育和普通教育两大类别。

2001/2002学年，全瑞士平均有63.9%的学生接受职业培训，14%的学生进入完全中学。不同语区的情况差别比较大。在德语区，选择职业培训的学生比例高达71.5%，进入完全中学的学生占11.6%；而在法语区和意大利语区，接受职业培训的学生占46.7%，进入完全中学的学生占到18.9%。

2011/2012学年，中等教育第二阶段的学生有356720人，其中接受职业教育的学生人数为233223人，超过2/3，可见瑞士职业教育的重要性。90%以上的学生均可完成本阶段的学业。

统计数据显示，在义务教育之后，瑞士女子进入完全中学的比例要高于男子。如2001年，女子的这一比例为25%，男子的这一比例为18%。同时，男子选择职业培训的比例要高于女子。如2001年，男子的这一比例为87%，而女子的这一比例为81%。到2012年，瑞士青年在义务教育之后继续接受教育的时间大约是6年，比1980年提高了2年，而男子继续接受教育的时间要比女子长。

普通中学和完全中学分为几种类型。

十年级学校 这是在 20 世纪 70 年代经济衰退时开始创办的，具有选择职业方向特点的学校。这类学校的设立，一是方便不愿参加职业培训，愿意选择立即工作的学生；二是可以给学业上落后的学生或外籍工人的子弟有一年补习文化的时间；三是给渴望深入学习和愿意再补习的学生一个机会。

获取毕业文凭的学校 这是一些具有古老传统的学校，主要培养医护人员或幼教老师。这类学校过去主要招收年轻女子，现在男女生均可招收。教学的目的是为接受高一级的专业培训做准备。

获取成熟证书学校 这类学校相当于中国的普通高中。学生只要获得成熟证书，就可以直接进入高等学校就读。瑞士的高等学校指综合性大学和综合性工科大学。要进入这些学校必须接受严格、系统和全面的学科教育。成熟证书学校分 5 个教学方向，联邦政府承认下列 5 个科目类型：A型，古典语言（拉丁语、希腊语）；B 型，拉丁语和现代语言；C 型，计算科学和自然科学；D 型，现代语言；E 型，经济学。学生共同的必修课有：两种瑞士官方语言、历史、地理、数学、物理、化学等。根据不同科目的要求，学生还要分别加考拉丁语、古典语言、第三种瑞士官方语言（或英语）、经济学。

宗教团体开办的教会学校 这些学校历史悠久，教学质量一流。这些学校的学生不参加成熟文凭的考试，而是参加联邦组织的特别考试。准备学习医学和食品检验的学生也参加联邦的特别考试。

4. 高等教育

在瑞士，入大学不需要考试。在中等教育第二阶段后，取得完全中学毕业的资格证书，学生即可直接升入大学。伴随教育国际化的趋势，瑞士的高等教育有了长足的发展。2011/2012 学年，高等教育阶段的学生人数超过 22 万人（222656 人）。高等学校的全职员工 2007 年为 42702 人，2012 年为 54345 人，外籍教师分别占 28% 和 33%。在教育费用支出方面，大学为 73.62 亿瑞郎，其中 33% 用于基础和深化教育，55% 用于研发，

8%用于服务，4%用于继续教育。专科学校和师范院校的教育费用为29.61亿瑞郎，其中66%用于基础教育，20%用于研发。显然，研发对于大学极为重要，投入了较多的资金。

21世纪初，瑞士对高等教育体系进行了彻底的改革。在1999年《博洛尼亚宣言》的框架内，瑞士联邦政府参加了欧洲学术研究一体化计划，引进以学士、硕士、博士为基础的三阶段体系，采纳欧洲学分转移和累积制度（ECTS），以促进和保证学生以及教职和管理人员的流动性。

瑞士的大学分为三类：普通大学、应用科学大学和师范教育大学。

瑞士普通大学包括12所公立大学，即2所联邦理工学院和10所州立综合大学。

苏黎世联邦理工学院　成立于1855年，现位居欧洲名牌大学之列，其科研和教学在全球处于领先地位。下设：农学系、应用生物学系、建筑系、地理工程系、工业管理和制造系、生物系、化学系、地球学系、森林学系、人文社会和政治学系、计算机系、信息电力工程系、数学系、机械工程学系、物理学系、环境科学系、材料学系。提供工程和自然科学的学士、硕士和博士课程。教学和研究领域涵盖施工科学、工程科学、自然科学和数学、系统科学、管理学和社会科学。是国家脊髓灰质炎研究中心的牵头单位，重点研究利用信息技术优化医学干预的可能性。2013年，学生人数18178人，包括博士生3900人，来自110个国家，教授497人，接近60%的教授来自国外，员工10478人。诺贝尔奖获得者多达21人。

洛桑联邦理工学院　创建于1853年，现为世界一流的科研和教学基地，是瑞士国家移动信息与通信系统和量子光子学研究中心的牵头单位。学生8009名（2010年），来自全球100多国家和地区。每年的经费是5.1亿瑞郎，50%的教师来自海外。下设：建筑系、信息与通信系、基础科学系、工程技术系、生命科学系、人文学院。教学和研究领域：数学、物理学、化学和化学工程、建筑学、土木工程、环境科学和工程、电气和电子工程、机械工程、材料科学和工程、微工程、计算机科学、通信系统、生命科学和技术、技术和企业管理、金融工程。

苏黎世大学　创建于 1833 年，是瑞士最大的综合性大学，也是欧洲研究大学联盟（LERU）的成员。是有关民主、财务风险、传媒、结构生物学等多个国家卓越研究中心的牵头单位。下设 7 个学院，即法学院、经济学院、医学院、兽医学院、艺术院、自然科学院、神学院，涵盖 3000 多门学科，提供 100 多个不同的学位课程。教学和研究领域：艺术和社会科学、法律、经济学、医学、数学和自然科学、兽医学、神学。现有学生 2.6 万人、科研和教学人员 2600 名。诺贝尔奖获得者多达 12 人。

日内瓦大学　于 1559 年由让·加尔文发起成立，是一所综合性大学。现有学生 1.6 万，来自 140 个国家，女生比例高达 60%，为瑞士大学之最。教师 3000 多名，来自 72 个不同民族。学校下设：自然科学院、医学院、文学院、经济和社会科学院、法学院、神学院、心理学和教育学院、建筑研究所、翻译学校。跨学科研究中心有：宗教改革历史研究所、大学信息中心、环保和环境学中心、能源问题研究中心、日内瓦大学欧洲所、老年学中心。日内瓦大学与 24 个国际组织、130 个非政府组织和 165 个驻当地代表团有着密切关系，并积极参加欧洲核研究中心的研究工作。教学和研究领域：自然科学、医学、艺术、经济学和社会科学、神经学和教育科学、建筑学、笔译/口译。在生命科学、基本粒子物理学和天体物理学的研究方面十分出色，是关于情感科学、遗传学国家研究中心的牵头单位。

伯尔尼大学　创建于 1528 年，1834 年正式成为现在的伯尔尼大学。现有学生 1.59 万。伯尔尼大学是综合性大学，下设新教神学系、旧天主教神学系、法律及经济系、医学系、兽医学系、人文科学系、自然科学系以及师范学院。提供 90 多种不同的学位课程。教学和研究领域：神学、法律、经济学和社会科学、人文科学、人类科学、自然科学、医学、兽医学。诺贝尔奖获得者 2 人。是有关气候、世界贸易管制和南北关系（可持续发展）国家研究中心的牵头单位。

巴塞尔大学　创建于 1460 年，是瑞士最古老的大学。学生 12367 名（2010 年）。下设神学院、法学院、医学院、自然科学院等 7 个学院。教学和研究领域：人文和社会科学、医学、自然科学、法律、经济学、心理学、神学。生命科学和文化是其两大核心研究领域。是有关语像批评、纳米科学、医学模拟应用国家研究中心的牵头单位。巴塞尔大学的生化系国际著名，曾在这里任教的化学家赖希施泰因于 1950 年获得诺贝尔生理学或医学奖。

洛桑大学 创建于 1537 年，起初是一所名为洛桑学院的神学机构。1890 年随着医学院的增设更名为大学，成为一所综合性大学。现有学生13350 人、研究人员 2800 名。下设 7 个学院：神学院、法学院（包括科学治安和犯罪学研究所）、文学院（包括现代法语学校）、社会及政治学院、高等商业学校、自然科学院（包括药剂学校）、医学院。教学和研究领域：艺术、生物学、刑事司法、地球科学和环境学、医学、新教神学、社会科学、宗教研究、社会和政治科学、商业和经济学、法语、法律、政治科学、心理学、运动科学。在法律和刑事司法、生物学和医学、地球和环境科学方面的教学与研究独树一帜，富有特色。

弗里堡大学 创建于 1889 年，是一所双语授课的综合性大学（法语和德语）。共有 5 个学院：神学院、法学院、社会及经济学院、文学院、自然科学院。弗里堡大学还包括以下跨学科的研究所、系：信息科学系、伦理和人权研究所、家庭研究所、东欧和中欧研究所、体育和运动研究所、社会科学研究所、环境科学研究所、教师培训部。教学和研究领域：经济学和社会科学、人文科学、法律、文学、神学、数学和自然科学。学生 9651 人（2010 年），教授 200 多名，来自 100 多个国家。学校提供门类齐全的德语和法语双语课程，在某些学科领域颁发双语学位。学校有200 多个研究组，开展约 650 个研究项目，科研紧密联系实际，成果绝大部分转化为产业应用。

圣加仑大学 创建于 1898 年，一直以提供实用型教育作为办学宗旨，将工商管理、经济、法律和社会科学融为一体。设有：企业管理系、国民经济系、法学系、人文学系。教学和研究领域：工商管理学、经济学、法律、国际事务与管理。提供五类学士学位课程，分通识教育和专业教育两种。硕士教育大部分为英文授课，启发学生的批判性思考、跨文化交流和领导能力。研究工作主要由 30 个学院和研究组开展，在经济学和工商管理的教学和研究方面基础深厚，成绩斐然。与 180 所学校建立合作伙伴关系，包括欧洲管理学院联盟、国际商学院合作组织、国际事务专业学院协会等，为学生提供了更多的培训机会。现有学生 8020 人，女生占 32%，员工 2740 人，来自 80 多个国家。校友俱乐部有 148 个，包括 21819 名校友。

纳沙泰尔大学　创建于 1838 年。现有学生 4400 人，留学生占 20%。下设 4 个学院：文学和人文学院、自然科学院、法律及经济学院、神学院。教学和研究领域：文化人类学、史前考古学、语言矫正、新闻学、生物学、水文地质学、财务分析、工作和组织心理学、国际商业开发、统计学、卫生法、体育法、新教神学、社会进程。是有关植物存活国家研究中心的牵头单位。

卢加诺大学　位于意大利语区，1996 年创建于提契诺州的卢加诺市。下设 4 个学院，提供从学士到博士学位的课程。现有学生 3000 人，留学生占 65%，来自 100 多个国家。教学和研究领域：建筑学、计算机科学、通信科学、经济学。正式授课语言为意大利语，英语为第二工作语言，有些专业课程也采用德语和法语授课。该校在瑞士较早引进欧洲新大学体系，并与米兰理工大学、苏黎世联邦理工学院等开展教学与研究的合作，在城市规划、金融、保健通信、卫生经济学、远程教育以及信息学等领域的研究富有特色。

卢塞恩大学　创建于 17 世纪中期，历史可最早追溯至 1600 年，当时由耶稣会受卢塞恩政府委托建立。1910 年正式设立神学系。1985 年设哲学系，1993 年起称为卢塞恩大学，直到 2000 年才正式成为一所现代化的大学。设有神学系、人文科学系、法学系。教学和研究领域：法律、人文科学、神学。学生 2450 人（2010 年）。为学生提供有力的学业指导和支持是其办学的一大特色。

瑞士有 8 所应用科学大学，其中 7 所是公立学校，包括瑞士西部应用科学大学、苏黎世应用科学和艺术大学、瑞士西北应用科学大学、伯尔尼应用科学大学、卢塞恩应用科学和艺术大学、瑞士东部应用科学大学、瑞士南部应用科学大学，还有 1 所为私立学校，即瑞士卡理多斯应用科学大学。这类大学是以应用科学为主的高等教育机构，提供各种学士和硕士教育，以及高级研修班和继续教育课程，共有 40 多个学院，所涵盖的教学和研究领域有工程学、建筑学、规划设计、信息技术、工商管理、社会工作、音乐、美术、旅游、护理等，每年招收的学生超过 6 万名。

另外，瑞士有 15 所师范教育大学，遍布各地，学生总计约 1.2 万名。这类大学提供学前教育、小学、初中、高中和继续教育各阶段的师范教育，还开设特殊教育、语言治疗和精神运动培训等多种教育课程和训练项目，颁发各种等级的学位证书。教学采用理论和实践相结合的方法，并与普通大学和应用科学大学密切合作，将最新的教育和科研成果纳入教育和培训计划。

瑞士的各类大学层次分明，办学宗旨明确，高度重视科研和追求教学质量，精致培养社会需要的各类人才，形成高等教育的整体综合实力。2009 年英国《泰晤士报高等教育副刊》与全球职业和教育研究机构 QS 共同推出大学排行榜，瑞士有 7 所大学进入世界前 200 名大学，居排行榜第 8 位。

5. 职业培训

岗位培训　岗位培训相当于中学第二阶段的教育，但又同中学第二阶段的教育存在很大的差别。这部分青年人接受的是企业和职业学校的"双重"培训。他们可以通过考试取得专业技术文凭。医护人员的考试要求更严格一些，需要 2～3 年的就读时间，然后要经过严格的考试。为了使教育更适合瑞士国情，更适合社会发展的实际情况，瑞士联邦和各州共同签订了新的合同，制定了一条新的制度：取得以上文凭的学生允许进入大学学习。

学徒培训　这是瑞士教育体制中的一大特色，已经形成了规模。学徒培训主要是对企业内部和服务行业的实际业务操作的培训。除了工作时间以外，企业老板必须允许学徒每周有 2～3 天的时间在校进行理论学习。学徒培训教育也有全日制学校。学徒在经过 2 年、3 年或 4 年理论结合实际的学习之后，最后可以取得联邦承认的资格证书。学徒培训由联邦就业联合会统一管理，负责有关的教育和考试方法。联邦教育和技术培训署是执行这些措施的管理部门。

高等职业培训 2~4年制不等。培养工程师的高等技术学校、培养经济和行政干部的高等学校、培养医护人员和社区服务人员的职业学校都属于高等职业培训学校。高等职业培训学校的学生要通过职业培训考试才能取得"联邦学士"学位证书。有了职业培训成熟证书和特殊高等学校的证书才能提升工资或者进入高等学校继续学习。

瑞士人可以考取联邦职业教育证书,获得从事某种行业的职业资格。2012年,农业部门有976人获得联邦职业教育证书,其中农民占84%,训马员占7%,葡萄园艺师占6.1%,菜农占1.8%,果农占0.9%,家禽饲养员占0.1%。在这976人中,男性786人,女性190人。

6. 私立学校

瑞士的私立学校历史悠久,教学设施先进。瑞士第一批私立学校出现在20世纪初,如今已发展到了250多所。

瑞士各州都有一些私立学校。在以农业为主、经济不太发达的地区,大多数的私立学校只是开办义务教育阶段之后的教育。在这些地区,教会学校仍然占有重要地位,甚至代替了公立学校。为了扶植落后地区的教育发展,联邦政府每年都要拨一定的款项来资助这类学校。

职业教育性质的私立学校主要由私营部门主办,如职业联合会、私营企业等。这类学校一方面与所在州有着密切的关系,另一方面执行联邦的有关规定,联邦政府及州政府也在经费上给予一定的资助。比如瑞士最有名的酒店管理类学校,就是由瑞士酒店协会、瑞士酒店学校协会等机构主办的。另外,私立的工商管理学校、商业学校、金融管理学校等也是如此。这些学校开设的课程门类很多。如酒店管理学校,除设立与酒店专业有关的科目外,还有营销、艺术、旅游、计算机等科目。

私立学校许多是寄宿学校,以吸引外国学生。瑞士占有语言优势,开设了各种国际班、国际寄宿学校、进修学校以及语言学校。这些学校利用节假日举办各种类型的短期培训班。瑞士地理环境优越,国际间合作办学很普遍,近年来采取了与外国互相承认学历的办学模式,更是给瑞士带来了无限的商机。

瑞士的私立学校与公立学校不同，外国学生要想在瑞士的公立学校学习，必须通过就读大学所在语区的语言关，才有可能和瑞士学生共同学习。瑞士的私立学校对语言的要求不等，有的学校专用英语授课，教学设备以及教学质量也参差不齐。瑞士的私立学校并不能代表瑞士教育的整体水平。

四　师资

在瑞士，教师是一个非常受人尊敬的职业。培养一个教师需要花费很长的时间。教师的职业稳定，而且收入可观，绝大多数教师的第一职业选择就是"教师"。各州的师资培训体制不尽相同，经历了一些改革。未来的教师均要在高等院校接受培训，这里包括大学、高等教育学院以及其他专业院校。

幼教老师　一般是初中毕业以后再学习一年，等于十年级毕业。有的州在九年级毕业后，再经过一年的实习，然后进入师范学校进行培训。培训时间一般为3年，也有的是2年。在日内瓦，幼教老师必须取得成熟文凭或普通语言学校证书，然后在大学接受3年的专业培训。

小学教师　以前，学生在接受了9年义务教育之后，进入"师范学校"学习5年，就可以获得小学教师证书。现在，要取得小学教师证书，必须完成大学预科班的学习，然后在高一级文法学院学习2~3年。

中学教师　中学第一阶段任教的教师，至少需要接受3年的大学教育和适当的教学法学习。中学第二阶段任教的教师和大学预科班的教师，必须接受4年的大学教育，还要接受1~2年的特殊专业培训。

中学教师一般教2~3门学科，他们可以任选一个科目发展方向，如历史和语言；或者数学和自然科学。在瑞士法语区，教师可以先接受普通教育，然后再接受专业培训。专业培训课程包括儿童心理学、教育学和教学法。在瑞士德语区，普通教育课程和专业教育课程同时进行。

特殊专业教师　绘画、体育、音乐等文艺、体育类专业的教师，可以在所学对口专业的高一级学校或大学接受培训。

另外，师范学校是9年义务教育完成之后进行的阶段，学制一般为5

年。师范学校包括 2 个等级，即低级师范学校和高级师范学校。低级师范学校主要进行一般的师资培训；高级师范学校的培训更加专业化，开设的课程有儿童心理学和教学法等。

五　科研

瑞士用 100 多年的时间，建设出一个工业高度发达、人民生活富裕的国家。这一成就的取得离不开科学研究、科技创新的不断发展。瑞士的科研并不局限在教育部门，而是由大学、企业和政府部门参加的规模较大的社会性活动。据统计，瑞士 2008 年的研发支出中，有 73% 来自企业资金，这里的企业包括保险公司；24% 来自高校资金；2% 来自非营利性组织及其他机构的资金；只有 1% 来自联邦政府的资金。

1. 科研发展

早期，大学的教学与研究自由发展，且往往是教育优先。大学所做的研究基本上局限于知识累积型、增长型的研究，与其他部门缺乏配合。大约到 1920 年，大学研究的大部分逐渐集中在自然科学领域。不同的工业领域和部门为各自的未来发展，开始对大学的重要科研项目给予资金支持。很多年后，社会科学和人文科学才有了较快的发展。瑞士的研究机构有大学、联邦政府、私营企业和科学学会，它们之间没有经济和政治上的关联。这种"没有制度的制度"，反映了瑞士科研体制的充分自由的特点。缺点则是研究工作有时运行不畅，甚至产生摩擦，造成无效劳动。教育、基础研究和应用研究都受到一定限制，行政部门的财政困难成为另一种"阻力"，象牙塔式的大学教育研究体制也存在一些弊端。

"二战"之后，科学技术飞速发展，科技领域的国际竞争日趋激烈，新的发明创造不断出现。新的研究领域要求大量的经费投资，如核研究、航空和空间技术以及军事现代化的研究。瑞士的大学经历了快速发展的阶段，原因之一是在生育高峰期出生的一代到了上大学的年龄；原因之二是人民清楚地意识到了教育的重要性。同时，经济联合趋势初见端倪，大型企业以及跨国公司成立，国民经济持续繁荣的强劲势头加速了对科技发展的客观需求。社会和经济的发展，要求各种研究力量加强联合，尽快制定瑞士科技发展的计划。

"二战"后初期，瑞士成立了一批科学学会。如瑞士医学学会成立于1943年，瑞士人文科学学会成立于1946年。在所有学会中，最受尊重的是海尔维第自然科学学会。1944年，"科学研究促进委员会"成立，这是一个联邦议会咨询机构，后来更名为"阿勒曼尼委员会"。这个委员会最终成为一个提供研究补助金的机构。起初，这个机构靠不定期接受捐助来积累一些基金，到1956年，委员会可以从联邦预算中提取一部分专用基金。但实际上，这些钱没有完全投入基础研究，而主要用于创造就业机会。1971年，阿勒曼尼委员会制定的原则是：支持研究工作；改善经济发展的条件；鼓励技术进步。

20世纪50~60年代，欧洲面临的最大问题是"美国的挑战"。欧洲同美国之间存在着"技术差距"。美国在全世界招贤纳士，欧洲大量的科技人员流向了美国，当时被称之为"智囊的流失"。在这种形势下，瑞士被迫在科技领域注意充分发挥国家的优势。联邦政府开始认真地考虑科学研究问题：应该给科研投资多少？急迫和优先的研究应该放在哪个领域？什么机构能够很好地落实科研政策？

1950年，瑞士一些著名的科学家向联邦政府递交了一份请愿书。作为答复，联邦政府同意为投资创建基金开放绿灯。1952年，瑞士创立了科研国家基金，"瑞士大学的科研"蓬勃发展。瑞士国家基金会随后成立，由60位著名科学家组成，负责决定资金的拨发使用。拨款的原则主要是考虑研究项目是否能增强瑞士研究人员之间的相互协作精神。瑞士国家基金的创立主要是为进一步促进大学基础研究。1952年国家基金开始运行，起初联邦拨给基金的资金为每年400万瑞郎，后逐年递增。在不同的时期，国家基金会提出不同的重点资助项目，推动那些对瑞士全国有重要意义，与经济发展密切相关的科研项目的研究。

国家基金一方面资助研究项目和研究人员，另一方面也资助成立研究所。1961年，国家基金资助成立了一个血浆研究实验室，此实验室后于1971年归并于洛桑联邦理工学院。1964年资助成立了伯尔尼蛋白质研究所。国家基金参与了在洛桑成立的"瑞士防癌研究所"的投资建设计划，也为在伯尔尼和苏黎世的其他防癌研究中心提供帮助。1959～1962年，国家基金积极支持了瑞士的原子能研究工作，联邦为此向国家基金每年拨款达1000万瑞士法郎。这是联邦政府在原子能研究方面的最大一笔投资。原子能研究主要在两个方面进行：一是以原子核为目标的研究；二是进一步对核技术进行研究，尤其是对核反应堆的研究。为了研究解决全国性的科研课题，显然仅仅依靠大学的自发性研究和大学内的研究院、所是不够的。从1975年开始，联邦政府通过国家基金大力支持国家级的科研项目。实验性研究和应用性研究之间已经没有明显的界线，跨学科领域的研究合作也不断加强。

瑞士是一个很小的国家，走什么样的科研道路最符合瑞士的国情？是全方位与实力雄厚的大国竞争，还是把主要力量放在某些尖端科技领域？各州立大学、联邦理工学院、国家科研基金和私营企业怎样相互协调，共同推动瑞士的科研？怎样提高瑞士国家的整体科研水平？经过多年的摸索和实践，从20世纪70年代开始，瑞士逐渐形成了具有本国特色、适合本国经济发展需要的科研体系。

2. 科研政策

瑞士的科研宗旨是：增进知识的研究，包括对国家极其重要的基础研究；支持生产和服务工作的研究，包括增强竞争性的产品的适用性研究；为社会福利和解决世界范围的某些问题而进行研究。

瑞士科研政策的根本目标是保持瑞士的科技优势，主要内容包括：保证国家资助的科研项目的质量；允许有各种科学见解和科研方法；鼓励科研机构、大学和工业界之间的科研合作；培养和鼓励科研新生力量；保证科研自由；鼓励科技著作的出版和科研成果的应用；积极开展国际科技合作。

瑞士科研工作的特点是：研究目的明确；研究课题强调具有重大意义；重视培养年轻的科学接班人；积极参加国际合作研究，特别重视与欧洲国家进行科技合作。

瑞士科研政策的制定与执行组织如下。

联邦职业培训和技术办公室 联邦国民经济部的下属机构，与瑞士科学厅一道，负责协调和实施教育、培训、研究和技术政策。

瑞士科学厅 联邦内政部的下属机构，由联邦教育和科学办公室、瑞士联邦技术学院委员会共同组成。与联邦职业培训和技术办公室一道，负责实施有关科学教育和培训、科学研究的政策。

联邦教育和科学办公室负责准备和实施关于教育、科学和研究的法律。向州立大学和研究机构提供资金。做出关于信贷、资助、立法等重要问题的决定，提交联邦内政部。负责瑞士参与国际研究组织的事务。

瑞士联邦技术学院委员会是2所联邦技术学院和4所联邦研究所（即瑞士联邦苏黎世技术学院、瑞士联邦洛桑技术学院；保罗·斯克尔研究所，瑞士联邦森林、雪地和地形地貌研究所，瑞士联邦物质测试和研究实验室，瑞士联邦水资源和水污染控制研究所）的最高权威机构，决定它们的发展战略，制定有关政策，并分配相应的资源，进行科研管理，协调这些科研机构之间的相互关系，负责批准这些科研机构的研究计划以及计划的实施和检查工作。

瑞士科学顾问委员会 为独立机构，提出关于科学政策的意见和建议，包括瑞士在国际科技合作和竞争中的地位、联邦关于科学研究与培训的目标、联邦科技政策的评价等。

3. 科研机构

瑞士政府、企业和学校各方面都高度重视科研工作。联邦议会、联邦各部均设有主管科研的机构；许多企业，特别是大企业都建立了独立的研究部门；各大学也有自己的科研委员会和各种名目的研究所。私营企业在科研领域举足轻重，它们主要进行应用研究。研究院所、大学主要从事基础性研究，国家基金也主要用于基础性研究。联邦理工学院从事的研究既有基础研究也有应用研究。在瑞士，高等院校的教学与科研是同时进行的。一些专门从事科学研究的研究院不在大学之内，如瑞士原子能研究院、瑞士热带医学研究院、瑞士东方研究院等。大学里的研究院、所和联邦所属的研究院的经费主要靠国家拨款。

政府部门的科研机构 联邦内政部下属21个局设有科研机构，如瑞士气象研究所。联邦司法警察部下属的司法局、民防局、建设规划局和国家计量局拥有科研设施和科研经费。联邦国防、民防和体育部下属的总参谋部和装备后勤部从事军事科研和军事装备的研究工作，国家拨给研究经费。联邦国民经济部下属农业局、兽医局和民用住宅局拥有科研机构及人员和研究经费，其中农业局有 7 个研究机构。联邦交通、邮电和能源部下属水利局、能源局和公路局拥有科研设施、人员和经费。除联邦政府各部下属的研究机构外，还有联邦直接管辖的 5 个科研机构，即反应堆研究所、核研究所、林业研究实验站、材料检测和研究实验室、给排水和水资源保护研究所。

工业企业的科研机构　瑞士的工业企业，绝大多数是私营企业。私营企业在科研方面的投资占全国科研经费的绝大部分。瑞士政府很少直接资助工业领域的科研事业，主要是依靠科技政策的引导。瑞士的大企业，特别是大型跨国公司，一般都有自己的研究机构，一些行业也设有独立的研究实验室。如布朗·博韦里研究中心、雀巢股份公司研究中心、诺华研究中心、瑞士手表工业实验室。

高等院校的科研机构　联邦参与高等教育和大学一级的研究仅限于苏黎世联邦理工学院以及此校下属的研究所。这些研究所是：农业实验研究所，联邦材料实验研究所，联邦森林研究所，瑞士气象研究所，雪崩研究所，供水、废水处理和水资源保护研究所。全国所有的工程师基本上都出自联邦理工学院。

各州所办综合大学教学和科研活动　由联邦直接管辖的学校有：苏黎世联邦理工学院、洛桑联邦理工学院，另外还有几所研究院。联邦直接负责这两所学院的教学、研究以及通过学校委员会发放科研基金。瑞士另外10 所综合大学属于州办大学，这 10 所大学的教学、研究和技术科学政策完全由各校决定，有绝对的自主权。瑞士联邦的政策是授予各州全权负责办教育。联邦发放各州的津贴主要是用于各州的教学活动和支持他们对高等教育进行投资。政府不直接影响各州的教育、研究和技术科学政策。

瑞士有诸多的科研促进组织。

瑞士科学委员会　成立于 1965 年，经 1968 年联邦《援助大学法》批准，是联邦委员会对国内外科学政策问题的咨询机构，主要负责制定国家各级科研政策并对落实科研计划的措施提出建议。此外，根据大学会议的建议，决定对各州和其他科研部门进行投资和资助，科学委员会的 20 多名成员由联邦委员会任命，其中大学会议成员占 3 名。

瑞士大学会议 成立于 1968 年，与瑞士科学委员会共同履行有关补助金和基金分配的申请程序。大学会议由以下成员组成：办有大学的州代表 2 名；联邦理工学院代表 2 名；瑞士大学生协会代表 2 名；新成立大学的州代表 2 名；没有大学但有公共教育的州代表 2 名；国家基金委员会的代表 1 名；科学委员会的代表 1 名；联邦代表 6 名。

科学研究处 为 1969 年联邦内政部成立的行政机构，是科学委员会和大学会议内部的"常设对话机构"，主要负责起草联邦科学研究委员会的决议并负责监督决议的执行情况。

瑞士国家基金 创建于 1952 年，主要负责鼓励瑞士基础科研以及瑞士科学家"换班"方面的事宜，接受联邦每 5 年一次的津贴。瑞士国家基金由基金委员会负责，基金委员会的编制是：大学代表 20 名；科学、文化和经济组织代表 18 名；联邦和州代表 11 名。基金委员会任命研究委员会成员和审批特殊研究的资金申请。国家研究委员会由 28 名科学家和 6 名联邦委员会任命的成员组成，负责审查研究补助金的申请。

学校委员会 为联邦理工学院以及所属研究所的领导机构。

科学研究促进委员会 成立于 1944 年，起初为创造就业咨询委员会。自 1956 年以来负责年补助金的贷款。委员会由经济、科学和行政方面的代表组成。

瑞士大学校长会议 发起之初是由议会召集所有大学校长讨论有关事宜，属于独立组织。自 1949 年开始制度化，主要就涉及大学政策的特殊问题发表意见。

4. 科研人员

瑞士拥有数量可观、世界先进的科研力量。根据统计，1996 年，瑞士约有 2.2 万名研究人员，占到总人口的 12.7‰。此后研发人员的数量继续增长，2004 年为 84090 人，其中女性占 31%，外籍人占 31.8%。

2008 年研发人员超过 10 万，达 100164 人，女性占 31.6%，外籍人占 34.1%。

5. 科研投入

瑞士一贯高度重视科学研究和新技术开发。瑞士用于研究发展的经费支出，1986 年为 70 亿瑞郎，1996 年为 99.9 亿瑞郎，2000 年超过 100 亿瑞郎，为 106.75 亿瑞郎。2008 年达到 163 亿瑞郎，占国内生产总值的 2.87%，在经合组织中名列前茅。3/4 的研发工作由私营公司提供资助，其余部分由政府部门提供资助。基础性研究主要由大学开展，应用型的研发工作主要由私营部门开展。

私营企业部门是瑞士研发活动的主力军。2008 年，私营企业的研发支出为 119.8 亿瑞郎，占经费总额的 73.5%。私营企业的研发支出中，化工、医药行业占 44%，是研发投资最为密集的产业部门。此外，2000 年，瑞士各公司在海外的研发投资达到 90.3 亿瑞郎，比 1996 年增加了近 10 亿瑞郎。

瑞士的高校也是研发活动的骨干力量。2008 年，瑞士高校的研发支出为 39.4 亿瑞郎，约占研发总支出的 24%。在高校的研发支出中，大学占 78.2%，分别用于精密和自然科学、工程技术、医药化工、农业科学，以及人文、社会科学和经济学、法学等专业领域。

2000 年，由瑞士联邦提供的研究与开发基金为 10.5 亿瑞郎，这笔资金包括联邦为自己的研究工作划拨的经费，为瑞士国内和国外的研究工作提供的基金，还有联邦根据《大学促进法》间接提供给大学研究与开发部门的基金。2008 年，瑞士联邦政府的研发支出为 1.2 亿瑞郎，约占研发总支出的 0.74%；而非营利性组织及其他机构的研发支出为 2.6 亿瑞郎，约占研发总支出的 1.6%。

六 国际交流

瑞士政府非常重视国际科技合作与交流。瑞士进行国际科技合作的形式大致分为两种。一种是直接合作，科研机构、企业和公司、研究人员之间直接接触、洽谈和合作，这是比较灵活自由的民间科技合作方式；另一种是间接合作，通过国家政府从中介绍，这是开展国家之间的双边与多边科技合作的必要形式。

瑞士参与国际科技合作与交流的原则是：合作计划与项目对瑞士具有重要意义；选择合作计划和项目的决定性因素是瑞士的科技人员能够积极参与合作；在现有合作中正确利用已有研究成果，考核参加者的水平和合作项目的实用性；在尖端技术领域的新合作项目必须充分保证瑞士参加合作。

瑞士的科研水平比较高，在国际上享有很高的声誉。瑞士同世界上许多发达国家发展科研合作，向外国派遣研究人员，在外国建立研究中心和研究基地。由于瑞士拥有先进和尖端的科研设备，学术研究氛围自由开放，一些国家的研究机构也愿意设在瑞士。瑞士具有良好的科研工作条件和生活条件，高等学府和科研整体水平以及先进的科研设备，吸引了数量众多的外国学生、教师和学者来瑞士工作，他们的加入大大推动了瑞士科学研究的发展，使瑞士成为一个名副其实的国际科研中心。自 1909 年科赫尔首次问鼎诺贝尔医学奖以来，瑞士已有多人获得诺贝尔自然科学奖。

瑞士积极参加国际科技合作组织，包括欧洲核研究组织、国际地中海研究委员会、欧洲科学技术研究领域合作组织、欧洲分子生物学会议、欧洲分子生物学实验室、欧洲空间组织、欧洲南部天文台、欧洲原子能委员会、欧洲高技术领域研究合作组织、欧洲中期天气预报中心等。

瑞士是进行原子能研究较早的国家。进行原子能研究需要修建和使用粒子加速器，这是一项投资庞大的工作。苏黎世联邦理工学院于"二战"前建成了一个回旋加速器。20 世纪 50 年代，又分别在苏黎世大学、纳沙泰尔大学和巴塞尔大学安装了新的加速器。兴建加速器可以获得较高的经济效益，但是单个国家承担巨额的投资有一定的困难。于是在 1953 年，瑞士与另外 12 个国家共同建成了一个大型原子能研究中心，这就是"欧洲原子能研究中心"。

瑞士参加了国际能源机构的研究项目。国际能源机构创建于 1974 年，正是在第一次石油危机过后。起初，该机构原则上是研究未来能源和能源发展战略，后来制定了长期发展计划，研究能源安全、全球经济发展和环

境保护。国际能源机构有 26 个成员国，开展的国际合作研究计划有 42
项，瑞士参加了其中的 25 项。研究项目有：生物能、地热能、太阳能和
光电池。

瑞士的科技合作对象主要是经济合作与发展组织的成员国，与欧盟的
科技合作日益密切。瑞士自 1987 年开始参与欧盟研究和技术开发框架计
划（FP）。从 1992 年起，瑞士参加了欧盟的第三、第四个科研框架计划，
总计投入 4.83 亿瑞郎。每年的研究费用从 1100 万瑞郎增加到 8200 万瑞
郎（1999）。在第四个框架计划的经费中，58% 投入到高等院校；29% 投
入到企业，其中 16% 投入到中小企业。1999~2002 年，瑞士参加了欧盟
的第五个科研框架计划，重点在能源、环境和持续发展等方面，联邦政府
总计投入了 2.6 亿瑞郎。2004 年，瑞士与欧盟签署双边协议，从而作为
准成员国获得充分参与该计划的权利。自 2004 年 1 月 1 日起，瑞士开始
参与欧盟的第六个科研框架计划（2003~2006），瑞士的研究人员成功地
获得了超过其应有比例的研究资助基金。瑞士也是欧盟第七个研究框架计
划（2007~2013）的完全成员国。7 年间，瑞士为该计划共出资 24 亿瑞
郎，占 2.8%。

瑞士与东欧国家、发展中国家也开展了科技合作与交流。瑞士重视发
展与中国的科技合作关系，两国签署了核研究合作协定和投资保护协定等
科技合作协议。

第二节　科学技术

一　自然科学与技术

数学　瑞士在数学领域取得过开创性的显著成就。人们一般认为，苏
格兰数学家 J. 纳皮尔（John Napier, 1550 - 1617）第一个发表了对数表。
但根据考证，瑞士数学家约斯特·比尔吉（Joost Bürgi, 1552 - 1632）早
于纳皮尔 10 多年就已经编成了对数表，1620 年，他的《反对数表》印刷
出版，这是比尔吉对数学的最大贡献。

17 世纪，瑞士的贝尔努利家族对数学做出了显赫的贡献，家族三代人中产生了 8 名数学家和物理学家。雅克·贝尔努利（Jacques Bernoulli，1655－1705）和让·贝尔努利（Jean Bernoulli，1667－1748）兄弟，对微积分的发展做出了决定性的贡献。雅克在概率论方面取得重大成果，让研究的主攻方向是微分法和数学极限。让的儿子丹尼埃尔（Daniel Bernoulli，1700－1782）是流体动力学的奠基者，以他的名字命名的方程式创立了流体动力学的基础。让和雅克的学生——莱昂哈德·奥伊勒（Leonhard Euler，1707－1783），在几何学、微积分学、力学和数论等方面都有重大的开创性贡献，是 18 世纪著作最多的一名瑞士数学家。

首届国际数学家大会于 1897 年在瑞士的苏黎世召开。

物理学 20 世纪，瑞士在物理学研究方面出现了飞跃发展，有数人先后问鼎诺贝尔物理学奖。纪尧姆于 1920 年获得了诺贝尔物理学奖。举世闻名的物理学家爱因斯坦（Albert Einstein，1879－1955）创立相对论时居住在伯尔尼，他曾经担任苏黎世联邦理工学院研究员，于 1921 年获得诺贝尔物理学奖。

沃尔夫冈·保利（Wolfgang Pauli，1900－1958），是 20 世纪理论物理方面最重要的物理学家之一，曾任苏黎世联邦理工学院教授，其重大贡献是量子论，因此于 1945 年获得诺贝尔奖。1986 年，海因里希·罗雷尔（Heinrich Rohrer，1933－）和德国人格尔德·宾尼希（Gerd Binnig，1947－）获得了诺贝尔物理学奖，因为他们发明了新型显微镜，尤其是制作半导体和集成电路，在生物学和表面化学上成绩卓著。在苏黎世附近吕施里空的 IBM 研究室里，卡尔·亚历克斯·米勒（Karl Alex Muller，1927－）和德国人约翰·乔治·贝德诺尔茨（Johann Georg Bednorz，1950－）研究员发现了新型低温材料，这些材料可以引导无阻力电流，因此他们获得了 1987 年诺贝尔奖。

物理学研究在瑞士科学界具有非常重要的地位，这其中保罗·舍雷尔（Paul Scherrer，1890－1969）功不可没。1937 年，舍雷尔成功地进行了世界上第一个核裂变实验，尽管他本人并不因此而出名。舍雷尔在苏黎世联邦理工学院工作期间，所取得的成就主要是在固体物理学、量子物理学和核物理学方面，并成立了以他的名字命名的原子能研究所。在创建欧洲原子能研究中心方面，保罗·舍雷尔起了决定性的作用。

欧洲原子能研究中心选址日内瓦有它的历史原因。1953 年，饱受战争之苦的欧洲尚未从战争阴影中解脱出来。吸取"二战"的教训，人们将瑞士这样一个中立国家作为原子能研究中心的选址。

化学　瑞士的化学研究也在世界上居于领先地位，获得多项诺贝尔化学奖。化学家保罗·赫尔曼·米勒（Paul Hermann Muller，1899 - 1965）因发现杀虫剂 DDT 而获得了 1948 年的诺贝尔生理学或医学奖。DDT 因有副作用，如今已在许多国家被禁止使用。著名的镇静药——安定和氯氮卓都出自巴塞尔，是由阿尔贝特·霍夫曼（Albert Hofmann，1906 - ）研制出来的。

苏黎世联邦理工学院等大学进行的化学研究共获得 5 项诺贝尔奖。阿尔弗雷德·韦尔纳（Alfred Werner，1866 - 1919）因研究配位化合物结构获 1913 年诺贝尔化学奖。生物化学家保罗·卡勒（Paul Karrer，1889 - 1971）因维生素研究于 1937 年获诺贝尔化学奖。两年后，利奥波德·卢齐卡（Leopold Ruzicka，1887 - 1976）因研究环状分子和萜烯也获得诺贝尔化学奖。

弗拉迪米尔·普雷洛格（Vladimir Prelog，1906 - 1998）获 1975 年诺贝尔化学奖。他研究有机分子和反应的立体化学，后来又扩展到生物碱、抗生素、酶和其他天然化合物的立体化学，特别是在立体异构的研究方面做出了贡献。

理查德·R. 恩斯特（Richard R. Ernst，1933 - ）是苏黎世联邦理工学院物理化学教授，于 1991 年获得诺贝尔化学奖，这是为奖励他在核磁共振（RMN）光谱学应用方面所做出的贡献。由于恩斯特的精心改进，核磁共振技术成为医学的重要诊疗手段。核磁共振用来发展 X 线摄影装置，核磁共振的原理可以制造今日性能最好的医用 X 射线诊断机。

2002 年，苏黎世联邦理工学院的著名分子生物学家库尔特·维特里希（Kurt Wuthrich）以"核电磁共振光谱法确定了溶剂的生物高分子三维结构的分析方法"而获得了 2002 年的诺贝尔化学奖。

医学 瑞士的医学研究取得了举世瞩目的成就，多次获得诺贝尔医学奖。赖希施泰因由于对肾上腺皮质激素结构和功能的研究而获得 1950 年诺贝尔医学奖。他独立研究类固醇，尤其是肾上腺皮质激素，还研究合成维生素 C，并因此而闻名。

1968 年，罗什化学组在巴塞尔建立了免疫学研究所，也称为巴塞尔免疫学研究所。这个研究所规模不大，但在免疫学研究中起的作用非常重要。1984 年，原研究所所长丹麦人尼埃尔·热尔纳（Niels Jerne）和德国人乔治·科勒（Georges Kohler）获得了诺贝尔奖。热尔纳研究免疫系统自动调节，科勒研究无性繁殖系即免疫的过程。1987 年的诺贝尔奖授予在巴塞尔免疫研究所工作的日本人利根川进（Tonegawa Susumu）。

19 世纪末，瑞士在精神病学研究方面达到顶峰。瑞士法语区的奥古斯特 - 亨利·福雷尔（Auguste - Henri Forel，1848 - 1931），不仅是当时最好的昆虫学家之一，而且在脑解剖学、法医学和催眠术方面也做出了重要贡献。此外，他对社会伦理学（戒酒）也有研究。欧根·布洛伊勒（Eugen Bleuler，1857 - 1939）曾任苏黎世布尔格赫尔茨利精神病院院长。他使用"精神分裂症"一词描述以前被称为"早发性痴呆"的疾病，在对精神分裂症患者的研究方面非常有名，影响至今。赫尔曼·罗尔沙赫（Hermann Rorschach，1884 - 1922）所设计发明的墨迹测验，被广泛应用于精神病临床诊断，并以他的名字命名。罗尔沙赫氏测验是一种投射测验，它的设计原理是：人们对模棱两可的东西常常有不同的解释和感受，从中可以发现受试者个性的深层次内容。福雷尔和布洛伊勒创立了精神病学的生物学方向，后由朱尔·奥古斯特（Jules Augst）继续进行研究。此外，作用于精神方面的药物治疗效果正在研究中。

二 人文社会科学

教育学 瑞士是一个崇尚教育、以教育为本的国家，现代学校成立较早，并涌现出了一些世界著名的教育学家。

在欧洲启蒙运动时期，日内瓦人卢梭是一位伟大的教育学家。他认为，国家应该建立在社会契约之上。但是，人类要履行社会契约的条件还未成熟；人的本能和感情受着压抑，受到所谓文明的侵害。卢梭认为：尚未接受教育的人类，也就是说"先天"的人类，没有好坏之分。他所著的《爱弥尔：论教育》一书，充分体现了他的教育思想。他认为，儿童在感观上对自然界有了一些认识之后，再对他们进行教育，这被称为第一阶段教育，这一阶段的教育应当是"消极"教育。他认为，儿童性格的形成主要是由儿童所生活的环境决定的。卢梭把对儿童进行的第二阶段的教育称为"积极"教育。在这个阶段，儿童接触社会，逐渐融入社会中去。卢梭认为，感情丰富和天赋极高的人类有了理性，并能使"理智"保持平衡，那么才能成为平等社会中的合格社会成员。

与卢梭的教育思想不同，裴斯泰洛齐，这位出自苏黎世的教育学家，有着浓厚的、虔诚的宗教思想。他的教育思想完全来自宗教人士茨温利的教义。茨温利教义的中心内容是：人完全服从于上帝。裴斯泰洛齐认为，上帝为父，而人类为其子。这种关系在人类的相互关系中同样适用，同样可以扩展到社会的各个方面，如人与政府之间的关系。裴斯泰洛齐认为，爱是家庭团结和睦的纽带，那么，对祖国的爱也就能保证国家的团结。每个人都有进步的愿望，只有求索进步才能成为真正的人，那么，教育就是达到此目的的过程，教育能开发人的才能，能开发人的头脑、心灵和动手能力。

裴斯泰洛齐还认为，健康的家庭是健康社会的前提。他对家庭的解体和工业化造成的家庭贫困感到担忧。他认为，社会条件的改善不是通过一次革命就能成功的，而只能靠人类的逐渐进步：教育人民就要为人民创造幸福的生活条件。裴斯泰洛齐创办的学校在欧洲有着广泛的影响，他的著作是那个时代教育学的典范：对人民进行全面教育，废除不平等的社会差异，承认人的尊严，进行全民教育。

心理学 哲学家夏尔·博内（Charles Bonnet，1720－1793），可以说是瑞士心理学研究的先驱，是他把心理学概念从感觉论中分离出来。他所著的《心理学论文》及《关于灵魂功能的分析论文》开生理心理学之先河。博内的学说影响了一大批同时代的人，尤其是苏黎世的传道士和哲学家约翰·卡斯帕·拉瓦特尔（Johann Kaspar Lavater，1741－1801）。《论利用相面术促进对人的认识和人类之爱》一文为他在欧洲赢得盛誉。

20 世纪初，瑞士学者的心理学研究出现了新的飞跃，青少年心理学和成长的科学受到关注。日内瓦人爱德华·克拉帕雷德（Edouard Claparède，1873－1940）是著名的实验心理学教授。他在儿童心理学、教育心理学、儿童概念形成等领域进行过探索性研究，所著《实验教育》促进了儿童心理研究及其在教育中的应用，当时具有很大的影响。他还创建了让·雅克·卢梭学院。

伯尔尼人汉斯·楚利格（Hans Zulliger），是资深的心理学家。他作为儿童心理学家和治疗心理学家而享有国际盛誉。他所著的《楚利格实验》，至今仍是职业教育和小学教育中宝贵的教学辅助材料。

让·皮亚杰是 20 世纪发展心理学的主要代表人物，儿童心理学的奠基人。在日内瓦的"发生认识论国际研究中心"，他与来自各国的心理学家、逻辑学家和语言学家共同研究儿童认识的发生发展问题，通过实验，把儿童的思维发展概括为 4 个年龄阶段：感知运动阶段、前运算阶段、具体运算阶段、形式运算阶段或命题运算阶段。他关注儿童意识的发展，探索儿童语言和儿童思想的形成过程，认为儿童在创造和再创造的过程中对现实的认识构成了模式。经过几个阶段，儿童通过将简单的概念集合成较高水平的概念而完成智力的增长。他在《结构主义》一书中把索绪尔的方法论引入到认识论。

周边国家的哲学思想对瑞士产生了深刻的影响，瑞士哲学家路德维希·宾斯万格（Ludwig Binswanger，1881－1966）从弗洛伊德那里学习了心理分析，但他又对弗洛伊德理论在哲学方面的欠缺感到遗憾。在接触到海德格尔的存在哲学后，他的存在分析思想得到了发展。德国哲学家海德格尔 1927 年出版了《存在与时间》，回答了亚里士多德的有关存在意识的问题：人类只有战胜恐惧和接受死亡，接受有限生命的事实才能成为真正的人类自己。宾斯万格的行医生涯使得他接近和了解患者，同时也让患者接受他自己。他认为，生病的内因和生病的原因是外表症状的关键问题。

梅达尔·博斯（Medard Boss，1903－1990）继续和发展了宾斯万格的研究工作，他是苏黎世心理和精神治疗存在分析学院的创建者之一。

1981年，存在分析公司从这个学院分离而独立。1970年，利奥波德·松迪（Leopold Szondi，1893－1986）在苏黎世成立了普通精神分析法和特殊精神分析法教育研究学院。

神学 瑞士宗教史上的重大事件是以乌尔里希·茨温利和让·加尔文为首的宗教改革运动，宗教改革运动极大地推动了神学在瑞士的发展。

瑞士的宗教改革运动最初是由茨温利在苏黎世发起的。当时，茨温利出于爱国热忱和对瑞士民众命运的关心，反对瑞士人充当教皇的雇佣军到意大利打仗。他的教理是强调遵从上帝的旨意，而不是个人的得救之道，强调《圣经》的唯一权威性。1531年10月，茨温利在苏黎世的新教军队与天主教同盟军的激战中阵亡。从此之后，瑞士宗教改革的中心就由苏黎世转移到了日内瓦，加尔文继续推动瑞士的宗教改革运动。

加尔文生于法国，他曾在巴塞尔潜心研究神学，后来在日内瓦进行宗教改革实验，使日内瓦成为归正宗的坚强堡垒，加尔文也因此成为归正宗的缔造者和宗教领袖。加尔文认为人类是上帝的仆人，人类是为上帝而生存、而牺牲，人类应该完全听命于上帝。听命上帝的人类，他的道德行为准则必表现出淳朴。加尔文把宗教生活融入了人们的日常生活中，使得人们觉得自己的日常生活具有神圣性。

20世纪初在瑞士，无论人们信仰什么，都离不开两种教义。一种是茨温利教义，另一个是加尔文教义。

茨温利的教义强调上帝与人之间的爱，人类有能力对自己的财产做出决定。这个教义以社会承诺和注重实效而著称。他们相信上帝对每个人的爱。莱昂哈德·拉加齐（Leonhard Ragaz，1868－1945）是宗教社会主义的代表。他认为，社会问题是一个决定性的神圣问题。根据他的教义，民主协作社会秩序的建立通向上帝的天国。因此，在苏黎世大学任教一段时间后，拉加齐在苏黎世工人区成立了一个培训中心并从此开始致力于对工人阶级的教育。他的思想影响到节制衣食的运动，影响到教育者和社会劳动者、国际和平运动以及拉丁美洲的解放运动。

对于许多天主教徒来讲，汉斯·金（Hans Küng）是现代的茨温利。汉斯·金于1928年3月19日出生在瑞士的卢塞恩，是一个天主教教士和多产作家，也是最富有争议的现代神学家。1967 年和 1970 年，他两次声明反对教皇永无谬误论，因而被迫停止授课。汉斯·金创立了国际宗教同一性的理论，认为天主教教理包容全人类，包括妇女、被压迫者和被剥削者，其他宗教与天主教合而为一。自 1995 年起他担任了全球伦理学基金会主席。虽然离开了天主教神学系，自 1996 年，他仍在德国图宾根大学保留荣誉教授的头衔。

加尔文教义的中心内容是上帝与人类是截然不同的，人是平庸的，平庸人类的存在完全是依赖上帝的恩泽。

第一次世界大战后，基督教的辩证神学在瑞士得到了发展。这个学说的代表人物有卡尔·巴尔特（Karl Barth，1886－1968）和埃米尔·布伦纳（Emil Brunner，1889－1966）。基督教辩证神学的信念是上帝绝对超越一切，人类的任何努力，无论是神学研究、哲学研究、伦理学研究或其他学说的研究都超越不了上帝。人类知情的最高水平只能是觉悟到唯有上帝的恩泽可以拯救人类于恐惧和失望之中。人类尽管是堕落的，但上帝仍然喜欢人类。辩证神学的两大代表人物也存在分歧：巴尔特认为人类永远无法接近上帝；布伦纳则认为上帝创造出的基督寄托了人类的希望。

经济学 19 世纪，瑞士出现古典政治经济学的杰出人物西斯蒙第。《政治经济学新原理》出版于 1819 年，是西斯蒙第在政治经济学方面的代表性著作。西斯蒙第否认自由竞争具有无限的优越性，否认资本主义是合理和自然的制度。他从小生产的破产和工人贫困中发现和揭露了资本主义的矛盾状况，一方面生产力和财富无限增长，另一方面劳动群众只能获得最低限度的生活必需品。由于资本主义的根本性矛盾，生产过剩的经济危机必然发生。

当代瑞士经济学家在经济学理论方面也做出了特殊的贡献。苏黎世大学经济学实证研究所的经济学教授布伦诺·S. 弗雷和阿洛伊斯·斯塔特勒所著的《幸福与经济学——经济制度对人类福祉的影响》，是第一部在经济学与幸福之间、幸福与民主之间建立起实证性联系的著作。该书主要以瑞士为研究基点，运用经济计量学的方法论证了以收入、失业和通货膨胀等形式体现的微观和宏观经济环境对幸福的影响，同时将心理学、社会学以及政治学的独到见解融入了经济学研究。该学术成果引发经济学、社会学界的进一步探讨和争论，因题目新颖，也吸引了普通民众的兴趣和关注。

法学　瑞士地处西欧中心，通行欧洲大陆多种语言，是重要的国际商务中心和国际金融中心，跨国界的民商事法律关系比较复杂，推动了法学研究的发展。同时，瑞士经过了几个世纪的民主制度建设，也积累了丰富的依法治国的政治经验。因此，瑞士的法学研究十分超前和深入，在法理学、民法学、国际私法学等领域都取得世界瞩目的成就。

法学家尤金·于贝尔的民法论在世界范围内受到重视，被其他国家当成法律准则来仿效。瑞士联邦的民法典与债法典独立并存，其立法内容和立法技术对大陆法系国家产生了广泛而深远的影响。瑞士债法典颁布以后，一些德国学者甚至主张直接采用瑞士的法典，用以替代德国民法典，法国在修改其民法时也较多地参考了瑞士的债法典，土耳其等国几乎全文照搬瑞士债法典，作为本国的法律。

1989年施行的瑞士国际私法法典共有200个条文，内容包括国际管辖权、法律适用、外国判决的承认和执行、国际破产、国际仲裁等，被认为是迄今世界上最为完备的国际私法法典。它打破了实体法、程序法和冲突法的传统划分，将管辖权、法律适用、判决的承认和执行三大问题规定在一个单一、完整的立法文件里，具有很高的立法质量，包含许多极富创新性的规定。该法一经颁布，立即引起各国国际私法学界的极大关注和反响，有关的评论、论述、翻译和研究的文章与著作大量涌现，对国际私法学的研究与发展起到重大的推动作用。

第三节　文学艺术

一　文学

瑞士文学生长在一个语言环境狭小的地域，这种狭窄性使这种地区性的特殊文学难以成为一种灿烂辉煌的、具有非凡影响力的世界性文学。然而，这种地区或地域性文学照样可以取得令人瞩目的伟大成就，并且为外部世界所赞赏和认同。瑞士分 26 个州及半州，居民讲四种语言：德语、法语、意大利语、列托－罗曼什语。如果歌德提出的"世界文学"存在的话，瑞士文学可以说是一种微型化的"世界文学"。由于瑞士独特的语言环境，我们不可能用统一的文学主题、统一的文学体系或者统一的文学发展趋势来定义和研究瑞士的文学，只能按照语种来分别介绍瑞士文学。

1. 瑞士德语文学

中世纪的海尔维第国家归属日耳曼帝国的统治，它的社会、政治、语言文字和文学都随着日耳曼语系的发展而发展。瑞士德语发端于公元十世纪，圣加仑修道院是日耳曼文学的主要发源地。当时，修道院的神职人员为了培养和教育学生，将许多拉丁语著作译成德语，这批中世纪的珍贵文献被视为德语文学的开山之作。到 15 世纪末，随着瑞士联邦的形成与扩大，才产生了地域意义上的瑞士德语文学。

到了中世纪后期，社会动荡，各阶层开始发生变化，僧侣不再是唯一享有文学特权的社会阶层。先是奴隶主继而是贵族开始拥有诗歌的艺术形式，这些人组成了社会中新的阶层。第一位骑士诗人就出现在德瑞地区。13 世纪初，无名氏的复活节剧是一部完全用德语写的中世纪戏剧作品。后来，陆续出现了圣诞剧、耶稣受难剧等。在卢塞恩、伯尔尼和苏黎世，政治剧发展较快。狂欢节剧的演出是戏剧走向大众化的重要标志。

在罗马帝国走向衰亡时，真正"海尔维第"意义上的文学才得以发展。这些文学作品的主要内容是歌颂人民创造历史，歌颂英雄人物，如威廉·退尔这样的民族英雄。政治事件、战争与和平的主题都开始出现在文学作品中。15 世纪末的勃艮第战争，唤醒了瑞士的民族意识，建立统一的联邦成为瑞士人的头等大事。这个时期的文学作品也表现出明显的政治倾向性。17 世纪时，在弗里堡教书的一位神甫写出了八部戏剧。卢塞恩和苏黎世的戏剧文化生活十分活跃，在当时很有名气。

18 世纪欧洲文艺启蒙运动时，瑞士文学界有两位学者声名远扬。一位是约翰·雅各布·博得默尔（Johann Jakob Bodmer, 1698－1783），他是翻译家和历史学家，也是文学评论家和文学历史学家，其主要作品有《论想象力的影响和运用》和《论诗之奇异》，对欧洲文化发展的影响很

大。另一位是约翰·雅各布·布赖廷格（Johann Jakob Breitinger，1701 –
1776），他是最有影响的德瑞文学评论家，其主要作品是《戏剧浅论集》。
他们代表的苏黎世学派独树一帜，与德国启蒙运动先驱约翰·克里斯托
夫·戈特舍德（Johann Christoph Gottsched，1700 – 1766）展开了一场文
学论争，对整个德语文坛产生了深远的影响。

这个时期，对瑞士文学，乃至整个欧洲来讲，卢梭关于政治哲学、教
育学和文化批评的著作影响最大，对当时的社会和文学发展都起到了极大
的推动作用。当瑞士知识分子还在热衷于意识形态研究时，法国资产阶级
受卢梭思想的影响，已经开始酝酿着一场大革命。

法国军队进入瑞士以后，瑞士的旧制度土崩瓦解。然而，一个新的资
产阶级国家直到 1848 年才得以建立。裴斯泰洛齐的教育思想和社会活动，
对加速旧制度的垮台和创建新型国家起到了推动作用。裴斯泰洛齐因其卓
越贡献而被授予法兰西共和国的荣誉国民称号。

浪漫主义文学在瑞士德语地区没有形成潮流，它的更多表现形式是大
众诗歌。一部分作家参与了资产阶级革命，有着特殊的心理感受和体验。
他们是现实主义作家，同时也是教育家。他们描写平民生活，反映当时社
会、经济、文化领域发生的重大变化，以及这些变化之后农民和渔民的生
活状况。他们尝试用各种方法教育人民大众，启发人民的觉悟，鼓励人民
具有冒险精神。

19 世纪的瑞士德语文学产生了三位现实主义大师：凯勒、迈尔和戈
特黑尔夫。戈特弗里德·凯勒（Gottfried Keller，1819 – 1890），是对新
国家充满理想的作家。长篇小说《绿衣亨利》是他的成名之作，被称为
"发展小说"的杰作。凯勒的最后一部小说是《马丁·萨兰德》。这部小
说描写了当时的政治生活，主人公最终成为一个政界要人。他将资产阶
级的精神生活与唯利是图的可鄙行为进行了鲜明的对比。凯勒的小说是
当时最为畅销的德语小说，他本人被誉为创作中短篇小说的"莎士比
亚"。

与凯勒齐名的是苏黎世诗人康拉德·费迪南德·迈尔（Conrad
Ferdinand Meyer，1825 –1898）。他从事写作的时间较晚，刚劲有力的诗

篇《胡滕的末日》是他的首次成功之作，其他作品还有《恩格尔贝格》、《护身符》、《圣徒》和《一个少年的苦难》等。在他的作品中，孤独心情和沉重感情的表露随处可见。历史题材是他尤为擅长的创作领域。

耶雷米亚斯·戈特黑尔夫（Jeremias Gotthelf，1797－1854）所创作的小说主要反映农民生活的场景。

凯勒和迈尔都指出瑞士文学创作的基本方针及道路：第一，瑞士从来都不同于大国的管理方式；第二，集团众多而不愿意遵循同一的纲领。因此产生了两条文学创作之路：一条是用无伤大雅的讽刺对日常政治生活的细节进行描述；另一条是历史责任感不强而又带有乡下人的胆怯。凯勒的作品属于第一种类型，而第二种类型则出现在迈尔的不少作品中。

继三位大师之后，瑞士文坛又出现了几位著名作家。一位是苏黎世女作家约翰娜·施皮里（Johanna Spyri，1829－1901），她于1879年创作了以瑞士德语区乡村生活为题材的小说《海蒂》，该书出版后立即在瑞士和世界引起轰动，被公认为是世界儿童文学的一朵奇葩。另一位是卡尔·施皮特勒（Carl Spitteler，1845－1924），他创作的长篇史诗《奥林匹亚的春天》获得1919年诺贝尔文学奖，为瑞士德语文学赢得了殊荣。20世纪20年代，在苏黎世诞生了著名的文艺流派：达达主义。

20世纪上半叶，瑞士德语文学人才辈出，异彩纷呈。迈因拉德·英格林（Meinrad Inglin，1893－1971）被称为是"20世纪瑞士的散文大师"，他创作的长篇小说《瑞士的镜子》，展现了瑞士在第一次世界大战期间的历史画卷。库尔特·古根海姆（Kurt Guggenheim，1896－1983）以苏黎世的生活为背景，创作了鸿篇巨制《总而言之》（4卷本）。罗伯特·瓦尔泽（Robert Walser，1878－1956）不仅创作长篇小说，还擅长散文和随笔，身后备受推崇和赞赏。弗里德里希·格劳泽（Friedrich Glauser，1896－1938）所创作的侦探小说，丰富了瑞士文坛的内容与样式。

按照文学史专家的观点，1950年是"二战"后瑞士德语文学的起点。20世纪瑞士文坛最为著名的人物当属马克斯·弗里施（Max Frisch，1911－1991）和弗里德里希·迪伦马特（Friedrich Dürrenmatt，1921－1990）。他们都是小说和戏剧两栖作家，其写作生涯始于第二次世界大战期间，创作高峰一直持续到 20 世纪 80 年代。他们的作品享誉世界文坛，影响力大大超出瑞士的边界。弗里施创作的剧本有《他们现在重展歌喉》、《中国长城》、《当战争结束之时》、《唐璜》、《毕德曼和纵火犯》、《安道尔》、《三联画》和《奥德尔兰公爵》等；长篇小说有《施蒂勒》、《能干的法贝尔》和《我的名字是甘腾拜因》；中篇小说有《蒙托克》、《人类出现于全新世》、《蓝髯骑士》、《沉默的回答》和《日记》等。弗里德里希·迪伦马特一共发表了三十多部剧本和小说，大部分作品是喜剧、电视广播剧和"犯罪小说"。他最著名的剧本《老妇还乡》，叙述了一个女石油大王为了复仇而收买故乡全体市民的故事。他的《物理学家》出版后，受到了各方的好评。他把瑞士德语文学推向海外，使德瑞文学在世界上赢得了广泛的赞誉。

20 世纪 50 年代末和 60 年代初，瑞士出现了以阿道夫·穆施格（Adolf Muschg）、胡戈·勒切尔（Hugo Loetscher）、奥托·瓦尔特（Otto F. Walter）和彼得·比克塞尔（Peter Bichsel）为代表的一批作家。他们的作品着力反映私人生活的悲欢离合和矛盾冲突，从中表现人物的心理状态。他们把瑞士作为一个社会背景，反映具有普遍意义的创作主题。60年代末到 70 年代，瓦尔特·考尔（Walther Kauer）、汉斯 – 约尔格·施耐德（Hans – Jorg Schneider）、乌尔斯·威德默（Urs Widmer）、弗朗茨·赫勒尔（Franz Hohler）、贝亚特·布雷希比尔（Beat Brechbuhl）等人的作品，具有较强的社会批判色彩。80 年代初，托马斯·许尔利曼（Thomas Hurlimann）、弗朗茨·伯尼（Franz Boni）、尼古拉斯·林特（Nicolas Lindt）、马蒂亚斯·乔克（Matthias Zschokke）等人的作品反映了社会矛盾冲突中人们的不安心态。

20 世纪 60 年代末到 80 年代初，瑞士逐渐形成了一个女作家群体。代表人物有瓦尔特（Silja Walter）、威尔克（Getrud Wilker）、斯特凡（Verena Stefan）、迈兰（Elisabeth Meylan）等。她们创作的主题是婚姻、家庭、职业、疾病、孤独等，反映现代女性在社会生活中所遇到的各种矛盾及其心理变化，许多作品基于个人经历写成，带有浓厚的自传色彩。

2. 瑞士法语文学

瑞士法语文学的历史发展，要追溯到 16 世纪宗教改革之时。加尔文和卢梭，这两位教育家和思想家，可以说是法瑞文学的两大奠基人物。加尔文是一位严谨的理论家，是一位神权政治论者，他发表了许多有关宗教信仰问题的文章。他的教理书、他的圣经评注都充满了神权思想，把非宗教的文学和艺术都看成是次要的。

卢梭用诗歌的表现形式进行社会分析，他主张在与大自然结合的浪漫关系中使人与人之间产生好感。他的论平等、论社会不平等根源、论个性教育的思想和理论，对法国资产阶级大革命产生极大影响，对当今的瑞士文化或世界文学仍然具有影响力。日内瓦评论家贝亚－路易·德·穆拉尔特（Béat Louis de Muralt），在他的《英法人书简》中为瑞士打开了欧洲之门。18 世纪是法语文学的辉煌时代，瑞士这块自由的土地抚育了卢梭、斯达尔夫人、贡斯当等一代文坛巨星。

19 世纪出现了"瑞士法语文学"的提法，并且沿用至今。研究表明，真正具有自我意识的瑞士法语文学始于 20 世纪之初，其标志是《拉丁之帆》和《沃州纪事》两本文学杂志的创办。《拉丁之帆》倡导拉丁文明，宣扬复兴瑞士法语文学，反对法语的泛日耳曼化。《沃州纪事》则宣扬地方爱国主义思想。20 世纪 50 年代创办的《相会》，又代表了不同语区相互开放和交流的意愿和要求。保持和维护本土地域文化的特色，同时积极扩大对外文化交流，成为 20 世纪瑞士法语区文学发展的主流和特点。

瑞士法语文学的共同特征是偏好思想探索，倾向道德说教，崇尚个人主义、擅长内心矛盾分析，沃州诗人古斯塔夫·鲁德（Gustave Roud）是大师级的代表人物，当代诗人菲利普·雅科泰（Philippe Jaccottet）的作品也属于这一流派。尽管同属法语文学，法语区分为 6 个州，各自的文化和历史传统存在差异，又分别信仰新教和天主教，因而瑞士法语文学是一个带有各个法语州地方文化特色的混合形体。

日内瓦州、沃州和纳沙泰尔州三州信仰新教，具有悠久的文学传统，产生过许多脍炙人口的小说和散文。日内瓦州的文学是典型的城市文学，文学批评也被视为文学创作，产生了世界闻名的"日内瓦学派"。马塞尔·

雷蒙（Marcel Raymond）和让·斯塔罗宾斯基（Jean Strobinski）教授是著名的文学评论家，声名远扬，其影响大大超出了瑞士境内。日内瓦作家罗道尔夫·托卜费尔（Rodolphe Töpffer）深得大文豪歌德的赏识，其代表作有《日内瓦小说集》、《曲折旅行记》和《堂长住宅》等。乔治·阿尔达斯（Georges Haldas）的纪实作品是对现实社会的深刻剖析，在国内外均有一定的影响。

沃州的文学总是反映城乡的冲突和对立，名作家雅克·舍赛（Jacques Chessex）创作的《吃人妖魔》（一译《饕餮者》）获得1973年法国龚古尔文学奖，其他作品还有《沃州人家》和《卡拉巴斯》等。纳沙泰尔州的文学主题集中在城乡之间、保守与激进思想之间的矛盾与斗争。另外，纪·德·布尔塔莱因《神奇的渔猎》获得法兰西学院小说大奖。

瓦莱州和弗里堡州都信奉天主教。瓦莱州的乔治·波尔佐（Georges Borgeaud）的小说《普雷欧》获得1952年法国批评奖，他的《到国外去旅行》获得1974年法国勒诺多文学奖。作家和诗人莫里斯·沙帕（Maurice Chappaz）以独特而丰富的语言，刻画了《鸫鸟嗓子眼里的瓦莱》和《传说和真实的瓦莱人》。他的妻子科丽娜·毕依也是作家，她的作品有《野姑娘》和《黑草莓》等，均着力描绘了农村生活场景。弗里堡州的作家有贡扎格·德·莱诺、阿莱克西·白里等。

夏尔·费尔迪南·拉缪（Charles Ferdinand Ramuz），生于洛桑附近的小镇居利，曾在巴黎生活11年。他是《拉丁之帆》的创办人之一和《沃州纪事》的代表人物，被誉为第一个自觉意识和捍卫瑞士法语文学尊严的作家。主要作品有《诗人经过这里》、《萨姆埃尔·波莱的一生》、《法利奈或伪币》和《大山里的恐怖》等，其语言精练，富含诗意，具有极强的表现力和感染力。拉缪对20世纪的瑞士法语文学产生了极为深远的影响。

还有一些作家获得很大成功，并且影响力广泛。布莱兹·桑德拉（Balise Cendrars）对现代诗歌做出了重要的贡献。罗贝尔·潘热尔（Robert Pinget）是新小说流派的创始人之一。伊夫·韦兰（Yves Velan）及以前的茹瓦索（Joyce）、贝克凯特（Beckett），他们的作品对语言结构带来了极大的冲击。

女小说家和女诗人是瑞士作家队伍中的活跃分子，成为法语文学界一道独特的风景线。莫妮克·圣·埃利耶（Monique Saint Hélier）、卡特琳·科隆（Catherine Colomb）、科琳娜·贝勒（Corinna Bille）、艾丽斯·里瓦（Alice Rivaz）、伊薇特·泽格拉让（Yvette Z'Graggen）和阿纳·屈内奥（Anne Cunéo），都是瑞士女作家中的知名人士。

3. 瑞士意大利语文学

瑞士意大利语文学，特指瑞士意大利语区的文学形态。瑞士的意大利语区是指提契诺州，位于瑞士东南部，南边与意大利接壤，北面有自然屏障阿尔卑斯山。19 世纪以前，从严格意义上讲，没有提契诺文学，也没有作家，只有个别的画家和艺术家。直到 1803 年，这种状况才开始改变。

弗朗西斯卡·谢扎（Francesco Chiesa）是 20 世纪瑞士意大利语文学界的主要人物。他改变了提契诺文学，使人们认识到提契诺文学的发展潜力和光明前途。谢扎是一名诗人、散文家和小说家，在他的众多作品中，最值得一提的是《圣·西尔维斯特洛的十四行诗》，这部诗集是在他百年诞辰时出版的。他的主要代表作品还有《三月骤雨》，该作品讲述的是一个男孩的奇遇，已成为中学生的课外读物。

皮埃罗·比安科尼（Piero Bianconi）揭开了写作风格的新的一页，他是新一代作家的代表。他写的《家系图》一书，主要是对自己所在地区历史的研究。他通过查阅大量的家族档案，了解当地的移民状况，掌握了丰富的史料。

1943 年，费利斯·菲利皮尼（Felice Filippini）获卢加诺奖。后来，乔治·奥莱利（Giorgio Orelli）也获此奖项。奥莱利的诗歌融合了人文现实和现代政治，让作家按照自己的意愿加入政治和社会活动，而不只是满足于表面现象。在这一点上，他融合了两代作家的特点。

第二次世界大战以后，一批新作家涌现出来，有普利尼奥·马丁尼（Plinio Martini）、阿那·费尔德尔（Anna Felder）、乔瓦尼·奥雷利（Giovanni Orelli）、阿尔贝托·内西（Alberto Nessi）。意大利语文学作品的重要性日渐增加。

4. 瑞士列托 – 罗曼什语文学

在瑞士，列托 – 罗曼什语区是一个最小的语言区域，但列托 – 罗曼什语不是一个单一的语言实体，它包含了五种截然不同的方言。说罗曼什语的人口只有大约 5000 人，其中 2/5 分散在格劳宾登州之外。令人惊讶的是，尽管人口少、地域小，自 19 世纪以来，瑞士列托 – 罗曼什语的文学却是丰富多产，活跃至今。瑞士罗曼什语的知名作家有：安德烈亚·贝祖拉（Andrea Bezzola）、佩德·朗塞（Peider Lansel）、贾舍·卡斯帕穆（Giachen CasparMuoth）、莫吕·卡尔诺（Maurus Carnot）、莱扎·乌费尔（Leza Uffer）、阿蒙·普朗塔（Armon Planta）、克拉·比尔特（Cla Biert）。

20 世纪的罗曼什语文学领域，有作家和诗人容·塞马德尼（Jon Semadeni）、蒂斯塔·穆尔克（Tista Murk）、吉翁·德普拉兹（Gion Deplazes）、托尼·哈尔特（Toni Halter）。

每年 5 月，来自各个语区的作家汇集在索洛图恩，共同探讨文学创作。瑞士有两个全国性的作家协会，一个设在苏黎世，另一个设在泰格维林（Tagewilen）。

二 戏剧电影

1. 戏剧

瑞士戏剧有着悠久的历史。最早是宗教宣传剧，后来发展到贵族戏剧，到 19 世纪末，在法国大革命的影响下，很快就发展成为广大群众都看得到的大众戏剧。今天，一部分古典传统剧目仍然在上演。比如，德国著名戏剧作家席勒（Friedrich Schiller）根据瑞士民间故事《威廉·退尔的赌注》所创作的《威廉·退尔》，每年都要在这位传说英雄的故乡阿尔特多夫镇及附近的因特拉肯市演出，吸引了众多观众前来观看，每次演出都很成功。在每十年举行一次的"世界大舞台"的戏剧节上，总要演出具有代表性的中世纪和巴洛克时代的宗教传统剧，目的是让这些传统剧目能代代相传下去。

在瑞士的法语地区，自 18 世纪以来，为了赞美劳动和庆祝葡萄的收获，每隔 25 年都要在韦维市举行一次"葡萄种植节"活动。每当节日来临，成千上万的人身着民族服装，手握各种劳动工具，围着用鲜花装扮的造型各异的彩车，行进在城市的主要街道上，这种盛装游行成为名副其实的大舞台剧。

"汝拉剧团"成立于 1908 年，至今活跃在洛桑地区，为当地群众表演贴近生活的各种剧目。

巴塞尔、伯尔尼、苏黎世和日内瓦这四个城市都有大剧院，这些剧院在"二战"前就已出名，其知名度不限于瑞士境内。这些剧院的再度辉煌是在"二战"之中，有些著名的德国戏剧作家为了躲避纳粹统治而逃亡瑞士，给瑞士戏剧界带来新的生机，对瑞士剧作家影响非常大。这一时期，瑞士戏剧界非常活跃，著名的剧作家及作品有：瑞士剧作家迪伦马特及其作品《立此存照》、《盲人》和《罗慕洛皇帝》；德国戏剧作家布莱希特及其作品《大胆妈妈》；瑞士作家弗里施及其作品《圣·克鲁兹》和《他们不再唱了》；意大利逃亡小说家西洛内及其作品《雪地下的种子》。

2. 电影

瑞士第一次放映电影是在 1896 年日内瓦举办的国家博览会上。瑞士电影业的发展非常缓慢，直到 1924 年，PRAESENS 电影公司才在苏黎世成立，它的发起人是拉扎尔·韦克斯勒（Lazare Wechsler）。从那时起，瑞士每年可以完成一到两部故事片或纪录片，拍片的主要经济来源是企业家的赞助。

第二次世界大战期间，瑞士相对和平、安静的环境，使电影在这一时期得到发展，长片有所增加，每年甚至能够完成 10 多部电影。1941 年，格特弗里德·凯勒（Gottfried Keller）拍摄的电影取得了很大的成功。之后不久，由瓦莱里昂·施米德利（Valerian Schmidely）和汉斯·特罗默尔（Hans Trommer）拍摄的影片《罗密欧与朱丽叶在乡村》也获得成功。1942年，利奥波德·林特贝格（Leopold Lindtberg）拍摄的电影《篡改的情书》继凯勒的电影之后获得了巨大成功，并夺得威尼斯电影节奖。1944～1945年，林特贝格的电影《最后的机会》给瑞士电影业带来了新的希望，瑞士电影业从此走向了世界。

第二次世界大战结束，和平时代随之到来。瑞士国土面积狭小，受到地理条件限制，瑞士电影工作者被迫纷纷走出国门，为外国电影机构工作，如瑞士影星马克西米利安·舍尔（Maximilian Schell）、莉泽洛特·普尔菲（Liselotte Pulver）等。受此影响，瑞士的电影业很快开始不景气。美国、法国、德国、意大利和英国的电影业发展较快，借机涌入瑞士，瑞士电影市场陷入危机。法国、德国和意大利电影，由于天然的语言文化背景，比较容易打开瑞士市场，而美国电影依仗其特有的电影文化优势，也在瑞士找到了立足之地。外国电影大量涌入，瑞士电影业举步维艰，非常吃力地与外国同行争夺着本国的电影观众。由于受利益驱动，私人电影院和电影发行公司更喜欢引进和放映外国影片，尤其是由国际大牌影星主演的电影。

"二战"后，瑞士成立了许多电影俱乐部，许多年轻人没有受过电影表演的专业训练，但有较强的表现欲望，希望通过电影形式来表现自我。那时，联邦政府还没有制定出有关方面的法律，也没有相应的措施来支持电影创作者，并对他们进行专业的培训。直到1962年9月28日，《电影补助金法》通过，并于1963年开始实施。此后，瑞士的电影制作及生产条件有了较大的改善。1970年，联邦政府增加了对电影的投资。从1973年开始，联邦内政部每年都要拨付很大一笔预算，用来支持电影创作以及电影学院的教学工作。

瑞士的电影大体上分为两种：一种是历史题材的电影；另一种是文化题材的电影。这种差别主要是瑞士独特的两大主要语言文化区所造成的。以苏黎世为中心的德语区，主要拍摄以科技资料为主的纪录片；以日内瓦和洛桑为中心的法语区，主要拍摄以文学故事为主的故事片。瑞士电影资料馆于1948年在洛桑创建。

瑞士法语区的电影事业发展较快。法语区开始准备制作长片电影时，德语区（如果不包括具有地方性特点的作品或者各种方言的作品）的年轻电影演员刚开始摸索拍摄短片电影。两大语言区拍摄的电影风格特点各异。瑞士拍摄的电影远不能满足国内观众的需要，电影爱好者不得不出国去看电影。面对这种情况，瑞士电视台决定合作生产故事片。当苏黎世还在迟疑不决时，日内瓦电视台已经迅速成立了5家电视台。

从 1969 年开始，瑞士电影业出现了生气勃勃的景象。由阿朗·塔纳（Alan Tanner）1969 年拍摄的《夏尔是死是活》，是这次合作行动的第一部电影。这部电影一举成功后，好电影开始纷纷榜上有名：有米歇尔·苏特（Michel Souter）1969 年拍摄的《苹果》，1970 年拍摄的《是不是雅姆》，1972 年拍摄的《土地测量员》，1974 年拍摄的《偷闲》；还有克洛德·戈雷塔（Claude Goretta）1970 年拍摄的《疯子》，1973 年拍摄的《邀请》；还有让·路易·鲁瓦（Jean Louis Roy）1970 年拍摄的《BLACK OUT》等。1971 年，塔纳又有了新的成功之作《蝶》，之后又有了 1973 年的《重返非洲》和 1974 年的《世界的中央》。《世界的中央》一片引起了国外同行的关注。这部电影一反往日低沉、压抑的传统基调，洋溢着幽默和风趣，向观众充分展示了美丽的瑞士山水，充满了诗情画意。半个世纪以来，这种风格一直是瑞士电影的主流。

除此之外，值得一提的还有亨利·勃兰特（Henry Brandt）。他于 1953 年拍了《天下的游牧部落》，于 1961 年拍摄了《当我们幼年时》，这两部电影冲破了传统电影的旧框框，为电影创作带来了新的希望。

在德语区的苏黎世，孔多尔电影公司长期以来主要生产资料片，其作品在技巧和想象力方面非常有特色。电影导演尼克鲁·格斯纳（Niklaus Gessner），是一位很有才干的人。1965 年，他拍摄的喜剧电影《台球室的亿万富翁》，在国际同行中颇有名气。他与名演员麦克西米伦·谢尔合作的两部电影——1970 年的《最爱》和 1973 年的《行人》均获好评。瑞士旅游局的优秀资料片作家、摄影家罗布·格南特（Rob Grant）获得 1963 年戛纳电影节大奖。

瑞士是一个小国，新电影起步较晚，近些年有了很大进步，成绩斐然。1981 年，在戛纳电影节上，瑞士拍摄的《光明的年代》获得了特别奖。20 世纪 70 年代和 80 年代，瑞士生产的故事片和纪录片都出现了许多优秀的作品，涌现出一批优秀的电影演员。2002 年 2 月 12 日，克里斯蒂安·弗顿拍摄的《摄影师之战》获得了奥斯卡最佳资料片奖，这在瑞士电影史上还是第一次。此外还有不少电影，如《把我带走》、德语推理影片《固执》、法语侦探喜剧片《当心狗》，都在国外电影节上获得了极大的成功。

自 1950 年以来，瑞士电影业一直不太景气，电影院的数量不断减少。1964 年为 646 家，1970 年为 586 家，1980 年为 483 家，1990 年降至 398 家。电影院的座位也相应减少，1970 年 214 万个，到 1990 年减少了一半多。自 1993 年电影院改造成为多功能厅，电影院的数量增加了，观众人数随之有所上升。2002 年瑞士共有 511 家电影院，观众人数 10.9 万人。尽管受到外国电影的冲击，瑞士电影仍然很活跃，并有较好的票房收入。2012 年，瑞士有 536 个电影场所，票房收入达到 2.4 亿瑞郎。

1985～2012 年，瑞士电影院的观众入场每年保持在 1420～1600 万人次，1985 年达到 1640.8 万人次，1990 年为 1423.1 万人次，2000 年为 1556.4 万人次，2012 年为 1552.9 万人次。

瑞士电影院放映的电影逐年增加，1995 年为 1190 部，其中，瑞士电影 112 部，首次放映的 273 部；2012 年为 1688 部，其中，瑞士电影 266 部，首次放映的 414 部。

瑞士电影工作者大约有 1200 人，每年出产 30 多部电影（长片），电影业的年营业额约为 1.4 亿瑞郎，每年国家和私人资助电影业的经费大约 5000 万瑞郎。

自 1998 年以来，索卢尔电影周在每年的 1 月份举行，以鼓励优秀的电影、新闻片和纪录片，奖励最佳男女演员，推动瑞士的电影事业更好地发展。

瑞士南部小城洛迦诺每年举行一届电影节，称为洛迦诺国际电影节。洛迦诺国际电影节在国际电影节中规模最小，设有"金豹奖"、"银豹奖"、"铜豹奖"和"评委会特别奖"等奖项，一贯注意给予亚洲或非洲电影获奖机会。

三　音乐舞蹈

1. 音乐

17 世纪以前，瑞士音乐除了传统的民间音乐外，就是宗教音乐，修道院是宗教音乐的发祥地。直到 19 世纪，瑞士尚无最具本国代表性的音乐。从 19 世纪开始，非宗教团体的合唱团出现了，瑞士音乐有了新的发展。瑞士融合了法国文化和德国文化，形成了具有瑞士特点的新音乐风格。这个时期，瑞士音乐的内容主要是宗教道德说教、表达爱国精神和对瑞士自然风光的赞美。合唱曲主要是三声部曲，"音乐节"基本上是民歌演唱的集会，经常上演新的作品，如康塔塔合唱曲或盛典曲。

1808 年，"瑞士音乐爱好者联合会"在卢塞恩成立了第一家"瑞士音乐公司"。从此，各个地区的音乐团体和声乐团体纷纷成立。1835 年，第一所"瑞士音乐学院"在日内瓦成立。进入 19 世纪后，瑞士的现代音乐史上，才真正有了本国的作曲家。1900 年，"瑞士音乐家联合会"成立，极大促进了瑞士音乐的发展。联合会将瑞士作曲家的作品，积极推荐给各种音乐节和艺术节。

第二次世界大战以后，瑞士音乐有了飞速的发展，管弦乐队和合唱队纷纷成立。这些音乐团体不仅演奏古典曲目，也演奏现代曲目。著名的瑞士军乐团根据时代的发展变化，不断改进传统曲目，创作出新的现代曲目。

从历史上看，瑞士音乐受外国音乐的影响非常大。这些影响首先来自德国，其次来自法国。在 20 世纪前半叶，瑞士音乐是德国音乐和法国音乐的混合体。

瑞士音乐界的著名人物有以下这些。

苏黎世人汉斯·格奥尔格·内格利（Hans Georg Nägeli, 1773 – 1836），他被瑞士人称为"歌唱家之父"。他将大教育家裴斯泰洛齐的音乐教育法付诸实践。在他的影响下，歌唱家团体在瑞士各地纷纷出现。内格利认为，合唱团的出现是宗教改革的结果。通过合唱团的形式，民众的日常生活融入一个高水平的艺术领域。音乐教育法促进了音乐学院的出现，瑞士第一所音乐学院在日内瓦成立，这与著名的匈牙利音乐家李斯特是分不开的。如今在巴塞尔、伯尔尼、比尔、弗里堡、洛桑、卢塞恩、温特图尔和苏黎世都有这样的音乐学院。

奥特马·舍克（Othmar Schoeck, 1886 – 1957）是瑞士著名的音乐家，他创作的歌曲主要是慢节奏的浪漫曲，充满了对家乡的思念情怀。瑞士音乐家还给诗歌谱上优美的曲调，特别是专门为凯勒和迈耶的诗篇谱曲。舍克的乐曲与德国乐曲有着千丝万缕的关系，但仍然是地地道道的瑞士乐曲。舍克的乐曲总是充满了感人的爱国精神。他所创作的声乐套曲主要有《哀歌》、《加塞伦》和《漫游格言》。

弗兰克·马丁（Frank Martin，1890 – 1974）是 20 世纪世界著名的作曲家，积极从事教学和演讲活动。他善于吸收德国音乐和法国印象派的风格，形成自己独特的个人风格。他仔细研究了 12 音，于 20 世纪 30 年代运用 12 音的技巧来作曲。他的主要作品有：歌剧《暴风雨》、清唱剧《各各地》和《安魂曲》。

亚瑟·霍尼格（Arthur Honegger，1892 – 1955），曾在苏黎世音乐学院学习，1910 年前往巴黎，在那里组成了一个"6 人团"，在当时是一个很前卫的乐队。他一生的作品颇丰，有管弦乐曲《太平洋 231 号》和《橄榄球》，室内乐曲《夏日田园曲》，清唱剧《火刑堆上的贞德》和《塞米拉米斯》，合唱曲《赞美歌之赞美歌》。

另外还有文学家维利·布克哈特，他非常热爱音乐，主要作品有：清唱剧《埃萨雅的面貌》和 1951 年所作的弥撒曲。布克哈特的学生普菲夫纳和许贝尔也是瑞士有影响的作曲家。

自 20 世纪 30 年代以来，爵士音乐在瑞士非常流行，受到广泛的欢迎。有几支爵士乐队不仅在国内取得很大成功，在国际上也享有一定声誉。在伯尔尼，还成立了一个专门培养年轻音乐家的爵士乐学院。

今天，在蒙特勒、维利藻和卢加诺，每年组织的高水平的爵士乐节吸引了许多圈内人士和爱好者前来参加。至于民乐和摇滚乐也都有各自热情的支持者，尤其是在尼翁音乐节上，各种各样的乐队，各种各样的音乐让听众大饱耳福。瑞士的各大小城市都活跃着许多小乐队，有些全国有名。

瑞士的乡村音乐活动也是丰富多彩的，几乎所有的乡村都有自己的合唱队、铜管乐队，或者唱约德尔调的民乐团，有些乐团的水平还相当高。约德尔是瑞士传统音乐中的山歌唱法，以真假嗓轮换演唱，音乐多为简单欢快的舞曲节奏。它是一种源自阿尔卑斯山区的特殊唱法，最早用来在山间呼喊传递信息。

日内瓦交响乐团和苏黎世音乐厅交响乐团规模较大，水平较高，在国内外享有一定的声誉。

2. 舞蹈

舞蹈是人们喜闻乐见的艺术表演形式。瑞士的舞蹈艺术起步比较晚，最早出现的是哑剧表演形式。1972 年，瑞士人安德雷·波萨尔德、贝尔尼·舍奇和佛洛莉亚纳·弗拉塞托创立了瑞士"魔力无极限"艺术团，谱写了哑剧表演艺术的篇章。在无声的哑剧世界中，他们运用夸张的服饰面具和灵活的肢体语言，集戏剧、魔术、舞蹈、美术多种艺术形式于一体，向观众讲述了一个个诙谐幽默的故事，演出获得极大成功，很快便风靡世界。30 年来，"魔力无极限"艺术团应邀在世界五大洲的上千家剧院进行表演。2003 年，该艺术团首次来到北京，其精彩演出受到中国观众的喜爱和欢迎。

在 20 世纪 20～30 年代，瑞士开始向其他欧洲国家学习芭蕾舞艺术，如德语区向德国、奥地利学习，法语区向法国学习。1931 年，莱蒙湖地区有了芭蕾舞剧团。1934～1938 年，由一对南斯拉夫舞蹈家夫妇任苏黎世舞蹈团的负责人。20 世纪 50 年代，瑞士芭蕾舞开始真正发展起来。现在，瑞士全国有 6 个市级芭蕾舞剧团，并且成为世界芭蕾舞重要赛事的举办地。

洛桑芭蕾大赛（Prix de Lausanne）创办于 1973 年，发起者是菲利普·不伦瑞克（Philippe Braunschweig）和他的妻子埃尔维拉（Elvire），还有海托华（Rosella Hightower）等人。他们在 1972 年春开始策划为年轻芭蕾舞选手举办一个比赛。经多方努力，后在英国皇家芭蕾舞学校的支持下，第一届比赛于 1973 年在洛桑市立艺术剧院举行。洛桑芭蕾大赛是世界上唯一的为非职业芭蕾舞者而设立的比赛，每年举办一次，每次历时一周，半决赛和决赛都对公众开放，选手除了参加竞赛，还有机会接受来自世界各地的芭蕾大师的授课，获奖者可以得到世界著名芭蕾舞学校的奖学金，没有得到奖学金的决赛选手也会受到世人关注，由此走向未来的职业生涯。

四　美术

20 世纪初，瑞士的许多画家偏爱风景、历史和乡村生活的主题。阿诺尔德·伯克林（Arnold Bocklin）深受过去时代的影响，他的极富象征性的作品流露出备受痛苦和折磨的情绪。而意大利出生的乔瓦尼·塞冈第尼（Giovanni Segantini）的作品恰恰相反，展示出萌芽中的现代主义，正在努力探索前进的方向。费迪南·贺德勒（Ferdinand Hodler）被誉为"瑞士现代绘画之父"，他用壁画描绘了国家历史事件，体现出强大的新活力，赢得了"欧洲最伟大的风景画家之一"的声誉。

瑞士的美术融合于欧洲艺术的主流当中，一些画家还发挥了创新的作用。乔瓦尼·贾柯梅蒂（Giovanni Giacometti）与塞冈第尼一道，形成了一种接近法国新印象派的风格。乔瓦尼·贾柯梅蒂的堂兄奥古斯托·贾柯梅蒂（Augusto Giacometti）也是一位画家，他研究色彩并于1910年创作出与前滴色派类似的风景画。库诺·阿米耶（Cuno Amiet）是最早使用纯色彩的画家之一，深受戈甘（Paul Gauguin）的影响，成为野兽派的先驱之一。费利克斯·瓦洛东（Félix Vallotton）与众不同，创作出具有独特风格的现实主义作品。勒内·奥伯鲁赫（René Auberjonois）是一位制图员，他的作品色彩浓重，开创了一种巧妙用色的方法。

将美术与建筑相结合，是瑞士美术的显著特点之一。夏尔－爱德华·让纳雷（Charles-Edouard Jeanneret），笔名勒·科尔比西耶（Le Corbusier），既是知名画家，又是一流的建筑师。他与法国画家阿梅代·奥藏方（Amédée Ozenfant）于1918年共同创立了"纯粹派"。又如著名的雕塑家和建筑师马克斯·比尔（Max Bill），他竭力创造一种综合性的艺术。

保罗·克莱（Paul Klee），1906年定居德国，1914年举办了第一次大型个人画展，自称其艺术风格为"冷静的浪漫主义"。在旅居德国学习和执教期间奠定了艺术根基，完成了大部分艺术创作。1933年因遭到纳粹德国的打击和排挤，不得不返回瑞士。回国后举办了大型回顾展，轰动一时。后患严重疾病，但"没有一天不创作"，在伯尔尼留下作品2000多幅。去世一年后方才取得瑞士国籍。光线、虚浮及自然是其作品的三大元素，被誉为"现代艺术派先锋大师"。

在抽象派艺术领域，活跃着许多瑞士画家。索菲亚·托伊伯－阿尔普

（Sophie Taeuber-Arp）起到先锋作用，约翰内斯·伊腾（Johannes Itten）和理查德·洛斯（Richard Lohse）等紧随其后。

还有一些非正式艺术的代表人物，如罗尔夫·伊谢利（Rolf Iseli）、伦茨·克洛茨（Lenz Klots）、萨米埃尔·比里（Samuel Buri）等。后来这一派的艺术家，包括马库斯·雷茨（Markus Rätz）、尤里·贝尔热（Ueli Berger）、詹弗雷多·卡梅斯（Gianfredo Camesi）和热拉尔德·迪西默蒂埃（Gérald Ducimetière）等，都从事概念艺术的创作。汉斯·厄尼（Hans Erni）因其广告作品而闻名。

20 世纪最著名的瑞士艺术家当属阿尔贝托·贾柯梅蒂（Alberto Giacometti），他是乔瓦尼·贾柯梅蒂之子，是卓越的雕塑家和画家，为当代世界雕塑艺术做出了杰出的贡献。另一位著名的雕塑家是佐尔坦·凯梅尼（Zoltán Kemény）。雕塑家让·阿尔普（Jean Arp）是索菲亚·托伊伯－阿尔普的丈夫。其他的雕塑家及其作品还有贝尔纳德·卢京比尔（Bernard Luginbühl）及其金属制品；让·廷吉利（Jean Tinguely）及其作品"自由与快乐的机器"；瓦尔特·林克（Walter Linck）和他创作的活动艺术作品；安热尔·杜瓦蒂（Angel Duarte）及其空间模块作品。

五 文化设施

根据联邦宪法，瑞士政府没有全国统一的文化政策，没有制定详细周密的具体措施，只是在电影、自然保护和文物保护三个方面有全国立法权和一定的管理权。各州在文化发展方面有自治权，可以自行组织各类文化活动和对外交流。联邦政府在发展文化事业上采取自由开放的政策，局部支持、广泛鼓励，尊重和保护多种语言文化，促进各语区文化之间的发展与交流。

瑞士联邦文化局的主要职责是：促进和推动瑞士电影事业，保护文化古迹、文化遗产，发展艺术事业，执行本国的语言文化政策，支持海外的瑞士文化组织和瑞士学校，同时关注年轻人问题。自 19 世纪末以来，瑞士先后建立起苏黎世国家博物馆和伯尔尼国家图书馆，开始关心保护历史古迹和景点，同时采取有效措施赞助美术事业。

1939 年，面对纳粹的威胁，联邦创建了"海尔维第"工作社团，后改名为"海尔维第"公共权利基金会。此基金会的任务：一是推动国家文化活动和鼓励各地区之间的文化交流；二是对外宣传瑞士文化。这个基金会的本部设在苏黎世，1992 年，"海尔维第"基金会在日内瓦新设了一个"法语区分社"。联邦议会批准给予"法语区分社"四年有限的资本。

瑞士的社区大小不一，大到一个城市，小到一个几十户的乡村。社区文化活动经费的绝大部分由社区承担。各州资助社区的方法各异，对各社区的投资尽量考虑到社区之间富裕程度的差别。几个主要城市，人口占全国的 1/4，文化活动费用也占全国的一半多。以苏黎世为例，该市每年对本市投资的文化活动费用相当于联邦政府对全瑞士的投资。如果州政府的财政能力不足，或者各语区的文化经费明显不平衡，联邦政府就要进行干预或酌情给予帮助。

每年，各市镇、各州和联邦都要分别向图书馆、博物馆、剧院和乐团、文物古迹和风景保护区、传播媒介以及其他文化事业进行投资。2011 年，政府的文化支出总计 25.939 亿瑞郎，其中市镇投资 13.297 亿瑞郎，占 51.26%；州政府投资 9.973 亿瑞郎，占 38.45%；联邦政府投资 2.669 亿瑞郎，占 10.29%。

1. 博物馆

相对于人口数量和国土面积，瑞士博物馆可谓是高密度分布，大约每 7500 人就有一座博物馆。1950 年以来，瑞士博物馆的数量增长很快，特别是地方博物馆。根据 2001 年的统计，瑞士总共有博物馆 962 座。其中中心城市的博物馆占 38.8%，而地方市镇的博物馆占到 61.2%。全瑞士博物馆的 3/4 建在德语区。苏黎世州有 133 座博物馆，是博物馆最多的一个州。1999 年，博物馆的参观人数大约为一千万。

瑞士博物馆划分为以下类型（2001 年）：艺术类 171 座，约占 17.8%；建筑历史类 88 座，约占 9.2%；自然科学类 84 座，约占 8.7%；科技通信类 64 座，约占 6.7%；民俗风情类 14 座，约占 1.5%；其他类 158 座，约占 16.4%；区域类 383 座，约占 39.8%。

瑞士的大博物馆一般由市镇经办，其中有一些由州或大学资助，或者由私人或半公共基金资助。

瑞士的一些博物馆独具特色。例如：世界上唯一的奥林匹克博物馆；世界上最大规模的钟表博物馆；欧洲最大规模的交通博物馆等。还有国际红十字/红新月会博物馆；日内瓦的百达翡丽博物馆；雀巢的食品博物馆；展示瑞士民俗的巴伦伯格露天博物馆；埃格勒葡萄酒博物馆等。

瑞士国家博物馆位于苏黎世，是全国最大的博物馆，由联邦提供资金，受联邦内政部直接管辖。该馆收集并保存瑞士文化史上各个历史时代的作品样本，主要展出瑞士文物，分原始文化、旧石器和中石器时代文化、新石器时代文化、罗马时代文化；中古艺术和手工艺、近代艺术和手工艺；兵器和军服、货币和印章；人文和书画等部室。

瑞士有 700 多座美术博物馆，分散在全国各地。最偏僻的乡村和社区也建有本地特色的博物馆，其内容丰富多彩，活跃了当地的文化生活。美术博物馆通常是由社区建立的，有些属于州办，有些是大学所办，有些是私人创办，还有公私合办的。苏黎世的国家美术博物馆是由联邦资助的，它收藏和陈列瑞士各个时期的文物，是瑞士文化历史的缩影。

巴塞尔、日内瓦和苏黎世是瑞士最重要的艺术中心。巴塞尔收藏有欧洲顶级的现代艺术品，包括布拉克、朱昂·格里斯和毕加索等立体派画家的作品。1996 年增加了让·坦格利博物馆。1997 年创立了贝耶勒基金会，主要资助塞尚以来的现代主义派的艺术。日内瓦有艺术和历史博物馆。苏黎世艺术博物馆收藏了大量中世纪的宝物，展出 20 世纪欧洲和美国的各种艺术流派的作品，在这些展品中可以看到阿尔贝托·贾柯梅蒂的作品。

伯尔尼艺术博物馆拥有 15~20 世纪的伯尔尼艺术收藏品，是瑞士的艺术中心之一。保罗·克莱生前在伯尔尼居住，创作有 2000 幅素描和 200 幅绘画。2005 年 6 月，由意大利建筑师伦佐·皮亚诺（Renzo Piano）设计的保罗·克莱中心在伯尔尼正式对外开放。

瑞士还有一些科技博物馆。温特图尔的技术博物馆展出从 19 世纪直至今日的国家科技发展历史。拉绍德封钟表博物馆收藏有 3000 多块世界各种钟表。机械乐器的博物馆有两座，分别在索洛图恩州和沃州。还有位于伯尔尼的瑞士交通博物馆，卢塞恩的国家运输博物馆，迪本多夫的瑞士航空博物馆。在布里恩茨附近的巴伦伯格，有一个露天博物馆，展示全国各地的农舍建筑。

瑞士有两座收藏中国文物的博物馆。一座是日内瓦博尔收藏馆，分12个展室，其中中国部分占9个。展出的收藏品主要有：中国唐代至清代的陶器、瓷器、玉器、漆器、版画和扇石画等。另一座是苏黎世里特贝格博物馆，在20个展室中，中国部分占6个半，内有景泰蓝展室。

近年建设的新型博物馆，都是非常富有创意的建筑杰作。瑞士建筑师的博物馆设计在国内外享有盛名。例如，马利奥·波塔（Mario Botta）设计了巴塞尔的廷格利博物馆、纳沙泰尔的迪伦马特中心以及旧金山的现代艺术博物馆。雅克·赫尔佐格（Jacques Herzog）和皮埃尔·德梅隆（Pierre de Meuron）的作品曾获得2001年的普利兹克奖，他们负责改建了伦敦的泰德现代博物馆。同时，外国建筑师也为瑞士建造了不少博物馆，如法国的让·努韦尔（Jean Nouvel）设计了卢塞恩的新文化会议中心；意大利建筑师伦佐·皮亚诺负责克莱博物馆的设计与建造。

2. 图书馆

瑞士拥有图书馆约6000座，平均1000人一座图书馆。瑞士图书馆大致分为三种类型：科技图书馆、公共阅读图书馆、普通文化学习图书馆。

瑞士国家图书馆建于19世纪末，直属联邦内政部管辖，在瑞士图书馆网里占有特殊的位置。该馆主要收藏并向公众提供有关瑞士的图书，包括：用各种语言撰写的有关瑞士和瑞士居民的古籍、现代作品以及印刷品；瑞士作家的作品和翻译作品；在瑞士出版的图书。2012年，瑞士国家图书馆的藏书达561万册，比2002年增加了197万册。

瑞士有10座最大的图书馆，藏书均在100万册以上，它们多是大学图书馆，或是州立或市立图书馆。2012年，巴塞尔大学图书馆藏书829.5万册；洛桑州立大学图书馆藏书754.1万册；苏黎世联邦理工学院图书馆藏书747.4万册；日内瓦图书馆藏书681.1万册；苏黎世中心图书馆藏书632.5万册；瑞士国家图书馆藏书达561.4万册；伯尔尼大学图书馆藏书506.0万册；弗里堡州立大学图书馆藏书361.2万册；苏黎世大学图书馆藏书287.5万册；日内瓦大学图书馆藏书154.9万册。这10座图书馆总计藏书约 5516 万册。

3. 剧院

瑞士较大的剧院有 20 余家，如巴塞尔剧院、伯尔尼剧院、苏黎世歌剧院、日内瓦大歌剧院等。"二战"期间，苏黎世歌剧院等就已声名远播。瑞士的一些剧院颇有特色。位于恩塞德勒的世界剧院上演中世纪和巴洛克时代的宗教剧，洛桑附近的朱尔特剧院建于 1908 年，演出通俗戏剧作品。瑞士各地重视发展文化事业，对剧场进行改造或新建。20 世纪 80 年代，苏黎世地方政府顶住社会压力，完成了对苏黎世歌剧院的改造工程。90 年代，为丰富旅游文化资源，卢塞恩在四州湖畔新建了现代化剧场。

第四节　体育

一　体育制度

自 20 世纪 80 年代以来，现代体育的内容发生了深刻变化，体育事业逐渐演化成一个庞大而复杂的体系。人们需要对体育的目标、责任、政策措施进行明确的划分。因此，联邦与各州、各市镇，还有瑞士奥林匹克委员会，共同为瑞士体育的未来发展制定一项体育政策。这项政策要充分显示"瑞士体育精神"，动员各市镇、体育联合会以及私人体育中心，组建全民体育锻炼网，其目的一是"体育健身"，二是"体育教育"。

2002 年 11 月，瑞士国防、民防和体育部部长萨穆爱尔·施密德发布了一份 21 世纪体育计划。这项计划主要是为了鼓励瑞士人民参加体育锻炼。根据调查，37% 的瑞士人不参加体育锻炼，缺乏体育锻炼直接导致每年用于医疗方面的费用高达 16 亿瑞郎。施密德部长提出，每年将拨出 395 万瑞郎支持该项计划，号召瑞士人民强身健体：每天锻炼 30 分钟（步行或者骑自行车）或者每周进行 20 分钟强度较大的体育运动。照此办理，估计每年将节约 5000 万瑞郎的医疗费用。这项计划执行到 2006 年。

瑞士体育联合会成立于 1922 年，拥有会员 300 多万人，下属 73 个单项运动协会，约有 3 万个俱乐部。

瑞士的体育工作归四个部门管理，即瑞士奥林匹克协会、体育联合会、瑞士联邦、各州及市镇。

二 体育水平

瑞士是一个多山多湖的国家，独特的自然地理环境为瑞士发展体育运动提供了有利条件。与其他国家相比，登山、滑雪、划船、舢板等活动最为普及，成为瑞士特有的体育项目。瑞士在冰雪运动以及体操、网球、射击、马术、摔跤和赛艇等项目上，曾经获得世界金牌。费德勒是国际网坛名将，在 2008 年北京奥运会上获得金牌。2012 年伦敦奥运会上，瑞士获得 2 枚金牌、2 枚银牌，名列第 33 位。

瑞士的高山峻岭常年被皑皑白雪所覆盖，最适宜开展滑雪运动。每逢节假日，瑞士人纷纷涌向各个滑雪场地，有的年轻人结伴而行，有的全家老少一起出动。常常可以看到五六岁的孩子踩在父母的滑雪板上练习滑雪，十几岁孩子的滑雪水平就已经相当高了。白发苍苍的七旬老妪照样驰骋在滑雪场上，这在其他国家也许不可思议，在瑞士却很平常。瑞士的滑雪场所环境优美，服务优良，滑雪者也自觉地保护周围环境，吸引了众多外国旅游者前来运动和观赏，有些人来到这里并不为滑雪，而专为一饱眼福，欣赏自然环境与人工装点的完美结合。即使是在夏天，也有一部分滑雪场为滑雪爱好者开放。全瑞士每年参加滑雪运动的人数达到 200 多万。

瑞士的滑雪场造就了许多的滑雪高手。在国际体育比赛中，雪橇和高山滑雪是瑞士选手的拿手项目。在 1924 年、1936 年、1948 年和 1952 年四届冬季奥运会上，瑞士都获得了雪橇比赛第一名。男子四人座雪橇，曾经 4 次夺得金牌。1948 年和 1972 年，在高山滑雪项目中，瑞士运动员均名列总分第一。在快速降下、大小回转、障碍 3 个项目中，瑞士获得了 26 枚奖牌，其中有 10 枚金牌。自 1982 年以来各届世界杯赛上，瑞士队均获得高山滑雪项目的团体冠军，女队也保持着绝对优势，女运动员埃里·黑斯和男运动员皮尔敏·楚布林根都多次获得世界杯赛的个人全能冠军。

冰上运动也是瑞士人擅长的一项体育活动。除了少数室内冰场外，大多为天然冰场。瑞士特有的自然条件，培养出一批批冰上运动健将。自1924 年瑞士参加冬季奥运会以来，除了 1964 年、1968 年两届之外，在其他历届上瑞士取得的名次都在前 10 名以内。瑞士城市圣莫里茨先后于 1928 年和 1948 年举办冬奥会。1948 年第五届冬季奥运会上，瑞士体育代表团获得了 3 枚金牌、4 枚银牌、3 枚铜牌，名列团体总分第二。2014 年索契冬奥会上，瑞士夺得 6 枚金牌、3 枚银牌、2 枚铜牌，名列金牌榜第 7 位。2015 年7 月 31 日，瑞士洛桑获得 2020 年青年冬季奥运会的举办权。

瑞士湖泊众多，是水上运动爱好者的乐园。水上运动形式多样，有皮筏漂流、独木舟、帆船、冲浪、帆板运动、深谷探险、游泳、垂钓等。人们经常可以看到运动员踩着帆板在湖上滑水。进入夏季，基本上每周都有水上体育比赛项目。在国际游泳比赛中，瑞士男子游泳运动员达贡的 200米蛙泳、哈尔萨的 100 米自由泳都曾位居世界前列。

在国际田径赛场上，瑞士也成绩不俗。男子铅球运动员维尔纳·亨特曾获得洛杉矶奥运会第 5 名，1986 年以 21.72 米创造了当时世界室内最好成绩，并获得了欧洲锦标赛冠军。长跑选手斯·吕费尔多次在国际比赛中获胜。马拉松是全瑞士盛行的运动，每年有 500 多次竞赛在瑞士境内举行。

射击是瑞士民众非常喜欢的运动项目。瑞士全民皆兵，每个成年男子家中都有枪支，每年都要保持一定的射击成绩。几乎每个村庄都成立有射击俱乐部，规定射击比赛的日期。在国际体育比赛中，瑞士运动员都在步枪项目的比赛中占有一定的优势，并多次创造世界纪录。

瑞士的足球运动也开展得轰轰烈烈。瑞士足球协会有 1.2 万支球队，约 20 万名队员定期参加各种比赛活动。其中水平较高的有 150 支球队，大约 3000 名足球运动员。这个数字对于一个 800 多万人口的小国而言十分可观。2008 年，瑞士与奥地利联合主办了欧洲足球锦标赛。国际足联的总部设在苏黎世。瑞士瓦莱州人约瑟夫·塞普·布拉特曾连任 4 届国际足联主席。

瑞士人还特别喜爱空中冒险活动。在瑞士各地人们可以乘坐热气球飞行。1999 年，瑞士人贝赫特宏·皮卡和布赖恩·琼斯在历史上第一次乘坐热气球环绕世界飞行一周。每年 1 月，瑞士都要举办山顶热气球竞赛。瑞士因特有的地势差异和绝好的气流条件，非常适宜开展滑翔运动或悬挂式滑翔运动。在瑞士的洛伊克巴德，人们还可以体验"世界最高蹦极"，从 300 米高的缆车上纵身跳下，在空中享受自由落体的感觉。

三 体育机构

1. 联邦体育机构

瑞士联邦体育局是主管体育事务的联邦机构，是瑞士的体育培训中心、体育科研中心和体育资料中心。联邦体育局创建于"二战"时期，最初称为联邦体育学校，当初成立的目的是为国家培养年轻的体育人才，当然也有军事目的。现在的联邦体育学校已发生了很大的变化，成为体育局下设的一个部门，是一所教学设施齐全的现代化体育学校。

联邦体育局下设 4 个主要部门。

联邦体育学校。联邦体育学校的主要任务是指导瑞士年轻人的体育活动，发展瑞士的体育事业，确立瑞士体育的发展目标，制定 41 项体育项目的训练内容，同时还履行培训体育干部以及教练员的任务。联邦体育学校一方面是指导青年人进行体育活动的行政领导，另一方面是接受各项体育资助和管理体育补助金的部门。联邦体育学校专门为体育教师设有 3 年制的体育教师文凭班，还负责为各个老年体育中心培训教练和体育方面的干部，同时为体育爱好者开设短期的培训班，联邦体育学校还为培训军队体育人才开设教练员课程和干部培训课程，并且与瑞士奥林匹克协会合作共同培训体育教练。

体育科研所。体育科研所是一个体育科技中心。这个中心的主要任务是进行体育方面的应用研究和发展研究。科研所的研究范围包括：①体育医学，包括体能分析、体育外科和理疗；②兴奋剂预防；③体育心理学；④卫生保健。体育科研所和各个大学的研究所以及"瑞士奥林匹克医药中心"有共同工作合作计划。

体育后勤部门。体育后勤部门主要负责管理全国各地的体育设施和体育场所，负责各地体育设施的修缮任务并管理联邦体育培训中心。联邦体育局每年要组织 1000 多门课程，参加这些课程的人数每年达 3 万多人。体育后勤部门负责有关的公共咨询和资料查询，负责体育设施领域内人员的培训，还负责审批国家重点体育设施的设计方案。

对外宣传部门。联邦体育局的对外宣传部门是瑞士最大的体育信息资料中心，制作有大量的有关体育教育和体育信息方面的资料，由它负责对外提供体育信息和对外宣传工作。国家每年定期免费发给居民体育手册及有关体育知识的书籍。

2. 国际体育组织

国际奥林匹克委员会的总部设在瑞士法语地区的沃州首府洛桑。每年，国际奥林匹克委员会都要在洛桑举行例会，并处理奥林匹克委员会的日常工作。为数众多的国际田径赛、体操赛以及其他体育项目也要在这里举行。

法国教育学家顾拜旦（Pierre de Coubertin，1863 – 1937）是现代奥林匹克运动的发起人，他非常热爱古希腊，尤其对古希腊的文化传统情有独钟。1894 年他决定重新举办奥林匹克运动会。当时参加体育运动的人很少，体育锻炼往往只是上层社会的特权。顾拜旦的愿望是开设体育课程，让青少年在接受文化教育的同时接受体育锻炼，使体育成为青少年教育的重要组成部分，使体育成为广大民众的活动。由于他的努力，中断了1500 年的奥林匹克运动会得以于 1896 年在希腊雅典恢复举行，这就是近代历史上的首届奥林匹克运动会。1915 年，正值第一次世界大战时，顾拜旦在瑞士洛桑成立了国际奥林匹克委员会总部，他本人曾担任国际奥委会的第二任主席。

1993 年，奥林匹克博物馆在瑞士洛桑落成，它是欧洲十大博物馆之一。奥林匹克博物馆将体育、艺术和文化融为一体，成为奥林匹克精神和全球体育文化的象征性建筑。奥林匹克博物馆的建筑线条简洁明了，入口处建有一排立柱，使人联想起古希腊的立柱通道。奥林匹克博物馆充分展示了现代场馆建筑的最新趋势，完美体现了体育的崇高精神和辉煌价值，标志着奥林匹克运动焕发出无限生机。1995 年，奥林匹克博物馆因其完美的园林建筑和勃勃生气赢得了欧洲博物馆奖。

在奥林匹克展厅中，汇集了关于体育运动、运动员以及重大体育比赛的珍藏品，如法国自行车比赛、世界杯足球赛等有关的展览，同时还展出著名艺术家反映体育运动的图片和雕塑。前奥林匹克委员会主席萨马兰奇为丰富展出项目，曾于 2001 年实施关于博物馆图像展示的最新技术工程，根据未来的社会和体育运动的发展，突出豪华、明确和简洁的特点，并将三维立体表演功能融为一体。

四　体育设施

瑞士的体育设施达到国际先进水平，特别是滑雪设备世界一流，无论是滑雪架空索道还是降滑设施都非常完善，安全可靠。全国的所有体育场馆都向普通民众开放。

瑞士拥有 90 多个的高尔夫球场，其中 42 个为 18 洞球场，优良的设施，美丽的风光，使瑞士成为高尔夫运动的天堂。自行车运动在瑞士也相当盛行，全国 3300 公里的公路线上设有统一的标志，各地约 230 座火车站内共有数千辆款式新颖的自行车可供租用。

瑞士体育用品市场每年的销售额约为 12 亿瑞郎。瑞士约有 200 家国内外企业与体育界合作，每年赞助体育费用约 1 亿瑞郎。此外，还通过出卖标志产品生产权、体育广告、门票收入、体育彩票、募捐邮票等方式，集资数千万瑞郎。

第五节　新闻出版

一　报纸与通讯社

1. 报纸

瑞士国家虽小，报纸发行量却相当惊人，仅日报一类就有 100 多种，还不包括每周出版 2～4 期的乡村版报纸。瑞士报纸和刊物的出版大多数具有地方性和区域性，这些报纸的内容主要限于区域和地方性的新闻。瑞士媒体不受联邦政府的检查，各家报纸有相当的自主权。

自 20 世纪 70 年代以来，瑞士报界兴起联合、兼并之风，报纸发行总量有所减少，但从报纸订阅目录簿上看，总数仍不下 200 种，总份数达到

400 万册，其中还不包括正式发行的免费报纸。2002 年，瑞士的报纸读者平均每人每天读报 26～32 分钟，与 20 世纪八九十年代相比，读报时间有所减少。各个语区的情况略有差别，德语区居民的读报时间要多于法语区、意大利语区的居民。据统计，2008 年，全瑞士有 97% 的人口阅读报纸。

广告是报纸的重要资金来源，广告公司往往首先选择读者覆盖面广的各种大报。随着电子传媒、网络技术的迅速发展，互联网上大量出现小广告和分类广告，如汽车、房产和求职广告等，分流了报纸的一部分广告来源。为了吸引和招揽广告，许多中、小型报社与大报社联合，尽量将报纸做大。同时，一些大型报社缩小规模，变成了小型企业。

瑞士按德语、法语和意大利语分别形成了三大语言文化区域，报业市场也主要划分为德瑞、法瑞和意瑞三大区域。其中，瑞士德语报纸的市场最大，中心区在于苏黎世、巴塞尔、伯尔尼和卢塞恩。2014 年统计数据显示，德瑞报纸《20 分钟》发行量 49.6 万，读者 137.6 万；《视点报》发行量 20.8 万，读者 63.2 万；《新苏黎世报》发行量 12.3 万，读者 28.8 万。法瑞报纸《20 分钟》发行量 20.3 万，读者 47.4 万；《24 小时报》发行量 7.6 万，读者 24.1 万；《晨报》发行量 5.7 万，读者 26 万。意瑞报纸《提契诺报》发行量 3.6 万，读者 12.9 万。

瑞士的报业市场趋于饱和，在这种情况下，要创办一份新的报纸并要取得成功是非常难的。"二战"后，只有《视点报》在众多新创报纸中取得了成功，它的主要读者群是郊区居民。《新苏黎世报》是在传统报纸的基础上创办的，后与国外报业集团联合，向苏黎世推出了《20 分钟报》和《首都报》两份缩小了版面的报纸，如果再想推出第 3 种报纸，恐怕难以在苏黎世地区推广。

《基督教礼拜日报》看准了精通网络的新型读者群体，该报的发行迫使《24 小时报》放弃了发行礼拜日报纸的计划。德瑞地区的《礼拜日报》和《礼拜日视点报》获得巨大成功。礼拜日报纸成为深受欢迎的大众媒介，政治家和经济学家都愿意在周日报纸上露面，周日报纸可以使他们扩大影响范围，而报纸也从中得到很好的收益。如今德瑞的《礼拜日视点报》发行量 23 万，读者 79.8 万。法瑞的《礼拜日晨报》发行量17.6 万，读者 51.8 万。意瑞的《礼拜日咖啡报》发行量 5.8 万，读者11.4 万。

瑞士荣格集团，创立于 1883 年，总部设在苏黎世，是瑞士最大的综合性媒体集团，目前的资产约为 10 亿瑞士法郎，2009 年实现销售额12.96 亿瑞郎，全球员工 8000 多人，在中国也开展业务。它除了出版《视点报》外，还发行多种周刊和电视杂志。

洛桑新闻出版集团是瑞士法语区的主要报业集团。2001 年的营业额是 7.15 亿瑞士法郎。洛桑新闻出版集团拥有 3000 多名撰稿人，共出版 85种刊物。

2. 通讯社

瑞士各大报纸的新闻主要由以下通讯社提供。

瑞士通讯社（ATS）。1894 年成立。为近 40 家报社提供服务，它的特派记者遍布全国。它不仅为外国通讯社提供瑞士新闻，还向瑞士各大报社转发外国通讯社的新闻，如经常转发法国新闻社、德国新闻社、英国新闻社、美国的合众国际社的新闻，有时也转发欧洲其他小通讯社的新闻。

其他通讯社还有：瑞士政治通讯社（CPS），成立于 1917 年，起初为"瑞士中层通讯社"，主要为中产阶级服务，为小报社提供新闻述评；农业通讯社（CRIA），是瑞士农民联合会的新闻喉舌；工会通讯社（CSS），是瑞士工会联合会的新闻喉舌；以及瑞士电讯社（DDS）等。

二 广播、电视、互联网

1. 广播

1922 年洛桑成立了瑞士第一家、欧洲第三家广播电台，当时主要用于空中交通，也播放一些新闻和天气预报，插播唱片音乐，不久电台就开始播放新闻和体育节目。1922 年 10 月 14 日，有关电信通信的联邦法生效。电信局拥有了无线电通信设施的特许经营权。1924 年，在苏黎世无线电通信联合会的支持下，瑞士第一个无线电发射台成立。1925 年 4 月，经瑞士倡议国际无线电广播协会在日内瓦成立，日内瓦广播电台、伯尔尼广播电台同年宣告成立，巴塞尔广播电台于次年成立。各地广播电台的联合组织"瑞士无线电通信联合会"也宣告成立，是 1931 年成立的"瑞士无线电广播"的前身。在此期间，广播听众的人数超过了 10 万人。另外，1930 年，"意大利语广播电台"在卢加诺也有了一席之地。

无线电技术的推广应用遇到了来自各方的阻力。首先是遭到联邦主义者反对，他们给瑞士广播公司以及各地广播电台的联合设置了许多障碍。其次是报业的反击，显然无线电广播新闻媒体的扩张对报纸造成了威胁和挑战。1939 年瑞士广播公司的特许经营权被废除。

无线电广播终于渡过了最初的困难时期，逐渐为人们所接受，成为传播信息、丰富生活的大众媒体。广播电台已走出试播阶段，取得了初步的成功，瑞士广播电台播发的新闻跨越边界，通过短波台传遍世界。来自中立国家瑞士的广播新闻受到广大外国听众的信任，"二战"中广播听众的人数达到 20 万人。

"二战"后不久，瑞士中央无线电通信公司成立。1954 年 1 月 1 日，联邦议会批准了无线电通信新的特许经营权，由联邦政府负责授予特许经营权。自 1960 年起，直到 1964 年 11 月 1 日，瑞士广播公司第一次享有广播电视的播放权。广播这种媒体形式虽然仍受到争议，但它很珍贵而又大受欢迎，广播听众在"二战"后猛增到 82 万人。

根据联邦宪法第 93 款的规定，联邦政府负责为广播和电视立法，保证传媒的独立性和选择广播电视节目内容的自主性。

瑞士广播电视公司成立于 1931 年，是一个全国性的广播电视领导机构，其总部设在伯尔尼，其余分支机构设在苏黎世、日内瓦和联邦大厦。它受联邦政府委托，协调和管理全国广播电台和电视台的行政业务和对外联络等，来自多个国家的 200 多名工作人员在集团内供职。由于广播电视宣传具有很强的垄断性，联邦要求广播电视公司必须承诺对国家和对社会负责。

瑞士广播公司（The Swiss Broadcasting Corporation SBC），是一个私营的非营利性公司，拥有雇员约 7000 人，总部设在伯尔尼。公司作为全国性兼地方性机构，享有联邦政府授予的广播特许权，负责用本国通行的四种语言制作和播放广播和电视节目，充分考虑民族状况和文化多样性的特点，为社会公众提供服务。政府的交通能源部门必须保证这些特许条款得到尊重。联邦政府可以根据情况随时废除特许经营或缩减其经营权利。

瑞士广播公司制作和播放广播及电视节目的开支中，有2/3来自出售许可证的收入，其余1/3靠广告收入和赞助费。出售许可证所得的0.7%支付给财政拮据的乡村地区广播电视台。到1998年年底，已颁发了280万张无线电许可证和260万张电视许可证。自1964年4月24日起，电视广告由联邦政府管理。国家电视台可以播放广告，但广播电台禁止播放广告（地方台除外）。

联邦政府有权要求瑞士广播公司使用某些新闻资料。瑞士广播公司的中央委员会主席和7个委员由联邦政府任命，全国电视节目制作委员会的大部分成员以及短波节目制作的大多数成员也由政府任命。此外，联邦政府还为地区公司选派代表。政府任命地方广播电视公司委员会的部分成员作为联邦的代表。联邦议会有权干预瑞士广播公司的总经理人选。瑞士广播公司分为代表机构和专业机构两部分，专业机构负责制作节目和经营管理。公司与其全国性机构（中央委员会和中央顾问委员会）和地方机构（地区委员会和地区顾问委员会）共同构成了瑞士娱乐业的监督和协作组织。

瑞士的7家广播电台，分别是苏黎世、伯尔尼、巴塞尔、日内瓦、洛桑、卢加诺和库阿尔；3家地区电台，分别是阿劳、卢塞恩和圣加仑；还有瑞士国际广播公司（SRI），共同经营17个频道，全年总计播音18万小时。瑞士国际广播公司，每年播音达5万小时。瑞士国际广播电台，面向在海外生活的瑞士人和各国听众，节目采用本国4种语言和英语、西班牙语、阿拉伯语加以制作，播出内容有瑞士新闻和国际新闻、瑞士对国际事件的专题分析以及有关瑞士的新闻报道。

各地广播听众的收听时间长度略有不同，但总体趋势都是在减少。德瑞地区的听众收听广播的时间多一些，1985年每人每日平均收听159分钟，1999年提高到200分钟，2009年下降为119分钟，2012年为110分钟。法瑞地区的广播听众在 1985 年平均收听 129 分钟，到 1999 年提高到 161 分钟，2009 年下降为 106 分钟，2012 年为 93 分钟。同期，在意瑞地区提契诺的广播听众收听时间，1985 年为 149 分钟，1999 年提高到 170 分钟，2009 年下降为 108 分钟，2012 年为 105 分钟。

2. 电视

电视的发展最初受到广播电台经营者的反对，然而通信领域里的技术进步不可阻挡。1953 年 7 月 20 日，洛桑地区进行了电视试播。1955 年 10 月 1 日，瑞士广播公司在工作日程里安排了电视经营项目。同时，瑞士广播公司在台长的提议下，成立了欧洲电视台。

20 世纪 50 年代末，电视广告引起了许多争议。在一项由联邦发放津贴的法律计划被否决之后，广告引起了人们的注意。报界内部成立了一个"瑞士电视促进协会"，由这个协会发放年度津贴，这样可以推迟电视经营广告播放，但并没有对此加以禁止。1964 年，"电视广告股份有限公司"成立。广告收入的一半用于投资日内瓦、苏黎世和卢加诺电视台。1954~1965 年，电视代理商的数量增加了 100 倍，到 1974 年年初，电视用户超过了 1600 万。

1968 年秋，彩色电视的第一次播放引起人们极大的兴趣，吸引了非常多的观众。同时也有人感到电视对其他文化形式构成威胁，而断然放弃这个新生的媒体。对电视持对立观点的双方一直没有停止辩论。

1960~1970 年，电视机在瑞士得到普及。到 2001 年，全瑞士 93% 的家庭拥有电视机，共计 291 万台。2012 年有线电视用户 280 万，宽带 319 万。瑞士电视节目随着地区的不同而内容也有所差异。外国电视台的节目在瑞士各个语区都受到青睐。统计显示，法瑞地区和意瑞地区提契诺的观众看电视的时间更多一些。2012 年，人均每天观看电视的时间，德瑞地区 136 分钟，法瑞地区为 151 分钟，意瑞地区为 166 分钟，分别比 2009 年缩短了 9、10、22 分钟。

瑞士广播电视公司有六大电视台：德语台 2 个，设在苏黎世；法语台 2 个，设在日内瓦；意大利语台 2 个，设在卢加诺。六大电视台的新闻节目大致相同。另外，瑞士还有 14 家地方电视台，播放时间一般较短。

3. 互联网

互联网是最新的电子传媒，如同电视一样，它在刚刚出现时也遇到许多阻力，但后来发展迅速，势不可挡，2012 年互联网用户达到 322 万。在瑞士，每周多次使用电脑的人数所占 14 岁及以上人口的比例，2012/2013 年高达 79%。

瑞士新闻网隶属于瑞士广播电视公司，每天 24 小时用 9 种语言发送瑞士及国际新闻，也有中文网站。它发送的内容大到国家政治，小到瑞士城市天气、货币兑换等。中国人若想了解瑞士的情况，只要打开瑞士资讯（www. swissinfo. org）等网站，就可以查阅有关瑞士的各种消息，以及录音和录像。在瑞士，所有较大的城镇都有网吧，方便本地居民和外来游客上网。如今 Blick. ch 是在瑞士访问量最大的门户网站，其栏目有新闻、体育、娱乐、生活方式和汽车等。

三　图书期刊

瑞士人喜爱阅读图书和期刊。据统计，2008 年，全瑞士有 81% 的人阅读书籍，79% 的人阅读期刊，大约 20% 的人喜欢阅读娱乐休闲类的刊物。

瑞士的出版业比较发达，与 800 多万的人口相比，瑞士每年出版的图书多达上万种，数量是惊人的。20 世纪 70 ~ 90 年代，瑞士的图书出版量增长较快。1970 年，瑞士出版图书 6473 种。自 1991 年以后，每年的出版量达到上万种，1995 年 10790 种，2000 年 10904 种，2011 年 10972 种，其部分原因是印刷技术和信息处理技术的改进和完善。

瑞士是多民族语言的国家，因而拥有多语言文字的书籍也是图书出版的一大特色。2012 年，瑞士出版图书 11119 种，其中德语图书占到49. 88%，法语书占 23. 87%，意大利语图书占 3. 12%，其他语言类图书占 23. 13%（其中，列托 – 罗曼什语的图书占总数的 0. 32%，英语图书占12. 06%）。

瑞士有 70 多家出版社，其中法语出版社 35 家，德语出版社 38 家。出版社大多数规模比较小，多为专业图书出版社，出版水平相当高。此外，艺术类图书的出版也占有很重要的地位。

瑞士拥有世界一流的印刷业，拥有多种语言的优势，印刷技术先进，出版的图书质量上乘，用纸考究，装帧精美，令人赏心悦目。许多世界上最好的出版物和印刷品都产于瑞士。

第六节 诺贝尔奖获得者

瑞士是世界上人均诺贝尔奖拥有率最高的国家之一。但是对于瑞士诺贝尔奖获得者没有一个统一的定义，要确定具体的数字较为困难。至少有25 名诺贝尔奖获得者在获奖时为瑞士公民，另有 29 名其他国籍的诺贝尔获奖者在瑞士从事研究的时间超过 5 年。

和平奖

1901 年 让·亨利·杜南（Jean Henri Dunant）苏黎世红十字协会

1902 年 埃利·迪科曼（Ellie Ducommung）和夏尔·阿尔贝·戈巴（Charles Albert Gobat）伯尔尼国际和平局

医学奖

1909 年 埃米尔·特奥多尔·科赫尔（Emil Theodor Kocher）伯尔尼大学

1948 年 保罗·米勒（Paul Muller）奇吉化学工业公司实验室（巴塞尔）

1949 年 沃尔特·鲁道夫·赫斯（Walter Rudolf Hess）苏黎世大学

1950 年 特迪士·赖希施泰因（Tadeus Reichstein）巴塞尔大学

1951 年 蒂勒（Max Theiler）洛克菲勒基金会（美国）

1957 年 丹尼尔·波费（Daniel Bovet）公共卫生研究所（意大利）

1978 年 维尔纳·阿尔伯（Werner Arber）巴塞尔大学

1992 年 埃德蒙·亨利·费希尔（Edmond Henri Fischer）华盛顿大学（美国）

1996 年 罗尔夫·津克耐格尔（Rolf Zinkernagel）苏黎世大学

化学奖

1913 年 阿尔弗雷德·魏纳（Alfred Werner）苏黎世大学

1937 年 保罗·卡勒（Paul Karrer）苏黎世大学

1939 年 利奥波德·儒兹卡（Leopold Ruzika）苏黎世联邦理工学院

1975 年 弗拉迪米尔·普雷洛格（Vladimir Prelog）苏黎世联邦理工学院

1991 年 理查德·R·恩斯特（Richard. R. Ernst）苏黎世联邦理工学院

2002 年 库尔特·维特里希（Kurt Wuthrich）苏黎世联邦理工学院

物理学奖

1920 年 夏尔·爱德华·纪尧姆（Charles Edouard Guillaume）国际计量局（法国）

1921 年 阿尔伯特·爱因斯坦（Albert Einstein）威廉皇帝物理研究所

1952 年 非利克斯·布勒赫（Felix Bloch）斯坦福大学（美国）

1986 年 海因里希·罗雷尔（Heinrich Rohrer）IBM 苏黎世研究实验室（吕施里空）

1987 年 K. 亚历山大·米勒（K. Alexander Muller）IBM 苏黎世研究实验室（吕施里空）

文学奖

1919 年 卡尔·弗里德里希·乔治·斯比特勒（Carl Friedrich Georg Spitteler）

1946 年 赫尔曼·黑塞（Hermann Hesse）

第八章

外　交

第一节　外交政策

瑞士为永久中立国，奉行积极的中立政策。普遍性、善良服务和国际合作是构成其外交政策的三要素。"中立"为瑞士人带来了巨大的好处，它是瑞士能够长期和平并发展成为世界最富裕国家之一的重要基础。随着欧盟的不断扩大、全球化的不断深入以及其联合国成员国身份的取得，瑞士的中立外交政策将何去何从？我们通过对瑞士中立政策历史的追溯，通过对瑞士在当代世界舞台上与主要国际行为体之间关系的论述，探讨瑞士外交政策的主要特点和现状。

一　中立政策的由来

据考证，"中立"一词首次面世于 1536 年，此词源自拉丁语，其含义在欧洲各种语言中不难理解。关于中立的观念，在海尔维第国家最古老的文献中是用"静坐不动"来表述的。

1291～1798 年的瑞士，史称旧联邦。旧联邦在各个时期包括数量不等的国家和地区，它们的独立程度不同，彼此在法律地位上亦有明显的差异。而且，并无一项总的联邦条约将这些国家和地区结为一体。到 1353 年，率先结盟的 8 个国家结成联邦，其标志是 6 项关于军事同盟、仲裁和司法援助的协议。首项协议由最初的三州（乌里、施维茨、翁特瓦尔登）缔结，时为 1291 年，1315 年予以重申。随后，以 1291 年"老三州"结盟肇始的瑞士联邦不断扩张疆域，至 1513 年已拥有 13 个成员州。但是，这个松散联邦的中央政权甚为孱弱，各成员州有权单独与外国结盟甚至提供雇佣兵，相互争夺属地或结盟区，致使联邦难以实施像同一时期经历百年战争后专制王权渐具雏形的西欧强邦法兰西那样举国一致的强有力的外交政策。1515 年，瑞士军队在马里尼昂（Marignan）败给了向意大利扩张的法军，这更令联邦开拓领土的势头严重受挫。这是该国在中欧角逐中幡然改取收缩态势的一个转折点。

瑞士联邦是在这个国家内部各种联盟的基础上结成的，而在中世纪晚期，作为整体的联邦和作为联邦成员的各州均因不同局势的制约而与外国签署过各式各样的盟约或协定，久而久之形成了一个错综复杂的甚至相互抵触的结盟关系网，所以联邦当局在国际政治中不得不谨慎行事。1511 年，瑞士和哈布斯堡王朝缔结"世代结盟"条约，承诺不派遣军队参与针对双方中另一方的战争，瑞士旋又答应阿尔卑斯山各道隘口对哈布斯堡王朝保持开放。但没有几年，瑞士在马里尼昂之战中败于法国，被迫于 1516 年、1521 年和法王弗朗斯瓦一世达成《永久和约》及《同盟协定》，保证永不向法王开战，不允许法王的敌人通过瑞士的各道隘口，允许法国在联邦招募雇佣兵等。这样，处于法奥两大争霸强邦觊觎和夹击中的瑞士政治家在实施有关条约时就得煞费苦心做出变通，恪守中庸自保。瑞士一些州或一些州组成的集团自行同外国结盟亦经常令联邦的国防和外交陷入困境。宗教改革后的 1577 年，中部 5 个天主教州不顾法国的反对而与萨瓦公国缔约，10 年后又与西班牙国王菲利普二世结盟以促成米兰公国并入哈布斯堡王朝。同一时期，瑞士新教州则同德意志新教地区、信奉新教加尔文宗的荷兰、法国的胡格诺教徒、英格兰的清教徒以及波兰、匈牙利的新教派或直接结盟，或遥相声援。"三十年战争"的浩劫过后，瑞士天主教州和新教州一致做出决定，今后不再准许任何外国的军队穿越联邦领土，自此，上述结盟关系招致的混乱状况才得到显著改善。

在联邦内部，自 16 世纪初年起作为正式成员加入瑞士的所有新州均须承诺在发生州际内战时保持中立，不得援助任何一方，应置身事外并着力调解。15 世纪的修道士尼古拉·德弗昌就是一位主张中立、积极斡旋的知名政治家，他的劝诫"不要将你们的篱笆向外推移得太远，不要卷进别人的事务中去"对各州产生了深远的影响；巴塞尔州更是多次成功地充当过调解者的角色。"三十年战争"期间，瑞士联邦各州目睹欧洲列强蜂拥般闯入邻邦德意志并将其视为战场展开厮杀的惨烈场面，而自己凭借中立的盾牌却得以避开这场巨祸。因而不难理解，为何战后不久瑞士联邦国会即于 1674 年向欧洲正式庄严宣布：海尔维第国家以中立国行事，不以任何方式参加一般的战争。从 18 世纪起，列强不再让瑞士联邦参与缔结欧洲历次战争后的各项和约，从而事实上承认了这个国家的中立政策。当然对瑞士本国来说，必须采取种种手段方能维护自己逐渐形成的独特地位。

因此，瑞士制定了世人熟知的"武装中立"国策。起初，位于边境的州受到邻邦威胁，即自行设法强化屯戍，其他州支援与否并无具体规定。鉴于各边境州不能单独确保国家免遭入侵，瑞士在"三十年战争"行将结束时终于在联邦一级建起武装防卫体制。1647 年联邦各州缔结《维尔防卫协定》，"旨在捍卫我们的共同体和祖国，维护我们尊贵的祖先以巨大代价赢取的自由"，并于 1668 年予以修正。根据协定，边境防卫改由联邦负责，为此成立一个各州人数相等的军事委员会，统率一支 1.2 万人的常备军，并有接见各国使节的外交权限。联邦拟定成文的军法以规范瑞士官兵的行动举止，有关的准则已具备中立之性质；1688 年，协定的范围扩大到瑞士的结盟区和属地。17 世纪，联邦军队曾援引《维尔防卫协定》阻遏过瑞典和法国的进犯。

瑞士还采用了"中立化前沿地带"的策略，这也是海尔维第历代政治家深谋远虑、开拓疆域的一个重要手段。从 16 世纪初年直至 18 世纪中期，联邦国会以惊人的耐心不断致力于创建一个特殊的保护性系统，即属于政治性防御的前沿地带。联邦主政人士恪守教条般地坚信，假如瑞士邻近地域亦奉行中立政策，则联邦的防线必然向前延伸；如果瑞士周围形成一个严禁任何军事行动的中立化地带，那么海尔维第实体本身不仅受到更好的保护，还能凭借"自然演进"而扩大幅员。从结果上看，中立化前沿地带的策略符合瑞士外交的一项古老准则：从本国安全出发，尽可能让自己的领土周围出现一批相互独立的小国，并且力阻它们落入单独的一个强邦之手，从而促进与海尔维第国家生死攸关的中欧强邦均势的形成。这种均势亦为瑞士周边四大国奥、德、法、意尚未统一所必需，拿破仑战争之后尤其如此。就瑞士而言，更是希冀利用列强维持中欧均势的共同心态促其通过有关宣言、条约以长期保障本国的中立。因而，1813 年反法同盟诸邦做出承认瑞士中立的决定，1815 年 3 月 20 日参加维也纳会议的 8 个大国发表关于瑞士中立的声明，同年 11 月 20 日巴黎和会上奥地利、法国、英国、普鲁士和俄国（稍后还有葡萄牙）签署关于瑞士中立的宣言，这些就都不是偶然的了。从瑞士联邦立国及其历史传统和欧洲地缘政治的几个角度考察，可以看到这是海尔维第国家中世纪末期以来内政外交演进和中欧强邦均势形成的必然结果。

二 两次世界大战期间的中立政策

1. 瑞士与国际联盟

直到第一次世界大战时，瑞士几乎没有一个自己的外交政策。在欧洲均势时期，当该国被四个重要国家以各种名义包围时实行一种完全的中立政策相对来说比较容易，但第一次世界大战的爆发使瑞士的中立政策受到严峻考验。早在 1914 年 7 月，当各国剑拔弩张，冲突迫在眉睫时，瑞士政府向各国宣布决心捍卫 100 多年来的中立政策，同时在国内实行总动员，执行全民皆兵的"武装中立"政策，不参加任何一方的军事联盟，也不允许任何他国军队穿越瑞士领土，从而安全地度过了第一次世界大战。

大战临结束之际，由来已久的建立一个世界各国平等联盟的思想已经坚实地形成了。这种思想在瑞士引起了热烈的反响。瑞士联邦本身是一个基于自由与自决原则的不同民族和不同文化的联合体，数百年来，它就是一种"国际联盟"。也只有一个国际联盟才能结束现存的、有害的战争状态，并解决未来的重大社会问题。如果国际关系中有一个超国家的仲裁法院，那么一些小国，特别是瑞士，就会感到它们的独立比过去任何时候都更安全。

当时，协约国指定了一个委员会，在美国威尔逊总统的主持下起草国联盟约。中立国被邀对盟约草案发表意见。瑞士联邦委员会早已任命了一个委员会来研究国际联盟未来的宪章。他们的方案给予了国家更大的自主权，而给予国联中枢的权利则较小。自然，他们对瑞士中立的问题比较重视。即使是作为国联的成员，联邦仍坚持中立。在瑞士联邦，人们十分重视这些事件的历史意义，对它们总是报以热烈的赞同，但国联盟约的措辞却使人们普遍失望。尽管如此，瑞士仍然准备与之合作来建立世界和平。但是首先必须澄清永久中立的问题，然后瑞士才能考虑加入国联，没有人愿意放弃中立的外交政策原则，因为它已经成为瑞士联邦的重要原则。在与协约国进行了艰难的谈判之后，瑞士放弃了北萨瓦中立化的权利。于是《凡尔赛和约》的第 435 条得以通过，这一条内容把承认瑞士中立作为维护和平的国际义务，因而联邦委员会的观点得到确认。但除此之外，瑞士联邦委员会还期望发表一个声明，对在国联体制内瑞士中立的权利和性质做出更加精确的规定。1920 年国联行政院在《伦敦宣言》中满足了这项要求。该宣言承认了瑞士的永久中立以及对其领土完整的保证是合乎普遍和平的利益的，从而也是与国际联盟的原则一致的。国联不会要求瑞士联邦参加军事行动，或者允许外国军队假道乃至在它的领土上为军事行动做准备。然而它有义务参加国联对破坏盟约的国家实施经济制裁。

在上述条件获得满足之后，联邦委员会竭尽所能地鼓动瑞士的国民同意加入国联。加入国联对普通的瑞士公民来说，无疑是同他们最熟悉的观念决裂。一个多世纪以来，瑞士联邦没有参加任何国家联盟，瑞士国民害怕国际协定暗含着对瑞士主权和自由的破坏，他们反对那些违反最高政治准则的事情。为对这一重大国策做出明确的决定，瑞士国民经过了激烈的思想斗争，最终在 1920 年 5 月，瑞士国民以 414830 票对 322937 票的结果同意加入国联。对于瑞士加入国联，不管人们以后可能持有什么样的意见，但有一点是可以肯定的：经历了战争年代的长期忧患以后，加入国际和平组织就给予瑞士这样的小国以安全感，这是瑞士期求而又在自己造成的孤立状态中痛感缺乏的。无论什么新的希望展现在面前，瑞士的外交政策仍然忠于自己的中立原则。瑞士一开始就在国联大会上清楚地表明自己的立场。对它所没有参加的国联行政院的活动，原则上拒绝承担任何责任；而且根据自己的传统，它还拒绝承担国联规定的任何领土保证。然而当碰到那些必须在国联监督下执行的《凡尔赛和约》的条款时，左右为难的境地自然是难免的。一方面，瑞士不是《凡尔赛和约》的签字国，因而可以理所当然地认为不负有义务；另一方面，作为国联的成员，又有责任与之合作。处于这种情形之下的瑞士，经常致力于阐明自己的中立主张，并提醒国联成员国注意它的特殊身份。

瑞士一直主张以严格规定的仲裁程序来解决国际争端。在瑞士人的心中，世界和平的唯一保障乃是这样一个国际共同体：国与国的关系由法律协定来调整，而且总是服从一个最高法院的裁决。瑞士在国际联盟内的态度，在通称为"维尔纳争端"的事件中十分清楚地表现出来。1920年，波兰非正规军违反与立陶宛的停战条约，占领了维尔纳城。自波兰、立陶宛获得独立以来，维尔纳便处在双方争议之中。为了结束这场争端，国联决定在维尔纳进行一次在国际部队保护下的公民投票。比利时、英国和西班牙的部队受命通过瑞士前往维尔纳，但是联邦委员会援引《伦敦宣言》，断然拒绝部队通过其领土。瑞士的这种态度，避免了一个可能是非常危险的先例，并且十分明确地表明，除非联邦授权，国联方面任何的军事行动都不能在瑞士的领土上进行。

另一个能体现瑞士在国际联盟内态度的事件是，在给当时面临财政崩溃危险的邻国奥地利以财政援助时，瑞士放弃了自己在外交政策上的保留态度。然而即使在这种场合，它也设法避免任何国际约束。传统的保留态度，妨碍了瑞士签署国联关于奥地利的财政复兴的议定书，但是它仍积极参与了财政援助活动。毫无疑问，这种援助中也渗透了政治的因素。如果奥地利瓦解了，瑞士的邻国将减少为三个，那对瑞士无疑是一个重大的问题。

由上述可知，瑞士加入国联以及在其中执行的外交政策并非完全中立，西班牙内战使许多瑞士人更加清楚地认识到中立的含义，因为这次战争表明，大部分瑞士人还不理解中立的联邦不能对别国的冲突表明态度的原则。许多瑞士人要求联邦委员会承认西班牙共和国是那里唯一合法的政府而与之保持外交关系。但是，当时指导国内外交政策的人因为国际形势已经发生了变化，坚持回到完全中立的道路上。

2. 从灵活的中立回到完全的中立

从 20 世纪 30 年代起，国际联盟瓦解的迹象日趋明显。对法西斯发动侵略的无能为力以及裁军会议的失败，是它濒临垮台的征兆。国联瓦解的过程日益深化，瑞士这样的小国能够从这个国际组织中得到的保护越来越小。因此瑞士不得不日甚一日地置身于国际纠纷之外而首先依靠自己的力量。这就自然地导致其放弃灵活的中立回到完全的中立。1937 年，在国联取消对意大利的制裁以后，有一种信念逐渐在瑞士流行起来，那就是国联的集体安全体系不再能够给瑞士这个小国以足够的保护。因此，联邦不得不遗憾并且十分清楚地表明，瑞士的中立不再是因事而异，而必须是绝对的。1938 年奥地利合并于"大德国"，更加促使瑞士回到完全的中立。5 月 14 日，国联行政院通过一项提议："鉴于瑞士永久中立的特殊地位，国际联盟承认瑞士的意愿，即今后不以任何方式参加行使盟约规定的制裁，而且宣布对它也不再提出这样的要求。"因此，在参加集体安全体系18 年以后，瑞士又回到了绝对中立的老地位。

在随之而来的第二次世界大战中，虽然瑞士的外交政策执行永久中立，然而瑞士人民的思想却不是"中立"二字所能限制的，因此这种中立便具备了积极中立的色彩。在这场正义与邪恶的斗争中，瑞士人民始终站在正义一边。在战争中瑞士利用中立国的地位接纳了成千上万受纳粹迫害而背井离乡的人们，并通过完全由瑞士人组成的国际红十字会在战场上救死扶伤。当法国陷落后，瑞士完全被法西斯轴心国包围，面临着食品和原料被切断的威胁。瑞士一方面在军事上把军队撤进阿尔卑斯山中的要塞做好抵抗入侵的准备；另一方面在外交谈判桌上进行艰苦的斗争，终于使瑞士安然无恙地走出第二次世界大战的阴影。20 世纪下半叶，随着战争的结束，世界各国的重心由战争转移到经济建设上。世界经济进一步联合，来自第三世界国家建立新经济秩序的呼声一浪高过一浪，瑞士政经分开的对外中立政策越来越受到日新月异的国际新形势的挑战。

瑞士在第二次世界大战中严守中立，却允许法西斯轴心国使用圣哥达

隧道运送战略物资，并向德国和意大利出售武器，与轴心国进行贸易
（实际上这是出于无奈。当时瑞士已被轴心国包围，为获得生存所需的食
品和原料，瑞士不得不与纳粹德国和意大利进行贸易，并在柏林派驻经贸
使团），这些深深激怒了同盟国，因而在二战后初期的国际舞台上被战胜
国所孤立。瑞士政府在总结以往经验教训的基础上重新确定了以中立团结
为原则的新的对外政策，也就是在严守中立的基础上积极参与国际事务，
尽自己所能为世界服务。

三　第二次世界大战后中立团结的外交政策

如果说瑞士的中立外交政策在二战以前的主要作用是保持国家的独立
和领土完整、不受侵犯，那么二战后经过调整的以中立团结为原则的外交
政策则以在世界范围内维护瑞士的经济利益为中心。在长达 40 年的以美
苏两国为首的东西方冷战期间，瑞士凭借中立国的地位和优势，与双方开
展贸易，取得了巨大的经济效益。

瑞士不是欧共体成员国，但这并不影响它在经济上融入西方资本主义
市场。聪明的瑞士人为了消除欧共体设置的贸易壁垒，分别与欧共体各成
员国单独签订自由贸易协定。这种各个击破的策略使瑞士在保持传统的中
立地位的同时获得了拥有 3 亿人口以上的欧洲市场，并且无须修改自己的
政策。

自由贸易协定的签订是瑞士战后执行的政经分开的中立政策取得的许
多成就之一。这种政经分开的中立政策为瑞士商品和资本的国际流动、私
人经济的向外扩张扫除了障碍，铺平了道路。瑞士积极地参与国际经济不
仅为它带来巨大的物质财富和极高的国际声誉，同时也使它更加依赖于国
外市场。瑞士当时 45% 的食品、80% 的能源和近 100% 的原材料依靠进
口。资本的大量输出，中小企业为降低生产成本而纷纷移师海外，使得瑞
士的国民经济日趋国际化。然而瑞士经济的国际化也有不利的一面。20
世纪 70 年代的石油危机和瑞士法郎的升值曾使瑞士经济一度陷入困境。
人们意识到瑞士这个西欧内陆小国对国际市场的依赖性远远超过其政治、
经济、军事力量所能承受的程度，因而必须不断调整传统意义上的中立政

策以适应外向型经济的要求。

永久中立在国际关系上的表现就是从和平利益出发，给予各国以良好服务。瑞士把这种良好服务看成是为维护和促进各国各民族间的和平而开展的各种活动的一个广泛的环节。永久中立、国际中介作用的丰富经验、有利的地理位置、对各种文化的包容及其对相互关系的理解都是促进瑞士履行"善良服务"的有利条件。瑞士的这种良好服务，从其实践活动中可以归纳为以下几点：①作为中介调解争执；②参加国际仲裁；③履行国际委任；④参与维护和平的行动；⑤向国际谈判各方提供服务；⑥提供自己的领土作为设置国际组织及各国进行谈判的场所。

20 世纪 50 年代以后，瑞士在履行国际委任的同时，参加了朝鲜战争停战后的国际遣返战俘委员会，至今仍是朝鲜停战国际观察委员会成员。瑞士在并非联合国成员国的情况下，就为联合国维和部队提供财政援助。如为刚果、中东、塞浦路斯乃至当今激烈冲突地区的联合国维和部队提供了许多援助。据有关资料统计，1953～1975 年这 20 多年中，瑞士提供的财政援助达 20 亿瑞士法郎。瑞士在促进国际谈判方面也起着积极的建设性作用。如 1961～1962 年法国和阿尔及利亚的谈判在瑞士日内瓦举行，最后法国终于承认了阿的独立。瑞士在法阿谈判中的斡旋作用是不可忽视的，瑞士给予当时阿尔及利亚临时政府代表团以外交礼遇和友好接待，表明了对它的信任态度，为促成双方交换意见、达成协议起了积极作用。又如美国和伊朗人质危机期间，瑞士作为中介，在双方中间进行了斡旋工作，在两国断交后，瑞士又应美国请求保护其在伊朗的利益。在国际上，各国遇到与别国断交或关系破裂的情况，也往往向瑞士请求其保护自己在对方国家的利益。根据有关资料统计，仅在 1981 年，瑞士就履行了 11 个国家的 17 项委托。瑞士提供良好服务的最广泛形式是促进各类国际组织的活动，为它们的活动提供领土、场所和创造和睦、顺利的活动气氛与条件。在瑞士每年有各种国际会议、会晤、谈判，以及各种集会、文化性节日等，这也被看成是"瑞士永久中立外交政策的重要组成部分"。

四 全球化时代的中立外交政策

从历史上看，中立地位并非一柄逢凶化吉的"尚方宝剑"，它往往是弱小国家在特定的历史条件下，为环境所迫而做出的无奈选择。正因如此，冷战后，随着国际环境的变化，瑞士开始修正其百年不变的中立政策，从传统、保守的中立向更加灵活的中立转变。其内涵主要包括：一是加入北约。瑞士已明确表示，它将参加北约"和平伙伴计划"，并将最终加入北约这个欧洲地区最大的政治、军事组织。瑞士认为，这与其一直恪守的军事中立政策并不矛盾。二是靠拢欧洲。瑞士曾就欧共体与欧洲自由贸易联盟建立欧洲经济区举行全民公决。结果，50.3%的选民和23个州（现为26个州和半州）中的16个州投了反对票。但是，瑞士政府并未放弃这一努力。近年来，瑞士当局在非关税壁垒、农产品贸易、人员往来等问题上加紧同欧盟进行谈判，做出了较大的让步，目的是加强同欧盟的经济合作关系，并最终加入欧盟。三是面向世界。除了继续奉行普遍性、"善良服务"和国际合作三要素的外交政策外，瑞士政府特别强调开展全方位外交，发展与各国、各地区的合作关系，形成多元化的经贸关系格局。为此，瑞士近年来加强了同美国的双边贸易，加大了对东欧的投资，拓展了亚洲市场，广泛开展了同第三世界国家的经贸往来。四是在一些历史问题上转而采取灵活的态度。在犹太人纳粹黄金案、《银行保密法》等问题上，瑞士已改变了其原有的立场。瑞士政府已宣布修改被世人关注较多的《银行保密法》，以此改变其"独裁者保险箱"的形象。

瑞士被迫调整其中立政策有其深刻的国际背景和内在的需求。冷战后，随着东西方两大军事集团对抗的结束，世界正朝着多极化方向发展。首先，国际间日益加强的货物、资本、劳力、技术的交流使国与国之间相互依赖性日趋加强，人们生活的各个领域不断受到其他国家和文化的影响。经济的融合必将导致政治的国际化趋势，由此产生的一系列问题往往只能通过国与国之间的协议或有关国际组织来解决。其次，国与国之间的依赖关系并非完全平等。经济的不平衡，南北差距的扩大，使大多数第三世界国家依附于世界资本市场。因此，在联合国及各个国际组织占大多数的第三世界国家纷纷要求建立新的世界经济秩序，改变不平等的局面。再次，原先由美苏两国称霸全球的局面已彻底改变。形形色色的国际组织成为各种矛盾冲突集中表现的舞台，一些石油生产国和原料输出国不时利用手中的石油和原料作武器提出新的要求。另外，瑞士的安全环境已大大改善。同时，随着欧洲安全体系的日益扩大，中立的瑞士有可能变成孤立的瑞士。在政治与经济联系日益紧密的今天，简单地把政治与贸易一分为二已经不再行得通。最后，瑞士在国际经济竞争中受到了越来越大的压力。自 20 世纪 80 年代中期以来，全球经济一体化组织不断地形成与发展，这种经济集团化、地区化的趋势，一方面有利于一体化内部成员国之间商品、劳务和资本的自由流动，另一方面，由于一体化组织的排他性，非成员国在与成员国的竞争中处于相对不利的地位。在欧洲，随着欧盟的扩大和统一大市场的形成，瑞士被排斥在欧洲经济一体化之外，在贸易、投资、人员流动等领域越来越受到欧盟各成员国的歧视和限制，经济蒙受较严重的损失。所有这一切都迫使瑞士政府对其对外政策进行彻底的反思。

但是我们应当看到，瑞士的中立政策历史悠久，永久中立、永享和平的思想深入人心。瑞士的中立地位，在可预见的将来不会轻易改变。

在新的国际形势下，瑞士逐步调整外交政策，对外奉行"积极的中立政策"，提出对外政策五大目标是：维护和平，促进和平共处；维护人权，促进民主与法制；维护瑞士经济利益；消除贫困；保护环境。瑞士制定了 2012～2015 外交政策战略，当前外交的主要目标是安全和繁荣。为此，瑞士不断增强其外交进取性，外交政策更加突出人权和人道主义，广泛参与国际事务和国际合作，增强塑造外部发展环境的能力；大力开展经济外交，推进自由贸易战略，增强瑞士的国际竞争力，巩固国际金融中心地位；推动与欧盟的双边合作向纵深发展；强化与世界主要大国和新兴国家的关系和联系；借助传统的中立形象积极参与斡旋伊核、朝核、中东和平进程等国际和地区热点问题，谋求在国际事务中发挥独特作用。

第二节 与联合国的关系

瑞士是联合国许多专门机构和一些重要国际组织的所在地。瑞士曾经长期游离在联合国这一重要的国际组织之外,主要是为了保持它的中立。然而,由于近年来联合国在世界舞台上越来越成为主权国家无法绕开的组织,瑞士与联合国许多机构的关系也愈加密切,不仅联合国的许多会议在瑞士召开,实际上瑞士也积极参加了它的许多活动。在瑞士,参加联合国的呼声越来越高。

一 加入联合国之前

联合国成立初期,瑞士人将其视为由两次大战的战胜国组成的一个联盟,是由少数国家操纵的"大国俱乐部"。因此,加入联合国有悖于瑞士的中立政策。冷战期间,作为中立国,瑞士在国际外交舞台上可谓游刃有余。日内瓦作为除纽约之外最重要的联合国机构所在地,是召开国际会议和调解冲突的理想地点,为瑞士国际形象增添了不少亮色。在此情况下,瑞士人普遍认为加入联合国不仅没有必要,而且还会损害国家利益。

由于联合国的许多重要组织的总部都设在瑞士,可以说许多重大的国际事件都是在瑞士画上了句号。比如说,1954 年 4 月 26 日至 7 月 21 日,在日内瓦召开了中、苏、美、英、法五国外长的印度支那会议,其成果载入史册。这次会议结束了法国对越南、老挝、柬埔寨长期的殖民战争,承认了三国的独立、主权、统一和领土完整。再如长达 20 多年的限制和裁减军备的会议,联合国关于当前世界热点巴勒斯坦问题的第一次会议也是在日内瓦召开的。瑞士在不是会员国,而仅是观察员国的情况下,积极参加了联合国众多组织的工作和活动,其中包括联合国贸易发展理事会、联合国工业发展组织、国际劳工组织、世界卫生组织、国际民用航空组织、联合国教科文组织、世界气象组织、世界知识产权组织、关税及贸易总协定、国际原子能机构等。瑞士是向世界卫生组织和国际劳工组织这样的联合国专业机构付费的成员,它还是联合国第 14 大捐助国。瑞士曾经为维和部队提供过后勤援助，并一直严格遵守联合国各项制裁令。但它和梵蒂冈一样，一直保持联合国大会观察员身份。从 1948 年起，瑞士就是联合国国际法院规约的参加者。

二 加入联合国的历程

随着全球化的发展，各国的利益息息相关。越来越多的瑞士人，特别是国家领导人认识到，非联合国成员国的身份，不利于瑞士与许多国家的经济合作，而加入联合国则可以更好地维护自身的利益，在经济、政治上也可扩大与其他国家的交往，提高瑞士的国际地位。随着瑞士卷入联合国事务程度的不断加深，瑞士国内要求加入联合国的声音也愈来愈强。这种情况之下，根据联邦委员会的决定，1973 年 8 月成立了研究瑞士与联合国关系的常设咨询委员会。这个委员会在 1976 年 6 月 29 日向联邦委员会提交了一份报告，报告认为瑞士只有在保持其中立的情况下，才能加入联合国。而联合国至今并无一项决议，要求其成员国放弃其中立地位。委员会大多数人都赞成加入联合国，认为时机已经成熟。因为，第一，联合国已经具有普遍性，联合国的职能日益扩大，联合国讨论的重大问题日益涉及专门机构及其附属机构，瑞士在联合国的观察员身份使它不能充分表达对当前国际问题的看法；第二，联合国对小国，尤其是中立国很信任，小国可以在国家集团之间进行积极的斡旋；第三，瑞士加入联合国每年只要付 4000 万美元的会费。但是委员会中一部分委员建议瑞士只在法律、人道主义和经济方面加强与联合国的合作，而不加入联合国。1979 年 3 月，联邦委员会责成政治部（外交部）为议会正式提议瑞士加入联合国准备一份报告。1981 年年初，瑞士联邦委员会提出了瑞士加入联合国的建议。1982 年 3 月，瑞士政府正式将此建议提交议会审议。

1984 年 3 月，瑞士国民院在经过激烈辩论之后，以 112 票赞成、78 票反对和 1 票弃权的结果同意瑞士加入联合国。但国民院声明，瑞士将坚持奉行永久的中立政策。12 月，瑞士联邦院以 24 票赞成、16 票反对的结果通过了瑞士加入联合国的决议。在加入联合国的问题上，瑞士国民也存在分歧。一些人认为一旦加入联合国，瑞士会被大国左右，中立国地位会受影响；也有人担心加入联合国每年要缴纳大量会费，会额外增加政府的经济负担。赞成加入联合国的人认为，游离于联合国这个世界大家庭之外，严重阻碍了瑞士在联合国内发挥作用；而加入联合国，瑞士既能继续保持中立国地位，又能参与联合国的决策，还将有助于促进瑞士经济的发展。1986年3月，瑞士就是否加入联合国问题举行全民公决，结果参加投票的选民3/4投了反对票。在以州为单位计票时，全国26个州全部否决了政府提案。

随着柏林墙的倒塌和冷战的结束，瑞士政府认为国际政治形势已经发生了重大变化，世界不再需要像瑞士这样的中立国充当中间人，到了瑞士人在国际舞台发挥全面作用的时候了。由于瑞士政府是受到工业、金融业和其他利益团体支持的，这些利益集团在瑞士加入联合国的问题上起到了很大作用。瑞士经济属外向型，拥有雀巢、诺华制药、UBS等著名跨国公司和跨国银行。联合国在维持世界经济秩序、制定贸易规则、协调地区平衡等方面也起着不容低估的作用。此外，瑞士还是联合国最重要的"供货商"之一。2000年，瑞士从联合国获得总数高达2.4亿瑞士法郎的订单，内容包括食品、药品及银行、保险业务等。

2000年1月，瑞士外长戴斯曾表示，瑞士希望能在本届政府任期内，即2003年前加入联合国。2000年11月，瑞士政府在公布的《2000年瑞士对外政策报告》中再次表示，将争取在本届政府任期内完成瑞士加入联合国的工作。2001年6月，瑞士议会联邦院以37票赞成、2票反对的表决结果通过决议，支持瑞士加入联合国。2002年3月3日，瑞士就加入联合国问题再次举行全国公民投票，54.6%的选民投票赞成，12个州支持票超过半数，提案获得通过。瑞士在置身联合国以外长达半个多世纪之后，终于有机会在2002年9月10日成为联合国大家庭的第190个成员国。瑞士外交部部长戴斯在投票结果公布后兴奋地向记者表示，投票结果对瑞士意义重大，不过他也强调，瑞士还会保留其民主自主权，也会继续维持中立国策，只是和国际社会加强接触，将使国民得益。

三　加入联合国之后

在瑞士成为联合国成员国之后的两年多里，瑞士利用联合国作为平台，在国际舞台上让世界倾听自己的声音，维护自己的利益和价值观，参与国际决策并与联合国进行紧密合作。根据瑞士联邦委员会在 2003 年和 2004 年向其议会所提交的报告，瑞士与联合国的合作主要集中在以下几个领域。

2003 年联邦委员会的报告首先确定了瑞士在联合国框架下的工作重点。瑞士长期形成的人道主义传统使其将促进人类和平和维护安全作为维护其价值观的一种重要手段。另外，鉴于美国对伊拉克武装占领以及所引发的有关联合国作用的争议，瑞士将联合国的改革列为其工作重点。当然，环境问题和人权问题也是其关注的对象。在促进和平和维护人类安全方面，瑞士已经建立了一个旨在寻求追踪和登记小型武器和轻型武器国际制度的组织，积极参与联合国的维和行动以及防止大规模杀伤性武器扩散的活动。同时瑞士还给那些受到军事威胁的平民提供人道主义援助。有关联合国的改革，瑞士的主要贡献在于在日内瓦组建了由专家构成的工作组讨论自卫权和加强集体行动的问题。瑞士提交了一系列有关联合国改革的建议，希望联合国安理会的工作更加具有透明度和活力；希望联合国能够吸收更多的非成员国参与；还希望联合国安理会的成员国能够更好地反映地域特征，且限制使用否决权。在维护人权方面，因为联合国是维护和促进人权的主要组织，瑞士政府主要通过加强与联合国各个机构的合作来推动世界人权事业的发展。瑞士已经成为联合国人权委员会的成员国。

瑞士联邦委员会已经决定在未来与联合国展开更加紧密的合作，承诺瑞士政府在 2010 年前使其对联合国发展机构的援助达到其国民生产总值的 0.4%，同时对在日内瓦建立的新的国际机构予以贷款支持。

瑞士认为联合国在维护世界和平与安全、保障人权、促进经济发展、缓解社会矛盾、提供人道主义援助和保护环境等方面发挥着重要作用。支持联合国机构改革，以提高透明度，增强行动能力。

瑞士对重大国际问题的态度如下。

关于国际形势：认为世界经济、政治格局正在发生变化。新兴国家加速崛起，中国和印度已成为世界经济增长的发动机。全球和地区危机增加，金融经济危机、气候变化、能源、卫生等问题已构成全球性挑战，加强国际合作成当务之急。现有国际多边机构无法反映当今世界经济和政治力量对比，发展中国家特别是新兴大国要求获得更多话语权，国际问题增多和现有多边组织能力有限的矛盾日益凸显，改革现有国际多边体制、增强其权威性和行动能力势在必行。世界格局的变化导致人权共识被削弱，应加强联合国在人权领域的地位和作用。

关于中东和平进程：主张以安理会有关决议和冲突各方达成的协议为基础，通过谈判公正、全面地解决以巴冲突。支持巴建国和保障以生存与安全，呼吁尽快实施中东和平"路线图"计划。谋求通过外交和民间促和方式在中东和平进程中发挥作用，积极参与中东和平外交斡旋。

关于科索沃问题：认为确定科索沃的地位是西巴尔干地区稳定和经济、政治发展的前提，于2008年2月27日承认科独立并在3月28日与之建立外交关系。但同时认为，科问题特殊，承认科独立不能构成先例。2008～2010年瑞士向科提供发展和人道主义援助资金总额为1.598亿瑞郎。

关于朝核问题：反对朝鲜进行核试验，主张和平解决朝核危机，实现朝鲜半岛长期稳定。认为中国在解决朝核问题上扮演重要角色。支持朝韩对话，愿为对话提供斡旋。瑞士外交部发展合作总司于1997年在平壤设立协调办公室。2003年4月，瑞士外长先后访问朝鲜和韩国，与朝就开展政治对话达成协议。2005～2009年共向朝提供3031万瑞郎的发展和人道主义援助。

关于伊朗核问题：承认伊朗拥有和平利用核能的权利，但反对任何形式的核扩散，希望伊与国际原子能机构密切合作，以证明伊没有发展核武器的意图。主张通过谈判和平解决伊核问题。2008年7月和2009年10月，两次在日内瓦承办伊核问题六国同伊朗会晤。高度评价中国在解决伊核问题上的作用。

关于人权问题：将维护人权列为外交政策重要目标之一，认为尊重人权是世界持久和平与安全的根本保证，人权高于主权。经济合作、发展援助和难民政策应同受援国人权状况挂钩。主张与发展中国家开展"批评性人权对话"，但不应把观点强加于人。

关于气候变化问题：认为气候变化是对人类生存和发展的重大挑战。发达国家应带头大幅减排，并动员发展中国家尤其是排放大国参加约束性减排。承诺到 2020 年温室气体排放比 1990 年下降 20%；若国际社会愿做出更大努力，还可将减排目标提高至 30%。认为 2009 年年底的哥本哈根会议在气候变化政策层面取得重大进展，但所达成的《哥本哈根协议》仅为最低限度协议，不具约束力。2010 年年底的坎昆会议就一系列减缓气候变化的措施和防止《京都议定书》第一承诺期结束后出现缺口达成共识，但对一些关键性问题，如对《京都议定书》非签约国确立有约束力的减排义务等，仍未能取得突破性进展。

关于发展援助问题：推动同发展中国家的发展合作，设立三个目标：一是落实联合国千年发展目标；二是促进动荡地区人的安全，减少人道主义危机；三是在全球范围内促进发展。为此，重点加大对贝宁、马里、乍得、布基纳法索、莫桑比克、坦桑尼亚、孟加拉国、尼泊尔、湄公河地区、玻利维亚以及中美洲地区的发展合作投入，并将气候变化、食品安全和移民问题列为下一步工作重点。

关于国际金融危机：认为美国对银行滥发次贷产品采取纵容态度以及现行国际金融体系对相关交易缺乏有效监管是导致 2008 年金融危机的重要原因。主张对现行国际金融体系进行改革，增加相关机制的民主性和透明度，加强对商业银行金融衍生业务的监管。

关于"避税天堂"问题：作为世界上最早实行银行保密制度的国家，瑞士在国际金融危机爆发后面临强大压力。2009 年，瑞士宣布接受并尽快实施经济合作与发展组织关于在税案中向他国提供行政协助的标准，并在半年内与美、法、英等 12 国重新签订了符合上述标准的避免双重征税的协议，加入经合组织"实质履行国际税收通行标准国家"的"白名单"，从而维护了瑞士银行保密制度。2013 年瑞士在巴黎签署了《多边税收征管互助公约》，确认参与全球打击逃税避税的承诺。

关于中东北非问题：在突尼斯本·阿里政权与埃及穆巴拉克政权倒台后，宣布冻结本·阿里家族、穆巴拉克家族在瑞资产；对利比亚卡扎菲政

权使用武力镇压示威民众提出最强烈谴责，并率先宣布冻结卡扎菲家族及
其侧近人士在瑞资产；积极执行联合国对利比亚制裁决议，并参照欧盟做
法进一步扩大对利制裁范围；积极向突尼斯、埃及及利比亚难民提供人道
主义援助；允许英国等为执行联合国有关对利比亚设立禁飞区决议，通过
瑞士领土、领空向利运送战争物资。

第三节　与美国的关系

　　瑞士与美国的官方关系最早可以追溯到 19 世纪 20 年代晚期，双方的
外交关系建立于 1853 年。美国与瑞士由于不同的历史传统以及在国际舞
台上不同的地位，在对外政策上虽然有一致的地方，但也表现出诸多不
同。

一　政治外交关系

　　瑞士与美国的关系从根本上来说具有两面性。一方面因为其文化根植
于西方的属性，在外交政策的诸多方面表现出与美国的高度一致性。例如
二战以后，积极参与以美国为主导的复兴西欧的计划；在以美国为首的北
约对南斯拉夫进行的所谓维和行动中，瑞士采取全面配合的态度，并派遣
军事人员（不携带武器装备）入南联盟地区参与维和运动；在人权、中
国的台湾和西藏问题上，瑞士一贯秉承以美国为代表的西方国家的思想。
美国与瑞士在国际舞台上的政治合作，在很大程度上正是基于瑞士在全球
范围内推广西方的民主制度和价值观方面发挥重要作用的考虑。

　　另一方面，由于外交中立的历史渊源以及与欧盟的特殊关系，因此对
于美国在世界事务中采取单边主义、妄图称霸世界的很多做法，瑞士与欧
盟一样表示强烈反对。2002 年当美国通过外交途径口头表示希望同瑞士
签署有关给予参加国际维和行动的美国士兵豁免权的协议时，瑞士表示不
准备签署，因为这样做会削弱国际刑事法庭，瑞士捍卫的是一个尽可能强
大和有普遍性的国际刑事法庭。另外，瑞士外长 2003 年 3 月份在联合国
人权委员会演说时表示，瑞士无法接受美国政府就伊拉克危机所采取的单

方面军事行动；美国军队未经过联合国同意而发动进攻，这将削弱联合国的威信和力量。瑞士政府在伊拉克战争期间，严守中立政策，不准军用飞机飞越瑞士领空，并禁止军用物资流向交战双方的行为，明确表示出对美国发动对伊战争合法性的质疑。瑞士与美国在外交政策上的不一致，究其原因主要有以下两个方面。

一是两国历史的差异性。瑞士虽然隶属于西欧国家，但是从历史上来看，似乎自1515年马里尼昂战争以后就与强大无缘，相反一直就是周边大国觊觎的对象。因此，为了保护本国的利益，瑞士长期坚持和平中立的外交政策。而美国则与瑞士完全不同。由于东西濒临海洋，南北相接弱国，美国自独立以来几乎从未面临过真正的威胁。到20世纪初期，随着资本主义发展到后期，经济实力迅速增长，美国开始把注意力转向外部世界，并决定到更大的世界舞台上去扩大自身的影响。而在这时，欧洲的两大军事集团正在形成，它们准备用武力打破原来的均势。在此背景下美国国内出现了建立国际新秩序的舆论。1896年布鲁克斯·亚当斯发表《文明与衰落的规律》一书，论证了美国走向国际社会的合理性和必然性，要求美国击败主要竞争者，建立由美国领导的国际新秩序。两次世界大战赐予美国这样的机会。由于远离战场，在两次世界大战后，美国成为西方世界的领导者，而此时的西欧各国，由于战争的蹂躏，已经失去了昔日强国的地位，只能在美国的羽翼下恢复和发展。这一切更坚定了美国领导世界的决心。随后长达半个世纪的冷战，以社会主义国家苏联的解体宣告结束，美国成为唯一的世界强国，并再次提出按照美国的价值观、意识形态、政治制度和经济模式建立起美国领导下的世界新秩序。"9·11"事件之后，美国更是在反对恐怖主义的大旗之下，肆意地发动战争，实现自己的国家利益。由此可见，战争在美国历史上发挥的作用，是不断促进其对外扩张，这是美国崇尚武力外交，只追求有限的国际合作的主要原因，也在一定程度上反映了瑞美之间外交风格存在差异的内在必然性。

二是瑞士对欧洲的认同感。由于瑞士地处欧洲的中心地带，无论是在心理还是文化上都有着强烈的欧洲认同感，而这种认同感和归属感使得瑞士和美国外交所表现的差异具有了更深层次的原因。欧洲是人类古代文明的发祥地之一，有着深厚的文化底蕴。欧洲大陆有着悠久的理性主义传统，而美国的哲学传统则是实用主义。实用主义的传统强调的是就事论事，理性主义则力图全面、深刻地看待各种问题。因此理性主义的欧洲可以理解世界的多样性，理解世界冲突的综合根源，强调规则的制定和遵守，重视社会的平衡和人的全面发展，要求在全球范围内努力缩小贫富差距，认为发展援助政策是最重要的安全政策，倾向于采取和平对话的方式解决地区冲突。而美国从实用主义的理论出发，认为以武力、经济和科技实力作为后盾，把世界都塑造成美国的模式，便可天下太平。美国与欧洲虽然从文化上来说，似乎同宗同源，但是历史本身便是一种文化，不同的历史形成了欧美今天极具差异的政治文化。历史上的欧洲曾经试图以基督教和武装力量征服和改造世界，但是惨痛的历史使得他们对武力有了重新的认识，二战后开始的欧洲一体化的进程正是建立在这样的认识基础之上。同时，一体化进程的成功又强化了欧洲对机制、合作等重要性的认识，因此欧洲的世界政治文化更多强调多边主义，强调超国家机构（如联合国）的作用。瑞士自二战以来，一直享受着欧洲和平所带来的利益，在与欧盟交往不断深化和扩大的情况下，更坚定了自己的欧洲认同感，更何况欧洲的世界政治文化与瑞士在二战以后的外交方针有着不谋而合之处。

综上所述，瑞士和美国在具体的世界事务上，观点的冲突在所难免。不过，值得注意的是虽然瑞士与美国的关系具有欧盟与美国关系的特点，但由于瑞士是一个小国，执行的是灵活的中立外交政策且瑞士在美国有巨大的经济利益，因此可以预见，瑞士和美国在世界舞台上几乎不会发生正面的外交冲突。相反，由于美国在当今世界上把推广西方的民主制度、人权观作为其全球战略的重要组成部分，而在这一点上瑞美两国又具有一致性，因此美国可能会利用瑞士的中立国地位，来实现自己的全球战略，从而增加两国合作空间。美国奥巴马上台后，瑞士赞赏奥巴马重视人权对话和气候变化问题的做法，强调多边主义和通过外交途径解决国际争端和冲突，期待美国重视世界多极化发展的现实和趋势。

二 经济贸易关系

如上所述，虽然在外交政策主张上瑞士和美国有较大的分歧，但是由于瑞士在美国有着巨大的经济利益，因此二者不会在国际舞台上发生正面的外交冲突。多年来，美国一直是继德国之后瑞士第二大贸易伙伴。瑞士2003 年出口的 11% 销往美国，对美出口额为 138 亿瑞郎。如果加上贵金属、珠宝等，出口额为 149 亿瑞郎。2004 年 1～8 月瑞士对美国的出口又增长了 6.1%。标有"瑞士制造"的产品在最近 30 多年出现了爆炸式的增长，从 1970 年的 18 亿瑞郎发展到 20 世纪初的 150 亿瑞郎。但瑞士从美国的进口在此期间只增长了 1.5 倍，从 22 亿瑞郎增长到 54 亿瑞郎，致使 2003 年的瑞士对美国的贸易顺差达到了 84 亿瑞郎。

尽管如此，美国并不在乎瑞士这条商品贸易中的"小鱼"。瑞士在美国进口来源国排名中居于第 22 位，在美国产品出口排名中居于第 18 位。但瑞士作为投资者对美国还是具有重要地位的。根据美国统计，对美国的投资国排名，瑞士位于第六位。根据最新数据，瑞士对美国的累计投资已达 812 亿瑞郎，占到瑞士对外投资总额的 19.8%，而瑞士对德国、法国、意大利和奥地利四个邻国的投资总额也只有 15.3%。共有 30.6 万瑞士人在美国工作。美国对瑞士的投资数额虽然少于瑞士对美国的投资数额，但瑞士仍然是美国投资的第四大接受国，高于德国和日本。在瑞士与美国联合经济委员会（2000 年 2 月）的领导下，瑞士与美国的合作在很多领域都取得了显著的成就，包括反洗钱、反对生物恐怖主义、规范药物配制的合作，以及电子政务等。

截至 2002 年年底，瑞士共接受了 657 亿瑞郎美国资本，占在瑞外资总额的 37.9%。在瑞士共有 650 家美国公司，有 7.3 万美国人在瑞士工作。瑞士同美国在 1951 年签署了避免双重征税协议，多年来双方一直打算洽谈自由贸易协定，但一直没有正式启动。

因瑞士对美国发动伊拉克战争持批评态度，两国关系曾受到一定影响。自 2005 年以来，瑞士政府重新修缮瑞美关系。2006 年 5 月，瑞士与美国签署了加强双边关系的文件，并建立了贸易与投资合作论坛。论坛的议题包括电子商务、数据保护、知识产权保护、贸易与安全、瑞士对美国的肉类出口等。《瑞士外交政策报告》（2009）认为美国对于瑞士的重要性首先表现在经济方面，称"美国是瑞士直接投资的最重要目的地，也是瑞士的第二大重要的出口市场。美国是（外国）在瑞士的第二大直接投资者"。美国对于瑞士的重要性还体现在科学技术合作方面和瑞士在美国侨民的利益等方面。2009年4月1日，瑞士与美国在华盛顿签署了科学与技术合作的双边协议。2008年，瑞士与美国的双边贸易额为321.64亿瑞郎，与2007年基本持平，其中瑞士从美国进口额114.37亿瑞郎；瑞士向美国出口额207.27亿瑞郎。2009年，瑞士与美国的双边贸易额为286.3亿瑞郎，其中瑞士从美国进口额98.5亿瑞郎，同比下降13.9%；瑞士向美国出口额187.8亿瑞郎，同比下降9.4%。

2010年，瑞士银行的美国客户涉嫌逃税遭到美国税务部门调查，瑞士与美国在银行保密制度问题上发生一连串摩擦。2013年，瑞士与美国签署了关于在瑞士执行美国《海外账户纳税法案》的协定。2013年8月两国签署了反避税的协议。根据协议的规定，瑞士银行将向美国政府提供瑞士银行美国客户的信息，以协助美方调查美国储户是否涉嫌逃税。

第四节 与欧盟的关系

虽然瑞士在冷战中强调其永久中立立场，并拒绝参加任何有关的军事、政治组织，但是按照瑞士对外交政策的实际执行情况和国民的心理意识，瑞士仍牢牢地根植于西方阵营。1947年瑞士参加在巴黎召开的欧洲重建会议，即马歇尔计划。1948年瑞士参加欧洲经济合作组织。该组织的目标是推进欧洲自由贸易，引入统一的结算体系以帮助实施马歇尔计划。

从地理环境看，瑞士周围环绕着欧盟国家，人员流动和货物流通必定穿越欧盟大门。从经济角度看，瑞士出口产品约2/3输往欧盟成员国，而进口产品则近4/5来源于欧盟成员国。瑞士对外直接投资的最大地区是欧盟，而在瑞士的外国直接投资的64%来自欧盟成员国。正因如此，瑞士极其重视与欧盟的关系，将瑞欧关系称为"特殊关系"，并视其为瑞士外交的重中之重。

一 冷战期间与欧盟的关系

瑞士与欧盟的广泛和深入的合作由来已久，地理上位于欧盟国家之间的瑞士与欧盟国家拥有共同的文化和语言。瑞士与欧盟国家签署了大量的协定来规范彼此的关系，任何其他国家与欧盟的协议都无法与之相比。

瑞士与欧盟的第一份协议最早可以追溯到1956年欧洲煤钢共同体时代，欧洲经济共同体（欧盟的前身）以及欧洲煤钢共同体分别与瑞士联邦就工业产品自由贸易区的相关事宜达成协议。1967年6月29日在日内瓦，欧洲经济共同体与瑞士签署了有关奶酪制品的关税协议。该协议自1969年10月正式生效，并于1987年被进一步修订。同年，欧洲经济共同体及其成员国还与瑞士联邦就有关钟表工业制品的相关事宜达成协议。1972年，欧洲经济共同体与瑞士联邦达成一系列协定，包括相关产品待遇问题公约、相关产品的特殊约定（包括农产品成本差异问题）的公约、有关源产品概念以及经营合作的公约、与爱尔兰有关的相关条款的公约以及瑞士进口产品的相关规定等5项公约。这些公约随着瑞士与欧盟关系的不断发展而被多次修订。瑞士虽然不是欧洲自由贸易联盟的成员国，但由于欧洲经济共同体的不断发展，瑞士与欧洲经济共同体在1972年12月3日签订了瑞士参加共同市场工业产品的自由贸易协定。根据这个协定，瑞士分5个阶段削减进口关税，每一阶段减少20%，从1973年4月1日起，至1977年7月1日完成。那时，瑞士与欧洲经济共同体国家已经实现工业产品完全取消进口关税。但为了保护农业和加工工业，瑞士与欧共体的协定规定，当签约国遇到严重困难，或者在遇到一种严重的国际紧张趋势时，协议可以停止实施。

1974年，瑞士联邦委员会和煤钢共同体成员国政府以及煤钢共同体高级机构之间，就经过瑞士领土运输煤钢的铁路关税达成协议。1978年，欧洲原子能共同体与瑞士联邦在有关热核武器聚变和等离子物理学领域内合作达成协议。同年，瑞士联邦与欧洲经济共同体就希腊共和国加入共同体的相关事宜签署附加公约。1984 年，欧洲经济共同体与瑞士联邦以交换信函的方式，确定欧共体成员国负责预防诈骗的机构和瑞士相关机构在这一领域的直接合作。1985 年，欧洲经济共同体与瑞士联邦就科学技术领域的合作达成框架协议。1987 年，瑞士与欧洲经济共同体、奥地利、芬兰、冰岛、瑞典、挪威等就简化商品贸易形式达成公约。同年，欧洲经济共同体与瑞士联邦以相互交换信函的方式，就协议所未涉及的农产品和加工农产品等问题达成协议。1988 年，欧洲经济共同体和瑞士联邦就林业领域内的研究和发展达成合作协议。1990 年欧洲经济共同体与瑞士联邦就简化货物运输的审查程序和形式达成协议。

由上可以看出，冷战期间瑞士与欧盟国家的关系主要是通过签署涉及各领域的协定而不断发展的。但由于其终究不是欧盟的成员国，因此不能享受欧盟自由贸易政策的优惠，这致使其出口受到很大限制，经济发展受到严重影响。

二 冷战后与欧盟的关系

严峻的现实促使瑞士政府和人民越来越认识到，加强与欧盟的双边关系是刻不容缓的事情。1992 年 6 月瑞士就曾提出加入欧盟的申请，但1992 年年底进行的全民投票否决了瑞士加入欧洲经济区，致使瑞士政府不得不冻结加入欧盟的申请。为推进与欧盟的关系，瑞士于 1993 年 2 月向欧盟提出开始双方部门间合作谈判的要求，经过 5 年的努力，1998 年年底瑞士与欧盟终于达成双边协议。双边协议包括人员自由流动、陆运、空运、科研、农业、公共市场和贸易等 7 个方面，其主要内容是：双方公民自由流动择业；瑞士放宽对欧盟过境载重货车的吨位限制；瑞士航空公司与欧盟各航空公司享有相同待遇；瑞士平等地参加欧盟的科研计划与项目；双方农产品自由流通；相互开放公共市场；消除贸易障碍，简化海关手续等。

2000 年 5 月 21 日，瑞士就该国与欧盟签订的双边协议举行全国公民投票，结果 67.2% 的公民投了赞成票。在 7 项双边协议中，人员自由流动备受关注。协议规定，居住在边境的居民每天越过边境到邻国工作将不必再每天返回其主要住所，而只需每周返回一次。他们的通行证有效期限从 1 年延长到 5 年，前 5 年内在邻国边境地区更换工作，之后可在邻国的全国各地更换工作；到 2004 年 6 月，欧盟的就业市场向瑞士人开放，承认其文凭并给予其居留权；欧盟国家的公民在前 5 年内只能在限额范围内获得瑞士的工作许可证，并于 2007 年取消这一限额。由欧盟企业派到瑞士工作的职员将接受瑞士的工资标准和工作条件。

瑞士政府对公投的结果表示满意，认为它标志着瑞士与欧盟的关系进入了新的发展阶段。欧盟各国对瑞士向欧盟靠近的投票结果也普遍表示欢迎。不可否认，这次公投结果对瑞士有很大的积极意义，它使瑞士向欧盟又靠近了一步。之后，瑞士着手研究与欧盟之间在资本和服务领域自由流通的第二个"双边协议"问题，一步步朝着最终加入欧盟的方向努力。

这次瑞士对双边协议的公投能获通过的主要原因是：①它可给瑞士带来长远的经济效益。瑞士不仅能吸收欧盟的高科技人才，还可开拓欧盟 11500 亿瑞郎的公共市场，使瑞士国民生产总值增加 2 个百分点。②"协议"有一些"伴随措施"和分阶段实施的"过渡期"，保证了瑞士的权益，使大部分瑞士人易于接受。如为防止外籍工人过多流入瑞士造成社会倾销现象，陆运协议分 5 个阶段实施。③双边协议是一个相关部门间的经济协议，不涉及修改宪法，公决时也不需要"双重多数"通过，简单多数即可。④政府进行了长期、广泛的宣传和舆论动员，使瑞士人认识到适时通过双边协议的重要性。从总体看，瑞士与欧盟双边协议的实施不仅巩固了瑞士的经济地位，也增强了瑞士企业的竞争力。虽然在协议实施的过程中，瑞士的一些部门、企业会受到较大冲击和改组，但加强与欧盟的经济合作是瑞士发展经济最为现实的政策。

2001 年 6 月，瑞士与欧盟之间启动第二轮双边谈判：主要议题涉及首轮谈判中遗留下来的问题，如服务业问题、加工农产品问题、养老金问题等。2002 年下半年，谈判进展顺利，在加工农产品、传媒、统计、环保、养老金以及职业和青年教育培训等方面先后达成了共识，在《都柏林公约》和《申根协定》，以及反走私谈判等方面也取得了很大的进展。

2003 年 3 月，瑞士与欧盟继续进行谈判，双方在服务贸易、邮电及电信市场开放、反洗钱等方面仍存在较大分歧。在司法互助、反洗钱等问题上，瑞士坚持尊重本国现行司法原则的立场；而在电信市场问题上，由于瑞士全民投票否决了政府提出的《电信市场法》，双边谈判也面临困难。与欧盟东扩相关的问题是 2003 年瑞士与欧盟谈判的重要内容。瑞士政府对东扩采取了乐观的态度，认为它将给瑞士增加近 1 亿人的巨大市场。据官方统计，从 1999/2000 年度开始，瑞士对东欧候选国的出口额以每年 11% 的速度增长；从 2005 年到 2010 年，瑞士经济有望因此每年增长 0.25% ~ 0.5%。由于 2002 年 6 月瑞士已经与 15 个欧盟成员国达成人员自由流动的协议，东扩带来的人员流动问题成为关键议题。2003 年 9 月，瑞士和欧盟谈判后发表声明，表示愿意尽快放松对新成员国公民在瑞工作的限制；从 2004 年 6 月 1 日开始，新成员国公民将可以自由进入瑞士工作。但为防止"社会倾销"的出现，瑞士政府在工资标准、工作条件和工作时数等方面采取了一系列限制性措施。按照当时的安排，瑞士在 2004 年 5 月 31 日以前仍维持原有的工作许可证和工资检查制度，到 2007 年 5 月 31 日才完全取消对外籍劳工的配额限制。

虽然 2003 年双方在谈判过程中存在很多分歧，但是经过双方的共同努力，终于在 2004 年 10 月 26 日于卢森堡召开的欧盟司法与内政事务部长会议上签署了包括《申根协定》在内的 9 项双边协议。这一系列协议旨在为双边人员、资金、服务往来提供更多便利，从而更进一步增加双边贸易。欧盟轮值主席国荷兰司法大臣皮特·海因·唐纳、瑞士联邦主席约瑟夫·戴斯和瑞士外交部部长米舍利娜·卡尔米－雷在协议上签字。这 9 项协议涉及储蓄税、打击诈骗、人员往来、避难申请、农产品、数字统计、媒体培训、环境等内容。根据双方签署的《申根协定》内容，瑞士方面一旦批准这一协定并采取相关边防措施，其将成为《申根协定》国家，欧盟和瑞士双方公民将可以自由往来。根据双方签署的有关所得税协议，瑞士从 2005 年 7 月 1 日起采取欧盟储蓄税条例规定的相关措施，其中包括将欧盟成员国公民在瑞士银行存款的部分利息返还给欧盟成员国和在骗税案件方面进行信息交流等。但瑞士方面提出的前提是继续保留个人储蓄信息。参加会议和签字仪式的一名欧盟官员表示欧盟与瑞士签署上述协议，标志着欧盟与瑞士的双边合作进入了一个新阶段。他还说，今后双方将继续就边境管理和金融贸易信息往来加强合作。

此外，瑞士还与欧盟在经济之外的领域展开有效的合作。2004 年 9 月 24 日，瑞士联邦警察局与欧洲刑警组织在瑞士首都伯尔尼正式签署了警务合作协定，以加强双方之间的信息交流，更有力地打击跨国犯罪。瑞士与欧盟一致认为，对付跨国犯罪的唯一有效办法就是联手合作。为此，双方将重点加强在反恐、打击非法移民、贩卖人口以及走私毒品等方面的合作。根据协定，瑞士派警官常驻欧洲刑警组织总部，专门负责信息交流。

2008 年 12 月，瑞士正式加入《申根协定》，成为该协定第 27 个成员国和第 3 个非欧盟成员国。根据协定，瑞士于 2008 年 12 月 12 日开放与申根国家的陆路边境；于 2009 年 3 月 29 日开放航空边境。2009 年，瑞士加入欧盟对外边境行动署，并与欧盟草签了教育合作协定，还通过全民公投支持将瑞欧人员自由流动协定永久化，并将该协定的适用范围扩大到保加利亚和罗马尼亚。2010 年，瑞士政府发表《瑞欧关系审议报告》。报告认为，通过分析瑞士的欧盟政策目标，以及评估发展瑞欧关系的可选择模式及其利弊，目前发展瑞欧关系的最佳选择仍然是走"双边道路"。

三 加入欧盟的问题

瑞士联邦政府在其 2000 年的外交政策报告中曾经将瑞士入盟作为其长期目标。联邦政府确信从长远来看，瑞士入盟将能够更加有效地保护其利益，并且进一步认为在今天的世界，很多问题都不能由单个国家独自解决，而只能联合起来共同解决。不过，对于当时的瑞士联邦政府来说，真正开始入盟谈判还需要满足一定的前提条件，加入欧盟不宜操之过急。任何急于求成的做法都不符合瑞士的文化以及其政治决策机制程序。这些前提条件，首先是瑞士应该着眼于 1999 年与欧盟的 7 项双边协定的实际执行情况，在获得与欧盟合作经验的基础之上，才能考虑入盟的谈判问题。其次必须清楚地认识到瑞士加入欧盟以后对于其国内的一些重要领域的影响，尤其是对联邦性质、直接民主、经济与货币政策、农业政策以及移民政策等领域的影响。最后，入盟最重要的是赢得广泛的国内支持。

由上述分析可以看出，瑞士入盟受到瑞士国内政治，以及欧盟各国与瑞士在有关各方共同关心的政策领域是否能够达成一致等因素的影响。瑞士历史上曾经就瑞士与欧洲的关系进行过多次全民公投，结果皆不尽如人意。1992 年，瑞士曾举行全民公决，否决了政府加入欧洲经济区的提议。2000 年 5 月 21 日的全民公投虽通过了"双边协议"，但参加投票的比例并不算高，只有 47.8% 的人参加了投票，而且提契诺州和施维茨州的赞成票没有过半数。2001 年 3 月 9 日，瑞士就"立即谈判加入欧盟"举行全民投票，结果该倡议以 23.3% 票赞成、76.7% 票反对的结果被否决，支持率比预计的 35% 低了近 12 个百分点。尤其令人感到意外的是，一向支持瑞士对外开放的 6 个法语州这次也一致否决了该倡议。这样，瑞士 26 个州全部否决了"立即谈判加入欧盟"的倡议，瑞士加入欧盟的进程受挫。在近些年相关的全民公决中，大多数瑞士民众认为加入欧盟弊大于利，因而投了反对票。另外，在 2003 年 10 月举行的议会选举中，右翼的瑞士人民党大获全胜，成为瑞士议会第一大党。瑞士右翼党派一直坚持严格控制外国移民，反对融入欧洲；入盟没有任何好处，只会使瑞士失去自由和独立，失去瑞士传统的直接民主和中立。

《银行保密法》问题历来是瑞士与欧盟关系中的一大难题，2003 年双方在这方面取得了重要进展。欧盟计划从 2011 年开始在成员国之间实行"统一的储蓄存款利息税征收制度"，以便避免成员国公民跨国存款造成的利息税流失。显然，没有金融强国瑞士的配合，该计划很难收到应有的效果。长期以来，瑞士坚持在银行保密方面不做让步，双方的谈判屡次无果而终。2002 年 9 月，欧盟外长会议表示，只要能在储蓄存款征税问题上找到解决办法，欧盟与瑞士之间的其他各项谈判就都能顺利推进。在这一积极表态的推动下，双方的谈判取得了很大的突破。12 月初，瑞士方面承诺，在调查与"税务欺诈"有关的案件时，瑞士愿意提供相关的银行信息；以前瑞士坚持通过司法程序披露银行信息，而现在则接受了通过行政渠道披露信息的可能性。2003 年 3 月，瑞士与欧盟委员会就储蓄存款征税达成一项协议，该协议提出的"代扣源泉税"的建议朝着满足欧盟要求的方向迈出了决定性的一步。但是在 2004 年 10 月双方签署的包括《申根协定》在内的 9 项双边协议中，瑞士的《银行保密法》仍然得以保留。作为瑞士银行业立业之本的《银行保密法》虽然给瑞士经济带来了长久繁荣，但也招致邻国财税当局的强烈不满，而且不利于欧盟委员会筹划的税收信息共享机制的形成。根据欧盟的规划，欧洲将建立一个更统一的泛欧财税系统，从而在欧盟内部杜绝偷漏税、洗黑钱等非法活动。但卢森堡、摩纳哥、列支敦士登等国均以瑞士存在《银行保密法》为由，拒绝废除或改革本国的银行保密制度。随着欧洲一体化进程的加快，瑞士的银行保密制度和欧盟税收发展计划间的不协调越发明显，这将是瑞士入盟的又一障碍。总之，对瑞士政府来说，加入欧盟的确是任重道远。

第五节 与中国的关系

瑞士与中国的关系有着悠久的历史。很早以前瑞士就用"丝绸之路"运来的中国生丝制成丝织品。以前人们只知道瑞士的钟表很有名，但是在瑞士的山堡钟表博物馆，人们可以看到一个中国 18 世纪的"火钟"。这些都表明瑞士与中国的文化交流源远流长。

新中国成立以后，瑞士虽然是西欧国家，但是其中立政策使其并没有参与以美国为首的封锁和遏制中国的西方集团。它是西欧国家中率先与中国建立正式官方关系的国家之一。1950 年 1 月 17 日，瑞士联邦议会承认了中华人民共和国政府。同年 9 月 14 日，瑞士与中国建立外交关系。当今世界所发生的变化是当时很少有人能意料到的。中国已成为政治上具有影响的大国，也成为世界经济中的重要因素。而瑞士，在可谓多事之秋的半个世纪中，更加繁荣昌盛，同时，也重新审视了自己的中立政策和在世界经济大家庭中的地位。

在过去的几十年里，特别是自中国实行改革开放政策以来，瑞士与中华人民共和国的关系全面而稳步地发展，两国民间的友好往来得到大力推动。瑞士是中国在西欧的重要合作伙伴，瑞中关系在双方的对外关系中均占有相当重要的地位。瑞中建交以来，双边友好合作关系的发展从整体上讲是比较好的，特别是进入 20 世纪 90 年代以来，高层往来日益增多，这些互访对增进相互了解、促进双方友好交流与合作关系的发展起到了积极的推动作用，瑞中两国的经贸合作更加迅速发展。

一　外交政策主张的共同点

瑞士外交政策的中立性使得它在为世界服务的同时，与不同制度、不同意识形态和不同宗教信仰的国家保持着不分亲疏的外交关系。这种外交政策的出发点体现了瑞士外交政策对多样化世界的包容，而这种包容也是中国外交政策的基本出发点。早在 1955 年，中国总理周恩来在印度尼西亚万隆参加亚非会议时，提出了著名的"求同存异"的主张。求同存异的外交主张以及中国和平共处五项原则，是中国关于国与国之间关系的行为准则，就其实质来说，也是强调外交政策中的包容性，强调尊重不同的文化和价值观，主张国家无论大小，其国际地位一律平等，大国不能自恃强大，漠视小国的利益。这些主张代表了小国的心声，当然也反映了瑞士的诉求。前述的有关瑞士外交政策的溯源和发展清楚地表明，瑞士的中立外交政策在很大程度上是为了在大国谋求霸权的情况下，保护自己利益的最佳选择。由此可见，瑞中两国在国际舞台上有着很大的合作空间。

在关于世界秩序的问题上，瑞中两国都反对大国的霸权，主张在各国相互理解和尊重的前提下建立稳定、和平、公正、合理的世界秩序，包括建立平等互利的国际经济新秩序；主张大、小国家都拥有参与国际经济机制决策过程的权利，反对大国在国际经济事务上的垄断。在维护和促进世界和平方面，两国都主张利用国际机制，和平解决国际争端，反对任何形式的单边主义和以暴制暴的行动。就当前全世界面临的反对恐怖主义的问题来说，两国的基本主张也表现出一致性。瑞中两国都认为不能把恐怖主义与某种宗教和文化相联系，更不能借反恐之名谋求实现本国利益而违背联合国宪章的基本原则。

二 政治关系的发展

新中国成立以来，1950 年 9 月瑞士与中国建交，互设公使馆。1956 年和 1957 年两国分别把公使馆升格为大使馆。

1953 年，中国同意瑞士担任"朝鲜停战中立国监督委员会"成员。1954 年，中华人民共和国国务院总理周恩来参加了在日内瓦召开的关于印度支那问题的和平会议，其间访问了瑞士联邦政府，并应邀在联邦议会发表讲话。1960 年周恩来出席瑞士驻华使馆的国庆招待会，赞扬瑞士奉行的中立外交政策。1961 年中华人民共和国国务院副总理陈毅出席老挝问题日内瓦会议时拜会了瑞士联邦主席。在西藏问题和中印边界事件以前，两国关系发展正常。

从 1970 年开始，两国友好关系又逐渐向前发展。两国政府和人民之间的往来不断增加。两国贸易、科技和文化交流有了更多的发展：1973 年瑞士与中国签订《民用航空运输协定》；1974 年瑞士在北京举办工业技术展览会；瑞士政治部部长格拉贝尔率瑞士政府代表团正式访华；1974 年瑞中贸易协定签订；中国参加洛桑博览会和巴塞尔博览会，都是双方友好往来的显著表现；1975 首次开通苏黎世—北京直达航线，同年瑞士联邦委员兼交通动力部部长里恰德访问中国；1978 中华人民共和国国务院副总理谷牧访问瑞士。

自 20 世纪 80 年代以来，两国的高层不断进行互访，加深沟通和理解。1985 年，中国全国人大常委会副委员长廖汉生率人大代表团访问瑞士。1986 年瑞士联邦委员会副主席兼外长奥贝尔访问中国。1987 年中国国务委员兼外交部部长吴学谦访问瑞士。

1989 年 6 月之后，瑞中两国的关系出现了两年的停滞。后于 1991 年，瑞中两国建立人权对话。在此之后，两国的高层互访逐渐恢复。1992 年中华人民共和国国务院总理李鹏访问瑞士，1994 年中国全国人大常委会委员长乔石以及国防部部长迟浩田访问瑞士。1995 年中华人民共和国国务院副总理朱镕基访问瑞士，瑞士联邦委员兼外长弗拉维奥·科蒂访问中国。同年对中国进行访问的还有瑞士议会代表团，瑞士联邦委员会副主

席兼经济部部长让 – 巴斯卡尔·德拉姆拉。1996 年中国人民政治协商会议全国委员会主席李瑞环和瑞士联邦主席让 – 巴斯卡尔·德拉姆拉进行了互访。1998 年中华人民共和国国务院副总理李岚清访问瑞士，瑞士联邦委员兼国防部部长阿道夫·奥吉访问中国。1999 年 3 月 25～27 日中华人民共和国国家主席江泽民访问瑞士。2000 年中华人民共和国国务院副总理吴邦国以及温家宝分别对瑞士进行了访问；同年 9 月 13～15 日瑞士联邦主席阿道夫·奥吉再次访问中国并庆祝瑞中两国建交 50 周年。2002 年 6 月，中共中央政治局候补委员、中央书记处书记曾庆红访问瑞士，双方签署了《中瑞两国政府管理培训项目技术合作的谅解备忘录》。2003 年 4 月，瑞士联邦委员兼国防部部长施密德访华；5 月，瑞士联邦委员兼外长卡尔米·雷伊女士访华；6 月，中华人民共和国国家主席胡锦涛出席南北领导人非正式对话会议经停瑞士，并与瑞士联邦主席库什潘举行会晤。2008 年 8 月，瑞士联邦主席兼内政部部长库什潘来华出席北京奥运会开幕式。2009 年 1 月，中华人民共和国国务院总理温家宝出席达沃斯世界经济论坛年会并正式访问瑞士。2010 年 7 月中国全国人大常委会委员长吴邦国对瑞士进行正式友好访问；8 月瑞士联邦主席多丽丝·洛伊特哈德正式访问中国，会见了中国国家主席胡锦涛。2013 年 5 月，中国国务院总理李克强对瑞士进行正式访问，有效推动了两国自由贸易协定的正式签署。2013 年 7 月，中国国家主席习近平在北京会见了来华出席 2013 年生态文明贵阳国际论坛的瑞士联邦主席毛雷尔。

三　经济贸易往来

1974 年 12 月，瑞士与中国签订贸易协定并成立了两国贸易混合委员会。1979 年瑞士政府给予中国普惠制待遇。但是总体来看，20 世纪 80 年代以前，两国年进出口贸易总额不足 3 亿瑞郎。中国对瑞士年出口额在 1 亿瑞郎以下。主要出口产品为原材料和初级产品，制成品出口几乎为零。20 世纪最后 10 年，两国进出口贸易总额翻了两番，年均呈两位数增长。自 2002 年以来，全球经济陷入衰退，波及瑞士经济，受此负面影响，瑞士国内消费市场很不景气，中国对瑞出口因而呈微降之态，但总体发展趋势良好。随着中国加入世界贸易组织，瑞中双边经贸关系得到进一步的巩固与发展。2013 年 7 月，瑞士与中国正式签署了双边自由贸易协定，为两国经济贸易关系的深化与发展注入了新的动力与活力。

双边贸易方面，瑞士是中国在西欧除欧盟以外最大的贸易伙伴。2002 年两国双边贸易额为 26.7 亿美元，同比增长 12.3%。中国进口以机械电子、化工医药等产品为主；出口以初级加工产品和原材料为主，后来制成品出口比重不断增加，主要有纺织、机电、化工等产品。2008 年，瑞士与中国的双边贸易额为 112.5 亿美元，同比增长 15.1%。其中中国出口额 39 亿美元，同比增长 8.4%；进口额 73.5 亿美元，同比增长 25.7%。2009 年双边贸易额为 95.6 亿美元，同比下降 15.0%。其中中国出口额 26.6 亿美元，下降 31.8%；中国进口额 69 亿美元，下降 6.1%。2012 年瑞士与中国的双边贸易额达 263.1 亿美元。2014 年 1～11 月，瑞士与中国的双边货物进出口额为 213.2 亿美元，其中，瑞士对中国出口 90.6 亿美元，占瑞士出口总额的 4.1%；瑞士自中国进口 122.6 亿美元，占瑞士进口总额的 6.5%。中国是瑞士第六大出口市场和第四大进口来源地。

财政合作方面，1984 年、1987 年、1991 年和 1995 年，中国政府与瑞士政府分别签订四笔混合贷款协议，金额总计 3.5 亿瑞士法郎，用于 50 多个项目。2002 年 6 月，双方签署了《中瑞环保项目混合融资备忘录》。1996 年 10 月，两国政府签署了《关于建立中瑞合资企业项目融资基金的谅解备忘录》，1998 年 1 月"中瑞合作基金"正式成立，旨在为两国中小企业间的合资项目和其他形式的合作提供融资支持。

对华投资方面，瑞士 1982 年开始在华投资，中国批准成立的第一家中外合资工业企业就是中瑞合资迅达电梯有限公司。截至 2010 年年底，中国累计批准瑞士在华投资项目 1301 个，实际利用瑞资 36.2 亿美元。瑞士在华投资项目主要集中在电气、机械、医药化工、食品等领域，投资区域主要在沿海城市和经济特区。

金融合作方面，2003 年 5 月，中国证监会与瑞士联邦银行委员会签署了《证券监管合作谅解备忘录》。目前，瑞士共有 4 家银行（瑞士信贷第一波士顿银行、瑞士银行、瑞士苏黎世州银行和瑞士欧洲金融银行集团）和 3 家保险公司（丰泰保险公司、苏黎世保险公司和瑞士再保险公司）在中国共设立了 15 家代表处和 4 家营业性分支机构。瑞士丰泰保险公司是第一家获准在华设立营业性机构的欧洲保险公司。2008 年中国银行曾在日内瓦成立分行，4 年后撤销。2015 年 4 月，中国建设银行向瑞士申请银行执照，计划在苏黎世设立分支机构，瑞士方面也希望吸引一家中资银行，以帮助瑞士成为中国主要人民币交易中心。

2013 年两国建立金融对话机制，已举行了两轮金融对话。2014 年 7 月两国中央银行签署了规模为 1500 亿人民币/210 亿瑞士法郎的双边本币互换协议。2015 年 1 月，两国中央银行签署合作备忘录，并同意将人民币合格境外机构投资者（RQFII）试关地区扩大到瑞士，投资额度为 500 亿人民币。

技术合作方面，瑞士是中国引进技术主要来源国之一。1979～2002 年，中国同瑞士累计签订 950 项技术引进合同，合同金额 21.15 亿美元。截至 2010 年年底，中国累计批准从瑞士技术引进合同 2040 个，金额约为 49.2 亿美元。

展望未来，瑞中经贸关系发展仍有潜力可挖，双方加强友好合作具有许多有利条件。中国和瑞士在促进经济共同发展等方面，有着广泛的共同利益。中国作为世界上最大的发展中国家，有着丰富的人力资源和广阔的市场，瑞士作为发达工业国家，拥有雄厚的资金和先进的技术，双方在经贸等领域的合作具有很强的互补性。

四　文化交流与合作

近年来，瑞中两国文化交流不断扩大，两国的文艺演出团体如芭蕾舞团、交响乐团、戏剧团体等进行互访演出。双方还举办了旅游、绘画、电影和艺术等交流展览。此外，民间友好组织和学术团体交流日趋活跃。1998 年 11 月 25 日，瑞中首次联合发行邮票。1999 年 3 月，两国政府签署了《中瑞文化合作意向声明》。2005 年 8 月，中国首次作为主宾国参加瑞士日内瓦节。自 2006 年起，瑞士与中国多次联合举办卢塞恩中国新春音乐会。2008 年 11 月，瑞士爱瑞文化基金会与中瑞文化机构和高等院校合作，在两国多个城市举办为期两年的文化推介活动，以进一步深化两国文化交流。2009 年瑞士弗里堡岚德威军乐团赴华巡回演出。

2010 年，在瑞士与中国建交 60 周年之际，两国举办了一系列文化交流活动。"感知中国·日内瓦行"活动在日内瓦举行。"文化风景线艺术节·中国主宾国"活动在巴塞尔举办，中国国家主席胡锦涛亲致贺信。瑞士在华举办了"东西合璧的剪纸艺术展"和"幸福 60 年摄影展"。瑞士驻华使馆、瑞士国家形象委员会和瑞士联邦教育科研国务秘书处主办的"阿尔伯特·爱因斯坦展"在北京中国科学技术馆展出。

教育交流方面，中国自 1978 年开始向瑞士派留学人员，中国自 1963 年开始接受瑞士留学人员。瑞士 2 所联邦高工和 8 所州立大学与中国的十余所院校及科研单位建立了 18 项交流与合作项目。1999 年 3 月，两国政府签署《中瑞高等教育交流合作意向书》，双方于 2002 年将该意向书有效期延长至 2005 年。2004 年 1 月，双方签署了《关于在中国公共领域进行中瑞合作管理培训项目技术合作的协议》。2006 年 10 月，双方签署《中瑞 2006 ~ 2008 高等教育合作备忘录》。自 1985 年以来，瑞士有 6 所大学先后与中国有关大学和科研机构签署了校际交流协议或科研合作协议。

瑞士研究中心于 1987 年成立，是在北京外国语大学、瑞士文化基金会和瑞士大学校长联席会议的共同努力下创建的。瑞士研究中心设在北京外国语大学法语系，拥有德、法、意、列托 - 罗曼什、汉语藏书 6000 多册，德、法语报纸杂志 29 种，以及音像、图片资料，主要由瑞士文化基金会提供，还包括瑞士驻华使馆和瑞中各方人士的赠书。瑞士研究中心的宗旨在于为中国公众提供关于瑞士各方面的信息，介绍瑞士文化及社会形态，推动和促进瑞士与中国的文化交流与合作。

科技交流方面，1989 年 2 月，两国政府签署《中瑞科技合作协定》，正式建立了两国政府间的科技合作关系。1995 年 4 月，中国国家科委同瑞士国家科研基金会签署《科技合作备忘录》。2003 年 11 月，双方签署《中瑞科研合作谅解备忘录》，在民间科技合作与交流方面，两国有关对口部门签署了一系列合作协议，开展多种合作活动。2007 年 4 月，两国签署联合声明，确定将合作实施《2008 ~ 2011 年科技合作备忘录》。2008

年 8 月，瑞士科学院在上海设立其第四家海外分院。11 月，两国签署《中瑞科技合作联合声明》。2009 年 4 月，瑞中签署在水资源可持续利用和自然灾害防治领域的合作协议。

旅游合作方面，1998 年 1 月，中国国家旅游局与瑞士国家旅游局签署了《中瑞旅游合作谅解备忘录》。1998 年 5 月，中国国家旅游局在瑞士苏黎世开设旅游办事处。1999 年 3 月，瑞士国家旅游局北京办事处成立。2001 年 11 月，瑞士马特洪峰与中国云南玉龙雪山结为姊妹峰。2002 年 7 月，瑞士少女峰与中国安徽黄山结为姊妹峰。2004 年 6 月，瑞士联邦经济总局代表瑞士联邦委员会与中国国家旅游局签署《关于中国旅游团队赴瑞士旅游及相关事宜的谅解备忘录（旅游目的地国）》，于同年 9 月 1 日生效。

回顾瑞士中立外交历史沿革，分析瑞士作为中立国在世界舞台上与重要的国际组织、主要国家行为体之间的关系，我们可以看到，瑞士的外交中立政策在促进国际社会合作和多边国际机制的形成过程中发挥了极其重要的作用，最大限度地、有效地维护了瑞士的国家利益。瑞士的外交政策在可预见的将来不会发生根本性的改变，它的任何调整都会服务于这一目标。

大事纪年

公元前 58 ~ 公元 400 年	罗马人统治瑞士时期。
公元 500 ~ 600 年	公民迁居。日耳曼人（勃艮第人及阿勒曼尼人）生活在瑞士。
1291 年	老三州乌里、施维茨和翁特瓦尔登结成联盟，开启了瑞士联邦的历史。
1315 年	莫加尔滕战役中，三州联盟击败了哈布斯堡家族的军队。
1460 年	瑞士第一所大学巴塞尔大学建立。
1516 年	与法国签订永久和约。开始实行中立政策。
1519 年	茨温利在苏黎世发起宗教改革。瑞士各州分为天主教及改革教会州。
1536 年	日内瓦开始宗教改革。加尔文到达日内瓦。
1648 年	威斯特伐利亚和约。瑞士脱离神圣罗马帝国，取得独立地位。
1798 年	拿破仑占领瑞士。瑞士联盟解体。
1803 年	拿破仑颁布"调解法令"。瑞士逐渐形成一些新州，这些新州加入瑞士联合体。
1815 年	维也纳会议宣布瑞士永久中立。
1818 年	统一的邦联军队建立。
1833 年	苏黎世大学建立。
1834 年	伯尔尼大学建立。伯尔尼建立瑞士第一家州

立银行。

1848 年	瑞士成为联邦国家，通过联邦宪法。伯尔尼定为首都。瑞士统一的经济区域形成。推广国家社会保险制度。联邦国家均衡了中央集权及州自立的矛盾。开始实行男性公民的投票及选举权。
1864 年	国际红十字会组织在日内瓦成立。
1874 年	开始实行"公民投票"权利。万国邮政同盟在日内瓦建立。
1876 年	联邦保护森林法制定。
1880 年	瑞士工会成立。
1882 年	圣哥达隧道开通。
1888 年	瑞士社会民主党成立。
1891 年	开始实行"公民倡议"权利。
1897 年	瑞士农民联合会成立。
1905 年	因斯坦在伯尔尼发表"狭义相对论"论文。
1907 年	瑞士国家银行成立。
1919 年	国际联盟在日内瓦成立。
1920 年	瑞士加入国际联盟。
1946 年	与苏联恢复外交关系。放弃在中国的领事裁判权及其他特权。
1950 年	瑞士联邦与中华人民共和国建立外交关系。
1952 年	瑞士国家基金会成立。
1953 年	瑞士担任"朝鲜停战中立国监督委员会"的委员。
1954 年	中华人民共和国总理周恩来访问日内瓦和伯尔尼。
1960 年	瑞士加入欧洲自由贸易联盟。
1961 年	中华人民共和国副总理陈毅访问日内瓦和伯尔尼。

1963 年	瑞士加入欧洲议会。
1966 年	瑞士成为关税与贸易总协定的成员。
1971 年	开始实行女性公民投票及选举权。
1972 年	瑞士与欧洲经济共同体签订自由贸易协议。
1973 年	瑞士与中国签订民航协定。
1974 年	瑞士联邦委员兼交通运输能源部长威利·理查德访华。瑞士与中国签订贸易协定。
1975 年	瑞士加入欧洲安全与合作组织。
1980 年	瑞中经济协会成立。
1984 年	瑞士与中国签订第一个财政合作协定，总额为 8000 万瑞郎。
1987 年	瑞士与中国签订双边投资保护协定。瑞士与中国签订第二个财政合作协定，总额为 1 亿瑞郎。
1991 年	瑞士与中国互免双重所得税协定开始生效。瑞士与中国签订第三个财政合作协定，总额为 1.1 亿瑞郎。瑞士与中国展开人权对话。
1992 年	瑞士加入国际货币基金组织和世界银行。中华人民共和国总理李鹏访问瑞士。
1995 年	瑞士议会议长率国民议会代表团访问中国。瑞士与中国签订第四个财政合作协定，总额为 4000 万瑞郎。
1996 年	中国全国政协主席李瑞环访问瑞士。
1997 年	瑞士与中国正式建立瑞中合作基金。
1998 年	瑞士与中国签订旅游合作备忘录。瑞士在北京，中国在苏黎世互设旅游办事处。
1999 年	修改联邦宪法。中国国家主席江泽民访问瑞士。瑞士与中国签订文化交流备忘录、教育合作备忘录。

2002 年	瑞士加入联合国。瑞士与欧盟第一个双边协定开始生效。
2004 年	瑞士与欧盟签署了包括《申根协定》在内的九项双边协定。
2008 年	瑞士正式加入《申根协定》。瑞士联邦主席兼内政部长帕斯卡尔·库什潘出席北京 2008 奥运会开幕式。瑞士与利比亚关系因卡扎菲幼子涉嫌虐仆遭瑞士警方拘禁而陷入僵局。
2009 年	中国国务院总理温家宝出席达沃斯世界经济论坛年会并正式访问瑞士。
2010 年	中国全国人大常委会委员长吴邦国访问瑞士。瑞士联邦主席多丽丝·洛伊特哈德访问中国。
2013 年	中国国务院总理李克强访问瑞士。瑞士与中华人民共和国签署自由贸易协定。中国国家主席习近平在北京会见来华出席 2013 年生态文明贵阳国际论坛的瑞士联邦主席毛雷尔。瑞士与美国签署关于在瑞士执行美国《海外账户纳税法案》协定和反避税协议。
2014 年	瑞士全民公投通过由人民党提出的"反对大规模移民法案"。瑞士与其他经合组织共同签署关于实施银行间自动交换信息的标准。

参考文献

一　中文文献

〔瑞士〕E. 邦儒尔:《瑞士简史》,南京大学历史系译,江苏人民出版社,1974。

《不列颠百科全书》(国际中文版),中国大百科全书出版社,1999。

陈卫佐:《瑞士国际私法法典研究》,法律出版社,1998。

《大美百科全书》,台北:光复书局,1990。

端木美:《瑞士文化和现代化》,辽海出版社,2000。

对外贸易经济合作部经贸政策和发展司等编《世界各国贸易和投资指南——欧洲自由贸易联盟分册》,经济管理出版社,1995。

郭宏安编选《姑娘·女人·影子——瑞士短篇小说选》,外国文学出版社,1991。

国家税务总局税收科学研究所编译《外国税制概览》(修订版),中国税务出版社,2004。

华长明主编《世界科技与研究机构指南》,科学技术文献出版社,1992。

黄宝生主编《世界文学》,1999 年第 5 期。

《简明大英百科全书》,台北:台湾中华书局,1989。

军事科学院《世界军事年鉴》编辑部编《世界军事年鉴 2000》,解放军出版社,2000。

〔瑞士〕勒维 (R. Levy):《瑞士的社会结构》,王步涛、钱秀文译,中国大百科全书出版社，1990。

李念培：《瑞士》，世界知识出版社，1990。

许颖之、王庆忠：《瑞士》，上海锦绣文章出版社，2010。

梁战平主编《各国科技要览：40个国家的科学技术》，科学技术文献出版社，1991。

刘军：《千面之国——告诉你一个真瑞士》，新华出版社，1999。

刘军、舒畅：《瑞士》，世界知识出版社，2002。

孟全生等编《中欧各国》，北京语言文化大学出版社，1998。

《世界经济年鉴》历年各卷，中国社会科学出版社。

《世界知识年鉴》历年各卷，世界知识出版社。

他石：《瑞士联邦700年：1291～1991》，中国国际广播出版社，1990。

王春法、于泽俊主编《世界企业500家》，兰州大学出版社、北京大学出版社，1997。

王建邦编《瑞士政府机构与公务员制度》，人民出版社，1984。

王纬、陆明珠：《瑞士》，上海辞书出版社，1980。

〔瑞士〕威廉·马丁、〔瑞士〕皮埃尔·贝津：《瑞士史》，李肇东等译，辽宁人民出版社，1989。

吴锡山主编《世界首脑大典》，当代世界出版社，2003。

《瑞士债法典》，吴兆祥、石佳友、孙淑妍译，法律出版社，2002。

吴志成：《当代各国政治体制德国和瑞士》，兰州大学出版社，1998。

张宏儒主编《20世纪世界各国大事全书》，北京出版社，1993。

中国社会科学院欧洲所、中国欧洲学会：历年《欧洲发展报告》，中国社会科学出版社、社会科学文献出版社。

中国社会科学院文献信息中心外事局编《世界社科机构指南》，社会科学文献出版社，1994。

中国驻瑞士大使馆经济商务参赞处编《瑞士经济》，中国对外经济贸易出版社，1999。

陈壮鹰：《瑞士的中立政策》，《国际观察》1994年第6期。

刘文立：《瑞士立国及中立溯源》，《中山大学学报》1994 年第 3 期。

柳利：《瑞士的教育》，《瑞士研究论文集》，北京外国语学院瑞士研究中心 1992。

王军：《以空军为核心重点发展瑞士将军队改造成像"枣核"一样》，《解放军报》2004 年 2 月 17 日。

王小刚：《2001 年瑞士科技发展综述》，《全球科技经济瞭望》2002 年第 5 期。

吴辉：《瑞士政党是如何执政的》，载林勋健主编《西方政党是如何执政的》，中共中央党校出版社，2002。

续建宜：《瑞士中立政策的历史与现状》，《解放军外国语学院学报》1995 年第 2 期。

杨民军：《瑞士兵役制度的特点》，《外国军事学术》1997 年第 3 期。

张林宏：《美国全球战略的源起和流变》，《国际政治》2003 年第 1 期。

二 外文文献

700 ans de santé en Suisse.

Barry Turner（Editor），*The Statesman's Yearbook 2005*，New York，2004.

Bundesamt fur Statistik，*Statistisches Jahrbuch der Schweiz/Annuaire statistique de la Suisse*，2000 – 2004，Verlag Neue Zurcher Zeitung.

Church，Clive H.，*The Politics and Government of Switzerland*，Palgrave Macmillan，2004.

DDPS Information Service，*Swiss Armed Forces 2004*，Berne，2004.

Dieter Fahrni，*An Outline History of Switzerland*，Pro Helvetia Documentation Information Press，2003.

Eugen Egger，*L'enseignement en Suisse*，Conférence Suisse des directeurs cantonaux d'instruction publique 1984.

Gerald Schneider，*Returning to Normalcy: an Introduction to Swiss*

Foreign Policy, Pro Helvetia Documentation Information Press, 1999.

Géorges Andrey, François de Capitani, Pierre Ducrey, *Nouvelle histoire de la suisse et des suisses*, Payot Lausanne, 1986.

Hotz Hart Beat, *Volkswirtschaft der Schweiz*, vdf Hochschulverlag AG an der ETH Zurich, 2001.

la Suisse, Kümmerly + Frey 2000/2001.

la Suisse, 2000 – 2004, Verlag Neue Zurcher Zeitung.

La Suisse vue par elle-même, 1992.

〈*l' HEBDO31*〉, Juillet 1991.

Linder, Wolf, *Swiss Democracy*, The Macamillan Press, 1994.

"Lorsque l'UE s'élargit, la Suisse en profite", *La Suisse et le monde*, 4/2003.

Monica Nestler, *L'éducation des adultes en Suisse*, Fondation suisse de la culture Pro Helvetia, 1984.

Oswald Sigg, *Political Switzerland*, Pro Helvetia Documentation Information Press, 1997.

Rene Levy, *The Social Strecture of Switzerland*, Pro Helvetia Documentation Information Press, 1998.

Switzerlangd in all its diversity 2003/2004, kummerly + Frey.

三 相关网站

http://www. bfs. admin. ch

http://www. parlament. ch

http://www. swisspolitics. org

http://www. ch. ch

http://www. fmprc. gov. cn/chn/wjb/zzjg/xos/gjlb/1892/default. htm

http://www. eda. admin. ch/eda/e/home. html

http://www. eda. admin. ch/eda/e/home/foreign. html

http://www. un. org/chinese/

http：//www. statistik. admin. ch

http：//www. seco. admin. ch

http：//www. blw. admin. ch/e

http：//www. swissinfo. org

索　引

后　记

在本书编写过程中，瑞士驻华大使馆、瑞士国家经济事务总局、瑞士投资促进局、瑞士国家统计局、瑞士国家旅游局北京办事处、中国瑞士商会、雀巢集团等机构和企业，以及瑞士研究中心在文献资料、统计数据、图片等方面提供了诸多帮助，在此一并表示衷心的感谢。

本书初版时作者分工如下：任丁秋编写第四章并对全书进行修改统稿；杨解朴编写第一章和第三章；肖石忠编写第五章；党英媚、任丁秋编写第二章和第六章；金玲编写第七章。本书 2012 年第二版和 2015 年第三版，均由肖石忠重新编写"军事"部分，任丁秋、杨解朴对其他部分进行了资料更新和修订补充。

编著者

2015 年 6 月

爱沙尼亚

安道尔

奥地利

白俄罗斯

保加利亚

比利时

冰岛

波黑

波兰

丹麦

德国

俄罗斯

法国

梵蒂冈

芬兰

荷兰

黑山

捷克

克罗地亚

拉脱维亚

立陶宛

列支敦士登

卢森堡

罗马尼亚

马耳他

马其顿

摩尔多瓦

摩纳哥

挪威

葡萄牙

瑞典

瑞士

塞尔维亚

圣马力诺

斯洛伐克

斯洛文尼亚

乌克兰

西班牙

希腊

匈牙利

意大利

英国

美洲

阿根廷

安提瓜和巴布达

巴巴多斯

巴哈马

巴拉圭

巴拿马

巴西

玻利维亚

伯利兹

多米尼加

多米尼克

厄瓜多尔

哥伦比亚

哥斯达黎加

格林纳达

古巴

圭亚那

海地

洪都拉斯

加拿大

美国

秘鲁

墨西哥

尼加拉瓜

萨尔瓦多

圣基茨和尼维斯

圣卢西亚

圣文森特和格林纳丁斯

苏里南

特立尼达和多巴哥

危地马拉

委内瑞拉

乌拉圭

牙买加

智利

大洋洲

澳大利亚

巴布亚新几内亚

斐济

基里巴斯

库克群岛

马绍尔群岛

密克罗尼西亚

瑙鲁

纽埃

帕劳

萨摩亚

所罗门群岛

汤加

图瓦卢

瓦努阿图

新西兰

GUIDE WORLD 列国志 数据库
NATIONS DATABASE
国别国际问题研究资讯平台

全部 图书 文章 文献资料 知识点 图表 图片 音频 视频

全部数据库 ▼ | 检索 | 高级检索
对比检索

热词推荐： 韩国 自然资源 对外贸易 美国 外交关系 欧洲 经济 禽毒

当代世界发展问题研究的权威基础资料库和学术研究成果库

国别国际问题研究资讯平台

列国志数据库 www.lieguozhi.com

列国志数据库是以"十二五"国家重点图书出版规划项目、中国社会科学院创新工程学术出版资助项目《列国志》丛书为基础，全面整合国别国际问题核心研究资源、研究机构、学术动态、文献综述、时政评论以及档案资料汇编等构建而成的数字产品，是目前国内唯一的国别国际类学术研究必备专业数据库、首要研究支持平台、权威知识服务平台和前沿原创学术成果推广平台。

从国别研究和国际问题研究角度出发，列国志数据库包括国家库、国际组织库、世界专题库和特色专题库4大系列，共175个子库。除了图书篇章资源和集刊论文资源外，列国志数据库还包括知识点、文献资料、图片、图表、音视频和新闻资讯等资源类型。特别设计的大事纪年以时间轴的方式呈现某一国家发展的历史脉络，聚焦该国特定时间特定领域的大事。

列国志数据库支持全文检索、高级检索、专业检索和对比检索，可将检索结果按照资源类型、学科、地区、年代、作者等条件自动分组，实现进一步筛选和排序，快速定位到所需的文献。

列国志数据库应用范围广泛，既是学习研究的基础资料库，又是专家学者成果发布平台，其搭建学术交流圈，方便学者学术交流，促进学术繁荣；为各级政府部门国际事务决策提供理论基础、研究报告和资讯参考；是我国外交外事工作者、国际经贸企业及日渐增多的广大出国公民和旅游者接轨国际必备的桥梁和工具。

数据库体验卡服务指南

※100元数据库体验卡目前只能在列国志数据库中充值和使用。

充值卡使用说明：

第1步 刮开附赠充值卡的涂层；

第2步 登录列国志数据库网站（www.lieguozhi.com），注册账号；

第3步 登录并进入"会员中心"→"在线充值"→"充值卡充值"，充值成功后即可使用。

声明

最终解释权归社会科学文献出版社所有。

数据库服务热线：400-008-6695

数据库服务QQ：2475522410

数据库服务邮箱：database@ssap.cn

欢迎登录社会科学文献出版社官网（www.ssap.com.cn）

和列国志数据库（www.lieguozhi.com）了解更多信息

社会科学文献出版社 列国志系列
SOCIAL SCIENCES ACADEMIC PRESS (CHINA)

卡号： 0616384037711859
密码：

图书在版编目（CIP）数据

瑞士 / 任丁秋等编著. --3 版. --北京：社会科
学文献出版社，2016.5
（列国志：新版）
ISBN 978 - 7 - 5097 - 8412 - 9

Ⅰ.①瑞…　Ⅱ.①任…　Ⅲ.①瑞士 - 概况　Ⅳ.
①K952.2

中国版本图书馆 CIP 数据核字（2015）第 276647 号

·列国志（新版）·

瑞士（Switzerland）

编　著 / 任丁秋　杨解朴 等

出 版 人 / 谢寿光
项目统筹 / 张晓莉
责任编辑 / 王　燕

出　　版 / 社会科学文献出版社·列国志出版中心（010）59367200
　　　　　　地址：北京市北三环中路甲 29 号院华龙大厦　邮编：100029
　　　　　　网址：www.ssap.com.cn
发　　行 / 市场营销中心（010）59367081　59367018
印　　装 / 三河市尚艺印装有限公司

规　　格 / 开　本：787mm × 1092mm　1/16
　　　　　　印　张：28.25　插　页：1　字　数：420 千字
版　　次 / 2016 年 5 月第 3 版　2016 年 5 月第 1 次印刷
书　　号 / ISBN 978 - 7 - 5097 - 8412 - 9
定　　价 / 79.00 元